荘園絵図研究の視座

奥野中彦【編】

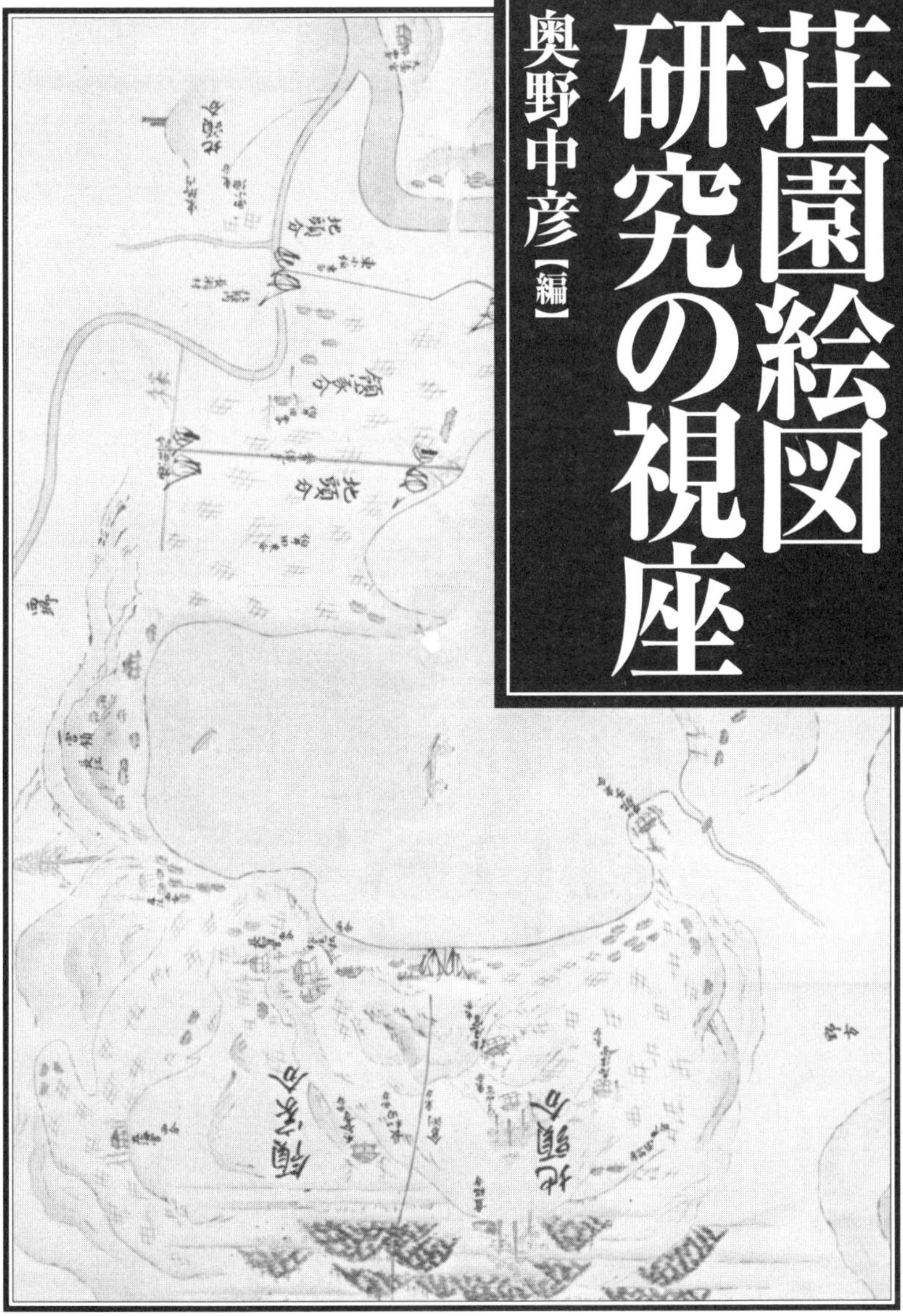

はしがき

本書は、一九八二年に竹内理三編『荘園絵図研究』（東京堂出版）が刊行されてまもない翌年の八三年（第一回総会は八四年四月）に、その執筆者を中心に発足した荘園絵図研究会の一六〜七年に及ぶ、会の歩みの一つの成果として刊行されるものである。なお、『荘園絵図研究』の執筆者は、本書編者の奥野中彦氏や佐藤和彦氏など、その多くは西岡研究室に籍を置き、一九六〇年に早稲田大学で開かれた西岡虎之助蔵荘園関係絵図展観に関わり、また、一九七六年・七七年に刊行された西岡虎之助編『日本荘園絵図集成』上・下巻（東京堂出版）の解説編の執筆にもたずさわった方々でもある。荘園絵図研究会は、そうした西岡研究室の方々と、西岡先生の流れの中にある人々で構成された会で現在に至り、今回本書の刊行をみるに至った。

さて、一九八二年以降、荘園絵図の研究は、作成目的論を中心に研究が進められ、大きな成果を上げてきたが、我々荘園絵図研究会も、絵図研究の成果を踏まえ、絵画史料として荘園絵図をどう読むか、といった視点を重視しながら研究会を続けてきた。本書は、そのような絵図研究の現状と様々な問題について取り組み、そこから新たな視座を提起しようとする、荘園絵図研究の問題提起の書である。

本書の第Ⅰ部「〈座談会〉荘園絵図研究の視座」は、そうした荘園絵図研究の研究史や研究上の諸問題、荘園絵図と歴史教育、さらに絵図研究の今日的課題といった点について、座談会形式で議論したものを、論点を明確にしながら、極めて凝縮してまとめたものである。座談会は、準備の会合を含めると五回にわたり、実に一四〜一五時間かけて議論がなされた。そのため、本書にまとめられたのはその一部であるが、座談会での論点は、興味深い指摘に満ちており、今後の絵図研究に向けての新たな視座が提起されていると思う。

第II部の「絵図研究の現在―七枚の絵図―」は、誰でもよく知っていて、しかも重要な荘園絵図の中から、分類や時系列、さらに地域性を考えて七枚を取り上げ、その一点一点を研究会に参加しているみんなで読み解き、そこから何か新しい論点を出して、絵図研究に新たな一歩を踏み出そうというのが設定目標である。各絵図はなるたけ第I部の座談会で出された論点とリンクさせて記述するようつとめ、①研究史整理、②現況との比較、③新視点、④作成目的などを共通項目とし、また、七枚の絵図に関する現地見学に基づき、それぞれの担当者が新たな視点を軸に執筆したものである。残された課題も多いが、ぜひ一読して頂ければと願っている。

ところで、この「七枚の絵図」のそもそもの企画というのは、一九九五年八月二十七日の夜、場所は高野山の宿坊大明王院で生まれたものである。我々絵図研究会では、一九九三年以降、毎年八月の下旬に荘園絵図の故地を訪れる現地見学会を実施しているが、九五年のその年は、和歌山県の神野真国荘を中心に、鞆淵荘・阿弖河荘を見学した。八月二十七日は鞆淵荘を見学した後、高野山大明王院が宿泊場所であった。その日、大明王院の大部屋で、我々は佐藤和彦氏を中心にして、荘園絵図研究の現況やら、研究会がもっと活性化するにはどうすればいいかなど、夜遅くまで語り合っていた。奥野さんは、その時の現地見学に参加していなかったので、当然その場にはいなかったのであるが、なぜか奥野さんの話題となり、奥野さんは五年後の二〇〇〇年八月二十九日に、七〇歳の古稀を迎えるという話になった。それならば、研究会を長きにわたりリードしてきた、奥野さんへの学恩に報いる意味でも、五年後に古稀の記念論集を出すのはどうかという話になり、古稀である七〇歳の「七」という数字にちなんで、「七枚の絵図」を選び、みんなで読み解いたものをまとめて、それを論集の構成の一つに入れようということに話は発展した。「七枚の絵図」は、まさに高野山での深夜におよぶ議論からスタートしたもので、それゆえ本書は、奥野さんの古稀記念論集の意味をも有していることをここに書き添えておきたい。

第III部の「荘園絵図の構成的展開」は、個別研究である。各執筆者は、対象としたそれぞれの荘園絵図について、それに関連した史料を使い、新しい視点にたって絵図研究の考察を深めている。そのため絵図研究が直面している課題にこたえ、研究の前進に寄与するものと思われる。なお、I・II部の論点とリンクして執筆するようつとめているが、必ずしもそうではない点もあろうかとも思う。個別論文編という構成上、その点はお許し願いたい。

本書は、今後の絵図研究のさらなる前進を期して刊行されるものだが、不十分な点も少なからず存するであろう。読者諸氏のご教示・ご批判をお願いしたい。

二〇〇〇年二月一六日

堀内寛康

緒　言

ここに『荘園絵図研究の視座』を刊行する。年齢的なものから私がこの『著作』の責任者になっているが、実際の作業をすすめてくれたのは、堀内寛康氏をはじめとする編集委員によるもので、私は文字通り末席を汚がしたものにすぎない。しかし緒言の役割は当然私がしなければならない。

荘園絵図研究が歴史学・歴史地理学の発達の上で大きな役割を果していることは今更強調するまでもないであろう。ここに刊行する本書は、荘園絵図研究の成果と課題を見据えてさらなる荘園絵図研究の推進を図ろうとする意図による。

そもそも荘園絵図研究の上で、良質の荘園絵図（ここでは八世紀の校班田図・開墾田図から一五・六世紀の敷地図・郷村図を含めていう）をみることが研究の前提になることはいうをまたないが、この荘園絵図の提供の上で西岡虎之助蒐集本（これを基にして刊行されたのが西岡虎之助編『日本荘園絵図集成』上・下巻、東京堂出版である）の果している役割についてまず述べておきたい。現在では原本を基にした原寸大による模本を収めた東京大学史料編纂所編『日本荘園絵図聚影』や、同じく原本に拠った小山靖憲他編『中世荘園絵図大成』（河出書房新社）といった良質なテキストが提供されるようになっているが、荘園絵図の全貌を知る上で、また個々の荘園絵図の研究上の手がかりをうる上で、また、いまあげたテキストがきわめて高価なのに比して廉価で提供されていること等から、西岡本の果たす役割はまだまだ大きなものがあるといって過言ではない。西岡本は、原本によってこれを原寸大に、色彩のあるものはその色彩に忠実に、剝落のあるものはその状態、墨書や花押のあるものは原本通りにその位置に、貼付されているものについても原文と同じに、正確を期して模写されたもので、西岡先生自身の言葉によれば、「専門の絵かきさん」に依頼されて作成されたものである。圧巻は、正倉院蔵の東大寺領越中国砺波郡井山村墾田地図ほか計七点の墾田地図を縦六七・九×横六二四・八センチメートルの布に描かれたものを、同じ巻物のかたちで模写されたものがあることである。そのほか、色彩豊かな松尾神社領伯耆国東郷荘図や薩摩国日置荘下地中分図、播磨国鵤荘絵図などは、原本に比して全く遜色ないものであろう。そしてなによりも西岡本は、八世紀から一六世紀に至る、日本における荘園の発達と荘園消滅の全過程を絵図―地図の上で知ることができるものを提供していることである。

さて本書は、はしがきで述べているように、Ⅰ部・Ⅱ部・Ⅲ部のⅢ部構成で、Ⅰ部は荘園絵図研究の研究史や研究上の諸問題、荘園絵図と歴史教育、絵図研究の今日的課題といった点について、座談会形式で議論し、荘園絵図研究の「視座」を示したもの、Ⅱ部は「絵図研究の現在」として選んだ七枚の絵図について、いずれも現地見学による検分を基に、絵図研究の新生面を切り開こうとするものである。Ⅲ部は「荘園絵図の構成的展開」で、荘園絵図研究会の会員から出された個別論文である。いずれも研究会の例会や現地見学会で発表や論点の提供がなされたものを基にしている。ここで、個別論文の概要を述べておきたい。

奥野の「荘園四至牓示図の歴史的性格と機能――東大寺領伊賀国黒田荘絵図を手がかりに――」は四至牓示図の歴史的性格と機能をすでに散佚している伊賀国黒田荘絵図（黒田荘関係史料によれば「新」を含めて黒田荘絵図は少なくとも二枚、時を替えて作成された）の成立を例にして検討しようとしたものである。小生は前稿（「荘園四至牓示図の成立」、竹内理三先生喜寿記念『荘園制と中世社会』東京堂出版、一九八四年）において、四至牓示図の成立について論じ、四至牓示図成立の、荘園の発展段階をみたが、ここではその歴史的性格と機能に焦点をあわせたものである。四至牓示図は古代地図

—田図に継起してあらわれるが、古代地図—田図が国家によって作成・整備されたもの（図籍制度）であるのに対し、四至牓示図は、荘園領主がその必要に応じて作成をみたものであり、その成立は、他荘・他公領との境界を明示するねらいがあり、そこにすでに相論を備えるという防衛的性格が刻印されているとした。そもそも四至牓示の目的は当該絵図の領域支配の実現にねらいがあり、これには荘園の四至牓示を打つことと、それによって不輸・不入とを実現すれば十分で、絵図の作成を不可欠としない。にもかかわらず絵図をもってするものがあらわれたのは、地図をもつことが領域支配をより十全とするという、地図のもつ物神性が喚起されたためとした。

田中禎昭「東大寺領越前国足羽郡糞置村開田地図の再検討——八世紀における開発と国家的土地支配——」は、二枚の糞置荘図（天平宝字三年図：A図、天平神護二年図：B図）の再検証をした論考である。二枚の糞置荘図は、同一の故地を時期を違えて描いていることから、八世紀後半の開発と土地支配の推移を伺う格好の素材であり、そのため、八世紀の荘図中、最も研究が進み、特に近年の栄原・金田・村岡三氏の業績は、故地との比較を通じて荘図の微細な解釈と評価を可能にした。田中論考では、この最新の成果を資料の精査により検証し、条里プランと開発状況に関する新たな復原案を提示して、荘図作成の背景について論じる。

まず、金田説の条里プランを検証し、A図が足羽郡統合条里プランの中に主軸を異にする二つの条里を統合して成立したことを述べ、このような変則的な形がとられた背景に、A図作成以前から展開した山麓部の自然用水（公水）を利用した百姓開墾地の問題があったことを指摘している。次に、A図に描かれた平行墨線を道鏡政権下に破壊された東大寺の人工用水路と捉える村岡説を検証する。当溝周辺の灌漑状況と荘図の比較分析から、むしろ当溝による水がかりをめぐる東大寺と郡司百姓等の抗争が、天平宝字四・五年の校班田時の寺田収公の背景にあったこと等を論じ、さらに、寺田収公が一定の土地法（墾田法）に法的根拠を置いていた実態を、坊単位に逐一検証しその意味を考察している。

荘図が語る、寺田（天平宝字三年）→収公（同四・五年）→寺田（天平神護二年）という経緯をたどる糞置荘地の歴史は、東大寺と中央政府・国司の諸関係の推移を表面的に現わしてはいる。しかし、その基底には、自然用水（公水）に依拠した谷田開発を通じて自立を図る農民的小経営に対し、東大寺と国司が、ともに郡統合条里と墾田法体系による規制と開発を通じて、占有地の支配基盤の構築を図った歴史的状況が認められるとする。

石附敏幸「讃岐国善通寺一円保差図の成立」は、鎌倉時代末期の徳治二年（一三〇七）に善通寺の本寺＝随心院に提出された同差図に就いて、従来中世讃岐平野の灌漑や土地利用の考察の際に取り上げられてきたものの、絵図の作成目的・提出目的についてはまだ十分な研究がなされてこなかったことから一円保とその周辺地域における善通寺の所領経営の動向を明らかにして、この絵図の作成と随心院への提出の背景を考察する。

本差図の成立の時期と作成・提出の主体を考察し、有岡池の造成時期や一円保内名田畠の支配の実態などから判断して一二八〇～一三〇七年に作成されたととらえる。その時期は、やがて善通寺大勧進職に就任する真恵を中心とする供僧集団が積極的な寺領経営を推進していた時期であり、全国的に荘園制の動揺が問題化するなか、善通寺も膝下所領の直接支配と再編に乗り出していった。本差図はそのような背景のもと、善通寺による膝下の一円保を直接支配するための「差図」として作成されたと考えるべきであるとする。

次いで本差図が本所随心院に提出された背景として、当時一円保に隣接する良田郷の支配をめぐって随心院と善通寺の間で対立が起こっていたことに注目する。本差図によれば、本来は田地経営が可能なはずの仙遊ケ原に水路が到達していないことがわかり、この一帯の灌漑を十全なものとするためには湧水の水だけでなく、金倉川からの取水が必要であった。それは現況からみても自然条件に適合した水利体系であるが、そのためには一円保に隣接する良田郷に水路を通過させねばならないので、善通寺は随心院に本差図を提示して一円保の抱える水利問題を持ち出し、その解決のためには善通寺による良田郷の直接支配が不可欠であることを訴えようとしたものであろうとする。

赤根正晃「鵤荘「嘉暦図」の作成年代推考」は、「嘉暦図」・「至徳図」といわれる二枚の荘園絵図をもつ法隆寺領播磨国鵤荘について、「嘉暦図」の作成年代を絵図の記載様式と鵤荘の歴史からとらえなおそうとしたものである。まず、絵図記載について検討し、これが一時期に一括して作成されたものではなく、荘域を構成する三つのブロックが時を異にする三つの作成段階を経て成立したとする。次いで、鵤荘の歴史に照して絵図成立の時期と、絵図作成のそもそものねらいを検討する。そして氏は、「嘉暦図」は「寺門」の支配領域を坪地名記載によって明示するという意図で作成されたものであり、それは弘長二年（一二六二）、別当による恵学料田寄進に始まり、康永三年（一三四四）、在地領主山本氏排斥によって完了する「寺門」による鵤荘一円支配化――荘務権の一元掌握の過程を物語るもので、建武二年（一三三四）に、弘安期頃に「寺門」支配域の明示を目的にした絵図を、再利用して絵図の作成が企てられ、在地領主が完全に排除される康永三年（一三四四）に、「嘉暦図」が成立するという仮説をたてる。

松井吉昭「紀伊国井上本荘絵図について」は、研究史と絵図の記載を詳細に再検討をし、本絵図の作成目的・動機・主体に迫った論考である。まず水田義一氏をはじめとする一〇余点の研究史から、絵図の作成目的・時期の論点の相違をあげると、ア、明徳四年の堺相論図、イ、室町期の守護半済・粉河寺の請所化を契機とする領域図、ウ、南北朝期の立券図に近い根本図、エ、鎌倉末期の再開発図、と分けられる。このなかで高木徳郎氏は、これまでの諸研究は絵図が随心院に所蔵されていることから疑いもなく絵図の作成主体を随心院としてきたことに疑問を呈示された。この高木氏の提言を受け、作成主体を含めて考察する。次に、本絵図の特色としてあげられるのは「北山鎮守」・「観音堂」などの多くの寺社、一五に及ぶ用水池、「宮荒間田」・「大迫畠」などの土地利用の記載があることであるとし、寺社・用水池・土地利用の記載関連から井上本荘絵図の作成目的を考察する。

これまで絵図東の境界について、随心院側（井上本荘）に不利の記載があるとの指摘に対し、「土呂〱池」からの井手は特に井上本荘側に不利とは言えないとし、また、「宮荒間田」は荒れた間田（名田以外の人給田など）であり、三か所の「宮」は「山神」・「北山鎮守」・「号三百余所社」を指すとする。

井上本荘住人は永仁六年（一二九八）に、風森社の梵鐘鋳造に結集している。鎌倉末期以降の政治的混乱や粉河寺の押妨による田畑の荒廃を、南北朝期、荘内番頭らは風森社の梵鐘を売却して費用をつくり、結集して荘内の再開発をすすめた。このような在地の新たな結集の動きを利して、荘園領主随心院は井上本荘の再開発、領有の強化に乗り出す。その際の再開発絵図が本絵図の成立であるとする。

以上五編がⅢ部「荘園絵図の構成的展開」に寄せられた論考である。奥野のものを除いてはみな現存田図・絵図の研究史を踏まえ、田図・絵図に描かれた記載内容（条里記載・水利・灌漑等）や寺社等の図像から作成の動機・目的を関連史料と関連づけて検討したものである。とくに強調したいのは、古代田図に関して、百姓墾田の収公に墾田永年私財法等法規から、従来説の見直しを求め、荘園絵図の成立に就いては、荘園史（在地の動向も含めて）のなかで田図・絵図を読み遂ぐ作業をしていることである。本書の『荘園絵図研究の視座』として受け取っていただけるものといささか自負している。

なお、論考はこの外にもその用意をし、執筆に取りかかっていたものであって今回、発表にいたらなかったものがある（刊行時期・かかえている仕事から）。それらはまた近い将来逐次発表の機をえると思う。またそのことによって本書のねらいである荘園絵図研究のさらなる前進が図られることになる。

論考にふれて、本書全体の意図を述べたことになるので、これ以上の言辞を費やすことを控えるが、今回の出版にあたって、陰に陽にわたって、われわれの研究会を支援し、出版事情の困難のなか、出版そのものを推進していただいた東京堂出版編集部の松林孝至氏には深甚な謝意を表する次第です。

奥野中彦

目　次

第二部　絵図研究の現在——七枚の絵図

第三部　荘園絵図の構成的展開

目　次

第一部

〈座談会〉荘園絵図研究の視座

参加者　堀内寛康（司会）・奥野中彦・佐藤和彦・
樋口州男・松井吉昭・村岡薫・
小市和雄・鈴木哲雄・土屋伸也・
錦昭江・石附敏幸

堀内　それでは座談会をはじめたいと思います。荘園絵図を対象とする歴史学の研究は、特に近年大きな発展をしてきたと思います。この座談会では、まず絵図研究の軌跡をたどり、今後の展望について考えてみたいと思います。そして桛田荘絵図を例にとりあげて、絵図と村落の問題及び絵図を歴史教育でどう教えていくかという問題を考えていきます。最後に古代から中世へ絵図研究をどう橋渡ししていくかを考えていきたいと思います。

荘園絵図の研究史

堀内　ではまず荘園絵図研究の軌跡について簡単にみていきたいと思います。樋口さん・佐藤さんに、この荘園絵図研究会と荘園絵図の研究史について報告していただきたく思います。

荘園絵図研究の軌跡

一、荘園絵図研究会のあゆみ

荘園絵図研究会は一九八三年に発足したが、そこに至るまでには以下のような前史がある。

一九六〇年九月、早稲田大学において、早大図書館・西岡研究室共催の西岡虎之助蔵荘園関係絵図展観が開催された。昭和十年代以来、「絵図による荘園研究」のテーマのもとに蒐集されてきた荘園絵図（原本からの模写）の公開は大きな反響を呼んだ。展観後、解説を付した蒐集絵図集の刊行を準備されていた西岡氏は、展示された絵図を継続的に検討できる条件を作り出す必要性を感じておられたが、残念ながら一九七〇年二月に他界された。しかしその遺志は、同年五月、竹内理三氏を中心に発足した荘園絵図総合研究会に引き継がれ、実現することになった。一九七六・七七年刊行の西岡虎之助編『日本荘園絵図集成』①上・下がそれである。なお同書完成に先立って、一九七三年には西岡研究室で学んだ人々による、荘園研究会編『荘園絵図の基礎的研究』②が、また完成後の一九八二年には、解説編執筆者を主とする、竹内理三編『荘園絵図研究』③が刊行されたことも大きな成果であった。

荘園絵図研究会は八三年四月に『日本荘園絵図集成』解説編執筆者を中心に発足したものである。その後の荘園絵図研究会の具体的成果としては、一九九一年刊行の『絵引荘園絵図』④がある。

二、一九七〇年代の荘園絵図研究

七〇年代は、絵図そのものの厳密な史料批判が行われるようになり、ま

①西岡虎之助編『日本荘園絵図集成』上・下（東京堂出版、上は一九七六年、下は一九七七年）。本書の刊行された意義について、絵画史料の読解により日本史研究に新境地を開拓された黒田日出男氏は、次のようにコメントしておられる（一九九九年十月三十一日『朝日新聞』〔読書〕「書棚から」）。「近年では、絵画や古地図が日本史研究に盛んに利用されるようになった。そうなるうえで大きな役割を果たしたのは、日本荘園史の大家西岡虎之助編『日本荘園絵図集成』上・下巻（東京堂出版）であった」「この二巻は、荘園絵図を読み解こうと志したわたしにとってかけがえのない図版集となった。何百回開いたかわからない。荘園絵図を一望のもとに見渡せ、さまざまな絵図を比較したり、絵図解読を納得いくまで反復することが可能になったのは、『日本荘園絵図集成』のおかげである」「今では、『日本荘園絵図聚影』（五冊既刊、東京大学出版会）や『中世荘園絵図大成』（河出書房

た荘園制の展開過程とのかかわりを重視する歴史学、表現形式を重んじる歴史地理学の双方から、絵図の系統的分類が進められた時期でもある。

歴史学の立場から絵図の系統的分類を行った論文として奥野中彦氏の「荘園絵図の成立と展開」⑤がある。早大で開催された絵図展とそれに続く『日本荘園絵図集成』の編纂作業に深く関与されてきた奥野氏が、荘園絵図を古代から中世まで総合的に検討し、絵図の性格とそれが出現した時代との関連を解明する必要性を提示されたものである。奈良時代の開田図、平安時代の四至牓示図、鎌倉時代の下地中分図・相論図・実検図、南北朝以降の郷村図・灌漑用水図というように絵図を分類されているが、これは、荘園が生成・発展・変質していくのに対応して荘園絵図の機能や作成主体がどのように推移していくかを追究しようとされたものである。

絵図の史料批判として注目されるものに鈴木茂男「紀伊国桛田庄図考」⑥・瀬田勝哉「菅浦絵図考」⑦があり、荘園絵図が単なる傍証史料から、ようやく独立した研究対象になりつつあることを示すものである。鈴木論文は、神護寺の所蔵する桛田荘絵図と現地宝来山神社の所蔵する絵図を検討したもので、同一構図の絵図がなぜ二枚必要であったのかという問題提起は斬新であった。「二枚の絵図の比較検討」という荘園絵図研究の基本視座の一つが提起されたといってよい。瀬田論文は、絵図の作成時期を乾元元年（一

新社）が刊行され、より良質な図版が得られる。それでも、荘園絵図全体を概観できる図版集として、この本は依然として有用であり続けている」

②荘園研究会編『荘園絵図の基礎的研究』（三一書房、一九七三年）。

③竹内理三編『荘園絵図研究』（東京堂出版、一九八二年）。

④荘園絵図研究会編『絵引荘園絵図』（東京堂出版、一九九一年）。

⑤奥野中彦「荘園絵図の成立と展開——古代・中世における地図の機能を通して——」（荘園研究会編『荘園絵図の基礎的研究』〈三一書房、一九七三年〉所収）。

⑥鈴木茂男「紀伊国桛田庄図考」（『東京大学史料編纂所報』九、一九七五年）。

⑦瀬田勝哉「菅浦絵図考」（『武蔵大学人文学会雑誌』七―二、一九七五年）。

三〇二)八月とする通説を、関連史料の厳密な調査を通して否定し、偽作の文書と絵図が一体化していることを明らかにしたものである。絵図研究にあたって厳密な関連史料の検討、史料批判が必要なことを論じた点、画期的であった。これに関連しては、三浦圭一「鎌倉時代における開発と勧進」①も重要であろう。絵図研究にあたって、和泉国日根野荘絵図中の注記を、同時代の史料と関連させて読み込むことの大切さを知らしめた注目すべき論文である。当該絵図にみられる「古作」と、池の横に付された注記をどのように読み解くか、三浦論文の真価が問われるところであった。従来の研究が全く読み取ることの出来なかった注記を、鎌倉・南北朝期の開発主体は誰であったのか、どのような労働編成が行われていたのかという荘園研究における基本的な問題意識を根底に持ちつつ、かつ当該絵図を熟覧することによって、見事に「古作ヲ坂之物池ニツキ畢」と読み解くことができたのである。（佐藤和彦）

三、一九八〇年代の荘園絵図研究

この時期、歴史学では黒田日出男氏、歴史地理学では葛川絵図研究会が牽引車的役割を果たした。どちらも多数の成果を発表しているが、両者に共通するのは、そのタイトルや文中で「絵図を読む」というフレーズを繰り返し用いているように、絵図読解の方法の開拓・確立をめざして積極的

①三浦圭一「鎌倉時代における開発と勧進」(『日本史研究』一九五、一九七八年、後に『中世民衆生活史の研究』〈思文閣出版、一九八一年〉所収)。

②小山靖憲「荘園絵図研究の成果と課題——荘園絵図の史料学をめぐって——」、葛川絵図研究会「『葛川絵図』にみる空間認識とその表現」(いずれも『日本史研究』二四四、一九八二年)。

③黒田日出男『姿としぐさの中世史』(平凡社、一九八六年)第四部「荘園絵図は語る」。なお参考までに、黒田氏の荘園絵図読解の方法論について次に引用しておく。「荘園絵図というのは概して簡略な絵図であるから、そこに描かれているのは、例外はあるにしても、なんらかの意味で

な問題提起を行っていることである。

一九八二年の五月に行われた日本史研究会の部会が持っている意味は極めて大きい。この部会では、荘園史研究を専門にする日本史研究会と、京大・阪大を中心にした歴史地理の研究者が報告・討論をしたが、特に小山靖憲「荘園絵図研究の成果と課題」と葛川絵図研究会(吉田敏弘)「『葛川絵図』にみる空間認識とその表現」は重要な報告である。[2]今日では、荘園絵図を検証するときに植生やランドマークなどについて当然のごとく論じているが、これは葛川絵図研究会「『葛川絵図』にみる空間認識とその表現」が報告されたことによるものである。

葛川絵図研究会の提言とともに、黒田日出男氏の絵図研究に対する問題関心も重要である。[3]黒田氏は、絵図研究にあたって、基本的に何がどのように書き込まれているのか、当該絵図作成の目的と動機を一貫して読み解く必要があると主張している。これに対し葛川研究会は、絵図に描かれた景観がいかに作成目的によって歪められているにしても、そこには地理的知識の体系が表現されているのであり、その地域・空間認識を明らかにすべきであるとする。両者の考え方の違いは大きく、今後とも両者の方法論の安易な折衷ではなく、差異にこだわっていく必要があるのではなかろうか。

必要不可欠な事物ばかりであろう。より具体的に言えば、その絵図の作成に至った動機・目的にそって描き込まれたものばかりのはずである。したがって、荘園絵図に描かれている荘園の風景は、単純な写実ではもとよりない」「ある場合には、意図的に河川や谷や田畠・集落などを省略するし、別の場合には、ある地域を誇張して描きもする。一体、なにをどのように誇張して表現し、なにを描かなかったかを考察することも、重要な分析・読解作業となるのである。そして、それらの省略や誇張なども、まずもってその絵図の作成動機・目的にそってなされたと見なければなるまい」「つまり、荘園絵図の読解には、その絵図を作成するに至った動機・目的にそって一貫して読み通すことが第一であるというのが、単純ですがわたしの基本的な読みかたとなります」(『NHK人間大学　謎解き日本史・絵画史料を読む』〈日本放送出版協会、一九九九年〉三三頁)。

なお黒田氏の主張に先行する成果として、荘園絵図研究の目的はそれが作成された段階における荘園体制の本質に迫ることにあると説く、七〇年代の佐藤和彦「近江国葛川荘の絵図について」①も注目しておきたい。奥野中彦氏らを中心に行われていた、荘園制の諸段階に対応した絵図の作成目的によって絵図を分類する従来の方法を受け、さらに絵図をどう読むかの方法論を提起しているからである。

四、一九九〇年代の荘園絵図研究

荘園絵図研究の客観的条件を整えるという意味で、七〇年代の『日本荘園絵図集成』の果たした役割は大きいものがあるが、九〇年代には、東京大学史料編纂所編『日本荘園絵図聚影②』や小山靖憲他編『中世荘園絵図大成③』といった良質なテキストが提供されるようになった。国立歴史民俗博物館編『荘園絵図とその世界④』をはじめとする各博物館の展示図録も有益である。

ところで、こうしたテキストの刊行に関連して注目されるのは、八〇年代後半から、原本調査の過程で得られた貴重な成果を手がかりとして絵図そのものの見直しが行われるようになったことである。たとえば高橋昌明氏を代表とする『荘園絵図の史料学および解読に関する総合的研究⑤』では、和歌山県宝来山神社所蔵の桛田荘絵図に後世改竄された痕跡のある可能性

①佐藤和彦「近江国葛川荘の絵図について」（荘園研究会編『荘園絵図の基礎的研究』〈三一書房、一九七三年〉所収）。
②東京大学史料編纂所編『日本荘園絵図聚影』全六巻（東京大学出版会、既刊五冊、三（近畿二）は一九八八年、二（近畿一）は一九九二年、一上（東日本一）は一九九五年、一下（東日本二）は一九九六年、四（近畿三）は一九九九年）。
③小山靖憲・下坂守・吉田敏弘編『中世荘園絵図大成』（河出書房新社、一九九七年）。
④『企画展示荘園絵図とその世界』（国立歴史民俗博物館、一九九三年）。
⑤高橋昌明代表『荘園絵図の史料学および解読に関する総合的研究』（滋賀大学教育学部、一九八五年）。

を示唆したり、播磨国鵤荘絵図の作成年代を示すと考えられていた「嘉暦四年卯月日」という日付記載の箇所がまわりの料紙と違うといった指摘がなされているが、小山靖憲「紀伊国桛田荘絵図の変遷」⑥や水藤真「二つの荘園絵図――播磨国鵤荘絵図の嘉暦図と至徳図の前後関係――」⑦などは、こうした成果をうけて新しい見解を提起している。

また、八〇年代の研究動向を受けて九〇年代の初頭に『絵引荘園絵図』が刊行された。特に「絵図から集める」では、建築物・自然地形などを事象ごとにピックアップしているが、これは絵図全体を通じてどのような絵図記号が描かれているかといった視点から絵図を読み込もうとする試みである。また、荘園絵図研究会例会の席上、奥野中彦氏から文書にしか残されていない、いわば散逸絵図ともいうべきものに注目すべきではとの提案がなされたことがあるが、錦昭江「領域型荘園の推移と相論絵図の成立」⑧は『鎌倉遺文』の中から荘園絵図の項目を拾って論を展開しており、これも新しい試みとして紹介しておきたいと思う。

（樋口州男）

堀内　荘園絵図研究では、絵図そのものが史料として研究者に公開され認知されていくことが一つの画期的意義を持っていたようですが、その点で西岡先生の果たされた業績は大きかったと思います。そこで、まず早大で開かれた

⑥小山靖憲「紀伊国桛田荘絵図の変遷」（葛川絵図研究会編『絵図のコスモロジー』上〈地人書房、一九八八年〉所収）。

⑦水藤真「二つの荘園絵図――播磨国鵤荘絵図の嘉暦図と至徳図の前後関係――」（国立歴史民俗博物館編『歴博フォーラム　描かれた荘園の世界』〈新人物往来社、一九九五年〉所収）。

⑧錦昭江「領域型荘園の推移と相論絵図の成立」（『日本歴史』五七八、一九九六年）。

荘園絵図展についてお話をうかがいたいと思います。

早大絵図展の意義

奥野　荘園絵図展を開くきっかけになりましたのは、何よりも西岡先生が多年にわたって蒐集されてきた絵図を、一つ整理しないかというお話が先生御自身から我々になされたことがきっかけです。西岡先生は、その三年後に脳溢血にかかられて倒れられた。先生にとっては、かえすがえすも残念な障害が起こったと思います。先生は、早稲田に来られてから、ライフワークであった『荘園史の研究』①を完成され、朝日賞を受賞された。先生は、その時、荘園を背負って歩むこと、これを生涯の課題にするとおっしゃった。そういう意味で、いろいろな積み残しというか、今後もさらに完成したい仕事をたくさん持っておられたと思うのです。ところが今いったような御病気になられて、それでこの蒐集絵図を我々に託された。一方で先生は、中央公論社の方で、これは未完に終りましたけれども、日本の歴史を図録、図でもって示すという、大変ユニークな編纂を行っておられました。すでに、早稲田に来られる前に、その上巻は刊行されておりまして、ところが下巻、近世・近代の方が残念ながらお仕事が思うようにできなくなられてしまった。先生は、特

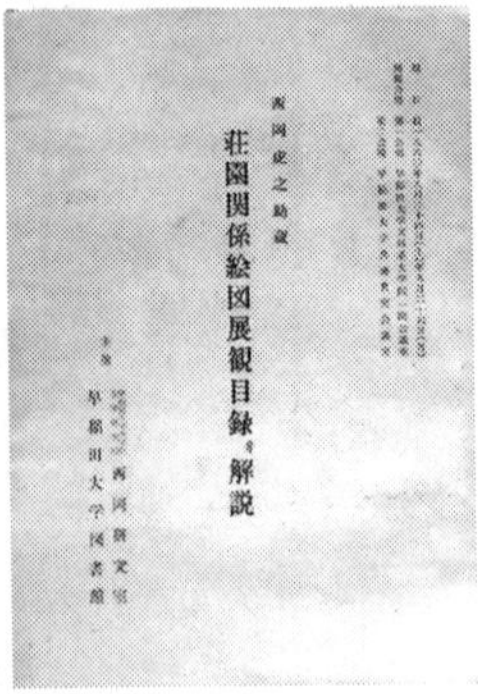

①西岡虎之助『荘園史の研究』全三巻（岩波書店、上は一九五三年、下一・二は一九五六年）。

に荘園絵図について是非やりたいという意図を持っておられたわけですが、今申したように思わぬ障害が起こって、これを全面的に門下生にやらせるということでありました。それについては、とにかく一度絵図展を開こう、絵図に解題をつけて絵図展を開こう、ということになりました。絵図展は二日間にわたって行いました。いま考えますと、例えば、当時もうすでに百歳に近かったんじゃないでしょうか。新見吉治先生が横浜市大の舟越康寿先生が押す車椅子で来られました。それから石井良助先生も来られました。みなさん一点一点食い入るように見ておられました。その時、来場された先生方が異口同音に「荘園絵図の全貌が明らかになった」と大変喜ばれたのが印象的でした。また、西岡先生は絵図をそのまま原寸大で世に示す必要があるとおっしゃっておられました。この実現もわれわれ門下生に託されたわけであります。われわれは竹内理三先生にお願いに参りました。竹内先生もこれを快く受け入れて下さり、朝日新聞社にお話し下さったのですが、残念ながら実現のはこびとはなりませんでした。それで竹内先生は、次に東京堂出版にお話を下さり、『日本荘園絵図集成』（以下『絵図集成』と略称）に結びついていくわけでございます。

樋口　荘園絵図展の反響のうち、「絵図の全貌が明らかになった」というのがありましたが、これは非常に大きな意味を持っていたと思います。奥野さんご

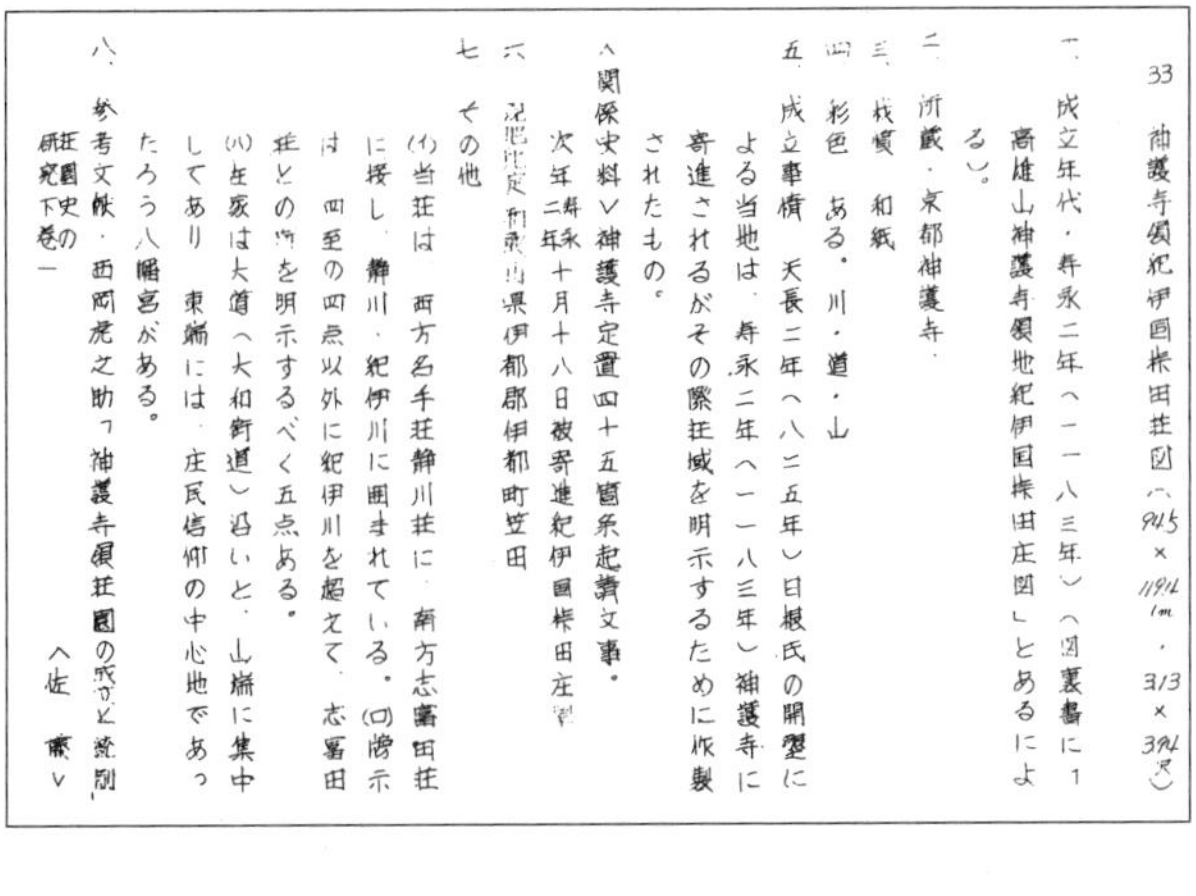
33　神護寺領紀伊国桛田荘図（94.5×119.7cm・3.13×3.94尺）
一、成立年代・寿永二年（一一八三年）（図裏書に「高雄山神護寺領地紀伊国桛田庄図」とあるによる）。
二、所蔵・京都神護寺
三、材質　和紙
四、彩色　ある。川・道・山
五、成立事情　天長二年（八二五年）日根氏の開墾による当地は、寿永二年（一一八三年）神護寺に寄進されるがその際荘域を明示するために作製されたもの。
〈関係史料〉神護寺定置四十五箇条起請文事。寿永二年十月十八日被寄進紀伊国桛田庄
六、現地比定　和歌山県伊都郡伊都町笠田
七　その他
(イ)当荘は　西方名手荘静川荘に、南方志富田荘に接し、静川・紀伊川に囲まれている。(ロ)牓示は　四至の四点以外に紀伊川を超えて、志富田荘との境を明示するべく五点ある。
(ハ)在家は大道（大和街道）沿いと、山麓に集中してあり　東端には、庄民信仰の中心地であったろう八幡宮がある。
八、参考文献・西岡虎之助「神護寺領荘園の成立と発展」（荘園史の研究下巻一）
〈佐藤〉

▲早稲田大学大学院文学研究科西岡研究室編『西岡虎之助蔵　荘園関係絵図展観目録并解説』（早稲田大学図書館、一九六〇年）の表紙（右）と解説の一例（紀伊国桛田荘）。早大絵図展に際して、ガリ版刷りで非売品として少部数作成された。

自身も『展観目録并解説』の中で「荘園関係絵図の成立と展開」というのをお書きになって、それから同じようなテーマで論考を書き続けられた。やっぱり全体像がそこで示されたことを受けてですね。絵図展をきっかけに荘園絵図論というものを本格的に展開しようとなさったのではないですか。『荘園絵図の基礎的研究』の中でも「絵図研究史というべきものは、まだない」というようなことをお書きになり、佐藤さんも同じ本で「荘園絵図を研究するということは、絵図が作成された段階における荘園体制社会の本質に迫ることである」と述べられている。個別絵図の研究とは別に「絵図とは何か」というような点で荘園絵図論を展開していく、そういう気運を生み出す契機になったのが絵図展だったのではないですか。

奥野　この絵図展はそういう意味では大反響を起こしたと思います。西岡先生が蒐集された絵図の全貌を知ることによって、絵図というものは八世紀から中世全期を通して、さらに近世にもつながっていくことがわかったんですね。個別研究だけでなく、「なぜこういう絵図が、それぞれ長い時代にわたって作成されたのだろうか」ということに対する素朴な疑問が、荘園絵図論の出発点になったのだと思います。当時、まだ十分な絵図論というのはなかったと思います。それで西岡先生が御退職になるときに、「是非、絵図をもとにして論集を出そうではないか」ということになり、『荘園絵図の基礎的研究』を刊

絵図の分類論

荘園絵図の分類の仕方に関しては諸説あるが、特に歴史学と地理学で考え方に大きな相違がみられる。歴史学の立場では、絵図の歴史的な変化に注目して分類を行い、その背景には荘園制の発展と変質の過程があるとする。地理学の立場は、あくまで絵図の表現形式による分類を重視する。前者を代表するものが、奥野中彦氏である（「荘園絵図の成立と展開——古代・中世における地図の機能を通して——」、荘園研究会編『荘園絵図の基礎的研究』〈三一書房、一九七三年〉所収）。すなわち、(a)律令国家が田地一片ごとに免租認定を行っていた奈良時代には「開田図」「墾田図」が作成された、(b)院政期以降に荘園の一円的支配が進行すると「四至牓示図」が作成された、(c)鎌倉時代に本所・地頭間あるいは領主間の相論が多くなると、「下地中分図」「境相論図」が作成され、一方検注や収取など荘園の管

行したわけです。この論集に収録された私の論は、私自身にとっても大事な論になっております。

樋口　やはりそういう全貌が出た段階で荘園絵図論というかトータルでどうみていくかという視点が強く出てきたというのは大きな成果だろうと思います。奥野さん以外にも、難波田徹さんも同じようなタイトルでお書きになられていますね。それから水田義一さんも、荘園村落の歴史地理学的考察にあたって、荘園絵図を史料としてトータルな中で見ていこうとされる。さらに佐藤さんの荘園絵図からどう荘園制に迫ろうかという方法、その後出てくる鈴木茂男さんや瀬田勝哉さんのであるとか、いずれも荘園絵図そのものから歴史を読みとっていこうとする姿勢が非常に強いのではないかと思います。

荘園絵図研究のこれから

樋口　竹内先生編の『荘園絵図研究』の中で、佐藤さんは「荘園絵図研究の軌跡」を書かれていますが、今度さらに「続軌跡」をお書きになるとしたら、佐藤さんは荘園絵図研究会編『絵引荘園絵図』（以下『絵引』と略称）をどう位置づけられるかということをお聞きしたいのですが。

佐藤　『荘園絵図研究』の「軌跡」はいろんなことを網羅的に書きすぎました。

理支配を円滑化するための「実検図」が作成された、(d)荘園制が崩壊し始める南北朝以降は、絵図の公的機能が失われていき、在地の景観を理解するための地図的機能が重視されるようになり、「郷村図」「灌漑図」が作成された、というものである。これに対して地理学の立場を代表するのが、水田義一氏の説である（「中世庄園絵図の検討」『人文地理』二六―二、一九七四年）。すなわち(a)条里方格線で表示された「田図」「差図」「土帳」、(b)村落景観の鳥瞰図として絵画的で色彩豊かな「絵図」、(c)特定の目的のためにごく狭い範囲の地理的関係や所有関係を描いた「主題図」「略図」というように、表現形式によって分類されている。なお、小山靖憲氏は水田氏説に歴史学の分類論も加味して、「田図系統」「絵図系統」「差図系統」と大別する考え方を提唱される（「荘園絵図の史料学」、『中世村落と荘園絵図』東京大学出版会、一九八七年）。

研究史というのは、次の研究が前の研究の何を受け継いでいくべきなのかを徹底的に追究することですよね。一九九九年の現段階で研究するときに、現在の自分が抱えている研究課題とつねに対峙させつつ切り結びながら研究史は整理されるべきだと思うんですね。それからあの研究史は七〇年代後半のところで終っているんですね。だから少なくとも小山論文の位置づけと葛川絵図研究会の意味と、それから黒田さんが追究している論点を現段階でもう一度押さえなけりゃいけない。それから『絵引』ですね。あれからもう十年近くが経ってます。今回新たな絵図の論集を公にするのですから、『絵引』にどういうウィークポイントがあったのか、洗いざらい出してみる必要がありますね。

樋口　『絵引』は、村岡さんが編集委員を代表して「あとがき」にお書きになってますが、『絵図集成』の別巻的意味を持っていたと思います。[①]『絵図集成』が出てほぼ十年経ち、その後の絵図研究がずっと進んできてましたから、まずは『絵図集成』の増補版のようなものを考えたのです。しかしそれもなかなか難しいということで、「絵引」という形で、その中の数点だけをもう一度読み直すというような形でやったらどうかというのが、確かスタートだったと記憶してます。荘園絵図研究会にも新しいメンバーが集まってきましたから、会としてのテキストづくりといった気持ちで取り組み始めました。内容

①『絵引荘園絵図』の「あとがき」には次のように書かれている。「本書の計画が初めて提起されたのは、一九八六年四月の荘園絵図研究会の総会でした。当研究会はもともと西岡虎之助編『日本荘園絵図集成』上・下二巻（東京堂出版）の解説執筆者を中心に発足しましたので、この『集成』の別巻ともいうべきものを、会の研究成果として刊行しようと考えたのです。当時、黒田日出男氏の荘園絵図を題材とした一連の研究が発表され、葛川絵図研究会の「地図をよむ」（『地理』第二九巻一〜五・七号）や『荘園絵図の史料学および解読に関する総合的研究』（代表滋賀大学教育学部高橋昌明）などの共同研究の成果が相次いで報告され、絵図研究がますます進捗深化しようとしていました。そこで、当研究会では、これから新たに絵図を考えてみようとする研究者・学生のための入門手引書となる絵図の絵引的なものを計画したのです」

は皆さんご存じと思いますが、第I部の「絵図をよむ」というところで、『絵図集成』以後の研究の発展など、新しい動向を取り入れて絵図を読んだわけです。この「絵図をよむ」というタイトル自体、新しい研究動向の影響を受けています。次に第II部で「絵図を歩く」となっていまして、村岡さんと松井さんがお書きになってますけど、今回の論集でもここで取り上げたような現地調査は重要な位置を占めることになろうかと思います。そして第III部「絵図を考える」の個別研究と第IV部「絵図から集める」で新しい方向性をうち出すという構成になっております。

佐藤　「絵図を歩く」の中で松井さんがやったような、ああいう研究の方向にも新しい視座は出てきてますね。それから第IV部のような、堺牓示などはこうだ、川はこうだ、建物はこうだとかモデルをつくりながらやったあの成果、あれは残念ながら十分に生かせなかった。絵図の画像をコンピューター化した河出書房新社の『中世荘園絵図大成』では、実は同じような方法をとって成果をあげてます。現段階で『中世荘園絵図大成』の成果を学び直せばもっと大きなことができるんじゃないかという気持ちがあります。

堀内　『絵引』の再検討が必要だとの発言がございましたが、具体的に読者のほうからはどんな批判が寄せられたのでしょうか。

佐藤　まず論点が分散化していたという批判が多かったですね、厳しいですね。

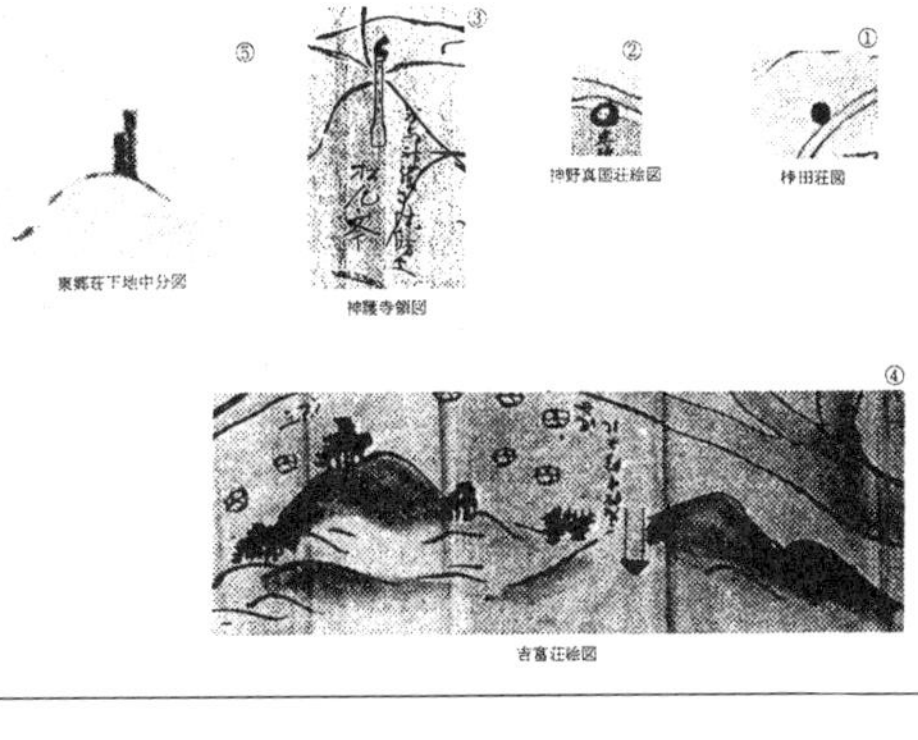

荘園絵図を通覧すると、牓示の表現方法は次のタイプに分類することができる。まず、第一に、丸や四角などの記号で牓示を象徴的に表現するものがあげられる。桛田荘絵図の黒丸①や神野真国荘絵図②等「四至牓示図」に一般にみられる。堺相論図や下地中分図の場合の牓示は、棒状に表記されることが多い。③は堺相論のさいに、神護寺によって松尾峯に立てられた牓示であり、④はやはり堺相論にあたって官吏によって立てられた牓示である。また、下地中分図として著名な東郷荘絵図では、東郷荘地頭分と国衙領北條郷との堺の小山の上に立てられた⑤の牓示は朱色でぬられている。

▶『絵引荘園絵図』「絵図から集める」の例（「牓示」、佐藤和彦氏執筆）。

確かに、絵図について「よむ」「歩く」「集める」といった新しい切り口は見えてくるけれど、個々の論考の中まで入っていくと、その論点が分散化してしまって、このチームが何を明らかにしようとしているかが見えてこない。私も「絵図から集める」の一部を担当・執筆しました。そこで牓示だとか水田・畠だとか、絵図の主要な構成部分を取り出して検討を加えたわけですが、そこまではうまくいったと思いますが、取り出してきたものをもう一回再構成する作業が欠落していた。絵図の構成要素は確かに浮かび上がってきたけれど、それをもう一度絵図の中に戻していく作業というか、例えば下地中分図をとりあげたとき、どういう構成要素が絵図の中に入っていれば、下地中分図になるのかというフィードバックをしなかった。そこのところが大きな反省点ですね。

奥野　私は、『絵引』に関して、葛川研究会の小川都弘さんからお手紙を戴いたのですが、その中には「率直にいって『絵引』という分野は我々に任せていただきたい」といったことが書かれていました。きっと『絵図のコスモロジー』の中で、絵図に描かれた樹木や建物などから何を読み取るかという問題提起をしたという自負もあったんだろうと思うんですね。歴史学の研究者は歴史地理学とは別のアプローチがあるはずだと思いますが、われわれは歴史地理学での先行研究を、どう摂取し乗り越えていくかじっくり反省する必要

比叡・成願寺の境内図像　　横江里・新家里の建物図像

はあると思います。

松井　私は、わかりやすく荘園絵図を解読するという面と、硬い論文にしてきちっと研究史の中に位置づけるという面の二つが曖昧で、結局中途半端なものになってしまっているという批判を聞いたことがあります。「絵図をよむ」の視点は、西岡先生の『絵図集成』と原本との違いを前面に出して、それをきっかけに絵図を読もうというふうなことだったと思うんですね。そういった意味で、『絵引』は論文集ではないし、啓蒙書でもない。そういったことから論点の分散化という批判も出てきたのかもしれません。

樋口　安易だったのは、「絵図をよむ」でも文字通り研究史を踏まえて読むという意味では良いが、『絵図集成』増補版のイメージの域を越えられなかった。『絵図集成』以後研究はずっと進んできたから、それを踏まえた形でそれぞれの解説を書こう、というところにすぐにいってしまって、なぜ書かなくてはいけないのか、その結果がどうであったかというところがなかったのが問題だろうと思います。例えば、私が扱った富田荘にしても、富田荘の研究史はおさえて書きました。しかし、荘園絵図研究全体の中で位置づけるとしたらどうか、という視点は欠落していたというのが実感です。今回の「七枚の絵図」にしても同じだと思うんですね。研究史整理をして個別に担当者が執筆して、それを集めただけでは駄目だろうということです。

優位	劣位
立体的	平面的
大	小
有床	無床
分棟	単棟（掘立）
付属森あり（境内・屋敷）	付属森なし

▶小川都弘氏による富田荘絵図の建造物の分析（「尾張国富田荘絵図の空間叙述」、葛川絵図研究会編『絵図のコスモロジー』下〈地人書房、一九八九年〉所収による）。

石附 一読者としては『絵引』はまず非常に便利な本だと思います。いくつかの有名な絵図について、これがどう解読されてきたかということをコンパクトにまとめてあって、特に記号解読なんかは非常に便利で、絵図のことを調べるときには先ずこれを見ますね。論点の分散化という批判ですが、それは何も『絵引』に限った問題ではないと思います。例えば歴史地理の方々が記号論的な分析を詳しくやられた、しかしその先をどう展開するか。「絵図を歩く」にしても、現在は地方史の方々の努力もあって絵図の現地比定が十分になされてきたけれど、その結果をどう学問的に展開させるのか。実は『絵引』に限らず、荘園絵図研究の全体が現在一つの閉塞状況にたち至っているという気がするんですね。私はやはり絵図の機能論を徹底的に追究していくことが大切なのだなと思います。今回「七枚の絵図」を取り上げるわけですけど、それらの絵図が具体的にどのような政治的機能を果たしているかを明らかにすることが大切なのだと思います。

樋口 絵図研究の新しい視点となるようなものとしては、やはり奥野さんがいわれるような荘園制の展開と絵図の全体像の問題が重要だと思いますね。特に古代・中世の連続性をみていく必要があるという意味で、古代・中世の転換期における絵図の位置づけはまだ未開拓なところのようですね。

松井 絵図を関連史料の精緻な読解から理解するというのは、もはや常識とな

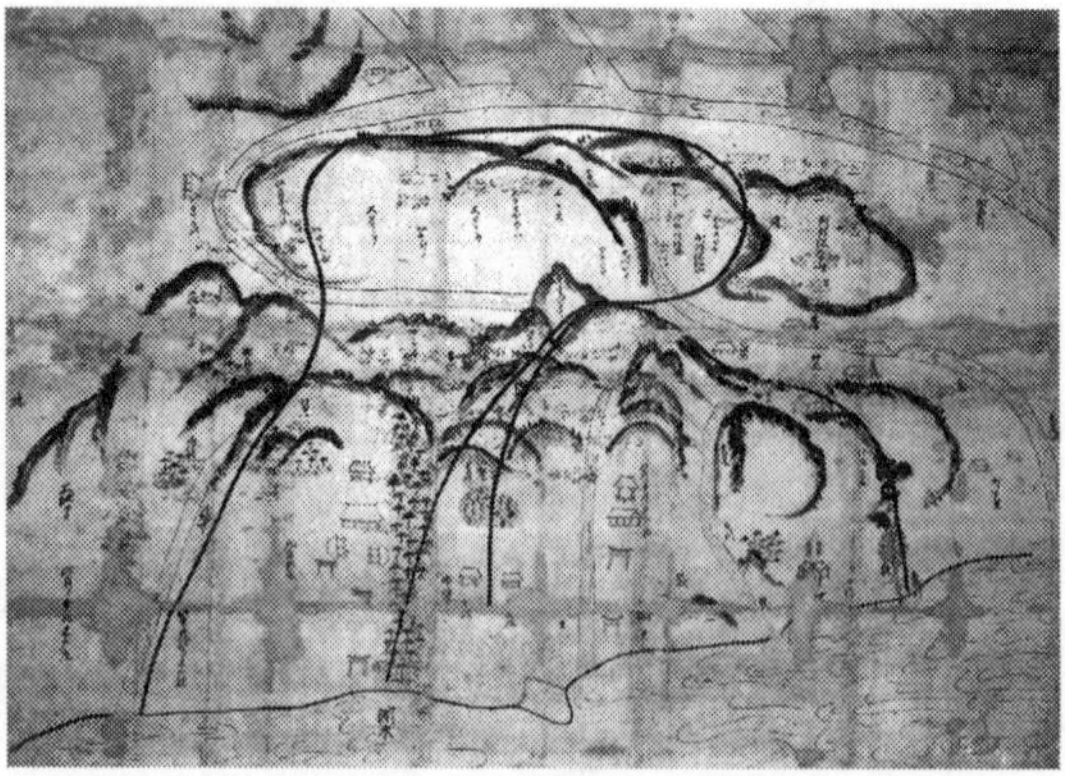

っている研究方法でしょうが、特に二枚の絵図が存在する場合、二つ存在する意味を考えていくことも最近取り上げられてきた問題だと思います。それは絵図の伝来の問題とも関わってきます。そもそもどこにどういう形で絵図が残ったのか、絵図は現地で作られたのか、京都や鎌倉で作られたのか、絵師・図師の問題も考えていかなければならないと思います。さらに荘園の成立から展開そして崩壊という過程の中に絵図をきちっと位置づけていくこと、これは歴史教育においても非常に重要なことであろうと思います。

荘園絵図と中世の村落——桛田荘を例に

堀内　ここで、二枚の絵図が存在する例として桛田荘をとりあげ、絵図と関連史料の問題、絵図と中世村落の問題などを考えてみたいと思います。その上で桛田荘絵図を例にとって歴史教育における荘園絵図の活用の仕方について考えていきたいと思います。まず松井さんに桛田荘絵図の研究史について報告していただきたいと思います。

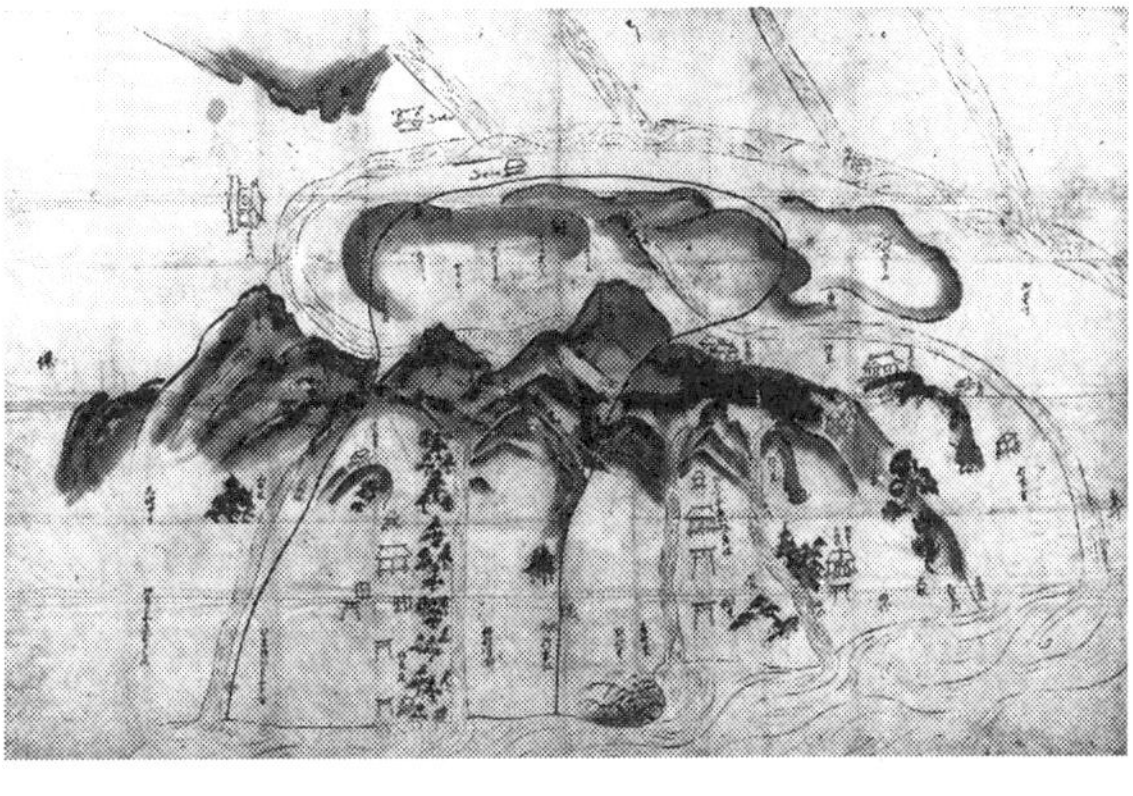

▶近江国比良荘絵図（二種）。比良新荘と音羽荘の間で起こった堺相論に際して作成された絵図をもとに描かれたもの。

桛田荘絵図の研究の軌跡

荘園絵図の中でも最も一般的に知れわたっている絵図は、高校の日本史教科書に約九割の割合で掲載されている京都神護寺所蔵の「紀伊国桛田荘絵図」であろう。この絵図が多く取り上げられている理由は、立券図・四至牓示図の典型であり、領域型荘園を視覚的にとらえることができるからである。教科書の記述の一例では、「四隅と紀伊川の南の黒点が荘園の領域の境界を示す」「荘園村落のようすがよくわかる」とある。

ところで桛田荘絵図には豊富な研究がある。神護寺所蔵の他に同一構図の絵図が地元の宝来山神社にある。それらが比較検討されてきたのであるが、近年典型的立券図・四至牓示図という通説に対する疑問も出されている。歴史教育のなかで取り上げられてきた意味をもう一度考え直さなければならなくなってきたといえよう。また、同一地域を描いた絵図が二枚存在する。二枚の絵図をめぐる研究においても重要な絵図である。この桛田荘絵図の研究史を整理し、問題点・争点を提示しておくことは重要である。

一、西岡説と鈴木説

西岡氏は「神護寺領荘園の成立と統制[①]」で桛田荘の開発・伝領について、

①西岡虎之助「神護寺領荘園の成立と統制」（『荘園史の研究』下一〈岩波書店、一九五六年〉所収）。

大覚寺文書を分析され、絵図は立券するにあたり作成され、その後寿永二年（一一八三）に桛田荘の本家職が神護寺に施入されるに及んで、絵図も転蔵されたものと論じた。絵図は寿永二年以前に作成されたとする。その後一九七五年、鈴木茂男氏の「紀伊国桛田庄図考」②がだされ、絵図研究は新たな展開を見せる。氏は地元宝来山絵図を紹介され、両図を比較検討されて両図は同時期に作成され。神護寺絵図が正文、宝来山絵図が案文の関係にあるとされた。また絵図の構図上の問題点である、著しく西に偏って描かれている点については、南牓示をめぐる志富田荘との境界を意識したため、荘の東部分（中村・東村）が割愛されたものとなった、とされた。さらに鈴木氏は、西岡氏が依拠された大覚寺文書を偽文書として退け、これに代わるべき史料として長寛二年（一一六四）の太政官牒案を取り上げ、荘の開発・伝領について論じられた。そして長寛二年に南牓示が打たれたとされた。伝領については、さらに元暦二年（一一八五）の僧文覚起請文から、久安三年（一一四七）、桛田荘は崇徳上皇領であり、同四年紀伊国司源季範によって収公され、長寛二年まで国領であった。その後、平安末期に蓮華王院領となり、寿永二年（一一八三）後白河上皇によって神護寺に寄進された、と略述された。神護寺絵図は、神護寺領として立券された時期に作成され、同時に宝来山絵図も作成され、また紀ノ川南岸の島村地区の領有を

荘園の図　紀伊国桛田《かせだ》荘の図で，荘園村落のようすをよく知ることができる。４隅と紀伊川の南の黒点が荘園の領域の境界を示す。荘園の東北部に八幡宮があり，民家は山のふもとや紀伊川べりの自然堤防上の大道にそってある。この荘園は1183（寿永《じゅえい》２）年，後白河法皇から神護寺《じんごじ》に寄進されている。
（神護寺蔵）

▶教科書における桛田荘絵図の説明（竹内理三・瀬野精一郎他編『高等学校新日本史B改訂版』〈桐原書店〉より）。

②鈴木茂男「紀伊国桛田庄図考」（『東京大学史料編纂所報』九、一九七五年）。

主張するため、島村を絵図の中央に描きそのため西に偏った構図となった、とされたのである。

一九七六・七七年西岡虎之助編『日本荘園絵図集成』が刊行され、絵図研究の前提が整備された。こういった条件の中で、一九七九年小山靖憲氏の「桛田庄絵図と堺相論」[①]が発表され、鈴木論文の検討がなされた。小山氏は、神護寺絵図と宝来山絵図との相違について特に注目され、神護寺絵図の作成は鈴木氏の元暦元年説を支持された。しかし宝来山絵図については、鎌倉期以来の隣荘静川荘との用水・堺相論を有力に導くために神護寺絵図を模写したものであり、作成時期は、延徳三年（一四九一）の桛田荘四至牓示注文と同時期であるとされた。宝来山絵図に神護寺絵図に記載されている黒点（牓示）が数カ所ないのは、意図的に紛争地域の牓示を書き写さなかったからと考えられた。

二、一九八〇年代の研究

その後、神護寺領になった翌年の文治元年（一一八五）の「笠田庄坪付帳」が紹介され[②]、また一九八五年に文部省科学研究報告書『荘園絵図の史料学および解読に関する総合的研究』が出され、絵図の原本調査の成果が発表された。そして宝来山絵図には、改竄・補修の痕が見つかり、補紙の上に記載されている文字が異質であることが分かった。これらの新資料・新発

①小山靖憲「桛田庄絵図と堺相論」（渡辺広先生退官記念会編『和歌山の歴史と教育』〈一九七九年〉所収、後に『中世村落と荘園絵図』〈東京大学出版会、一九八七年〉所収）。小山氏は、再録する際、宝来山絵図の原本調査の成果を取り入れ、自説を補強された。すなわち、原宝来山絵図は延徳三年（一四九一）に作成されたもので、元来牓示も五箇所記載されていたが、近世初頭に静川荘との相論に対処するため改竄が行われ、現存宝来山絵図となったとされる。

②『かつらぎ町史　古代中世史料編』（かつらぎ町、一九八三年）。

見にもとづいた研究が八〇年代後半に現れた。

木村茂光氏[③]は「荘園の四至と牓示」で、西岡・鈴木・小山三氏の説を整理された。そして鈴木・小山両氏の神護寺図元暦元年説に疑問をもたれ、西岡氏の寿永二年以前説を支持されて、長寛二年頃、桛田荘が蓮華王院領になったとき作成されたとした。南牓示については、絵図作成時にはなく、延徳三年の牓示注文に基づいて追記されたとする。また宝来山絵図については、立券と同時に神護寺絵図とともに作成され、慶安三年（一六五〇）頃改竄されたものと考えられた。

小山氏[④]も自説を補強され、宝来山絵図の改竄時期を近世初頭とし、神護寺絵図・原宝来山絵図・現存宝来山絵図・加世田荘絵図（慶安三年）の整合的理解を示された。

三、一九九〇年代の研究

これまでの桛田荘絵図の研究は、立券図・四至牓示図であることを前提として議論されてきた。そして二枚同時期の作成か、一枚は中世後半の作成かで意見が分かれている。絵図の構図上の問題については、南牓示に関わるものとされている。

九〇年代の研究として服部英雄氏[⑤]は、鈴木・小山両説を検討され、鈴木説の二枚同時期作成説を支持された。しかし絵図の作成目的については、

③木村茂光「荘園四至牓示図ノート（I）——紀伊国桛田荘絵図を中心に——」（『東京学芸大学紀要（第三部門社会科学）』三七、一九八五年）、同「荘園の四至と牓示」（小山靖憲・佐藤和彦編『絵図にみる荘園の世界』〈東京大学出版会、一九八七年〉所収）。
④小山靖憲「紀伊国桛田荘絵図の変遷」（葛川絵図研究会編『絵図のコスモロジー』上〈地人書房、一九八八年〉所収）。
⑤服部英雄「紀伊国桛田庄絵図の受難」（国立歴史民俗博物館編『歴博フォーラム 描かれた荘園の世界』〈新人物往来社、一九九五年〉所収）。小山靖憲氏は、「荘園絵図における寺社の図像表現」（『帝塚山大学教養学部紀要』五一、一九九七年）、「紀伊国桛田荘絵図（神護寺図）・紀伊国桛田荘絵図写（宝来山図）」（小山靖憲・下坂守・吉田敏弘編『中世荘園絵図大成』〈河出書房新社、一九九七年〉所収）で服部説を批判し、自説を展開されている。

立券図ではなく、鎌倉期の貞応年間（一二二二〜二四）の静川荘との相論の際に作成された相論の際に作成された相論図との意見を出された。さらに氏は、絵図に描かれた範囲は桛田西荘であるとされた。この絵図を相論図とする意見に関しては、黒田日出男氏も同様である。

また文治の坪付帳の分析も木村①・黒田②両氏によって深められている。

以上、歴史教育において有名な桛田荘絵図は、これまでの立券説に対し鎌倉期の用水・堺相論図説とが出され、荘域や構図上の問題点については、桛田西荘説、荘の東部が割愛されているとの論点が出されている。典型的領域型荘園の絵図とされてきた桛田荘絵図には多くの争点があることを指摘し、研究史の整理を終えたい。③

（松井吉昭）

堀内　桛田荘絵図は、歴史教育と荘園絵図といった場合に何が問題になるのかお聞きしたいのですが。

松井　桛田荘絵図を四至牓示図として領域型荘園を説明するのですが、この絵図は荘の東を省略しているとか相論図との指摘もあり、本当に領域を表しているのかという疑問があります。また荘園村落の様子が分かるというのですが、本当にこの絵図でわかるのか、十分な検討が必要だと思うんです。

佐藤　この絵図は作成年代について議論があるとはいえ、一応は十二世紀と考

①木村茂光「荘園村落はどのような景観だったか」（吉村武彦・吉岡真之編『争点　日本の歴史』三〈新人物往来社、一九九一年〉所収）。

②黒田日出男「荘園絵図の土地意識——神護寺領紀伊国桛田荘絵図の表現から——」（『歴博』八一、一九九七年）、同「荘園絵図と牓示——神護寺所蔵『紀伊国桛田荘絵図』の読解から——」（皆川完一編『古代中世史料学研究』下〈吉川弘文館、一九九八年〉所収）、同「境界と水利——紀伊国桛田荘絵図を読む——」（『NHK人間大学　謎解き日本史・絵画史料を読む』〈日本放送出版協会、一九九九年〉所収）。

③桛田荘絵図についてのさらに詳細な研究史については、松井吉昭「歴史教育における荘園絵図ノート——紀伊国桛田荘絵図の研究史から——」（『日本史攷究』二五、一九九九年）を参照のこと。

えてよいのではないか。つまり中世村落の形成期の絵図と位置付け得る。いわゆる中世村落が形成されてくるのは十一世紀の後半から十二世紀ですね。まさに政治史的にいえば院政期にあたるところに、中世初期村落というのが出てくる。古代村落との比較でいうと十二世紀頃の荘園と牓示を打つ問題とは非常に関係深い。「領域論」と関わるのではなかろうか。これは議論をする上でひとつの要素になりますね。

松井　神野真国荘絵図にしても、牓示に対しては非常に注記が多いんですね。十二世紀の中世村落成立期は牓示に対する関心が強いんですよね。そうすると牓示に対してただ丸、黒点だけ、注記は南牓示だけにしかないという問題ですね、それが領域を主張するにしてはあまりにもすっきりしすぎている。さらに神野真国荘にしても、西の牓示に対しては相論の過程を描くことがあったり、境界のはっきりしない部分もきちっと描く、脇牓示をきちっと描いていくわけです。そういうところが、この桛田荘絵図では、四至・牓示がすっきりしすぎているというか、あっさりしている面があると思うんです。そこらへんが単純に四至牓示図と位置づけてよいか、直観的にどうしても疑問が生じてくるところなんですが。

佐藤　それから、荘園村落を語るとき、この絵図が有効かどうかという松井さんの問題提起ですね。そのあたりは、そもそも荘園村落とは何かというのが

▶紀伊国神野真国絵図。西牓示と注記の部分。

はっきりしないと困るんじゃないかと思いますね。

松井　荘園の内部の問題ですね、例えば開発の問題でいうと、静川荘からの取水ということになれば、何らかの主張があってもいいだろうし、池の問題も関わってくる。紀ノ川の北岸地域は池による灌漑に依存する割合が高く、荘の成立期から池が存在したと思いますが、それがこの絵図には描かれていない。足守荘絵図では、半刀池というのがきちっと描かれているわけです。さらに集落のところにいきますと、在家の中で大きいのが「むら」の堂であり、荘の中心の「八幡宮・堂」との村落の二重構造になっているとの解釈がなされている。それ以外に荘園内部に関しての記載というと、大豆畑中山の焼畑の問題もある。しかしこれだけでは荘園村落というイメージがなかなかでてこない。

佐藤　例えばね、教科書の説明がレジュメにありますが、そこには荘園村落のようすをよく知ることができると書かれていますよね。その論点としては四至牓示があって、境界が示されているということ、それから村の中に八幡神社があるということ、民家が山の麓や自然堤防上にあるという、三点しかないんだよね。もちろんスペースの問題で詳しく書けないということもあるんだろうけど、いま松井さんが言ったような、生産に関わる問題が提示されていないんだよね。静川から水を取っているのなら取水の絵がないといけない、

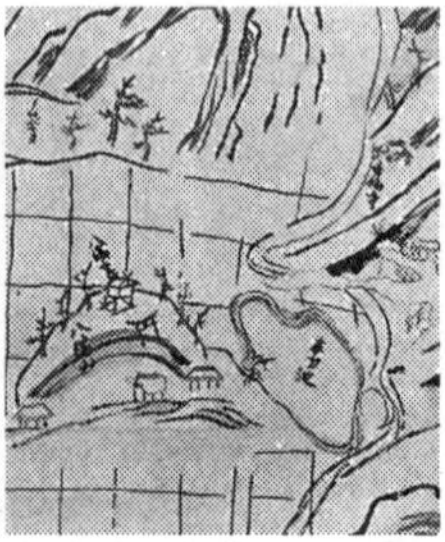

▶備中国足守荘絵図。半刀池の部分。

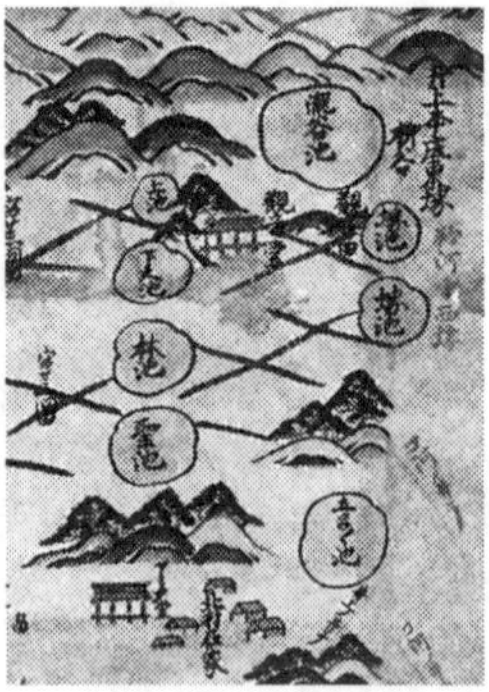

▶紀伊国井上荘絵図（部分）。桛田荘の近くに位置する荘園を描いたもの。多数の溜池を描いているのが特徴。中世において紀ノ川北岸の荘園が溜池灌漑に多くを依存していた状況を知り得る。

池の表記がない、まさに水の問題ですね。それから畑の問題、耕地のあり方ね、要するに村落で重要なのは、在家とか宗教的な機関に加えて、生産のあり方でしょう。それらが絵図の中にどのように描かれているのかということを検討しないと荘園村落をイメージすることにはならないんだろうと思うんですね。

樋口　荘園村落ということばとか領域型荘園ということばとかが、とても大事だと思うんですよね。これらのことば自体が成り立つかどうかということが問題になってくるのでは。竹内理三先生がよく「最近、領域型荘園ということばを見かけるが、そういうことばははたしてどうだろうか」ってよく仰ってましてね、それが耳に残っていて、ついこだわってしまうのです。

佐藤　私も賛成ですね。そこらへんはきっちりやらないといけないと思う。絵図を扱うときに何の気なしに荘園村落と書くことが多いですからね。荘園村落といわれるものの構成要素っていうのかな、どんなものがあるのか。村の生活があるというならば、耕地と用水と、そして中核的な、精神的バックボーンすなわち神社・寺院と、さらにいえば、周りの山々ですよね。生産と再生産の関係を支えているものを探り出す必要がある。山だって、単に山じゃないんでね。民俗学の成果を応用してくれれば、村人が住んでいる村・野良・原、さらにその奥に山っていうのがある。奥山は民衆にとっての逃げ場所で

「ムラ」の領域の模式図
— 福田アジオ『日本村落の民俗的構造』（弘文堂, 1982年）による.

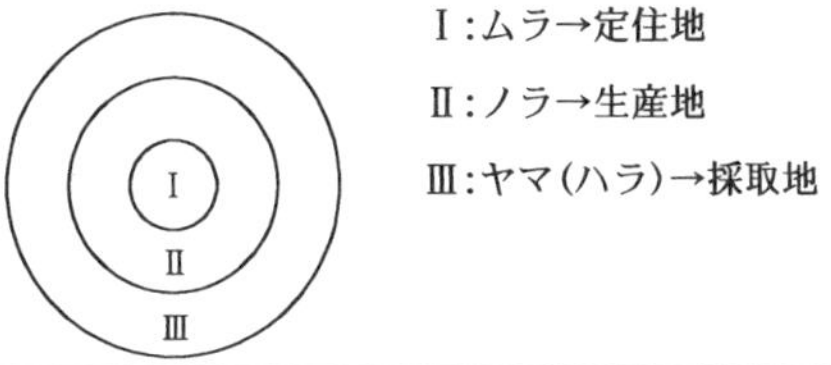

すよね。民衆の抵抗の場です。生産と抵抗の場も追究したいですね。

松井　木村礎さんは『村の語る日本の歴史』[①]の中世村落の中で骨寺村絵図を載せています。

佐藤　載せるには何かわけがあるんでしょうね、『村の語る』歴史を書いているわけだから。荘園史でやれるのか、村落史か。そして荘園史と村落史がどう重なるのかということが問題なんでしょうね。

松井　荘園村落といった場合には、やはり中世村落という意味合いが強いですね。古代村落と中世村落といった具合に…。

佐藤　されますね、対比的にね。

樋口　ですがね、僕なんかが教わった頃は、日本はヨーロッパとは違って、村落と荘園は別なのだといわれていましたが、それなのに荘園村落ということばが使われるのは何故だろうかと思っていました。

佐藤　三圃制云々から始まったヨーロッパ荘園史のスタイルに問題があると思いますよ。ヨーロッパ型をそっくり持ってきただけでは、日本の荘園制・村落のあり方は理解できないという研究史上の反省点があったんだろうと思うね。世界史の教科書に三圃制の絵が描いてあって、教会が書かれていて、こういうのがマナーだと、これが日本の荘園を考える時に一つのヒントになりますよという授業を僕らは受けましたよ、中学・高校で。一九五〇年代です

①木村礎『村の語る日本の歴史』（そしえて、一九八三年）。

三圃制

	1年目	2年目	3年目	4年目
耕地A	冬作	夏作	休耕	冬作
耕地B	休耕	冬作	夏作	休耕
耕地C	夏作	休耕	冬作	夏作

耕地を三分し、冬作物（小麦・ライ麦）の畑、夏作物（えんばく・大麦）の畑、休耕地（家畜の放牧）として輪作を行う。

ね。しかし、特に六〇年代以降の歴史教育・研究のなかでヨーロッパ型にモデルを取るのもいいけれども、日本の荘園や村落を研究するなら日本の村落史のなかでものごとを考えようというふうに変わってきたと思うんですよ。古代村落・中世村落の研究が進められ、展開されてきたわけです。とても難しいですよ。

石附 四至牓示図にしろ相論図にしろ、絵図は荘園の領域的支配を正当化するのが第一義的な製作目的だった。ですが副次的には、田畠や宗教施設など民衆の生活や社会の状況を伝えてくれる情報も描かれているわけでしょう。絵図以外の関連史料を活用すればそこらへんのことがもっと明確に浮かび上がってくる可能性もあるんじゃないでしょうか。教育の場でも、領主権力側の絵図の作成目的を諸説含めて説明した上で、でも絵図には荘園の人々の生活を具体的に伝えてくれる情報も含まれているんだぞ、と教えるべきなんでしょうね。

堀内 ところで、二枚の絵図が残っているという点をどう説明するか、いろんな考え方があるようですね。

松井 一つ疑問なのは、宝来山絵図というのは神護寺絵図を写したというふうなことになれば、そう簡単に神護寺のところで見せてもらって写せるものなのか、そこはあまり明確じゃないんです。小山氏の説でいくと、十五世紀の段階で、神護寺のところに在地荘民が行って描くことが可能か、また絵図を借り出せたのか、そこらへんがよくわからないんですね。

佐藤　絵図というのがどういう利用価値があったのか、特に誰が見ることができたのかっていう論点が大切なんでしょうね。神護寺領の荘園制的な支配を展開するためには、ものすごく重要なものだったはずだからね、在地の人が出かけて行って、見せて下さいと頼む時、そのときにどういう手続きが必要なのかっていうことなんですよ。

松井　村や神護寺にとってこれだけ重要だとすれば、借用書が残っていてもおかしくはないですよね。十五世紀ぐらいですからね。

佐藤　例えば、神護寺の方に宝来山神社から誰々某が来た、絵図を写したいと申請しているとか、何か記録があってもいい。許可するかどうか神護寺の内部で議論があった場合、評定の記録とか残っていたっていいはずだ。

松井　それから二枚同時に作成したとすると、二枚の絵図は微妙に違いますよね、見た感じでも違うんだけれど、神社の描き方とか、お寺のお堂の描き方なんかも、そういう違いが出てくるというのも変だなと思う。

佐藤　案文だという説だったら、同じじゃないと困るよね…。とにかく、非常に素朴に思っている疑問は大切にしないといけないと思うんですね。誰が絵図を見ることができたのか、これは大切な論点ですね。訴訟になれば、幕府

▶神護寺（京都市右京区梅ケ畑高雄町）。和気氏により建立され、空海が住んでいたこともあった。平安中期以降荒廃したが、文覚により再興された。

や朝廷の役人が見たかも知れない。いろんなことが考えられるけど、実際に絵図を見るチャンスはそんなにないと思う。これが歴史教科書に載っていると、誰でも見ることができたのではないかと錯覚しちゃうんじゃないの。歴史教育において荘園絵図はビジュアルに荘園を捉えるのに有効ではあるけど、教科書に出てくるような形で当時の人々が見ているわけじゃない。絵図を作成し利用する主体を考慮すれば、絵図は極めて特権的というか階級性の強い産物なんだと思いますね。とにかくそういった素朴な疑問というか、原点に戻って考えていく必要があるんだろうと思いますね。

歴史教育と荘園絵図

堀内　桛田荘絵図に関して、歴史学の研究史における位置づけの問題から、教育現場でどう教えるかという議論に移ってきたようです。それではここで鈴木さんに、歴史教育と桛田荘絵図の問題について報告していただきたいと思います。なお、鈴木さんは、『社会史と歴史教育』[①]という著書の中で、桛田荘絵図を用いた日本史の授業の実践について報告をされています。

▶宝来山神社（和歌山県伊都郡かつらぎ町笠田）。桛田荘絵図に描かれた「八幡宮」に相当する。

①鈴木哲雄『社会史と歴史教育』（岩田書院、一九九八年）。

桛田荘絵図をどう教えるか

ここでの報告は、私がこれまでに教材化し、実践してきた荘園絵図に関わる議論を総括しようとするものである。これまでに発表してきた教材論や教育実践は、拙著『社会史と歴史教育』に収録されている。

一、教材としての荘園絵図

私が荘園絵図、なかでも紀伊国桛田荘絵図を、中世の荘園制あるいは荘園公領制についての基本的な教材とすることができると考えた前提には二つのことがあった。一つは教員になってから、講義式の授業に加えて生徒自らが主体的に学習に取り組むことのできる具体的・具象的な教材、例えば可視的教材がどうしても必要であると考えたこと。第二に社会史の成果として、「具体的な民衆像を語ることのできる『史料』（教材）が多様」となり、絵巻物や絵図などの絵画史料が歴史研究の手続きと成果を踏まえれば、教材としても有効なものとなったと判断したためである。

二、「荘園」の位置づけ

日本史の授業における「荘園」の扱いは、いまだ類型論を引きずっているが、すでに河野通明氏や小山靖憲氏によって発展段階論的な再構築案が

歴史教育における荘園制の議論の流れ
（鈴木哲雄『社会史と歴史教育』による）

七六年　河野通明「『平安時代』をこう教えよう」（『歴史地理教育』二五二）
七八年　『高等学校学習指導要領』「社会科日本史」で「荘園」が欠落。
七九年　岩田健「私たちは中世をどう扱ってきたか」（『歴史地理教育』二九一）
八〇年　大阪府歴史教育者協議会日本史部会「日本前近代史学習をどうすすめるか（一・二）」（『歴史地理教育』三〇八・三〇九）
八一年　小山靖憲「古代荘園から中世荘園へ」（『歴史地理教育』三二九、のちに『中世寺社と荘園制』〈塙書房、一九九八年〉に所収）
八六年　木村茂光「荘園ってなんだ」（『歴史地理教育』三九五）
（座談会）「歴史学と歴史教育のあいだ」（『歴史学研究』五五三）
［出席者］石渡延男・本多公栄・峰岸純夫・安井俊夫［司会者］小谷汪之
八七年　保立道久「中世史研究と歴史教育」（『歴史学研究』五六九）
八八年　石井進「中世の荘園と村」（網野善彦ほか『日本中世史像の再検討』山川出版、所収）
八九年　『高等学校学習指導要領』「地理歴史科日本史B」の古代の項目説明として「荘園と公領の変遷」が取りあげられる。ただし項目としての復活ではない。
鈴木哲雄「中世社会像の再構成をめざして」（『歴史学研究』五九六）

提示されており、それらに従って、私の場合は「免田型荘園」から「中世荘園」という授業構成を考えたのであった。実践では、摂関期の荘園と中世荘園の相違点を発展段階的な視角から考えさせることに重点をおいたのである。具体的に開発した教材とその構成は、摂関期の荘園のところで越後国石井荘の「想定絵図」を作成し、中世荘園の具体的な様相を学習する教材として桛田荘絵図を位置づけ、石井荘と桛田荘との比較から、中世荘園の性格である「領域型荘園」を発見していくというものであった。

三、中世荘園の教材化に関わって

以上のような教材構成と授業実践に対しては、加藤公明氏・木村茂光氏・今野日出晴氏らによる批判がある。加藤氏の批判は、教師の教えづらさと生徒のわかりやすさは別問題であり、生徒の視点からは荘園の経営の問題ではなく、民衆の生活の場である村落が教材とされる必要があるというものであった。木村氏は、「荘園」が教えづらいなら「荘園」は教えない、つまり、古代は「班田制／墾田制」、摂関期は「公領支配」そして中世は「荘園公領制」と整理すれば、どの時代にも登場してしまう「荘園」は教えなくてすむわけで、歴史的な事実からいってもそれの方が正しいというものである。また今野氏の批判は、小山氏が摂関期を「免田・寄人型荘園」と呼んだものを、私が「寄人」をとって「免田型荘園」としたことに間違い

九〇年　〈教科書〉三省堂『詳解日本史』（木村茂光《ほか》）が「荘園公領制の展開」を中世の冒頭におき、「院政と平氏政権」を中世に組みこむ。
　鈴木哲雄「摂関期の荘園と中世の荘園」（『房総史学』三〇）
　加藤公明「歴史教育の再生と歴史学」（『地方史研究』二二八）

九一年　木村茂光「『荘園』をいかに教えないか」・今野日出晴「荘園公領制をどう教えるか」（『人民の歴史学』一〇七）
　鈴木哲雄「荘園っていうのは広い土地のことか」（『千葉史学』一八）
　鈴木哲雄「公田制から荘園公領制へ（上・下）」（『歴史地理教育』四七七・四七九）

九三年　木村茂光「中世社会の成立と荘園制」（『新しい歴史教育』二、大月書店、所収）

九四年　〈教科書〉日本史Aで三省堂『明解日本史A』（木村茂光《ほか》）が、日本史Bで日本書籍『新版高校日本史』（小山靖憲《ほか》）が「荘園公領制の成立」を中世の冒頭におき、「院政」を中世に組みこむ。また帝国書院『新考日本史B最新版』（上横手雅敬《ほか》）は「院政」のみを中世に組みこむ。

九五年　〈教科書〉清水書院『詳解日本史B』（安田次郎《ほか》）が「荘園公領制の成立」を中世の冒頭におき、「院政」を中世に組みこむ。

九六年　〈教科書〉実教出版『高校日本史B』（峰岸純夫《ほか》）が「荘園公領制の成立」を中世の冒頭におき、「院政」を中世に組みこむ。

がある、「寄人」を無視しては、中世の荘園公領制成立の意義を学ばせることはできないというものであった。

こうした批判を踏まえて、その後私は、古代の「荘園」と中世荘園とを明確に区別するために、古代荘園（初期荘園）には「荘園」の言葉は使用せず、「墾田」あるいは「荘」と呼び、「荘園」の用語は中世に限定して使用するという用語の整理と、住人等解を教材とした中世初期村落を授業構成に組み込んだのである。

四、教育的視点

最後に、荘園絵図を含む絵画史料の教材化にあたっての教育的な観点について整理しておきたい。

第一は、絵画史料の教材化で留意すべきことは、「同時代史料」であることが望ましい。後代に作成された絵画史料の場合は、相当の史料批判の手続きが必要となるためである。第二には、伊藤循氏がすでに論じているように①、教材としての絵画史料は生徒の興味をそそる魅力的なものであり、多くの生徒が自由な発想を容易にできるものであることがのぞましい。その点で、情報量のあまりに多い史料は教材としては不向きである。なお、千葉県歴史教育者協議会日本史部会編『絵画史料を読む日本史の授業』②も、絵画史料の教材化の可能性を検討している。

①伊藤循「銅鐸絵画を読む」（『千葉史学』一四、一九八九年）。

②千葉県歴史教育者協議会日本史部会編『絵画史料を読む日本史の授業』（国土社、一九九三年）。

③高橋昌明代表『荘園絵図の史料学および解読に関する総合的研究』（滋賀大学教育学部、一九八五年）に所載のトレース図は以下の通り（絵図の名称もトレース図に掲げられたものに従う）。紀伊国神野真国荘絵図・備中国足守荘絵図・紀伊国桛田荘絵図（神護寺蔵）・紀伊国高家荘絵図・高山寺々領牓示絵図・神護寺寺領牓示絵図・主殿寮御領小野山与神護寺領堺相論絵図・越後国奥山荘波月条近傍絵図・越後国奥山荘与荒河保堺和与絵図・

第三に、教材化に適した荘園絵図としては、利用しやすいトレース図版があることが重要であり、いまのところ左記のような図版が入手可能である。

a科研研究成果報告書『荘園絵図の史料学および解読に関する総合的研究』に十八点③（吉田敏弘氏トレース）

b国立歴史民俗博物館企画展示『荘園絵図とその世界』に十九点④（吉田氏・高島緑雄氏・小島道裕氏トレース）

これらトレース図のうち、情報がある程度限られており、教室のすべての生徒に理解できるものを教育的な観点から選択する必要がある。

（鈴木哲雄）

佐藤　生徒の興味をそそって、魅力的で多くの生徒が自由に発想できるような荘園絵図は何かっていうときに、鈴木さんが言うところでは桛田になっちゃうわけね。

鈴木　他の荘園絵図を教材化している方もきっとおられると思います。奥山荘の波月条の絵図からは、荘園そのものというよりは、市を見つけたりとか何かできると思います。それから日根野村の絵図はものすごい情報量で、その情報量をしぼりこむのが大変だと思います。あとは富田荘絵図だとかは、大

讃岐国善通寺近傍絵図・和泉国日根野村絵図・近江国葛川下立山絵図・近江国葛川絵図・薩摩国伊作荘日置北郷下地中分絵図・尾張国富田荘絵図・紀伊国井上本荘絵図・近江国菅浦絵図・近江国比良荘絵図。

④『企画展示荘園絵図とその世界』（国立歴史民俗博物館、一九九三年）に所載のトレース図は以下の通り（絵図の名称もトレース図に掲げられたものに従う）。伯耆国東郷庄絵図・尾張国富田庄絵図・紀伊国高家庄絵図・和泉国日根野村近隣絵図・和泉国日根野村絵図・紀伊国桛田庄絵図・山城国神護寺与小野山堺絵図・備中国足守庄絵図・紀伊国神野真国庄絵図・薩摩国伊作庄内日置北郷下地中分絵図・越後国荒川保与奥山庄絵図・越後国奥山庄波月条絵図・近江国菅浦与大浦下庄堺絵図・伊予国弓削島庄下地相分差図・武蔵国鶴見寺尾絵図・紀伊国井上本庄絵図・近江国葛川明王院領絵図・近江国比良庄絵図（二種）。

学生ならできるでしょうけど、高校でやるとなったら…。条里の形が分かったりとか、地形を図面の川との関わりで、どっちから開発されたのかなどと実践していくことができるかもしれませんけど、どこまでやれるか…。高校ではあと東郷荘の絵図を下地中分の教材とすることはこれまでもなされていますが、これも情報量が多すぎちゃう…。でも四至牓示図っていうのは、ある面で目的が限られているという点があるもんですから、桛田荘絵図はまさに分かりやすい。伊藤さんが指摘した、今日の生徒の興味をそそるもの、生徒が自由な発想を容易にできるものに近いものであると思います。

佐藤　要するに情報量としても多くもなく少なくもなく、一つのまとまった授業の中で展開できる、そういう素材としては、高校の歴史教育の場合には桛田荘の絵図がまあ今のところ一番良いのではないかということですね。

鈴木　それと現在の地図とも合わせられますからね。

石附　地理の授業とタイアップして、当該地域の現在の地形図などを生徒と一緒に読み取る作業をするといいかも知れませんね。河岸段丘だとか、傾斜地での果樹栽培など、この地域の現在の地理を知ると、生徒たちにとってもイメージがもっと具体的になるんじゃないでしょうか。無論、現在と中世では産業の形態が全然違いますけど…。

佐藤　文部省の言う総合学習になるね（笑）。

▶桛田荘の現況。背山から紀ノ川の方角を望む。

土屋　桛田荘絵図は領域型荘園を表す典型的な絵図であるとよく言われます。鈴木さんの授業は、そうした抽象的な概念をいかに生徒につかませるかに苦心されたすばらしい実践だと思います。しかし、私はその典型的な絵図という点にどうしてもひっかかってしまうんです。松井さんの報告にもありましたように、近年ではこの絵図を相論図としてとらえる視点も出てきています。これはこの絵図だけでなく、絵図の教材論・資料論としても言いうることだと思うのですが、絵図を典型的な何々としておさえてこれを教えたり研究しようとした時、どうしてもそのドグマから自由になりにくいと思うんです。ちょっと大げさに言えば、絵図に秘められた無限の可能性を閉じてしまうことになってしまうのではないかと思うんです。授業でもこの謎の絵図について考えるんだくらいの姿勢で臨めば、そこから研究者も気づかなかった新しい視点が出てくる可能性も十分にあると思うんです。

佐藤　四至牓示図としては疑問点が多いっていう、そこらへんをもうちょっと詳しく…。

土屋　松井さんの報告に尽きるんですけども、これまでの説の多くは、桛田荘絵図を立券図・四至牓示図とする根拠として、「延徳三年注文」に記された元暦元年の日付のある立券記事に依拠してきたわけですが、この記事は同時代史料ではありませんし、これだけを根拠とするにはいささか心許ない。服部

▶桛田荘の現況。背山から「大豆畑中山」の方向を望む。

さんは、近年の論文でこの「延徳三年注文」を近世の偽文書であるという説を提示しているくらいです。近年、黒田さんも指摘していることですが、これまでこの絵図は、絵図に即した研究がなされてこなかったように思います。

錦　歴史教育の現場の教材に使うとはいえ、やっぱり史料批判というのは必要だし、結論が出てない場合でもそれを承知した上でやった方がいい。肖像画なんか、今そうですよね。頼朝の肖像画なんかも…。

土屋　桛田荘絵図の作成時期は、現在のところわからないというのが現状です。戦前に西岡先生が提示された、後白河院から神護寺に寄進される寿永二年(一一八三)以前に地方豪族から権門に寄進され立券された時に作成されたという説が長らく踏襲されてきて、七〇年代になって鈴木茂男さんが西岡説を批判して元暦元年(一一八四)の立券時に作成されたという説を提示しました。八〇年代になると小山さんと木村さんが、この絵図の研究をリードすることになるんですけども、小山さんは神護寺絵図を元暦元年の立券時、宝来山神社絵図を中世における桛田荘と静川荘との用水相論時に作成されたとし、木村さんは神護寺絵図を長寛二年(一一六四)に蓮華王院領として立券された時、宝来山神社絵図を南の渋田荘との紀ノ川南岸の氾濫原をめぐる相論が終息した長亨二、三年(一四八八〜八九)から延徳三年(一四九一)頃の作成としました。こうしてみますと、一九八〇年代までの研究は、神護寺絵図に限って言

▶桛田荘の文覚井。静川から丘陵部を越えて桛田荘に水をもたらしていた重要な用水路。文覚によって開削されたとの伝承を持つ。

えば立券図・四至牓示図であったという西岡説を継承し続けてきたことがわかります。しかし、一九九〇年代に入り服部さんと黒田さんが、この絵図を相論図として読むことができるという可能性を示されて、立券図・四至牓示図としてとらえてきた従来の研究に再検討を加えなければならないということがわかってきた。

鈴木　そうすると、私の授業はもともと古い研究に乗っかっていた…。

佐藤　八〇年代に位置づけられちゃったな（笑）。

鈴木　ええ、今やや り直しが必要ですね。いわゆる中世の領域型荘園の典型的な姿であると考えていましたので、そこが崩れると、ここで扱うというわけにはいかなくなります。ただ、中世のどこかの段階でできていれば、その段階での荘園についての読み取りやすい絵図であることは確かです。

樋口　だから授業で扱うというようなときは、それをみんな含めて話してよいのではないですか。これまでの研究段階ではこういうふうになっているけれど、今は、ちょっと疑問が出て、絵図というのは読み方が変わって来るものなのだよ、とかいって…。例えば桛田荘の絵図は四至牓示図とみると、非常に分りやすかったけれど、最近ではちょっとまた変わってきたといった具合に、また一つの授業を展開できる。そうでないと、これは使えないからっていうことになって…。

▶宝来山神社隣の神願寺に立つ文覚の顕彰碑。平家物語に登場する荒法師文覚は、桛田荘を神護寺領に組み入れるなど神護寺の再興に大きく貢献した。

佐藤　もったいないですよね。

石附　だから、四至牓示図っていうのは疑問が出てくるかも知れませんけど、牓示が描かれているっていうことは事実ですから、牓示とは何か、牓示とは大切なもんなんだ、という素材には当然なりますよね。

土屋　やはり桛田荘絵図を考える場合、五箇所の牓示のもつ意味は重要だと思います。黒田さんは、この絵図を「四至牓示図もどき」「立券図もどき」の絵図だと言われるわけですが、この「もどき」という視点はとても面白いと思うんです。私は、この絵図は相論図だと考えているんですが、なぜこの絵図が「四至牓示図もどき」「立券図もどき」に描かれたのか。こうした視点からも牓示のもつ意味を追究できると思います。

佐藤　相論のときに牓示が必要だっていうことになってくれれば、相論図で展開できるよね。立券のための必要条件かどうかっていうことは、そこで留保すればいいわけでしょ。

樋口　土屋さんから桛田荘民にとっては川の水が問題だという観点から牓示に注目させたいという、お話をうかがったことがありますが。

佐藤　水をこっちに取り込みたいわけでしょ。その牓示は向こうに打ってある……。

樋口　そっちの方面から牓示を攻めていくという見方ですね。

▶播磨国鵤荘（兵庫県揖保郡太子町）内の檀特山（鵤荘絵図では「行道岡」と記す）の頂上にある馬蹄石。聖徳太子はここから岩を投げ飛ばし、それが落ちたところが鵤荘の境界となったという。

鈴木　要するに荘園という場合、教科書に載るものでは具体的には何のイメージもないんだと思います。ところが村がその中にあったり、田圃があったりって、具体的にイメージできて、まさに民衆の生活の場としての荘園というんですか、そういうものに近付きうる絵図の一つが桛田荘絵図であるということは、確実です。文献史料で荘園に関わるものを使ったりできますが、具体的にイメージを浮かび上がらせるまでの手続きの大変さを考えた時に、取っつきやすい絵図だと思います。生活している場というものを具体的に捉えることができるわけです。

樋口　荘園絵図と歴史教育の問題というのは、荘園制の展開といい、生活の場といい、結局、現在の荘園絵図研究の動きと同じですよね。

佐藤　うん、従来は荘園制の発達段階に従って、例えば四至牓示図がありますよ、下地中分図がありますよって、そういう研究の段階があったんじゃない。それも重要だけど、荘園絵図っていうのは民衆生活の場をどう描き、どういうような意味がこめられているのか、もっとはっきり言ってしまえば、中世人がどういう空間認識を持っていたのかっていうことまで捉えていくような水準に、今の研究はたどり着いてきたんじゃないの。発展段階の上に絵図を置く作業は、ある研究水準では絶対必要だったんだよね。しかも荘園の展開を検討する際には、絵図の展開を見て行けば、荘園制そのものの発展という

▶鵤荘の牓示石の一つ（佐用岡字宮ノ本）。聖徳太子が檀特山頂から投げた石の一つがこれだという（ただし鵤荘絵図に記載されている牓示との関係は不明）。現在でも全国各地で牓示石が神聖視され大切に保存されている場合があり、荘園の牓示がいかに重要なものであったかを示している。

か変質・崩壊までが分かるんだっていう、共通認識がやっと形成されたと思います。さらに荘園絵図には、実は中世民衆の生活の場が描かれていると、こういうことになってきた。もう一歩突っ込んでね、やっぱり荘園絵図は、領主とね、領主とそこに住んでいる人たちとの支配・被支配の緊張関係そのものの表現だと思いますよ。絵図を検討すれば民衆生活の場はある程度まで理解できますね。それは、領主と荘民との関係の具体的表現であると捉えないと、葛川の絵図なんていうのは理解できないですね。

樋口　民衆の生活の場の問題ですが、小山さんが研究史を整理されたときに、はたして荘園絵図の中に民衆生活の場が読めるか、と率直に問題を提起されてますよね。デフォルメ、虚偽の部分というものを重視すべきだと。①

佐藤　小山発言は重要な問題提起ですね。民衆生活が読めることにはなってきたといっても、ストレートには読めませんよね。読めるか、はい、読めるでは話にならないんでね。どのように読めるかっていうことだよね。そこには、さまざまな史料操作とか、情報操作とかそういうものが必要です。民衆の生活の場として読むっていうのは、そう簡単なものじゃないですよね。例えば、葛川明王院の絵図一点とったって、炭焼き窯が描いてある。あの焼き窯はなぜ書き込まれているのか。その理由は何か。注の朱筆によれば、それは行者が壊したのだと。そういうようなことが書いてありますよね。十三世紀末の

①小山靖憲氏は「荘園絵図の史料学」（『中世村落と荘園絵図』東京大学出版会、一九八七年）において、歴史学が絵画史料への関心を深めてきた背景に社会史の流行があるとし、「『社会史』のめざす一つの方向が、民衆生活を具体的に把握するところにあるとすれば、伝統的な古文書や記録（日記）以外の史料の活用が不可欠であって、絵画史料などは格好の素材だと考えられるからである」と指摘される。しかし「客観的な絵図などというものはそもそも存在しない」「荘園絵図には虚偽的な性格があるといわざるをえないが、それは現実の絵図においては図像の誇張や歪みとして現われるはずである。ここのように考えると、構図や図像のデフォルメを紙面の制約とか当時の人々の空間認識などに直ちには解消できないのであって、絵図の虚偽性は根本的には領主間あるいは共同体間の対立、さらには階級的な利害にもとづいていると判断される。この問題は相論図に著しいとはい

山間の村落における生業形態まで読むっていうのは、そう簡単なことじゃない。どうして葛川において、そういう炭焼き窯が必要なのか。これは京都との生活圏の問題として、それを読まなくちゃいけないんだということまでは言われているけども。図からだけでは、なかなかそこまでは読めない。絵図中の情報をまず正確に読み取ること。例えば葛川明王院だったら、あそこに朱書きで書いてある詞書をキチッと読み取ることと、さらに絵図がかかれたところの社会経済的な状況、流通路の問題、それから京都という都市と葛川という村落との交流の問題ね、そこまで読み込まないと、あの朱筆の一行だってほんとは理解できないんじゃないかな。樋口さんが今言ったように、絵図をどう読んでいくか、その時、民衆の生活が分かるかどうか、どうすれば分かるかが問題になるね。そういうふうに論を展開してもらいたいんだなあ。歴史教育の場でも、絵図に関連する多くの情報をどのように活用するかを検討する必要がありますね。

え、それにとどまらず他の絵図についても大なり小なり指摘できるのであって、絵図の作成目的に一定の政治的主張や結着がふくまれる限り避けがたい宿命だといえよう」と絵図読解の難しさについて注意を喚起されている。

▶近江国葛川相論絵図（彩色絵図）に描かれた三基の炭竈。朱書きで「此炭竈ハ文永六年行者打クッサル、炭竈也、依之伊香立訴申、此辺ニモ、ノ木少々在之」と注記する。

古代の開田図――出版と研究

堀内 ここで古代史の方の絵図研究の特質をお聞きしたいんですが。村岡さん、お願いします。

古代開田図の公開と研究の進展

古代史では初期荘園研究の一環として荘園絵図に触れることは多かったが、絵図そのものの史料学的研究は、中世史と比べていささかスタートが遅かったと思われる。

その第一の背景は、開田図などの研究者へのきちんとした公開に時間がかかったことである。開田図の中には一畳以上もの広さになるものもあり、これを調査し正確に写し取り一般に公開するのは大変な作業であった。開田図はずっと東大寺東南院に残されてきたが、明治のはじめに正倉院に移管された。それ以降ほとんどみる機会がなくなり、写真なども無く、西岡氏が苦労して模写本を作成されたが、これも一般の方には広くは知られないままだったと思われる。すなわち開田図の存在は知られていても、その具体的な内容はわからないという状態がしばらく続いたのである。やっと一九六五年になって東大寺開田図の写真版が出版され[①]、翌年に『東大寺文書之四（東南院文書之四）』として開田図の釈文が出版された[②]。なお、この写真版が出版される前に、弥永貞三氏が『奈良時代の貴族と農民[③]』を発表し、その中で開田図（近江の水沼・覇流と越前の道守の絵図）を使って当時の村落論を展開し、東大寺の初期荘園を紹介している。これが開田図を使った本格的研究のスタートであったといえよう。

中世では各絵図の作成目的とか作成時期などが不明な場合が多く、そういった問題を描かれた内容の中から読み取ることを通じて、絵図の史料学的な研究の進展が図られてきた。しかし古代の開田図に関していえば、これは律令国家の公文書として作成され、作成時期や作成主体は明確で、その時期の政治状況や班田の時期などをみれば作成目的も推測がつく。よってこれに関する大きな論争は起こりにくい状況にあった。さらに、開田図に記載された面積などの情報は、開田図とは別の文字史料が残っている場合があり、絵図そのものを見ることなしに数値分析が可能な場合が多かった。戦後の初期荘園研究は経営実態や労働力編成などの問題が主流であり、その分析のためには開田図を広げてみるより、数値のみ記載してある国司解などを使った方が簡便であったともいえる。このような事情も開田図の

①『大日本古文書　東大寺文書之四』（図録東大寺開田図）（東京大学出版会、一九六五年）。
②『大日本古文書　東大寺文書之四』（開田図釈文）（東京大学出版会、一九六六年）。
③弥永貞三『奈良時代の貴族と農民——農村を中心として——』（至文堂、一九五六年）。

史料学的な研究がやや遅れてスタートしたことの背景として考慮すべきであろう。①

　しかしその後、一般研究者への史料の公開が、大きく進展していく。『絵図集成』で西岡本の写真が公開されたが、その頃から県史の編纂も盛んになり、『富山県史』②にも越中の開田図が収められている（ただその釈文は大日本古文書の『東大寺文書』をコピーしたもの）。さらに八〇年代後半から九〇年代にかけて『福井県史』が出版され、これには越前の開田図の一部について、原図のかなり鮮明なカラー写真が収められた。③これには詳細な解説が付され、開田図を対象とした研究は大きく進展した。現在では東大出版会から『日本荘園絵図聚影』が刊行中で、古代開田図を含む全国の荘園絵図の鮮明な写真を見ることができるようになりつつある。

　このように古代の絵図が、広く一般の研究者に公開されたことにより、今後は、図として描かれた情報を読み取るより緻密な作業が行われていくことが期待される。

（村岡薫）

堀内　現在のように原図の鮮明な写真が刊行されると、西岡本は存在価値が低くなってしまうんでしょうか。

村岡　西岡本の方は書写する際に、原図の薄い部分をかなりはっきり描くとい

①初期荘園の研究史については、加藤友康「初期荘園」（『岩波講座日本通史』五〈古代四〉〈岩波書店、一九九五年〉所収）、小口雅史『デジタル古文書集日本古代土地経営関係史料集成―東大寺領・北陸編―』（同成社、一九九九年）「論考編」などを参照のこと。

②『富山県史』史料編一（古代）（富山県、一九七〇年）。

③『福井県史』資料編一六上〔絵図・地図―複製図〕（福井県、一九九〇年）。

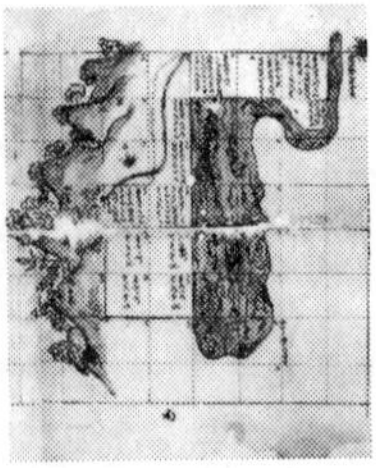

▶越前国坂井郡高串村東大寺大修多羅供分田地図（天平神護二年〈七六六〉）。沼を思わせる低湿地や海岸段丘が絵画的に表現されている。

う工夫をしています。原図のモノクロ写真では不鮮明な部分も、西岡本でははっきりしている場合があるんですね。勿論誤写した部分のある可能性も考慮しなければなりませんが、原図を実見することが事実上不可能になった今、依然として西岡本の利用価値は大きいと思いますね。少なくとも原図の写真と西岡本を比較する作業は不可欠でしょう。

堀内　今後は開田図を対象としてどういう研究が大事なんでしょうか。

村岡　一つには史料論的な取り組みが必要だと思いますね。これは石上英一氏などが強く主張されていることですよね。④絵図の描かれる手順や材質の問題など。現存する開田図はほとんど布が多いのですが、高串や水無瀬などは紙本です。布と紙の関係なんですけど、東大寺は院政期に二回にわたって調査を行って目録を作成し、それが『平安遺文』に収録されてますが、⑤それを見るとおおかたは布と紙のペアで残ってますね。現在紙本でしか残ってないものも、かつては布のものも両方あった可能性が高いと思いますね。紙で残ってるものを見るとどうも写しではないかと思われるものがありますね。水無瀬は原本だと思いますが、高串なんかは署名部分まですべて同一人物が書いているようで、どうも写しのようですね。ひょっとすると布の方が正本で紙は副本といった関係があったのかも知れません。それから布などはどこで調達したかという問題もあります。調や庸で徴収した麻布が使用されたと考え

▶越前国坂井郡高串村（福井県福井市白方町）の現況。九頭竜川の支流片川の上流方向を望み、遠方に浜島町が見える。奈良時代、この近辺には低湿地が広がっていた。

④石上英一『古代荘園史料の基礎的研究』上（塙書房、一九九七年）「序論――古代荘園図の再検討」。

⑤大治五年（一一三〇）三月十三日「東大寺諸荘文書并絵図等目録」（『平安遺文』五、二一五六号）、仁平三年（一一五三）四月二十九日「東大寺諸荘園文書目録」（『平安遺文』六、二七八三号）。

たいところですが、糞置荘の天平宝字の開田図なんかは調庸布の規格より少し大きい。つまり特別に作製した麻布だということですね。越中のものもすべて麻布のサイズが違ってます。寺側が用意したのか国衙が用意したのかわかりません。

堀内　歴史地理学の方では、開田図をどう扱っているんですか。

石附　歴史地理で古代の荘園絵図を扱う場合は、研究目的がすこし違うんですね。この分野では金田章裕氏が中心ですが、①つまり古代国家は土地をいかなるシステムで掌握していたかに関心があるんですね。やはり条里制研究が中心になるんですが、権力側の土地支配システムとしての条里プランというものが大前提になってて、開田図などはそれを明らかにするための重要な一つの素材として扱われている感じです。口分田も墾田もひっくるめた土地支配のシステムを明確にしようというのです。

村岡　条里そのものに関しても、はたしてあれがプランだけなのか、実際に地割りがつくられていたのか、そこだけでも大きな論争があるわけでしょ。ただ少なくとも越前等に関しては、その場所を今見る限りでは、条里の地割りの痕跡ははっきりしませんね。溝で境を作るとか畦を作るとか、そういったことがあの低湿地帯でうまくできるのか疑問です。②そうすると図によってしか把握しきれない部分が出てくるのかなと思うんです。

①金田章裕『古代日本の景観』（吉川弘文館、一九九三年）、同『古代荘園図と景観』（東京大学出版会、一九九八年）、同『古地図からみた古代日本――土地制度と景観――』（中公新書、一九九九年）。

②開田図に描かれた方格線は必ずしも実際の地割を表わしているわけではないことを明言したものとして、岸俊男「条里制に関する若干の提説――郷里制・条里制・条坊制――」（『日本古代宮都の研究』岩波書店、一九八八年）がある。この「方格線非地割説」の研究史と問題点については、金坂清則「東大寺開田図に描かれた方格線と条里地割――いわゆる方格線非地割説をめぐっての初歩的検討――」（『条里制研究』六、一九九〇年）を参照のこと。

小市　開田図には絵が描いてあるものと無いものがあるんですね。金田さんは、越前国の糞置荘の絵図が二枚あるのは条里プランの変更によるものだというんですが、これは絵図に描かれた山々と方格線の関係から導きだしている。確かに条里地割が現実に存在していたかどうかわからないような低湿地で条里制を機能させようと思ったら周囲の山などの自然景観が重要になってくるはずです。絵図を作成する上でも山や河川は重要な基準となっていたでしょう。ただ越前と違って越中の場合はほとんど方格線の図で構成されていて絵画的な要素が希薄なんですね。景観はほとんど入れない、川や溝や道路は描いてるんですが…。この違いをどう考えるか。越中国鳴戸村の絵図で班田図から写してきて一里ずれているのがありますね。明らかに写してきているのは分かるわけですが、もとの班田図に山などが描いてあったかどうかも問題になりますね。開田図をどう研究に活用するかということと同時に、どう読むかということが大きな課題ですね。

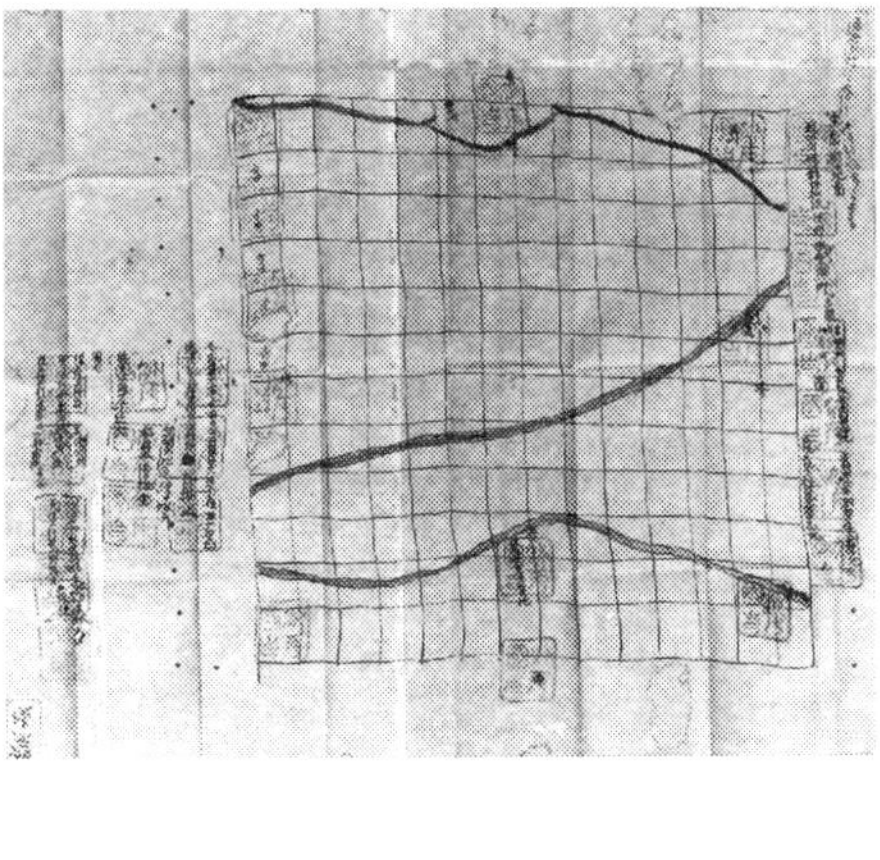

▶越中国砺波郡伊加流伎野地開田地図（天平宝字三年〈七五九〉）。越中国の開田図は越前国と比較して絵画的な要素が希薄である。

初期荘園の概念を見直す

堀内　古代史の方では今名前があがった金田氏や石上氏が中心になって『日本古代荘園図』[3]を刊行され、また石上氏はさらに『古代荘園史料の基礎的研究』[4]

③金田章裕・石上英一・鎌田元一・栄原永遠男編『日本古代荘園図』（東京大学出版会、一九九六年）。

④石上英一『古代荘園史料の基礎的研究』上・下（塙書房、一九九七年）。

という大著をまとめられましたね。

石附　石上氏のこの著作の大きな特徴は、従来初期荘園研究の中心だった北陸の東大寺領荘園を全く取り上げていない点ではないでしょうか。史料の残存性からどうしても北陸の東大寺領を典型的な初期荘園と考えるのが一般的だが、果たしてそうなのか。もっと多様な古代の土地所有の形態を検出していく必要があるのではないか。そういう観点から古代の荘園図の研究の重要性を提起しておられるようです。

佐藤　石上氏がそのような研究意識を持つに至った理由に何かあるんですか。

石附　石上氏の初期の研究の官奴婢の論考①以来一貫した日本の律令制に対する問題意識があるんだと思います。中国の制度が日本に移入されてポンと律令制へと革命的に変わってしまったわけではない、律令制が成立しても水面下では六・七世紀以来の古い体質が脈々と生きているんだというわけです。

堀内　古代史全体でそういう理解が広まっているんですか。

石附　だんだんそうなっていると思います。九〇年代の古代史研究で最大の成果はやはり長屋王木簡の発見でしょう。長屋王の家政組織の巨大さにまず驚嘆したわけですが、それをよく調べると律令制以前の伝統的な豪族的所有の系譜を色濃くひいている②。私たちは学校の授業で、八世紀になったならば、律令制が完成し公地公民になる、しかし徐々に崩れていって墾田永年私財法

①石上英一「官奴婢について」（『史学雑誌』八〇－一〇、一九七一年）。

②木簡により判明した長屋王家の家産の実態に関しては、近年多数の論著が発表されているが、代表的なものとして、森公章「長屋王家木簡と田庄の経営」（皆川完一編『古代中世史料学研究』上〈吉川弘文館、一九九八年〉所収、後に森公章『長屋王家木簡の基礎的研究』〈吉川弘文館、二〇〇〇年〉所収）、寺崎保広『長屋王』（吉川弘文館、一九九九年）などがあげられる。なお従来の初期荘園論ではあまり触れられてこなかった王家・貴族・寺院の土地所有に関しては、鷺森浩幸「八世紀における王家の家産」（『日本史研究』四〇五、一九九六年）、同「古代における王家と大土地所有」（『日本史研究』四二八、一九九八年）が興味深い分析を行っている。

がでて私有地、つまり荘園が増えてくるんだと教えている。ほんとにそれが正しいのかということも考え直さなければいけない段階になってきたんだと思います。これは古代史だけの問題ではないんですが、歴史における「公」「私」の概念というものを再検討しなけりゃならなくなってきた。

堀内 いわゆる近代的な公私概念をそのまま古代や中世に遡らせるのはまずいですからね。

石附 長屋王でも天皇家でも、土地や人民を支配するというのは極めて政治的なものですね。古代の荘園についても、その政治性の強さを再認識する必要がありますね。そう観点からの研究は、実はかつて岸俊男氏がやられていたことですよね。③ 仲麻呂政権の動向と東大寺領荘園の関わりなど古典的な業績となっていますが、残念ながらこの視点は十分継承されてこなかったような気がします。

奥野 荘園絵図には越前の糞置荘を一つ例にとってみても、検討しなければならない課題がまだたくさんあると思うんですね。八世紀は大規模開発だという定義みたいな論が展開されるんですが、そもそも東大寺がなぜ越前を、なぜ糞置を開発したかという、そうした点が欠落していないかって思うんですね。田図をみれば分りますが、ここは下田《げでん》の開発をやってるんですよ。東大寺の開発というのは、単に収取の拡大のため、収入面の増大のための開発と

③岸俊男『日本古代政治史研究』(塙書房、一九六六年)に収める(a)「越前国東大寺領庄園をめぐる政治的動向」(b)「越前国東大寺領庄園の経営」(c)「東大寺をめぐる政治的情勢――藤原仲麻呂と造東大寺司を中心に――」などの論考。岸氏は(b)論考を著した理由として、藤間生大『日本庄園史』に啓発されたことを認めつつ「庄園経営というような経済史的問題にも政治史的視角を導入する必要があることを主張したかった」と述べている。

は違うんじゃないか。当時の東大寺の開発というのは、そういう意味では、班田収授の行き詰まりの中で、あえて開発をしていかなければいけないという状況で行われたのではないかということも考えられる。泥沼みたいな状態の土地を開発していった背景には、律令国家の存亡を賭けた大きな課題があったという、今まで見えなかった新しい光が、この糞置荘の開田図から見えてこないかって思いますね。①

小市　多様な古代の土地所有形態に目をむけるというのと関連しますが、石上氏は、日本古代史の分野に、きめの細かな土地所有論が欠如していると批判してますね。②

村岡　古代の荘園で考えなければならないのは、施入によって占定された形で成立してくるものと、法隆寺などいくつかの資財帳に記載されてるような寺田、かなり広大なものですが、それとの所有形態の違いが、まだはっきり認識されてない。

小市　従来は墾田永年私財法を重視して、土地所有形態が大きく変わったというような考え方だったんですけど、この私財法の前から持っていた私有地、特に寺田ですね、これは大化前代まで遡るものもあるらしい。それをどう考えるか大きな問題ですね。

村岡　中世荘園の土地所有論との相違もはっきりしてませんね。特に、非常に

①糞置荘の現地調査から、この地域の奈良時代における開発の実態について考察したものとして、村岡薫「糞置荘の開発と現地」(荘園絵図研究会編『絵引荘園絵図』〈東京堂出版、一九九一年〉所収)がある。

②石上英一「古代荘園と荘園図」(金田章裕・石上英一・鎌田元一・栄原永遠男編『日本古代荘園図』〈東京大学出版会、一九九六年〉所収)では、東大寺領荘園の開田図以外の古代荘園図の分析を行うことで、古代における多様な土地所有の実態(寺院・貴豪族・在地首長の大土地所有など)が明らかにされるのではないかという展望が述べられている。

大雑把な野地を占定して成立した東大寺の北陸荘園なんか、それを中世と同じレベルで荘園と言っていいのか。東大寺領とは言えても、東大寺領荘園と言っていいのか、という疑問があります。まだ領域性や排他性は十分に確立してないようですから。占定した中に墾田や他者によって開かれた墾田もあるし、勿論口分田も含まれてる。それを後に政治的な手段などで排除することはありますけど、占定した当初の段階では異分子を抱え込んだまま寺領として経営させていくわけですね。

堀内　先ほど鈴木さんの方から日本史の授業では荘園ということばを使うのがまずいのではとのご提案があったわけですが、これにも関連してくるわけですね。

鈴木　すでに木村茂光さんがおっしゃっていることなんですが、③ 初期荘園・摂関期の荘園・領域型荘園…。こういう発展段階論としてのおおまかな類型は、荘園の中身をつきつめていくとそれぞれ大きく異なる。律令制下は確かに班田制でいいんだけれど、それと並んで墾田の枠組みの比重も大きかった。それなら荘園の初期なんてこと言わないで、班田制とならぶ「墾田制」がある、それが古代だと説明すればいい。十・十一世紀の摂関期は、木村さんは「公領制」って言えとおっしゃってますが、それだと荘園公領制とだぶってしまうので、「公田制」と呼んだらいいのではないか。公田の中に免田としての荘

③木村茂光「『荘園』をいかに教えないか」(『人民の歴史学』一〇七、一九九一年)。

田がある。それで中世に入ったら荘園と公領の領域的なまとまりができてくる、これを荘園公領制の時代とする。「荘園」という言葉は中世固有のものにしてしまった方が、歴史教育の場においてはわかりやすいんじゃないかと思うのです。

小市　墾田だとか荘園だとかいうのは、古代と中世の土地支配のシステムの違いが重要なわけでしょう。古代では、決して墾田が支配の中核ではないんですよね。中世の荘園制に結びつけて古代の墾田制とかいうところを重視しすぎるのはいけない。あくまで墾田制は班田制の補助的なものっていうか、支配の仕組みからいえばそうですよね。① そういう点で言ったら、単純に墾田地系から寄進地系とか、初期荘園から中世荘園へとか、そういう捉え方は大きな誤解を招くと思うんですよね。だから古代と中世は区別するのが当然でしょう。

古代と中世の接点

堀内　古代と中世の区別が大切だとのご指摘ですが、では荘園絵図の時代的な流れを追っていったときに古代から中世への変化はどのように理解したらよいのでしょうか。

①吉田孝「墾田永年私財法の基礎的研究」（『律令国家と古代の社会』岩波書店、一九八三年）では、「たしかに墾田は、永年私財田としては既存の田制と対立するが、開墾予定地の占定手続やその有効期間を明確にしたことは、田地に対する支配体制の深化であり、また開墾された田は輸租田として田図に登録されたのであるから、その面でも田地に対する支配体制は後退していない。しかも開墾予定地の占定面積には位階に応じた制限額を設け、墾田所有を律令官人の身分序列に整序しようとしているのであるから、隋唐律令的な律令体制を基準にすれば、永年私財法はまさに律令体制的な制度であったとも言えるであろう。墾田永年私財法は、日本の班田制に欠如していた要素を補完したものと考えられる」と指摘されている。

小市　石上氏は、これまで中世は中世で、古代は古代の理解をしてきた、分業だったといってますね。特に古代史では土地所有論が貧弱だというわけですが。

樋口　逆に、中世史の方も、絵画的な絵図ばかりを研究対象にしないで、方格図系の土帳・差図などにも目をむけるべきだという批判をしてますね。②

石附　確かに古代も中世も含めて荘園絵図には絵画的な要素と図的な要素があって、絵図によったらどちらかの要素が強かったり、両要素が混在していたりしてます。図的な要素が強い開田図でも、越前の場合のように自然景観のような絵的要素が含まれている。要するに絵図の目的の違いといいますか、方格図的なものの方が便利な場合もあるし、絵画的なものが便利な場合がある。どう役割が違うのかっていうことを考えていかなきゃまずいし、歴史の推移とともに絵図作成の目的や存在価値がどう変わっていくかも考えていく必要があるんじゃないでしょうか。石上氏は『古代荘園史料の基礎的研究』の中で北陸荘園の開田図は一切扱わずに、京北班田図や弘福寺田数帳などを分析対象とされているわけですが、興味深いのは、それらは古代に作られた図帳が中世段階で再利用されているケースなんですね。古代の令制下に作られた原資料を中世の権門諸家が荘園支配のために積極的に活用している。これは古代と中世の荘園図のつながりを考える大きな手がかりになるものでし

②石上英一「古代荘園と荘園図」(金田章裕・石上英一・鎌田元一・栄原永遠男編『日本古代荘園図』〈東京大学出版会、一九九六年〉所収)では次のような中世史研究者への批判が述べられている。(a)古代の方格図が発展して中世の鳥瞰図に発展したとの類型論（荘園発達史からの分類論）は検討の余地があり、土地所有関係を明示するための方格図的な要素と山や川などの景観を描く絵画的な要素は、古代・中世を問わず併存し続けている。(b)中世史研究者は、領域型荘園の景観を鳥瞰図的に描写したものを荘園絵図の典型ととらえ、差図・土帳など方格図系を十分に評価してこなかった。(c)もし絵画的表現のみを重視すると、古代は副次的なものとして「荘園絵画の前史という位置づけ」となり、研究対象として低い評価しか与えられずに終わってしまう。これらのことから、石上氏は「荘園絵図」にかわって「荘園図」の用語を使用すべきことを提唱される。

ょう。

奥野　石上さんが田図および絵図に注目を始めたということに、私は大きな意義があるように思うんですね。今までは古代史家の中において田図・絵図を十分に評価しなかったというきらいがあったと思いますが、それを取り上げて、そこに今の古代史研究の状況を切り開こうとしたことについては、絵図に関心を持っている人間にとっては、我が意に叶ったことです。石上さんは、東大寺の開田図なんかよりも、西大寺とか額安寺とか、飛驒荘の実検図なんかに注目した、その中でとくに讃岐の山田郡田図を取り上げ、詳細に論じているのが注目されます。山田郡田図っていうのは、少なくとも今までの田図関係では最も古い田図として知られていた。それを石上さんは中世に作られたものだと言う。これはきわめて刺激的で、今までの山田郡田図に新しい視点を取り込んだというところは大いに評価できると思います。しかしまた問題がまだいっぱいあるような気がするんですね。せっかく田図を取り上げたのなら古代の田図田籍制度に関する論究もやってほしいところです。

樋口　いわゆる坂本賞三氏の「王朝国家体制論」にいう基準国図の問題①は、古代と中世の橋渡しにはならないんですか。

奥野　坂本氏の基準国図の問題は非常に大事な論点だと思うんですね。坂本さんは最後の班田図が基準国図になったというんです。ただ坂本氏はいきなり

①坂本賞三『日本王朝国家体制論』（東京大学出版会、一九七二年）、同『荘園制成立と王朝国家』（塙書房、一九八五年）。坂本氏によると、十世紀になると免田（不輸官物田）の認定は国司が基準国図をもとに行ったという。すなわち、基準国図は単に最後の班田図というだけでなく、国家が官省符荘として認めた免田を固定化し、国司が免田認定を行う上での基準となる重要な田図であったことになる。基準国図の存否に関しては論争があるが、それについては、坂本賞三「基準国図について」（『古代文化』四八―四、一九九六年）を参照のこと。

基準国図を持ち出して、唐突感が否めないんです。古代の国図、田図に対する論究が欠けてるんですよ。古代の田図の役割が何だったかという視点が抜けている限り、基準国図の意味合いに不透明な部分が残りますよね。ただし基準国図の問題は極めて大事です。荘田というものが免田化してくるのは十世紀以降なんです。荘田がイコール免田になるっていうことは八世紀にはあり得なかったわけですよ。まだ荘田という形では出てきませんから、当然といえばそうですけれども。十世紀以降になって、荘田イコール免田化されてくる。その意味合いにおいて、坂本氏の基準国図の観点は極めて大事なんです。黒田荘の場合でも、所領認定の場でちゃんと古代の班田図を持ち出して来ているんですね。だから古代の班田図は国衙に大事に保管されていて土地の所有関係の検証に長く使われていたのですね。

村岡　基準国図の中には公田の部分と、それから新たなる墾田といいますか私有地といいますか…

奥野　要するに墾田・治田が書き込まれていったわけでしょう。元来班田図はあくまでも公田の把握のために作っているものであって、それに対して開墾田については、開田図あるいは墾田図というようなもので把握している。国衙は班田図と開田図の両方を持つことで統一的な管理ができるのかなと思ってます。[②] というのは、残されている開田図を見ると、そこには口分田の記載

②奥野中彦「古代図籍制度論」(『史観』一二〇、一九八九年)。

はあくまで墾田との関わりの中で出てくるだけです。天平宝字の糞置荘なんかみますとそこには寺田・墾田しか書いてない。

村岡　天平神護のものは口分田が書かれているけど、あくまで墾田と交換したとか口分田を寺田にかえたとかの形で出てきますよね。他に口分田があったとしても多分書かれていなかったでしょうね。やはり公田というか口分田の把握のための班田図と、寺領などの墾田の把握のための墾田図あるいは開田図というものが別に作成されていたんでしょうね。

奥野　律令が中国から移入されたことは当然なんだけれど、不思議なことに中国には田図に相当するものは無さそうなんですね。田籍はあるんですが。青山定雄さんという地理の先生が書かれた『唐宋時代の交通と地誌地図の研究』①というのがあって、古代の地図の発達史を書いてるんですよ。ですが、開田図に相当するようなものは出てこないんです。『日本古代荘園図』でも朱雷という中国人の研究者が中国の場合について書いている②。ここでも残念ながら出てこないんですね。どうも唐では日本の開田図に相当するものは作らなかったんじゃないか、ということを言ってるんです。日本では班田制度に対して図籍制度というものが、どのように、いかなるきっかけで生まれてきたかということをですね、これを厳密に追究してみる必要がある。それがいわゆる古代の土地所有論を明らかにする、最短の方法だと思ってるんです。

①青山定雄『唐宋時代の交通と地誌地図の研究』(吉川弘文館、一九六三年)。

②朱雷「唐宋二代の田籍と田図」(金田章裕・石上英一・鎌田元一・栄原永遠男編『日本古代荘園図』〈東京大学出版会、一九九六年〉所収)。

③四証図とは、天平十四年(七四二)・天平勝宝七歳(七五五)・宝亀四年(七七三)・延暦五年(七八六)の班田図を指し、それぞれの田籍と合わせた四証図籍が田地校勘の証験として定められた。四証図の初見史料は弘仁十一年(八二〇)十二月二十六日太政官符(『類聚三代格』巻十五)

村岡　日本の場合ですと、まず田籍的なものが当初作成され、その後田図が田籍と併せ作られるようになる。そして九世紀に入ると田図が重要視される。いずれにせよ律令制の基本は田籍と田図ですね。この両者の性格がどう違うのかはよく分かりませんが、租税徴収のために田地の面積を記したのが田籍、田図の方はそれに表記されている地域的な広がりというか、そういったものへの関心が強いのではないか。田籍ではせいぜい四至しか書けない。領域支配的なものはやっぱり田図なのかなと。

奥野　四証図③なんかもそうですが、作成された後に公証性をもってくるのは田図の系統なんですね。

石附　西大寺なんかは一旦古代において没落してしまった寺院が中世に甦ったわけですけど、そのとき国衙などに保管されていたであろう班田図などの原資料を利用し、新たな荘園支配のために再利用したわけですね。その原資料がどういうふうに保管されてきたか、どうやってそれを再利用し得たのかを考えることも、古代と中世をつなげる一つの手がかりになるのかなという気がします。

佐藤　古代の土地支配の台帳は中世段階でも国衙なり郡衙なりに保管してあったんでしょうかね。

石附　例えば、西大寺の敷地図、これは勿論中世の絵図ですけど、京城図って

の中に「格に云く、天平十四年・勝宝七歳・宝亀四年・延暦五年の四度の図籍を、皆証験と為せ」とあるもので、弘仁十一年以前に発布されたこの「格」が四証図籍を制度化した法令だったと考えられる。これに関しては、『続日本紀』延暦十年（七九一）五月戊子（二十八日）条に「是より先、諸の国司等、常荒不用の田を校べ収めて、以て百姓の口分に班てり。徒にその名を受けて租を輸すに堪へず。また、王臣家・国郡司・及び殷富の百姓等、或は下田を以て上田に相易へ、或は便あるを以て便あらぬに相換ふ。此の如きの類、処に触れて在り。是に於て所司に仰せ下して、却りて天平十四年・勝宝七歳等の図籍に拠りて咸く皆改め正さしむ。来年に田を班たむが為なり」とあり、延暦十一年（七九二）の班田に際して、班田収授の乱れを正すために「天平十四年・勝宝七歳等の図籍」に依拠せよと令せられている。これが四証図籍を制度化した「格」に相当するものと考えられる。

いいますか、要するに平城京の図が土台になっている部分があるんです。これなども保管先として一番有力なのが大和の国衙のようです。① 基準国図なんかは、やっぱり国家が保管してたはずで、そういうものを含めて、十一世紀くらいまでは何かしらそういう絵図が国衙にはちゃんとなきゃいけないっていうことだと思います。

佐藤 鎌倉時代の大田文なんかね、あれは絵図ではないけれども、支配のための非常に重要な帳簿でしょ。国衙などにはああいうものを作って保管しようという発想が伝統的にあったんでしょうね。

錦 中世の相論でも国図が問題になることが多くて、文書の中ではずっと中世でも生きていますね。国衙に保管してあったのかどうか別としても。中世社会でも、本所法などでは国図が相論の一つの大きな典拠になっているし、中世の絵図でも国図を基準にして作ったものが少なくなかったと思うんですよね。

樋口 鎌倉時代に大和の長瀬荘なんかでありましたね、境界の争いになったときに国図のようなものを持ち出して…。②

錦 空間の支配。だから国図が基準になっていくわけですね。今で言うと国土地理院の地図が一番信用されるとか、そういう権威っていうか、地図の正確さ、あそこの地図だったら、という権威を持つ後ろ盾が国衙であり、王朝国

①石上英一氏は「京北班田図の史料学的研究」(『古代荘園史料の基礎的研究』下 塙書房、一九九七年)で、西大寺敷地図について「これら敷地図は、みな平城京図を基図にしているところに特徴がある。これは、恐らく、西大寺寺家及び律家が興福寺を介して大和国衙に伝えられてきた平城京の諸図を利用しえたからであろう。このことは、京北班田図においても同様であろう」と指摘される。

②正治元年(一一九九)十一月 日「東大寺三綱等重解案」(『鎌倉遺文』二、一〇八八号)によると、東大寺領黒田荘と興福寺伝法院領長瀬荘の境相論の際に「宇陀郡司之絵図」が提出されている。

家であると。そう考えれば絵図と地図と政治史というのはかなり結びつくんじゃないかと思います。

佐藤　古代と中世を結ぶといったとき院政期が大切だと思うんですね。院政期の荘園支配のあり方を示すような絵図があるのでしょうか。政治史の問題も大切だけど、知りたいのは荘園制的な支配のあり方、そこに住んでいる領主と農民の関係、農民の生活の実態、開発の状況なのです。古代から中世への橋渡しっていうことでは、このような点も含めて検討することが大切だと思いますね。

石附　いわゆる王朝国家の時代は絵図的な史料がほとんど残ってないのでとても難しいところなんでしょうね。これは奥野さんも研究されておりました猪名所地図というのがあります。③それはやはり古代八世紀の図が元になってるんですが、それが作り直されるんですね。古代の国家的な開発の後に中世的な開発の様子が加えられていくんですね。関連史料も残っているようですから、その読解を通してこの絵図なんかはもっと深く掘り下げていく価値があるかも知れません。

奥野　猪名所の地図は八世紀に描かれたと書いてあるが、勿論後世に写されたもので、しかも、まさに十二世紀に入って賀茂社との相論が起こって、東大寺側が有利になるような書込みをしてるんです。成立後に開発により拡大し

③奥野中彦「荘園制形成と荘園絵図――摂津職河辺郡猪名所地図をめぐって――」(『日本における荘園制形成過程の研究』三一書房、一九八八年)、鷺森浩幸「摂津職河辺郡猪名所地図」(金田章裕・石上英一・鎌田元一・栄原永遠男編『日本古代荘園図』〈東京大学出版会、一九九六年〉所収)。

てきた部分を、八世紀の絵図の中に書き込んで、巧みに主張の中に取り組んでいく。賀茂社側が人の支配を主張するのに対して、東大寺側は土地支配を根拠にする、この地図に描かれた規模で八世紀に国家から認められた、人もここに所属するのは当たり前だってね。確かに猪名所の地図は古代から中世への接点を知る上で非常に大事な例だと思いますね。

樋口　黒田荘では逆に東大寺は人の支配で攻めていってる。御都合主義というか、したたかというか、うまく論理を使い分けてますね。

奥野　猪名所というのは、一つは鴨社の御厨として海産物を収取する重要なところなんですよ。そういう意味で鴨社は人の支配をしているわけで。ところが、あそこの地理的な位置は、西岡先生が注目したように[1]、瀬戸内海航路の重要な地点なんですね。だから、あそこをとるということが港湾を支配することだから、東大寺は所を構えて港湾の支配をしようとした。そこに問題が起こってくる。東大寺はまさに中世的な開発をしていくわけですよね。堤を作りながら塩抜きをして開発をしていく。その中で鴨社がそれに対して、我々が人の支配をやっていたところだといって、互いに対立をするという、こういう構図ですよ。

松井　ちょっと素朴な疑問なんですが、糞置荘などの初期荘園はだいだい九世紀には衰退してしまうといいますよね。その後は完全な国衙領になっていく

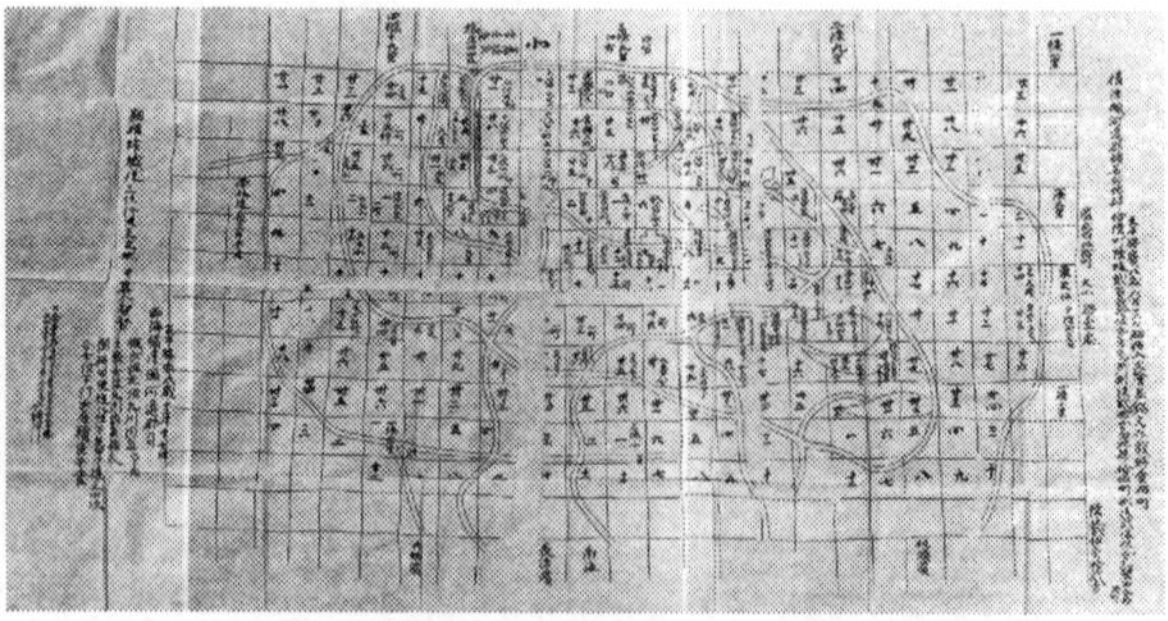

▶摂津国河辺郡猪名所地図。方格図上を縦横に走る曲線は堤防を表し、奈良時代から平安時代にかけて繰り返されてきた開発の結果が書き込まれている。

んですか。古代から中世への接点を考える場合、そこらへんがいま一つはっきりしないんですが。

村岡 その辺がうまく追えないんですよ。例えば糞置荘にしても南北朝には二上という在地領主が出てくる。それまで史料的には空白になっちゃうんですよね。道守荘はどうですかね。

小市 道守荘なんかは田圃でなくなっているかも知れませんね。近世は田圃ですけど。

村岡 覇流なんかは琵琶湖の一部になっちゃう。

佐藤 そういう形で追っかけるのが一つの見方だよね。どうしてそのまま中世に展開しないのか。しかし、古代のある段階では、東大寺なら東大寺にとって重要な場所だったんでしょ。これは開発や経営の技術史的な問題に還元できるものなのかな。古代ではそこが最も開発しやすかったとか。

小市 低湿地や沼地みたいなところは水をとるのは便利だったと思いますね。

村岡 古代の技術の限界といいますか、場所的には決して良くはありませんね。中世的な乾田の技術が普及した段階では見捨てられることが多かったのでしょう。

佐藤 東大寺はそういうところは放棄しても黒田荘のようなところの開発ははじめるじゃないですか。国衙と論争しながら、寄人をつくりながらね。律令

①西岡虎之助「荘園における倉庫の経営と港湾の発達との関係」(『荘園史の研究』上、岩波書店、一九五三年)

▶越前国糞置荘(福井市二上町)。荘域の二上地区を撮影、遠方に文殊山(三六五メートル)を望む。二上地区は糞置荘開田図の「大谷」に相当する。現在でもこの周辺は悪水の処理に苦慮しており、奈良時代以来の低湿地帯であった。

制が変質しはじめて、国家機構の一部みたいな寺院だった東大寺が、私的な一権門としての寺院へと展開しはじめている。それで遠距離で国衙の協力なしでは経営できない荘園は放棄して、距離的にも経営しやすいところの支配を重点的に強化しようというんでしょう。こういった支配構造の転換も問題として関わってくるはずでしょう。

村岡　東大寺の初期荘園の成立過程というのも、実は二段階あるんですね。最初は東大寺など畿内の大寺院に何千町という勅施入が行なわれ成立した荘園があって、占定荘園と呼んでます。場所的には北陸や近江に占定されるんですが、やがてほとんど荒廃してしまいますね。ところが聖武天皇がなくなる頃、仲麻呂政権の頃に設定された荘園は比較的後世まで残るんです。黒田荘のもとになった板蠅杣やさきほどお話のあった猪名所なんかも。場所的には畿内や瀬戸内海です。

石附　概して交通の便利な場所が多いですね。特に水上交通とか。それに必ずしも田地の開発・経営だけに主眼が置かれていないのも特徴ではないのですか。猪名所は港湾、板蠅杣は勿論木材の資源が大事だった。高庭荘も新島荘も海上交通の拠点でしょう。①水無瀬荘も淀川の水運が関わっている。②今後は交通史の分野でも古代の絵図を使った研究が出てくるでしょうね。

①丸山幸彦「瀬戸内型の庄園」（『新版古代の日本』四〈中国・四国〉〈角川書店、一九九二年〉所収）。

②石附敏幸「藤原仲麻呂政権と勅旨田」（『続日本紀研究』三〇七、一九九七年）。

天平勝宝年間(749～57)に成立した東大寺領荘園の分布

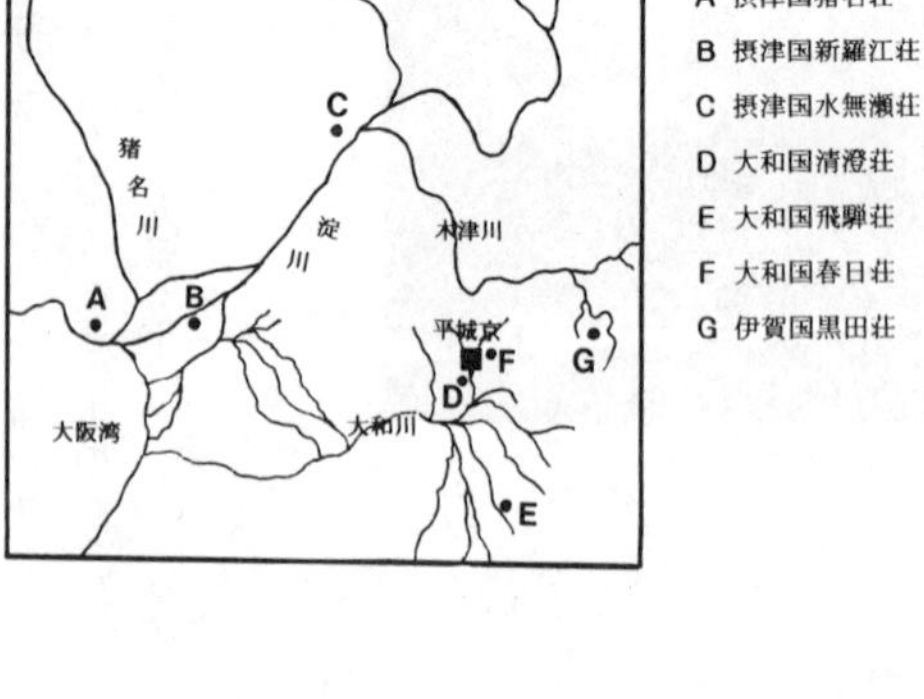

絵図研究と現代社会

堀内　石上氏は、荘園図の研究に積極的に学際的な研究を取り入れていくべきだと主張されてますね。

石附　考古学・地理学・民俗学などね。それに絵画史料としてのアプローチも大切だと。さらに歴史的環境の保全・復元に役立てようという社会的な意義を強調されているのには大いに触発されるところです。③

佐藤　それは大切な指摘ですね。『絵図集成』が出版された時代的な背景というのも、そのあたりと関係があると思うんですよ。ちょうど七〇年代の高度経済成長とか日本列島改造とかで日本の国土が無惨にも破壊されつつあった時代でしょ。『絵図集成』を研究者の手元、さらにいえば国民の手元に置くことの意味は、私たちが通常理解している以上に大きな意味があったんじゃないか。「ああ自分の村は、郷里は、かつてはこうであったのか」と検討できる条件が生み出されたわけでしょう。この点でも、研究者はアカデミズムの領域に閉じこもっていてはだめでしょうね。研究者と地域に住んでおられる方々との共通理解の場を築き上げていかなきゃ。一方的な啓蒙になってもいけない。研究者の側も現地をフィールドワークして、景観を確認したり住民の方

④石上英一氏は『古代荘園史料の基礎的研究』上（塙書房、一九九七年）の「序論――古代荘園図の再検討」において「荘園図は、それを包含する地域の古代から現代に至るまでの地域史・地域文化の一部として位置付けられねばならない。それにより、歴史素材として、荘園図は現在の地域社会に有用になり、また地域史の再構成、地域社会の景観保存と、歴史と現代との調和のとれた発展に役立つことになる」と述べられている。

から聞き取りをして、貴重な情報を得る。住民の方々には荘園村落の歴史的価値や景観保存の大切さを知っていただく。

土屋　荘園を理解していただくというのが難しいところですね。歴史の専門家だって荘園と聞くと難しそうだと身構えてしまう。確かに史料を読解するのは大変ですからね。

佐藤　そういう点で絵図が残っているというケースは貴重だと思うんですよ。自然景観や建物が絵画として具象的に描かれている。それを見れば専門家でなくとも村落の様子をある程度はイメージできる。荘園は難しいという先入観を払拭して、スゥーッと何百年も前の村落の世界に入っていける。文字史料と絵画史料とではそれだけインパクトが違いますね。

松井　まず神社仏閣だけが文化財じゃない、道や田畠や用水路やまわりの自然の景色だって立派な歴史的な遺産であることも知ってほしいですね。その点で何百年も前の絵図の記載に該当する用水や道が現在も残ってたらある意味ですごいことでよね。

小市　そこらへんの認識は、地域によってだいぶ差がありますね。岡山県の新見荘なんかは、看板を立てたり地図を配布したりして、荘園をアピールしてますね。子供向けの冊子も作って、地元の荘園を通じて歴史を教えようともしてます。何しろ「たまがき」の郵便切手まで出してるんですから。

▶備中国新見荘の三日市庭跡（岡山県新見市）。中世、この浄土宗真福寺の裏手を流れる高梁川の中州に定期市が立ったと考えられる。

▶郵便切手「たまがき書状」（新見庄まつり）。東寺から派遣された新見荘領家方代官の祐清は、現地農民と対立し寛正四年（一四六三）に殺害された。残された祐清の愛妾たまがきが形見分けの願いを切々と書き記した仮名書き書状は、現在東寺百合文書の中に残されている。写真の郵便切手は、書状を認めているたまがきの姿をイメージしたもの。

錦　大阪府の日根野荘も、荘園の景観保存運動が盛り上がって、市民の関心が大いに高まったケースですね①。

奥野　でも一般的には荘園への関心はとても低い。あるかなり著名な荘園だったんですが、現地に行きたくてそこの教育委員会を訪れたんですが、かなり怪訝そうな顔をされましたよ。「あそこに行っても田圃しかありませんよ」ってね（笑）。

樋口　法的なものも含めて、戦後の景観保存の取り組みについては他の場で総括していく必要がありますね。

佐藤　バブルがはじけた今、高度成長期のような乱開発はもう無いとは思いますが、であるからこそ石上氏の言われる、地域社会の景観保存と、調和のとれた発展を考えていく時期に来ているんでしょう。環境問題に十二分に配慮しつつ、絵図を使った一般向けの荘園ガイドブックなんか作れないかな。今後はそこらへんのところに取り組んでいきましょうよ。

堀内　今後の大きな展望のようなことまで出てきましたが、そろそろ時間になりましたので、ここらへんで座談会を終了したいと思います。今日はどうも有難うございました。

（了）

〔録音テープの原稿化には伊東和彦氏の御力添えを賜わりました。この場を借りて御礼申し上げます。〕

▶日根神社（大阪府泉佐野市）。和泉国日根野村絵図の中に描かれている「大井関大明神」に該当する。犬鳴川の傍らに位置し、中世において日根野の灌漑に関わる水神として荘民らに深く信仰されていたと考えられる。

①関西新空港の建設を機に始まった日根野荘の景観保存運動に関しては、樋野修司「関西新空港建設の下で――歴史研究を通しての地域づくり――」（『岩波講座日本通史』別二〈地域史研究の現状と課題〉〈岩波書店、一九九四年〉所収）を参照のこと。

第二部　絵図研究の現在——七枚の絵図——

越前国足羽郡道守村・糞置村開田地図

——開田地図は荘園絵図ではないのか——

小市和雄

足羽山から道守荘荘域を望む

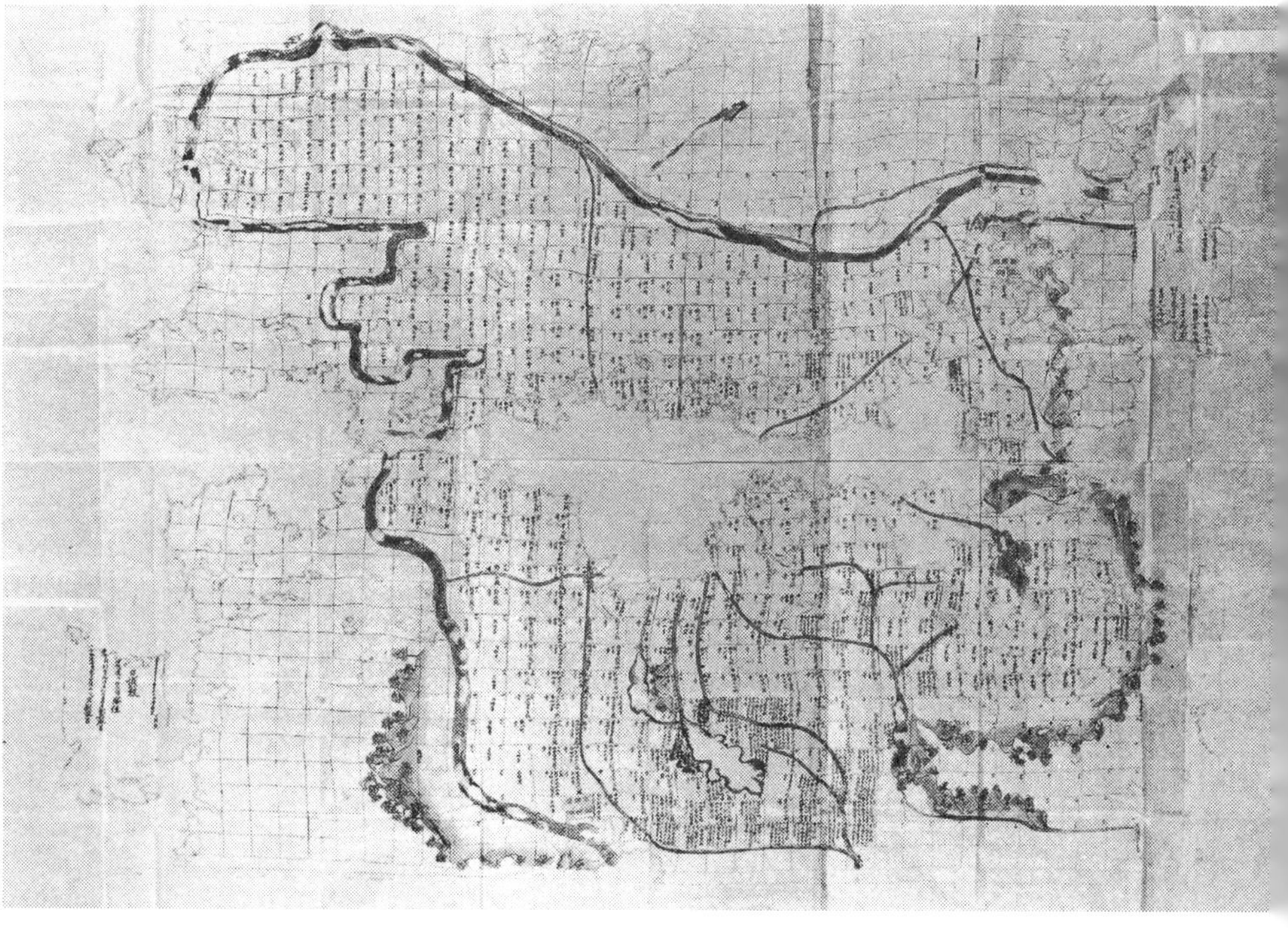

一　はじめに

北陸本線福井駅、司馬遼太郎が「駅前は、本来なら町の品位の象徴であってもいいのだろうが、日本のたいていの繁華な町の駅前がそうであるように、ひとつは、駅前空間をとりまく店舗の色彩が、たがいにあくどさをきそいあうために、ゴミ捨て場の仏花のようで美しさを感じさせない。福井駅もその例外ではない。[1]」と述べた駅前。そこから南へ商店街を抜けて車で数分走り、足羽川（絵図では生江川）に架かる泉橋を急な坂を上って渡る。橋を下りて福井電鉄の路面電車の通る道路を横切って――この道路を左折して南下すると糞置荘方面に至る――さらに進み足羽山（絵図では黒前山）の北辺からこの山に登って行く。山の上からは、正面に日野川（絵図では味間川）、その向こう側の片粕の丘陵部（絵図では難糟山）や旧足羽川の堤など道守荘荘域が一望できた。この山からの眺望は絵図そのままである。ただ、荘域東部の絵図では破損している部分に福井国体の運動公園が建設された。また、上味岡・下味岡は工業団地造成のために削平され、下味岡南部の一部だけが残っているに過ぎないが、ここに鎮座する稲荷神社からはいくらか足羽山が見える。

福井市の市街地に所在する東大寺領道守荘は、天平神護二年（七六六）作成と考えられる絵図に描かれていることで有名である。この絵図は、縦一四四チセン、横一九四チセンの麻布に描かれ現存する古代荘園絵図の中で最大の規模をもっている。

道守荘は、北に足羽川（絵図では生江川）、西に日野川（絵図では味間川）があり、両川の合流点の南東側に立地している。東には足羽山・兎越山（絵図では黒前山・船越山・寒江山・木山）があり、南は狐川、あるいは江端川の氾濫原である(絵図では寺溝)。日野川は江端川との合流点付近でしばしば氾濫を起こしたらしい。増水すると江端川へ逆流して氾濫するのである。足羽川の現河道は絵図とは大きく違っている。旧河道は、狐川との合流部から西側が残っている。狐川は、絵図中の水路の一つと考えられるものである。絵図には、柏沼、寒江、上味岡・下味岡の沼などが描かれ、これらは氾濫による水たまりのようなもので、低湿地に成立した荘園であることがわかる。

一方、糞置荘は福井市南西部の田園地帯に所在し、道守荘からは車で一〇分程度の距離である。糞置荘は、天平宝字五年(七六一)と天平神護二年の二枚の開田地図が伝えられている。この荘園は自然景観が比較的良く残っていることで知られ、現地へ行くと、絵図と同じ景色に感動する荘園である。二つの谷に分かれる荘域は、東側が「動谷」地区、西側が「大谷」地区である。その間の山は向山といわれる。詳しくは、村岡薫「越前国糞置村開田地図」(荘園絵図研究会『絵引荘園絵図』東京堂出版、一九九一)参照。

二　荘園絵図の分類と開田図

道守荘・糞置荘[2]の絵図は、一般的には「開田地図」「開田図」といわれている。大治五年(一一三〇)三月の「東大寺諸荘文書幷絵図等目録」(『東大寺文書』)には、「絵図」として「足羽郡糞置村」をあげており、また、仁平三年(一一五三)四月の「東大寺諸荘園文書目録」(『同』)には、「寺中荘園絵図之内」として、「糞置荘」「道守荘」があげられていることからわかるように、平安期には「絵図」として扱われていたことがわかる。

荘園絵図研究が本格化する中で荘園絵図の分類方法が模索されてきたが、開田図は分類上どのように位置付けられているかをみてみよう。奥野中彦[3]は、荘園絵図が荘園史研究の補助材料としての域を脱出していないが、荘園絵図は個々の絵図を研究するというにとどまらず、これを総合し、なぜ個々の絵図があるのかを見極めてゆかなくてはならぬように思う、と述べ、荘園絵図研究のためには荘園絵図を分類してその分類に基づいた絵図群ごとに各荘園絵図の成立の意味を追求する必要があるとした。そして、奈良時代＝開田図（墾田図）、平安時代＝四至牓示図、鎌倉時代＝下地中分図・境相論図・実検図（差図ないし土帳）、南北朝室町時代＝郷村図・灌漑図、と分類した。開田図については、開田した寺社は、開田地（施入・寄進・買得）を政府に申請し政府は届け出のあった寺社に対して、免租になったことを示す証（＝公験）を与える。その時、文書とともに関係田図が与えられるのであり、その田図こそ開田図であったろうとした。また、平安末に成立する神野真国荘や足守荘絵図のような四至牓示図は荘園の排他的な領有の証となるものであるとした。

竹内理三[4]は、「絵図」そのものの定義付けを行った上で、政治絵図、案内図・道中図、など四つに分類し、政治絵図の中に小分類として、田図（班田図・墾田図）、荘園絵図をあげている。竹内は「絵図」は、一般的には何らかの色彩をほどこしたものととらえているようだが、「色彩のある絵図の内」という表現も使用しており、色彩のない「絵図」、つまり実検図や差図も「絵図」として認めていることになる。開田図は、国家の公権の下に作成されたものである。荘園絵図は、貴族・寺社がその私領、それも律令国家から公権を移譲された私領で、その権利を主張し確保するために作成されたものである。それは農民を把握し荘園の経済的経営のために作成されたものではなく、権利の主張のために作成された政治的絵図であるとした。最古の荘園絵図は神野真国荘絵図としており、竹内も開田図を政治絵図とはしたが荘園絵図とはしていない。荘園絵図を、荘園発達史の観点で分類している限りにおいては、当然のことながら、領域型荘園の成立と荘園絵図の成立が不可分のものとなる。

小山靖憲[5]は、作成目的による分類に、水田義一[6]、谷岡武雄[7]らの記号論的分類を取り入れて、荘園絵図を田図的絵図、絵画的絵図、差図的絵図に分類した。この中で「絵図らしい」絵図は絵画的絵図であり、平安後期の領域型荘園の成立と絵画的絵図の出現が対応し、初期荘園は中世には連続しない荘園とするが、古代の田図的絵図の中には景観をかなり具体的に描くものもあり、これは中世の絵画的絵図の先駆をなすと述べている。

さらに吉田敏弘[8]は中世の絵図を分類して、支配系絵図・相論系絵図、導線型絵図・領域型絵図という分類により、作成目的論的分類と空間的分類を統一的に捉らえようとした。開田図についてはふれていないが、開田図を吉田の分類法にあてはめれば、支配系領域型絵図ということになり、典型的な荘園絵図である、ということになろうか。

こうした分類論に対して、石上英一[9]は、古代荘園図は、初期荘園の絵図として位置づける限りにおいては荘園絵図の前史としての位置付けしかできない。また、古代・中世に共通する方格図系の絵図に対する中世史での理解が不十分であること、荘園絵図には絵画的要素が優先するものと、それが副次的であるものの二類型を設定すべきで、古代の荘園図に関しては、土地所有関係・地理的景観を絵画的表現により表現することを第一の機能としたものではないので、荘園絵図と称するのは不適切である。古代荘園図は、そのほとんどが条里の方格地割に、条里坪の数詞、土地の名称・地目・面積、占有者・所有者などを記載することにより土地所有関係を表示したものであり、絵画的表現は山丘・川池・道などの地理的景観を中心としたもので副次的な機能しか与えられていないと指摘している。

開田図は方格線により条里を描くことが主題であり、自然景観は副次的であるといえるかもしれない。しかしながら、一円化をめざした東大寺の荘園においては、その荘界は、条里界線が使われるだけではなく、山・川・道なども荘界として機能しているのであり、絵図に地理的景観を描く意味があったのである。道守荘や糞置荘絵図のような自然景観を写実的に描いている絵図は勿論のこと、越中国の大藪荘の場合でも、堺は川、道などであり、地理的景観を描かなければ堺は明確とはならない。

荘園絵図研究を荘園発達史の研究という課題からアプローチすれば、典型的な荘園を平安末の領域型荘園の成立ととらえる限りにおいて、古代の開田図は荘園絵図ではなく、荘園絵図の「先駆」としか位置付けられないことになる。一方で、開田図から荘園絵図への変化について、小山は絵図としての連続性を認めている。また、奥野や南出眞助[10]も平安期の「絵図」＝国図の写しのようなもの、の存在を過渡的なものとして認めている。ただ、こうした連続性を認める見解にしても、開田図のような絵図と神野真国・足守荘絵図のような絵図が全く違うタイプの絵図であることを前提にしたときに、古代図から中世図への移行はさらに別な検討を加える必要があろう。

三　条里と畦畔

条里の界線と地理的景観について考えてみよう。自然景観を良く残している糞置荘を参考にしたい。糞置荘に関しては、二枚の絵図と現地との比較が詳しく行われている。ここでは栄原永遠男[11]と金田章裕[12]の研究によって、天平宝字三年開田地図（A図）について、細部の検討は省き、必要な論点のみ記しておくことにする。

東側「動谷」地区について。注意するのは東側の山脚線である。地形図では北のH１が西に張り出す地形であるが、A図ではほぼ南北の界線に沿って描かれていることである。

次に「向山」と呼ばれるA図中央の山について、気づいた点をいくつか挙げておこう。地形図をみると小さな谷がいくつかみられるが、A図では山脚線にそれほどの凹凸はみられないこと。山は東側・西側の両方から見た様子が描かれているとみなしたいのであるが、A図での描き方は西からみたような形で描かれているように思われる。「向山」の西側の山脚線については問題ないと考えられるので東側について考えてみよう。Ｖ６の谷と向山東側の山脚線は、

越前国足羽郡道守村・糞置村開田地図

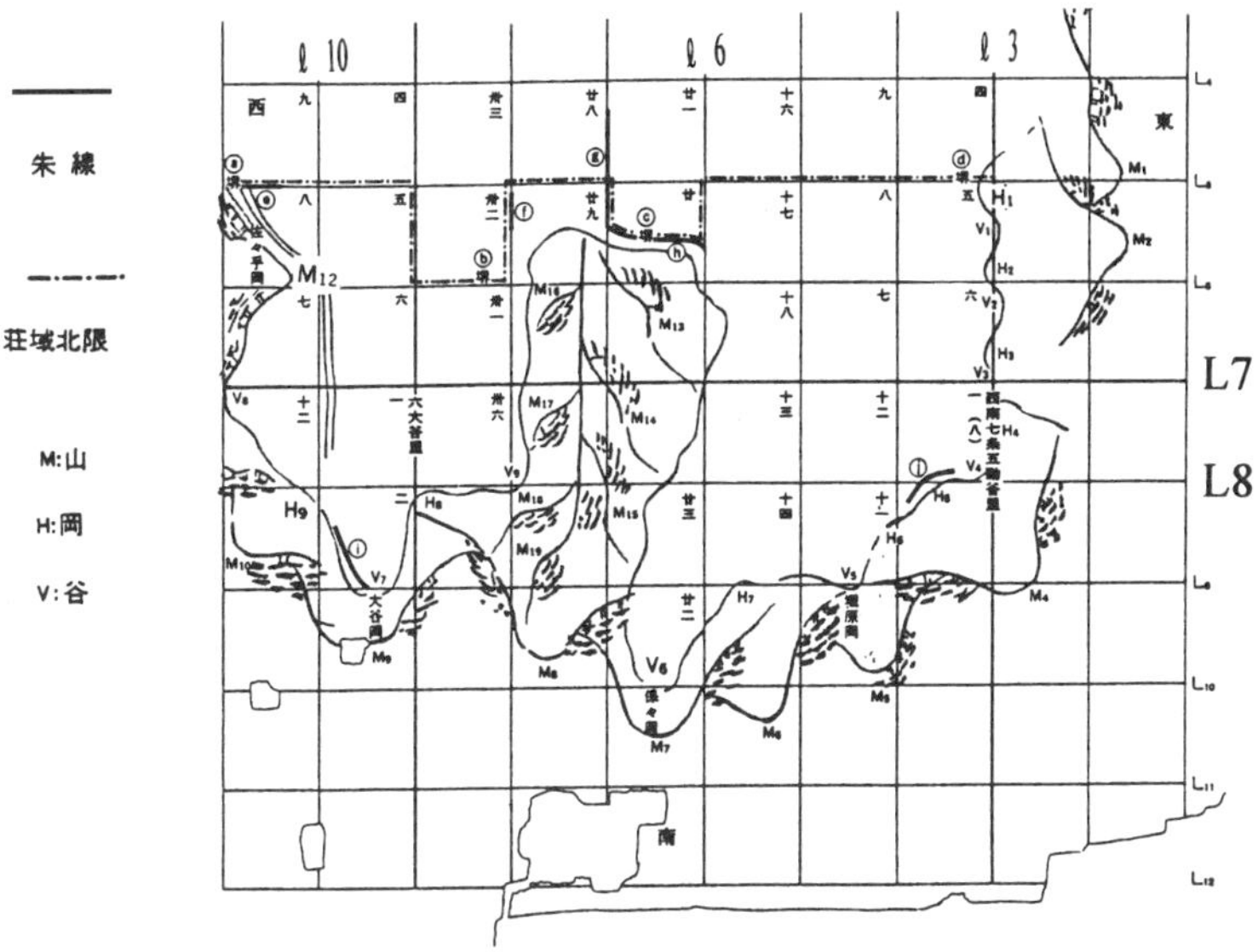

天平宝治３年糞置村開田地図の記号など
栄原永遠男「越前国足羽郡糞置村開田地図」
（『日本古代荘園図』）図１を一部修整して転載

『福井県史』資料編16下条里復原図から転載

地形図に比べて東に傾いて描かれていることに注意しなければならない。これは動谷の東側の山脚線の場合と同じであり、西側「大谷」地区の場合とは異なる。

A図は実際の地形をかなり正確に描写しているが、歪みがみられるのである。これが何に由来するのかが問題である。図のℓ3の界線は地形図に移すと、西に約一五度ふれた線となる。同じようにℓ6の界線も西に一五〜二〇度ふれた線となる。この結果当然のことながら、東西の界線であるL7やL8なども地形図上では東上がりの線となる。一二〜一三度の右上がりの線となるのである。

ところで、荘域の北側に想定される条里界線は足羽郡の他の地域の界線と一致するもので、圃場整備以前の表層条里の畦畔とも一致しており問題ないものと考えられる。そうすると地形図上での荘域内の坪界線は荘域北側の坪界線とは一致しないことになる。A図では坪界線は荘域外・荘域内とも連続した直線で引かれており、動谷地区は界線の傾斜分一五度を修正して描かれていることになる。動谷の開口部は荘域の北側との関係上その幅は変更できず、また、向山の北端も変更できなかったと考えられ、界線の修正は動谷地区の南西端を西北西の方向へ移動するという方法で行われたものと思われる。これにより、動谷西側の谷の位置はA図上では北にずれることになったのである。従って、動谷地区ではA図は実際の地形に比べて一五度ほど傾いて描かれたことになる。

大谷地区の界線について。ℓ10はM12の先端から少し離れたところをH9に向かって引かれている。またこの界線に沿って溝が描かれている。この溝は村岡のいうように現在の水路と一致すると考えられるので（用水路か排水路かは不明）ℓ10も地形図でこの水路に沿って走る道路と考えられる。そうするとℓ10は約七度西へ振れていることになる。

糞置荘の場合は条里の方格線と地籍図の地割りや空中写真に見える地割りとの間にかなりの対応関係が認められるのに対し、道守荘の場合は、地籍図、空中写真に絵図に見られる方格線は認められない。「開田図にみられるような条

越前国足羽郡道守村・糞置村開田地図

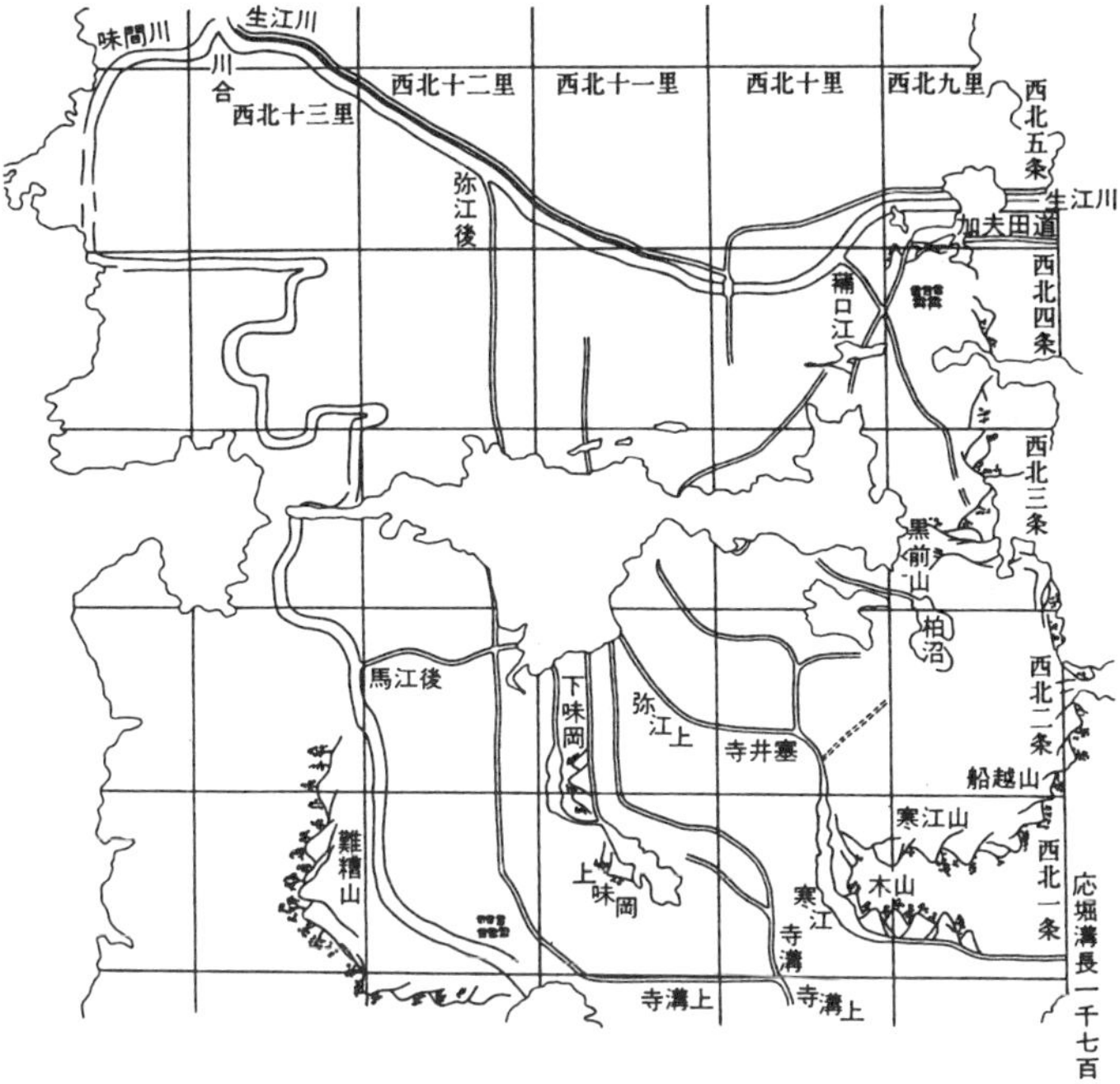

道守村開田地図における絵図的表現の概要
金田章裕『日本古代の景観』（吉川弘文館）第24図を転載。

明治42年地形図と道守村開田地図現地比定の説明
金田上掲書第25図を転載

里地割りが存在したかどうかも疑わしい」(福井県史古代史部会)[13]のである。開田図が東大寺の寺領の所在を示す正確な記録の一部という性格を持つことや、方格線によって画された坪を単位として土地利用や土地所有などの状況を示すことが開田図にとって不可欠であると考えられることをどのように解釈すればよいのか。

描かれた方格線のすべてが実際の地割りに対応するものとはいえないのは当然のことであるが、一方において糞置荘のように地割りに対応する方格線が描かれ他方では存在しない線として方格線を描くというのは疑問である。明治の地籍図に絵図のような地割りがなく、発掘によっても検出されないのは、絵図作成後の荘園の荒廃、河川の氾濫などの結果とも考えられる。しかし、一般的には、旧条里と同じような地割りが造られたり、若干方位の異なる畦畔が後日造られることが他地域の発掘成果によって明らかになっており、道守荘についてもさらに検討する必要があろう。ところで、道守村開田地図には糞置村と同様に地理的景観がよく描かれているので、山の描き方を中心として当時の条里を復原することが可能になる。金田によれば道守村開田地図の山の記載は正確であるが、一部に誇張や実際の距離とは違う描き方をしている。特に「木山」と「上味岡」を結ぶラインに注目して、絵図では「上味岡」の方が北に位置するが、実際の地形は東西方向で同一線上にあることから、道守村での条里界線は東上りになることを論証した。これは糞置村の場合と同じような結果であるが、「木山」「寒江山」については、坪記載の「山」が「寒江山」の北側にあり、これを考慮すると、「寒江山」の北界は広がる可能性がある。

こうした糞置村・道守村の方格線の事例は、開田地図の方格線が現地の地形と密接に関わっていることをしめしており、開田地図に自然地形を描かない限り、現地においても条里を把握できなかった可能性が強い。開田地図においても、自然地形をそのまま写したものではなく、ある程度の作為がそこには見られる。これは中世の荘園絵図程ではないにしても、意図的に自然地形を変更して描いていることは注意しなければならない。

足羽川の旧河道、狐川との旧合流地点から西を見る

日野川堤防上からみた兎越山

また、逆の見方をすれば、方格線主体の越中国の開田地図の場合は、自然地形を詳細に描く必要がない程に条里が整備されていたと考えることができるのであろうか。

おわりに

道守村開田地図の重要な点は、荘域内外の耕地形態や土地所有状況をはじめ、河川、灌漑用水、荘所、集落、道、山など現地の詳しいデータが盛り込まれていることにある。道守村開田地図は荘の立地条件、景観、寺領編成、耕作、運営方式などを考える上で、有益な素材を提供している。

また、同年作成と考えられる絵図が三枚存在することも貴重である。現地の地形との関わり、描き方などを比較しながら開田地図の特徴や北陸での荘園支配の方式を考えることができよう。

注

（1）『街道をゆく』18「越前の諸道」（朝日文芸文庫）

（2）道守荘・糞置荘に関する全般的な研究史については、『福井県史』資料編十六上の解題、栄原永遠男「越前国足羽郡糞置村開田地図」（『日本古代荘園図』東京大学出版会、一九九六）、金坂清則「越前国足羽郡道守村開田地図」（『同』）に詳しい。

（3）奥野中彦「荘園絵図の成立と展開」（『荘園絵図の基礎的研究』三一書房、一九七三）

（4）竹内理三「絵図総説」（『荘園絵図研究』東京堂出版、一九八二）

（5）小山靖憲「荘園絵図の史料学」（『中世村落と荘園絵図』東京大学出版会、一九八七）「荘園制と荘園絵図」（『荘園絵図の世界―

紀ノ川流域を中心として―』和歌山市立博物館、一九九〇)
(6) 水田義一「中世荘園絵図の検討」(『人文地理』二六―二、一九七四)
(7) 谷岡武雄「荘園絵図から見た中世の世界」(『岩波講座日本歴史』月報7、一九七五)
(8) 吉田敏弘「荘園絵図の分類をめぐって」(『荘園絵図とその世界』国立歴史民俗博物館、一九九三)、「荘園絵図の空間表現とその諸類型」(『描かれた荘園の世界』新人物往来社、一九九五)
(9) 石上英一「古代荘園図」(『新版古代の日本』一〇、角川書店、一九九三)、「古代荘園と荘園図」(『日本古代荘園図』)
(10) 南出眞助「古代荘園図と中世荘園絵図」(『日本古代荘園図』)
(11) 栄原永遠男　注(1)論文
(12) 金田章裕『古代日本の景観』(吉川弘文館、一九九三)第二章四
(13) 田中正人等「越前の条里制」(『福井県史研究』創刊号、一九八四)

紀伊国桛田荘絵図
——在地社会を描く——

土屋伸也

宝来山神社から桛田荘を見おろす

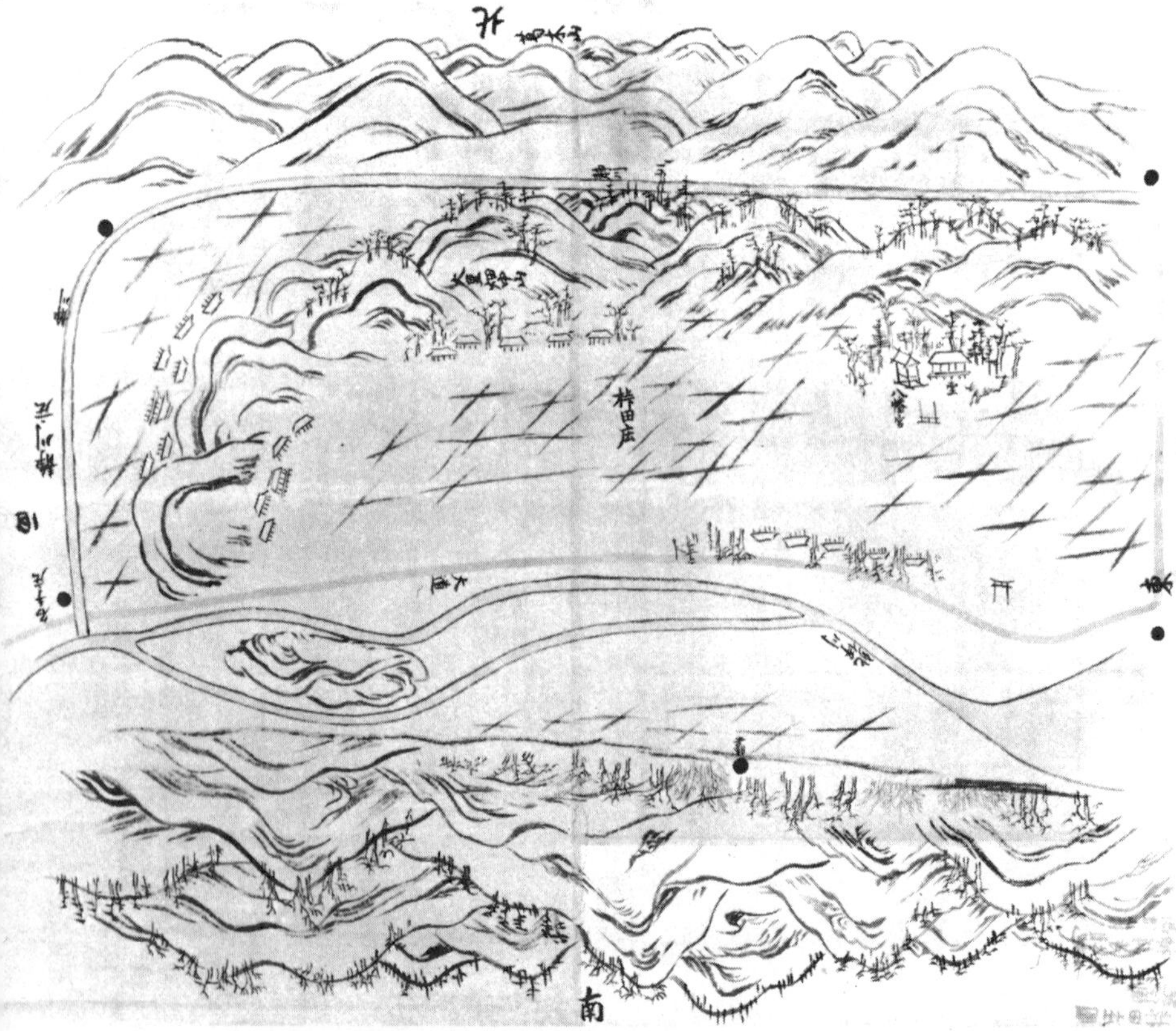

神護寺蔵紀伊国桛田荘絵図（A図）

はじめに

「紀ノ川ほど美しい川は他にございませんよし」――有吉佐和子は、小説『紀ノ川』で、美しくも豪雨ともなれば氾濫を繰りかえす彼女の故郷紀ノ川を舞台に、美しく力強く生きる三代の女性を描いた。

紀伊国桛田荘の故地は、この紀ノ川の中流域にある。私たちが現地調査に訪れたのは、一九九九年四月初旬であった。暖かな春の陽射しにつつまれた桛田荘の故地は、桜と桃の花が咲きみだれていた。現在、紀ノ川中流域では桃の栽培が盛んに行われ、いたるところ華やかな桃の花でつつまれたその景観は、「桃源郷」を思わせてくれた。

こののどかな田園地帯を舞台に、古代末期から激しい相論が繰りかえされてきた。氾濫を繰りかえす河川はたびたび流路を変え、それとともに境界をめぐる争いも頻発した。しかし、紀ノ川はそうした人間の姿をおおらかに包みこんで、相変わらず滔々と流れつづけていた。

一 研究史の動向

紀伊国桛田荘絵図には、領主神護寺が所蔵する神護寺蔵図〈以下A図〉と現地の宝来山神社が所蔵する宝来山神社蔵図〈以下B図〉の二枚があり、いずれも国指定重要文化財となっている。とくに、A図は、多くの高等学校教科書に、領域型荘園の様子を知る代表例として掲載されている。

現在まで、この二枚の絵図をめぐって多くの研究者によって論争が繰り広げられている。同絵図に最初に着目した

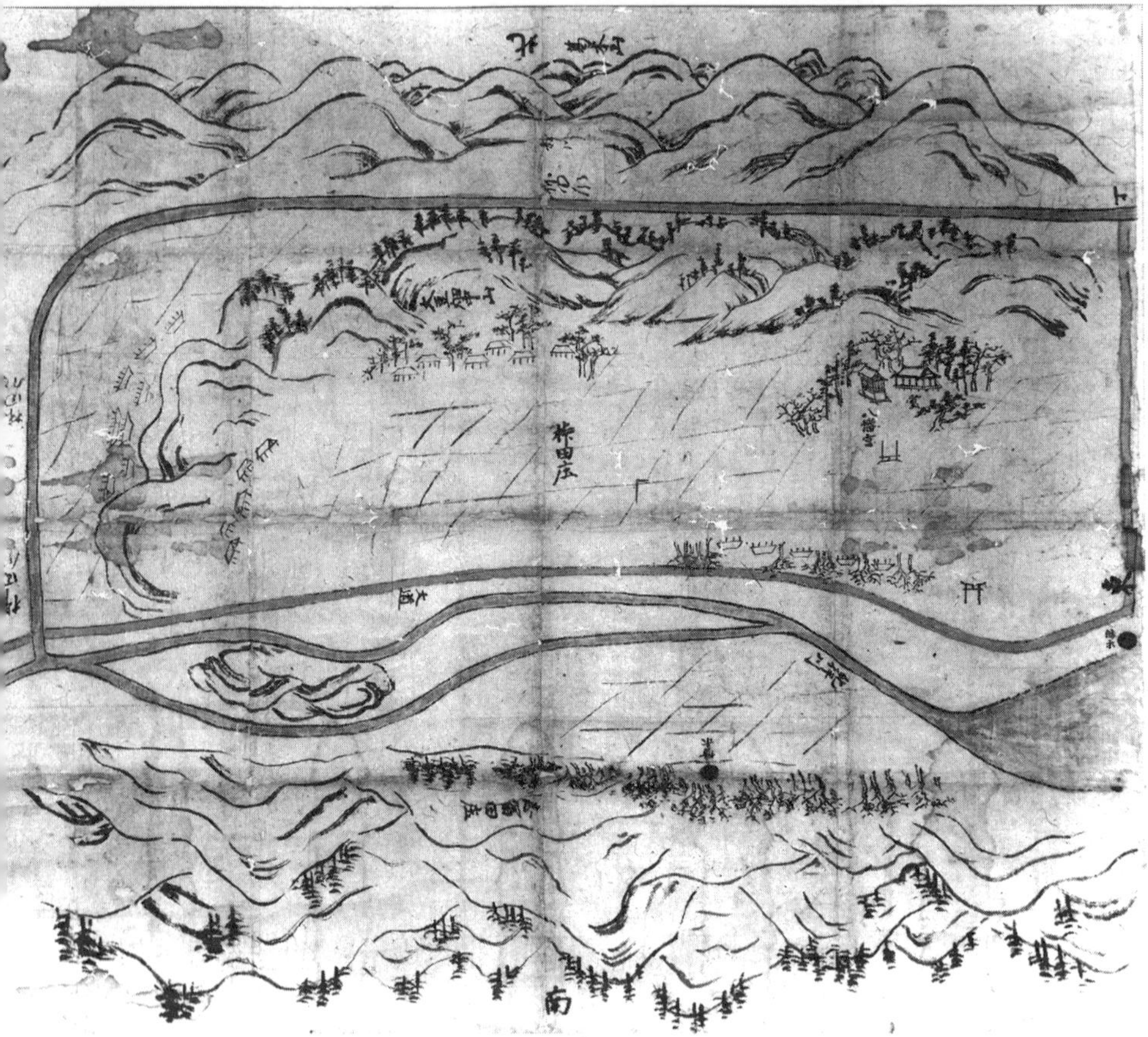

宝来山神社蔵紀伊国桛田荘図（B図）

のは、戦前の西岡虎之助氏[1]であった。西岡氏は、八世紀から九世紀の日付をもつ「日根秋友解」以下四通の『大覚寺文書』に拠って、A図の作成年代・作成目的を後白河院から神護寺に荘園が寄進される寿永二年（一一八三）以前に、「荘が権門・勢家領として立券するに當つて、作成」されたとした。この後、西岡氏の説が長らく通説となる。

一九七〇年代に入り、西岡氏の通説に対して本格的な批判に取りくんだのが鈴木茂男氏[2]である。鈴木氏は、西岡氏が拠った四通の『大覚寺文書』を偽文書と断定し、桛田荘と南で接する渋田荘との境界を明らかにするために寿永二年に紀ノ川南岸に南牓示が打たれ、「延徳三年注文」[3]（『宝来山神社文書』）に記された元暦元年（一一八四）の立券とともに二枚の絵図が作成され、それぞれ神護寺と「在地の八幡宮」〈現宝来山神社〉に保管されることになったとした。

ついで、小山靖憲氏[4]と木村茂光氏[5]から、二枚の絵図の作成年代を同一時期とした鈴木氏に対しての批判が提起される。両氏は、二枚の絵図の作成年代・作成目的を切り離して考えるべきとした。

小山氏は、二枚の絵図の牓示の数の違いやB図に認められる追筆などから、双方の記載内容の大きな相違に着目し、「延徳三年注文」に記された桛田荘の南四至と南牓示の記載の矛盾を根拠に、A図の作成年代を鈴木氏と同じ元暦元年の立券時とした。一方、B図は、文正元年（一四六六）の「紀伊国守護畠山政長遵行状写」（『神願寺文書』）や静川から取水する井関が強調して描かれた近世絵図〈以下C図〉の存在などを根拠に、中世初頭から続く桛田荘と北・西で接する静川荘との静川からの取水権をめぐる水論の過程で、桛田側が相論を有利に導くために作成したとした。

木村氏は、A図で紀ノ川北岸の氾濫原に開発された耕地が実際の地形に比べ意図的に広く描かれているとし、これを長寛二年（一一六四）の太政官牒案の記事――渋田荘の北四至が「大河〈紀ノ川〉古流」から「大河当時流北際岸」へと変化（『根来要書』）――と関連づけ、A図の作成年代を長寛二年に桛田荘（郷）が蓮華王院領として立券された時とする。ただし、A図中の南牓示のみは、渋田荘関係資料から「志富田島〈紀ノ川南岸に形成された微高地〉」の領有問

紀伊国桛田荘近世絵図（C図）

題に関する記事が見えなくなる長享二・三年（一四八八・九）から延徳三年（一四九一）ごろ、「延徳三年注文」とこの段階で作成されたB図を正統化するために書きこまれたとした。

こうした小山氏・木村氏の説は、『荘園絵図の史料学および読解に関する総合研究』(6)で、小山氏が指摘したB図の追筆部分などに本来の料紙とは違う明らかな改竄の跡が発見され、B図の基となった原B図の存在が確認されたことで再考を迫られることになる。

西岡氏から木村氏まで、いずれもA図を立券時に作成された立券図＝四至牓示図であるとする点で共通している。これに対し、近年、服部英雄氏(7)と黒田日出男氏(8)によって、A図を相論図としてとらえる視点が提起されている。

服部氏は、A図に神野真国荘図や足守荘図にみられる実検使の位置がみられないことから、必ずしも作成年代を立荘時に限定する必要はないと指摘し、作成年代として、(1)A・B図とも立荘時、(2)A図は立荘時・B図は貞応相論時、(3)A・B図とも貞応相論時の三つのケースを想定した。

黒田氏は、A図を立券図＝四至牓示図としてきた従来の説を正面から批判し、A図を「立券図もどき」「四至牓示図もどき」に作成された相論図とする。黒田氏は、A図が立券図＝四至牓示図としての要件を欠く証拠として次の六点を指摘する。

①「東」の文字だけが桛田荘の荘域を示す大道の上に書かれ、東側だけが極めて窮屈な詰まった構図で描かれている。また、東側には他荘の記載がない。
②普通、料紙に絵図はバランスよく表現されているはずであるが、桛田荘絵図の場合はアンバランスである。
③東西に走る「大道」が「東」と記された地点で急に曲がって北上していき、艮牓示のところで記載が切れている。
④桛田荘西部を詳細に描き、東部にある東村を省略している。

⑤牓示に方位や地点の所在名が一切記されていない。
⑥官使・国使・荘官らの位置がまったくない。

黒田氏は、さらに文治元年（一一八五）の検田取帳の分析から、桛田荘の「川南」地域〈紀ノ川南岸の氾濫原〉と「静川」地域に「御正作」が存在すること、また「静川」地域の「西牓示本」に「下司」田が存在することに着目し、これらの領主直営田的田地が危うい領主支配の中で桛田荘を押領から防衛するために設定されたとし、A図を貞応相論時に、すでに打たれていた五箇所の牓示の正当性を主張するために作成された「立券図もどき」「四至牓示図もどき」の絵図とした。

二　貞応相論と私領主湯浅氏の関係

A図は、これまで立券図＝四至牓示図の典型であり、領域型荘園の様子を知る絵図の代表例とされてきた。多くの高等学校教科書での扱いもまたこうした研究成果の延長線上にある。これに対し、近年、服部氏と黒田氏から、こうした従来の説への批判が提起され、A図をも相論図としてとらえる視角がひらかれた。A図を相論図としてとらえる場合、鎌倉初期の貞応相論との関連づけの作業が不可欠となろう。

貞応相論は、『神護寺文書』などの当時の諸史料から考えれば、服部氏が位置づけた通り、寺領拡大運動を広範に展開する高野山とそれに抗した神護寺の「全面戦争の一部局地戦」としてとらえるべきであろう。しかし、この相論は、やはり服部氏が指摘するように、単なる伊都郡と那賀郡の郡境の認識の違い——神護寺は静川の水流を高野山は背山から続く峯線を主張——をめぐる相論であったのだろうか。服部氏は、こうした貞応相論のとらえ方を基に、二枚の絵図は、現地・荘家が「荘境・郡境は（高野山が主張する）背山ではなく、静川の水流にあ」ることを主張するために使用されたとする。このように服部氏が貞応相論をとらえる根拠としたのが、高野山僧覚観が紀伊国守護所に宛てた書状中の次の記事である。

〈前略〉高雄奏上云、桛田庄者伊都郡内也、静川者南賀（那賀）郡内也、打定四至牓示、両郡堺国郡見知無其隠、又自元高野モ、如此訴申候也、全指越南賀郡静川庄、不打伊都郡内桛田〈後略〉（『神願寺文書』）

注意しなくてならないのは、この書状は高野山側が提出したものであり、その主張もまた高野山側の論理が色濃く出ている可能性もあるということである。こうした論理からすれば、貞応相論は、中央で畿内と畿外の境界と認識されてきた背山の峯線を郡境・荘境として主張する高野山側の勝利として帰結したはずである。しかし、実際にはことはそう簡単に片づいてはいない。はたして神護寺側が主張した論理は、高野山側の論理、つまり郡境の違いにとどまったのだろうか。

貞応相論を考える時、神護寺側の訴訟の当事者として活躍した湯浅氏の動きを見落としてはならない。相論に際し、湯浅宗光は、自ら関東に下向して、幕府から神護寺側に有利な関東下知状を獲得している。湯浅氏が桛田荘に一定の地歩を印したのは、宗光の父宗重の時代である。「僧覚算私領田畠譲状」には次のように記されている。

謹譲　私領田畠事
　合
在紀伊国糸（伊都）郡字笠田村壱所者、
　四至　在本券面
右郷者、僧覚算譜代相伝之私領也、公験明鏡也、依有事縁、譲申湯浅入道（宗重）処也、但於公役幷田畠沙汰者、本地主

覚算欲被譜代相伝矣、乃為後代証文、永譲申状如件、

安元々年乙未十月九日

阿闍梨伝灯大法師位（花押）（『角田氏所蔵文書』）

湯浅宗光は、こうして安元々年（一一七五）に桛田郷（荘）内に私領主としての権利を有することとなった。島田次郎氏[9]は、「私領」とは、「荘園または国衙領内部に形成される地方豪族・地主の私領であって、法的にいえば「荒地以開人可為領主」（「法曹至要抄」中、荒地条）という手続きによって成立する開発領主の私領」であるとする。そして、「私領」は、在地社会における九・十世紀の水田稲作農業の発展や畑作の普及にともなって、開墾の対象として以外に用水源・採草地と山野未開地の私的な分割占有が進められていく事実の中で形成され、十一・十二世紀にはこうした山野未開地の所出得分をめぐって中央の領主と在地の私領主層の抗争が激化することを指摘した。また、島田氏は、多分に律令的で観念的な中央の荘園領主の支配権と在地社会における私領主層の事実上の占有経営の慣例との対抗関係や鎌倉幕府法の法源に律令法・公家法的なものと武家生活ないし農村生活の中でつくられた慣習法的なものが混在していることも指摘している。私領主としての法理を基に訴訟に臨んだ例として、高野山領紀伊国名手荘と粉河寺領丹生谷村の相論が知られている。この相論は、水無川の水源山である椎尾山の帰属などをめぐるものであった[10]が、この時、粉河寺側の地主源朝治・基治は、「於件山野者、皆以親父義治入道之私領候也」（『高野山文書寶簡集』）と主張している。貞応相論に際し、湯浅宗光もまた、この私領主としての法理を基に訴訟に臨んだのではあるまいか。幕府が、高野山側の押領を認めて神護寺側に有利な関東下知状を下したのは、こうした私領主の法理を認めたためであろう。

貞応相論に際し、神護寺「寺沙汰」として桛田荘現地で奔走した上覚坊行慈も忘れてはならぬ人物である。行慈は、桛田荘などの神護寺領への寄進を後白河院に働きかけた僧文覚の遺弟であり、たびかさなる文覚配流の折りには常に

師につき従った人物である。『神護寺文書』によれば、行慈が通風〈か〉に苦しめられながらも、師文覚亡き後、神護寺再興に苦心惨憺した姿を随所にうかがうことができる。とくに貞応相論に際して、行慈は、相論への関心が薄い神護寺別当宗全と対立しながらも、自ら桛田荘に下向して現地経営に奔走している。行慈は、湯浅宗重の子であり、宗光の兄であった。行慈が現地経営に奔走したのは、父から相伝された桛田荘を高野山の押領から守るためであったことは想像に難くない。桛田荘こそは、中央の領主神護寺と在地の私領主湯浅氏とが一連一体となって、その支配をめざした荘園であり、貞応相論とは、神護寺と私領主湯浅氏が一連一体となって、私領主としての法理を基に、高野山の押領から桛田荘の危うい領主支配を守るための闘争であったと考えるべきであろう。

三　絵図の全体像を読む

従来の桛田荘絵図の研究においては、絵図の全体像を読もうとする視角が乏しかったように思われる。鈴木氏・小山氏〈A図の場合〉・木村氏は、南の渋田荘との紀ノ川氾濫原をめぐる相論のみから同絵図を説明し、小山氏〈B図の場合〉・服部氏は、北・西の静川荘との相論のみからこれを説明しようとしてきた。これに対し、近年、黒田氏によって、はじめて同絵図を絵図に即してかつ全体を統一した視点で読むべきとの提起が出されることとなった。歴史教育の現場に立つ者としても、黒田氏による提起は傾聴すべきものと考える。同絵図の全体像を読むには、黒田氏によって提起された視角をさらに深める必要があろう。そのためには、同絵図と貞応相論との関連づけの作業に向かわねばなるまい。ここでは、前節で提起した貞応相論と湯浅氏との関係に基づいて、同絵図に描かれた神護寺側の主張を具体的に読んでみたい。

【五箇所の牓示】

黒田氏が指摘するように、同絵図は「立券図もどき」「四至牓示図もどき」の絵図としておさえるべきであろう。桛田荘は周囲を高野山領にとり囲まれた荘園であった。見ようによっては、絵図中に記載された五つの黒点〈牓示〉によって、高野山の押領から桛田荘を守るための結界が張り巡らされているようにも見える。同絵図中の五つの黒点〈牓示〉は、同じく神護寺領荘園であった神野真国荘図や足守荘図――いずれも四至牓示図――を援用して描かれたものかもしれない。現存する荘園絵図の中で、四至牓示図として確認できるものはいずれも神護寺蔵であり、四至牓示図と結界図との関係も想定できよう。黒田氏は、実際にこの五箇所に牓示が打たれていたと指摘するが、私は必ずしも実際に牓示が打たれていたと想定する必要はないのではないかとも考えている。

五箇所の黒点〈牓示〉の内部を見ると、そこから桛田荘内部での在地の私領主湯浅氏が進めた山野未開地の開発の様相が浮かび上がってくる。まず静川西岸に描かれた三箇所の黒点〈牓示〉の意味を考えてみたい。律令の法理からすれば、「山川藪沢之利、公私共之」(『続日本紀』)であり、川は私できるものではなかった。こうした法理からすれば、静川西岸の三箇所の黒点〈牓示〉こそが、逆に同絵図が正式な立券図＝四至牓示図ではないことを如実に語っているともいえよう。静川西岸の三箇所の黒点〈牓示〉から読みとれることは、静川からの取水によって沿岸の耕地を開発し、すでに事実上の占有経営を行っているとする私領主湯浅氏の主張である。文治元年の検田取帳における「静川」地域にみられる「井関」の地名や同地域の上田率の高さから推しても、当時すでに静川から取水する用水――現在の移井手〈二ノ井〉――が存在していたことは確実であり〈ただし、分水嶺を越える一ノ井がいつ造られたかは不明〉、静川東岸に描かれた耕地が実際の地形よりも広く描かれていることにも湯浅氏の主張を読みとることができよう。紀ノ川北岸の氾濫原に形成された耕地がやはり意図的に広く描かれているのも、こうした湯浅氏の主張に他なるまい。検田取帳によれば、「西膀示本」に「下司」田が設定されている。この「下司」とは、湯浅氏の誰か、多分湯浅氏系図にみえる「桛田尼」であろう。とすれば、神護寺・湯浅氏が、尼を下司として配置することによって、桛田荘の宗教的な在地支配をめざした様子もみえてくる。次に紀ノ川南岸に描かれた黒点〈南膀示〉の意味を考えてみたい。これもやはり文治の検田取帳によれば、この南岸の氾濫原もすでに開発が進んでいたことが確認できるから、この黒点〈南膀示〉からもまた私領主湯浅氏の同様の主張を読みとることが可能であろう。最後に東南に描かれた黒点〈巽膀示〉である。この黒点〈巽膀示〉は、東の官省符荘との境界を記すために描かれたものである。官省符荘は高野山の根本寺領であり、この境界は、高野山の押領から桛田荘を守る上では最も重要であったはずである。しかし、神護寺・湯浅氏にとって、実は最大のウィークポイントがここにあったのだ。前述してきた四箇所の境界に比べて、この境界の正統性を主張しうるような事実が欠けていたのである。想像をたくましくすれば、実際には東西に横断しているはずの大道をこの黒点〈巽膀示〉付近で不自然に屈曲させ、桛田荘をまるで一つの閉じた空間と見せかけることで、その正統性を主張しようとしたとも考えられる。この絵図を見た者は、誰しも桛田荘を静川・紀ノ川そして大道に囲まれた荘園と素朴に感じるはずである。それこそが神護寺・湯浅氏の真のねらいだったのかもしれない。従来、同絵図は係争地である「西側に偏った」絵図であり、そのために料紙の都合上、大道を不自然に屈曲させてしまったとか、同絵図は桛田西荘であり、屈曲して描かれたのは大道ではなく、東荘と西荘の境界となった小道であるとの説明がなされてきた。しかし、東こそが桛田荘を守るために最も重要であったとすれば、こうした想像も許されるのではあるまいか。とすれば、これもまた在地を見知る者たちの叡知であり、絵のもつ力であったとはいえまいか。私たちもまた、彼らに「たばかられ」てきたのかもしれないのだ。

【「葛木山」と「大豆畑中山」の記載】

文字記載の少ない同絵図において、あえて「葛木山」と「大豆畑中山」の記載があることの意味を考えてみたい。

水源山の領有が、川の取水権の占有と密接な関係があることを明らかにしたのは小山靖憲氏[11]である。小山氏は、前節で記した名手荘と丹生谷村の椎尾山をめぐる相論を水源山の占有などをめぐる相論として位置づけた。私は、同絵図中の「葛木山」の記載もまた、神護寺・湯浅氏が静川の水源山である「葛木山」と静川からの取水権を事実上占有経営していることを主張するための記載であると考える。

また、「大豆畑中山」の記載からは、高野山側が郡境・荘境として主張する背山から続く峯で、現に大豆の焼き畑栽培が進んでいるとする神護寺・湯浅氏の主張を読みとりたい。在地社会の法理において、焼き畑への収穫物を刈るという行為と山の占有が密接な関係を有していたことを示す史料として、これもまた前述した名手荘と丹生谷村の相論における次のような記事がある。

〈前略〉（丹生谷村）地頭代不謂理非、苅取件畑作麥之間、寺家領家使・庄官等棒官符案、行向其所、雖申不可苅之由、地頭代都不承引苅之、百姓等申云、雖所苅殘不幾、若不苅者、為向後定成非名手領由緒歟、仍翌日苅之畢〈後略〉（『高野山文書寶簡集』）

この場合、丹生谷村の地頭代が椎尾山の焼き畑麦を刈り取ったことに対し、このままでは今後椎尾山が名手荘のものではなくなってしまうと恐れた名手荘の百姓らが、自らも刈り取りを強行した旨を読みとることができる。「大豆畑中山」の記載もまた、こうした在地社会の法理を主張するための記載であると考える。

【建物の描写】

同絵図には、「八幡宮」と「堂」〈現宝来山神社と神願寺〉、西側から現在のかつらぎ町内の移・背山・窪もしくは萩原・笠田中に比定されている四つの集落、そして西側の二つの集落の中心にそれぞれ縁つきの大きな屋敷が描かれている。

八幡宮と堂には、神護寺・湯浅氏による在地支配のための政所がおかれていたと考えたい。とくに同絵図でひときわ立派に描かれている堂は、神護寺・湯浅氏よる在地の宗教的支配の拠点でもあったと思われる。湯浅氏系図によれば、前述した「桛田尼」のほかに「桛田法橋」の存在も確認できる。桛田荘を見渡せる小高い地にあるこの堂が在地支配の拠点として最もふさわしい場所であったことは想像に難くない。また、描かれた四つの集落からは、神護寺・湯浅氏による在家支配の事実を読みとりたい。桛田東の集落が描かれていないのは、描かれた集落の比定の問題ともかかわろうが、現時点では桛田東の集落には事実上在家支配が及んでいなかったために描かれなかったとしておきたい。最後に集落の中心にひときわ立派に描かれた二軒の屋敷のもつ意味について考えてみたい。この二軒の屋敷は、前述の「堂」と似た形式で描かれていることから考えれば、やはり神護寺・湯浅氏が在家の宗教的支配をすすめるための堂であったと考えるべきでろう。そして、ここには、下司＝荘官となった湯浅氏の一族が常駐していたのではあるまいか。

四　絵図作成の目的

二枚の桛田荘絵図は、鈴木氏・服部氏が指摘するように、その親近性・酷似性をこそ重視すべきであろう。同絵図が貞応相論に際して作成されたとすれば、神護寺と湯浅氏の一連一体性から考えて、酷似する二枚の絵図が作成され、一枚が神護寺にもう一枚が在地に保管されるようになったとしても不思議ではなかろう。ただし、なぜ二枚の絵図が領主と在地に保管され、それらが訴訟の場でどのように使われ、また効力をもったのかは、いまだわからない。

前述してきたように、同絵図は、貞応相論に際して、神護寺と私領主湯浅氏が、高野山側が主張する律令的で多分に観念的な法理に対抗し、在地社会において進めた開発と事実上の占有経営という圧倒的な事実を主張するために描いた相論図としての絵図であると考える。その際、神護寺に伝来する神野真国荘図や足守荘図といった立券図＝四至牓示図の形式が援用され、「立券図もどき」「四至牓示図もどき」の絵図として作成されることとなったのであろう。貞応相論の結果は詳らかではない。しかし、同絵図に描かれた〈主張された〉在地社会の法理は決して完敗することはなかったはずである。それは時代が遠く離れたC図に、この絵図が援用されていることからも明らかである。桛田荘絵図は、在地社会の法理をひっさげて中央の法理とわたりあった在地の人々の姿を余すところなく私たちに伝えてくれている。

背山から桛田荘を東方に臨む

五　現地調査から学んだこと

最後に現地調査から学んだことについて二三記させていただきたい。最初に訪れた宝来山神社と神願寺では、先行研究でも指摘されている神仏習合の跡を実感させられた。同神社と寺は、桛田荘を見渡すことができる小高い地に建てられ、また神社の裏手には水田を潤す「生命の水」たる文覚井一ノ井があった。この地から桛田荘を臨んだ私たちは、この地ほど在地支配をめざす神護寺・湯浅氏にとって荘園経営上ふさわしい地はあるまいと実感させられた。

次に私たちは背山に登り、桛田荘を東方に臨んだ。この時に気づいたのは、地形図などから想像していた以上に、紀ノ川の南北に形成された氾濫原が広大であり、その一方で安定した耕地となりうる地が狭小であったことである。これが、この広大な氾濫原の開発という圧倒的な事実を基に、在地の私領主湯浅氏が桛田荘の在地支配をめざしたのではないかという着想につながっていった。

次に私たちは背山を越えて「静川」地域へ行き、文覚井の取水口や一の井が分水嶺を越える地点そして二ノ井を見学した。分水嶺を越えて「桛田」地域を灌漑する一ノ井と越えずに「静川」地域を灌漑する二ノ井を実際に見比べた時、名称とは逆に二ノ井の方が先に造られたのではないかと思わずにはいられなかった。文覚井の名称の起源をも含めて、用水が造営された時期やそれが在地社会に果たした意義については今後の検討課題としたい。

ここに一枚の写真を掲載する。この写真は、背山から桛田荘の故地を東方に写したものである。私たちが現地調査に訪れた時、紀ノ川北岸の氾濫原では大規模な下水処理施設の建設が進んでいた。竹内理三氏は、一九七六年に「荘園絵図の効用」[12]と題して、全国規模の開発の進行による「時代の断絶」に警鐘を鳴らされ、その断絶をつなぐ有力な手がかりとして荘園絵図の効用を説かれた。今、「開発」の波は、着実にこの紀ノ川沿岸に形成されたのどかな田園地帯にもおよびつつある。

注

（1）西岡虎之助「神護寺領荘園の成立と統制」（初出一九三一年、『荘園史の研究』下巻1、一九五六年、岩波書店）。

（2）鈴木茂男「紀伊国桛田荘図考」（『東京大学史料編纂所報9』一九七五年）。

（3）神護寺領紀伊国桛田（笠田）庄
後白河院御寄付　寿永二年十月十八日庁下文在之、
在管伊都郡、
四至　限東下居（折居）限西世山（背山）河前、　限南大河、限北四津谷葛木峯、
牓示五箇所
一所巽下居大垣内西畠重房作畠
一所南紀伊河南岸栢木本渋田庄堺
一所坤静河庄・名手庄堺
一所乾静河西岸安徳法師作田堺
一所艮静河庄・高野本庄堺大松東小谷口友国作
当寺経蔵所納之庁御下文年号寿永二年十月十八日、同立券元暦元年元暦元年八月十六日、
両巻之内四至牓示書出之畢、
延徳三年三月　日　年預多聞院法院権大僧都（花押）
なお、服部英雄氏は、この「延徳三年注文」を近世の偽文書としている。
（4）小山靖憲「桛田荘絵図と堺相論」（初出一九七七年、『中世村落と荘園絵図』、一九八七年、東京大学出版会に加筆され再録）。
（5）木村茂光「荘園四至牓示図ノート1」（『東京学芸大学紀要』第三部門社会科学第三七集、一九八五年）。「荘園の四至と牓示」（小山靖憲・佐藤和彦編『絵図にみる荘園の世界』、一九八七年、東京大学出版会所収）。
（6）滋賀大学教育学部による文部省科研費報告書（代表高橋昌明）〈一九八五年〉。
（7）服部英雄「紀伊国桛田庄絵図の受難」（国立歴史民俗博物館編『描かれた荘園の世界』一九九五年、新人物往来社所収）。
（8）黒田日出男「荘園絵図と牓示——神護寺所蔵「紀伊国桛田荘絵図」の読解から」（皆川完一編『古代中世史料学研究』下巻、一

九九八年、吉川弘文館所収)。
(9) 島田次郎「私領の形成と鎌倉幕府法」(初出一九五八年、『日本中世の領主制と村落』上巻、一九八五年、吉川弘文館)。
(10) 小山靖憲「中世村落の展開と用水・堺相論――高野山領名手荘と粉河寺領丹生谷村」(初出一九八一年、『中世村落と荘園絵図』一九八七年、東京大学出版会)。
(11) 小山靖憲(10)論文。
(12) 竹内理三「荘園絵図の効用」(『朝日新聞』一九七六年六月二四日夕刊)。

伯耆国東郷荘絵図

——湖の荘園——

錦　昭江

船上から中分線方向を望む

『荘園絵図集成』上巻 P.195

はじめに

私たちが、東郷湖を訪れたのは、一九九五年晩夏のことであった。名産の梨の収穫期を直前にひかえた時期である。この時の現地見学会最大の企画は、船をチャーターし、絵師の視点に立って、湖上から周囲の地形を確認することであった。船上からの風景は、中世のたたずまいをよく残し、船は思いの外の近さで私たちを対岸まで運んでくれる。湖が、中世の人々の重要な交通手段であったことを、改めて知る良い機会となった。湖周辺には、古墳や古刹も多く、この地が古くから開けた地域であったことを実感できた見学会でもあった。

一　研究史の整理

この地を描いた伯耆国河村郡東郷荘下地中分絵図は、東郷荘絵図と通称され、下地中分絵図の典型的な例として、教科書等にもよく引用される。花押をともなう下地中分線の表記や、湖・海・川・山・家屋・寺社等圧倒的な情報量から、中世荘園の様相を生き生きと私たちに伝えてくれる絵図として大変興味深い絵画史料である。とくに湖上の舟と舟人は、荘園絵図中、人間が描かれた稀少な例である。しかし、東郷荘絵図の認知度と比すると、この絵図を絵画史料として本格的に考証した研究論文は、決して多いとはいえない。

通常、絵図研究では、当該絵図の作成目的や作成年代が検討対象となるが、本絵図は、その裏書きに「正嘉貳年東西南中分絵図也」とあることや、中分線の両側に書かれた花押が、北条長時・政村のものと確認されることから、その作成目的・作成年代にあまり疑念の余地がない。このことが、論稿が少ない理由の一つとして考えられよう。そして、もう一つの大きな理由は、この裏書以外に、東郷荘に関する史料が、ほとんど残存せず、史料上から同荘の立荘及び推移・下地中分に至る荘園領主側と地頭方との抗争の経緯について、不明な点が多いという点があげられる。

こうした研究状況の隘路をひらくべく黒田日出男氏は、同絵図中の豊富な絵画表記を一つ一つ詳細に分析された(1)。その結果、氏は絵図に描かれたものすべて（馬・神社等）が、地頭側と荘園領主側によって同数になるよう等分の原則で描写されている事、湖上の舟は動く中分線である事、海上に浮かぶ三隻の帆掛船は日本海海上交通の状況をあらわしている事を提言し、東郷荘絵図研究を大きく前進させた。その後、太田順三氏は、東郷荘地頭を東郷氏（原田氏）に比定された上で、東郷荘の歴史的変遷過程を考察された論稿を、発表されている(2)。東郷荘絵図研究は、このように絵画表現に対する鋭い洞察や、周辺史料を援用してのアプローチ等、現在、さまざまな考察が提出されているところである。今後、絵図に記された豊富なメッセージを、私たちが正確に受容するためには、さらに、新視角が求められるであろう。以下、今後の東郷荘絵図研究の進展にむけて、可能と思われる視点をいくつか指摘していきたい。

二　史料（絵図裏書）と現地比定

先述のように、この荘園絵図に直接関係のある史料は、絵図の裏書のみである。この裏書きについては、これまで諸氏が詳細に検討されているが、この史料が、絵図の歴史学的考察の出発点となるわけで、その意味で、今一度、史料を検討し、史料から判明することを整理していきたい。

領家地頭和与中分之間、①自是有道路之所々者、以其路為堺ト、無堺之所々者、其際目仁引朱畢、朱之跡者両方寄合天令堀通畢、如此志天東西両方仁中分既畢、②但田畠於等分之間、伯井田者雖為西方、以此田内天、猶所割分于東方仁也、③是故仁馬野并橋津及伯井田等者、東西仁所相交也、④至小垣者、北條河能東西、共以東分、仍此絵図仁、東分西分登各所書其銘也、⑤抑當于南方之堺天、置福寺・木谷寺、此両寺能中間仁引朱天堀通畢、而件堀之末、依為深山天、有峯有谷間、不堀通、然者、其際目能朱与利、三朝郷之堺仁至万天者、只朱能通於端直仁見通天、東西能分領於、可令存知之状如件、

正嘉貳年十一月　日

沙弥寂□

散位政久（花押）

（丸数字、傍線は筆者）

「①自是有道路之所々者、以其路為堺ト、無堺之所々者、其際目仁引朱畢、朱之跡者両方寄合天令堀通畢、如此志天東西両方仁中分既畢」この部分が、正嘉二年（一二五八）下地中分の原則となろう。すなわち、「道路がある場所は、路を堺とし、ないところは（絵図中に）朱線を引きそのその場合、堀を通す」とある部分で、絵図中では南部、長和田・倉淵の間の朱線が、その箇所に相当すると考える。原則としては、この朱線を堺に、西側を荘園領主方、東側を地頭方としたわけである。現地比定では、野花と引地の間、中将姫の伝説で知られる九品山大伝寺付近と推定され、この地点にかつては、東郷湖に向かって堀があったとされる（現況では堀は埋め立てられ道路になっており、わずかに堀の石積の遺構が一部残存するのみである）。この線を堺に、「東西両方仁中分」したわけである。

②③④は、この原則の例外部分である。②伯井田については、原則によれば、すべて荘園の西側に含まれ領家方となるが、「田畠は等分」という取り決めから、伯井田のみでさらに領家方と地頭方に分割している。伯井田は、現北條川（現天神川）によって形成された東郷荘内でも最も広い沖積平野であり、古代からの条里制遺構も残る肥沃な地域で

あった。なお、境界となる絵図中の「広熊路」も条里制区画を示す路を境界としたものであろう。伯井田が部分的に分割されたのにならって、③馬野・橋津も「東西仁所相交也」となった。馬野は、絵図北東部にある牧である。橋津については、橋津川の河口に所在し、後述のように、この地区の重要な港湾機能をはたしていた。

④部は、東郷荘の南境について特記されている。この部分の境は、置福寺・木谷寺の中間に堀を通して境とし、「依為深山天、有峯有谷」のため堀を掘れない箇所は、三朝郷境までを「朱能通於、端直仁見通天、東西能分領」ということになった。東郷荘絵図は、全体としてたいへん具象的にそれぞれの事物が描かれているが、この部分のみ模写的な山々が連なっている。これは、この地域が測量不能であり、実測による描写ではないことを示していよう。この部分の境だけが、裏書中とくに最後に付言されていることも注目に値する。この地域、すなわち、湖の南岸は、陸路、伯耆国府（現倉吉市）へと通じるルート上にある。(3) また、橋津・宇野地域に次いで、この地域には、古墳や廃寺が多い。こうした点から考えあわせると、この地区は古代～中世にかけての陸上路の要地であったことが想定されよう。そのため、とくに重要な係争地として、絵図裏書にもその境の但書があえて記載されたと考えられる。

なお、絵図の現地比定に関しては、絵図に描かれた地域が、湖・丘陵・山・海・川と変化に富んだ地形であることから、現地形と照合するのは比較的容易であり、包括的に言えば、それほど疑問の余地もなく、ほぼ荘域が想定できる。現況との比較で言えば、絵図では、北條川と橋津川が合流して海へ流れ込んでいるのに対し、現在は、流路が変化し、双方別々に海へ流入していることが、一番大きな相違点である。

三　絵図に描かれなかった地域について

絵図中東南部は、地頭領域であるが、この地域の表記はたいへん簡略化して描かれている。絵図中の志津宮が国信・山辺地区に所在するとすれば、実際には、東郷川が流れ、その流域に沿って、別所・国信地区の田畠が上流まで広くひらけている。絵図には東郷川の記載もなく、その周辺地域も現実よりもかなり縮小されている。なぜ、地頭領域にあたるこの地域の記載が、簡略化されているのであろうか。

現在、下地中分当時の地頭の名はあきらかではない。一説では、筑前から移住した原田一族が伯耆国に土着し、東郷氏と称して地頭に任ぜられたという。『羽合町史』(4)や『東郷町誌』が紹介するところの「原田氏系図」によれば、原田氏一族の家平は東郷荘内和田に墓所を有し、その子信平なる人物が「此時以私領寄進松尾社、今東郷庄内ナカウタ是也」とある。さらにその子信康は竹田郷地頭、信定は三朝郷地頭、宣行は「天下無双手跡無隠、鎌倉殿管領御成敗式目草案了」と記されている。さらに、『東郷町誌』では、墓所がある和田地区は、東郷川流域の高辻付近とされ、この地区に現在ある五輪塔が、その墓所にあたると比定されている。「系図」では、信平・家行・信康の墓は、別所にあると書かれている。この記載からすると、高辻・別所地区が地頭原田氏の本拠地といえよう。さきの絵図中簡略化されている部分が、この地域に相当することを考えると、「系図」中のそれぞれの記載は、地頭在地支配を考察する上でもたいへん興味深い史料といえよう。しかし、残念ながらこの「原田氏系図」の信頼性を裏付ける史料が、他に存在しない。また、原田氏が関東御家人から選任された新補地頭ではなく、在地の有力層が出自であり、自ら松尾社へ東郷荘を寄進したという「系図」とおりの想定にたつと、その後まもなく、寄進先の松尾社と下地中分にもおよぶ相論がおきたという設定にも多少疑問が残る。

なお、東郷荘の西に隣接する北条郷では、地頭職を北條重時が有し、建長元年（一二四九）には庄四郎なる人物が地頭代に任じられている。北條氏が、鎌倉後期にかけて、交通の要衝に所領を拡大していったことは、よく知られる。北條氏が北条郷の地頭職を有したのも、こうした所領拡大策の一環であったろう。

また、中世の交通路を考察する上で、河川交通の重要性を看過してはならない。物資を積載した船は、現代人の予測をはるかに超えて河上まで船を遡上させ、内陸部と河口の間を運搬したのであった。東郷荘絵図をみる限りにおいても、天神川は日本海から伯耆国府までを結ぶ重要な水上ルートに相当しよう。他の日本海海上ルート上での要港をみても、河口、坪江、十三湊等、どれも河口付近や潟湖が天然の良港として活用されている。そうした地形上の特性を考えるのであれば、天神川・橋津川の河口付近は、国津あるいは荘津としての自然条件を備えており、この地域の要津として繁栄したという想定も無理はないであろう。絵図北方の海上に浮かぶ岩は、船を河口へ導く誘導指標としての役割をはたしていたと考えられる。ここから船は、天神川を通って国府へ、あるいは東郷湖を経由して、湖岸の諸地域へ物資を運搬したのであろう。(5) さらには、湖に流れ込む東郷川を利用して、荘園の内陸部まで船が往来していたとも想定できよう。この意味においては、湖上に浮かぶ船は、必ずしも漁船とはいえない。網漁が普及する以前においては、漁場占有をめぐる係争が生じうる可能性は低いといえよう。むしろ湖上の船は、荘域内を往来する物資輸送船とみられないだろうか。先述のように、私たちの現地見学会での船上体験でも、船の有用性は、十分体感できた。

そこで、今一度、河口付近の絵図を注視すると、そこに記されている大湊宮は領家方になるものの、その他の下地中分の条件は、圧倒的に地頭側優勢である。すぐ背後に、北條氏が地頭職を有する北条郷が所在していたことも考え合わせると、この下地中分によって海岸から内陸に至るまでの交通路である天神川に沿った広い地域を、幕府側が占有しえたといえる。赤い牓示も、この地区が幕府方の支配地であることの特別なアピールであるといえないだろうか。絵図中、領家方は西、地頭方は東という大原則に、あえて特例をつけてまで、この地域を地頭方が入手した重要性はこの点にあると考えられる。

この絵図は、下地中分の結果を、幕府が確認・承認し、領家・地頭方にそれを通達するために、幕府首脳の花押をそえて在地に下したものと想定される。絵図作成にあたっては、この絵図作成以前にすでに存在していた国図や境内図なしに、独自に図師・絵師が制作したと考えられる。先述のように、この絵図は、全体として、他の荘園絵図と比しても、かなり在地の自然地形を正確に描写しており、有能な図師あるいは絵師が作成したものと考えられる。幕府の主要交通路掌握という一貫した政策(6)を前提とすれば、この地の相論結果は、幕府にとっても重要な意味をもつものであり、できうる限り詳細・かつ正確な中分結果の記録の作成が、必要とされたのであろう。つまりは、この中分結果を、絵図に記録するという行為は、幕府側・地頭側にとって有益なのであり、地頭方の荘園侵略結果、獲得した利権を公認するという意味をもっていた。そうした観点から絵図が作成されたとすれば、地頭方が本来諸権利を有していた地域については、当然、詳細に絵図に記載する必然性はなかったといえよう。

四　一宮領について

絵図中、東郷湖東岸に一宮が記され、一宮領として、他に「長江」「宇野」「那志多」の三カ所が記載されている。この一宮は、現在の倭文《しどり》神社をさす。この神社の社伝によれば、大国主命の娘下照姫命が、出雲から海路を経て、日本海岸宇野の地に着船されたという由来をもつ。社名の倭文は、この地方の主産品倭文の織物からとったといわれる

（『東郷町誌』）。康和五年（一一〇三）に埋納された経筒の銘文に「山陰道伯耆国河村東郷御座一宮大明神」とあるところから、おそくとも十二世紀初頭には、伯耆国一宮としての地位を得ていたと考えられる。河音能平氏は、諸国一宮と在地領主制の進展に関して「各国在庁官人層は、国内の有力大社をえらんで、彼らの国衙を拠点とする政治的共同支配体制そのものを守護する国の鎮守（一宮・二宮）として位置づけ、このような一宮・二宮を中心として中世国衙のイデオロギー装置をつくりあげていった。」と述べ、さらに幕府の寺社政策について、「治承・寿永の内乱を経た一一九一年に出された建久新制において「諸国一宮」と「国分二寺」とが中世国家の全支配秩序の不可欠の一環として位置づけられるにいたるものである。（中略）そして鎌倉幕府は一三世紀後葉蒙古襲来を契機として各国一宮・国分寺を自らの支配秩序の一環に全国的にくりこむにいたるのである。」と論じられている[7]。氏の見解に依拠するならば、今一度、地頭の荘園侵略過程で作成された下地中分絵図に描かれている一宮・一宮領についても、注視しなくてはならないであろう。

この絵図は、地頭方と一宮との相論に際して作成されたものではない。したがって、地頭領と一宮領あるいは荘園領主領と一宮領との境界をしめす線分は引かれていない。荘園内に一宮領が散在しているのは事実であるが、その領域は絵図でどのように表現されているのであろうか。そこで、絵図中の樹木に目を転じることとしたい。一宮およびその他の寺社等宗教的建造物と推定される家屋の背後には、必ず樹木が絵図中配されている。この樹木が、宗教的な場を表現するメッセージとして描かれているのではないだろうか。その際、注目したいのが、東郷湖西岸にある一宮領長江の南端にある大木と北端にある広熊路に沿った二本の樹木である。この大木については、絵図測量や漁場の境の基準という説がこれまでも出されているが、この場合、一宮領の境界を示す樹木と考えられないであろうか。丘陵や川等、自然地形で区切れない境界を、明確に第三者に表す指標として、樹木が描かれたという可能性をここに一つ提示してみたい。

線分による境界の明示は、下地中分という行為にともなって生じた概念である。この点から考えれば、この絵図は、一つの絵図に、指標によって範囲を示された領域的な空間把握と、線分によって区割りするという空間把握と、両方の概念が交錯して表現された絵図ともいえるであろう。

五　絵図の作成目的

鎌倉中期~後期にかけて、各地で荘園領主側と地頭側とで荘園の利権をめぐって、抗争が多発する。その解決方法として、下地中分が実施されることも、この時期にあっては、それほど特殊なことではない。相論が熾烈になり、裁定が幕府や六波羅に長期間審議されることも多い。しかし、そうした相論に際して、すべて絵図が作成されるわけではない。もちろん絵図作成にあたっては、基準となる国図等はあったとしても、絵師あるいは図師が現地に出向き、実検をおこなうことを前提とする。多くの相論に際して、すべてにそのような手間をかけることは、現実には不可能であろう。では、どのような相論の場合に、絵図が作成されたのであろうか。

東郷荘絵図の場合、先述のように、中分が複雑であったことが、その理由の一つとして考えられよう。地頭は東、荘園領主は西というように、明確に区分できる場合、あるいは自然地形（川・山）・指標物によって、口頭や文章でも第三者に境が理解できる場合には、あえて絵図を作成する必要はないのである。東郷荘絵図では、原則に対して、伯井田や橋津など、中分の取り決めが、まず、複雑であった。さらには、そこに一宮領が散在する。地頭領・荘園領主領・一宮領、三者の所領を正確に表現するには、文章では困難をともなったのであろう。第二の理由としては、この

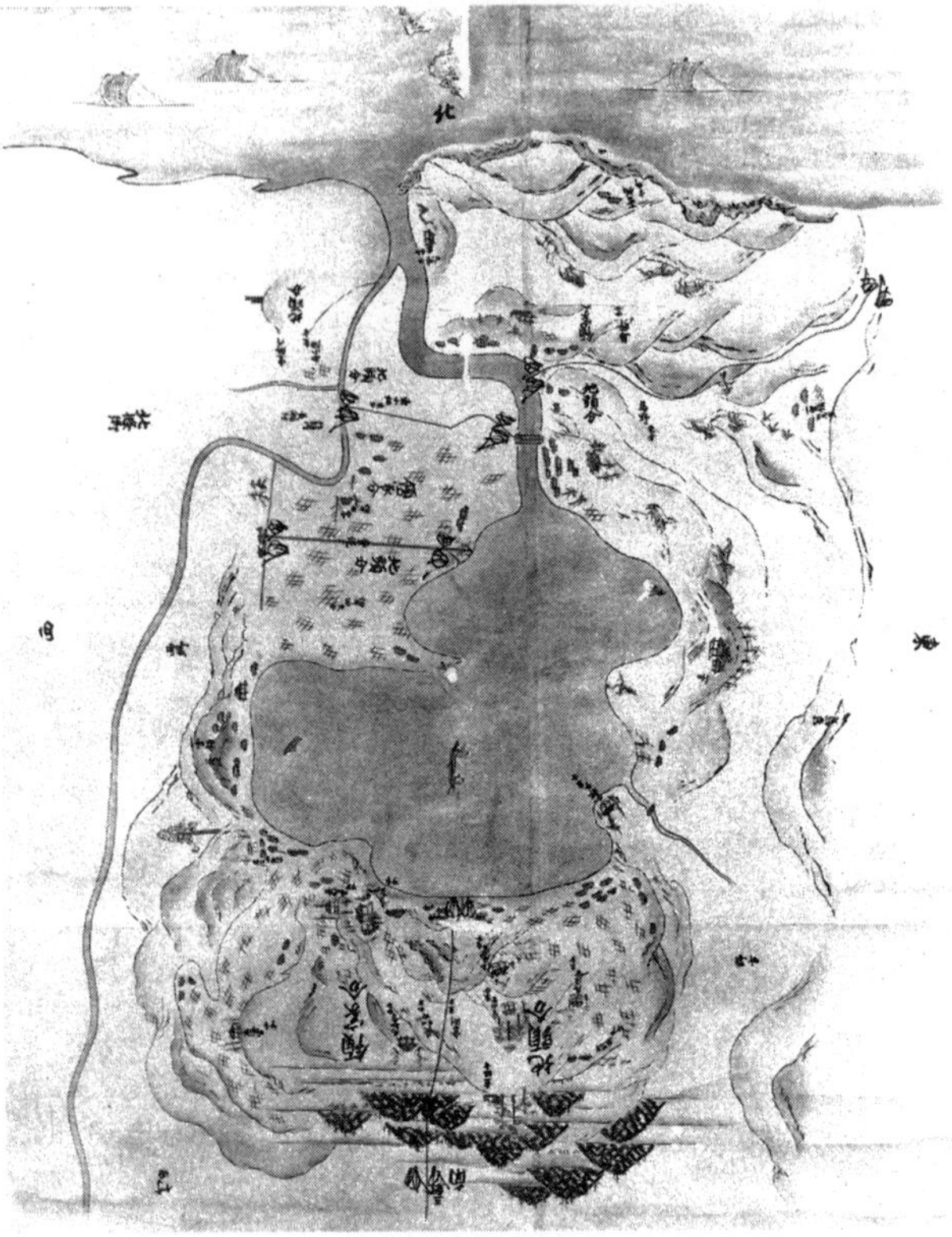
伯耆国東郷荘絵図

地が港湾や水上・陸上交通の要路にあたっており、幕府（あるいは地頭）にとって、重要な地域であったことがあげられよう。将来にわたって、相論がおきないよう、地頭の侵略の成果をはっきり明示する必要があったのである。そのため、残存する絵図中でも、きわだって具体的であり、かつ、正確な絵図が作成されたと考える。

以上、東郷荘絵図についての考察をすすめてきたが、この絵図が、私たちに提示してくれる多くの情報量からすれば、いまだ絵図からのメッセージをすべて受けとめるには至っていないといえよう。この東郷荘園絵図の現地は、中世から現在に至るまで、天神川の流路変更以外は、自然地形上での大きな変動はない点で大変貴重な絵図である。近年は、他地域同様、圃場整備の進展や羽合温泉・東郷温泉を中心とした観光開発が、この地域でも絵図景観を変貌させる大きな要因となってきている。私たちは、絵図に関しての考察を、今後さらにすすめるとともに、中世の絵図の景観を保ち、正確な解釈を伝承していくことも、これからの重要な課題となってこよう。

注

（1）黒田日出男「荘園絵図の世界」（『月刊百科』二四四号、一九八三年）、「絵図上を走る帆掛船」（『ＵＰ』一三六号、一九八四年）のち『姿としぐさの中世史』（平凡社、一九八六年）に収録
（2）太田順三「伯耆国河村郡東郷荘下地中分絵図」（『絵引荘園絵図』東京堂出版、一九九一年）
（3）『東郷町誌』（東郷町、一九八七年）
（4）『羽合町史』前編（羽合町史編さん委員会編、一九六七年）
（5）矢田俊文「中世水運と物資流通システム」（『日本史研究』四四八、一九九九年）では、この東郷荘絵図をはじめ、他地域の文献史料や国郡絵図などを多数もちいて、湊と橋について考察されている。このような方法を用いれば、絵図の世界も今後ますます広がっていく可能性があろう。
（6）石井　進「九州諸国における北条氏所領の研究」（『荘園制と武家社会』、一九六九年）
（7）河音能平「王土思想と神仏習合」（『岩波講座　日本歴史』4、岩波書店、一九七六年）

薩摩国伊作荘日置北郷下地中分絵図

——伊作島津氏の絵図——

堀内寛康

北郷中分線の最西端ホノミナツから東方の山姿を望む。

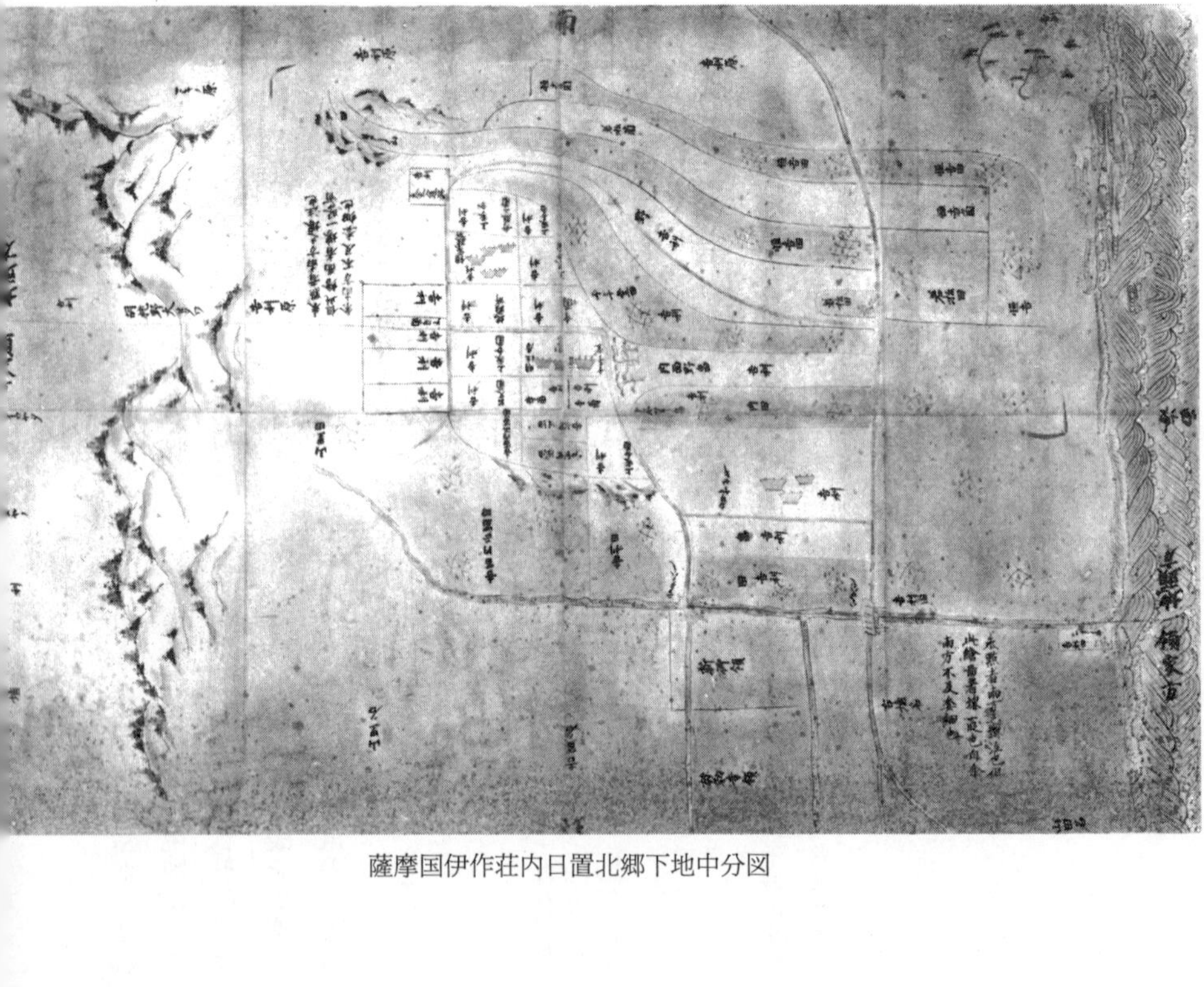

薩摩国伊作荘内日置北郷下地中分図

一　はじめに

「薩摩国伊作荘日置北郷下地中分絵図」は、昭和三十年（一九五五）に東京大学史料編纂所に移管されるまでは、長らく本宗島津家に伝来されてきた。近世大名の本宗島津家は、鎌倉中期以降地頭として伊作荘に入部し、当地を拠点とした島津氏庶流の伊作島津氏（絵図作成当時の地頭は、初代久長の子宗久）が、戦国期に宗久の子孫一〇代忠良とその子貴久の代に、本宗家の継承をめぐり一族の薩州家島津実久との抗争の結果、貴久が本宗家一六代を継承したことによる。本絵図は、伊作島津家が本宗家を継いだとはいえ、自分たちの出身は伊作荘であるということをある意味で明確にするため、島津家文書同様、本絵図をきわめて大事に保存してきたものと思われる。明治一〇年（一八七七）の西南戦争の折りも、玉里文庫などはかなり被害を受けたようであるが、島津家文書・本絵図はその戦乱から無事搬出されて焼失を免れ、絵図は現在に至るまでかなり鮮明な形で残された。現存する絵図の中で、最南端の荘園絵図としても重要である。今回の七枚の絵図の一つに選定されたのも、下地中分絵図という分類的・時系列的な面のみならず、南九州の荘園絵図というその地域性をも重視し選定された。一九九七年八月下旬、我々荘園絵図研究会のメンバーは、絵図の故地を訪れたが、現地の景観は中世以来の景観をよくとどめていた。

さて、長らく島津家に伝来してきた本絵図は、元亨四年（一三二四）八月二十一日に日置北郷の下地中分の和与を行った際の「伊作庄日置北郷雑掌地頭代和与状」に関連するものとして作成されたもので、伯耆国河村郡東郷荘下地中分絵図とともに、下地中分絵図の代表的な絵図として、よく知られている。絵図の大きさは、縦が九七・一センチ、横が六二・五センチで、山地や海が大和絵風に描かれ、特に西の東シナ海に描かれているさかまく波の描写は迫力が

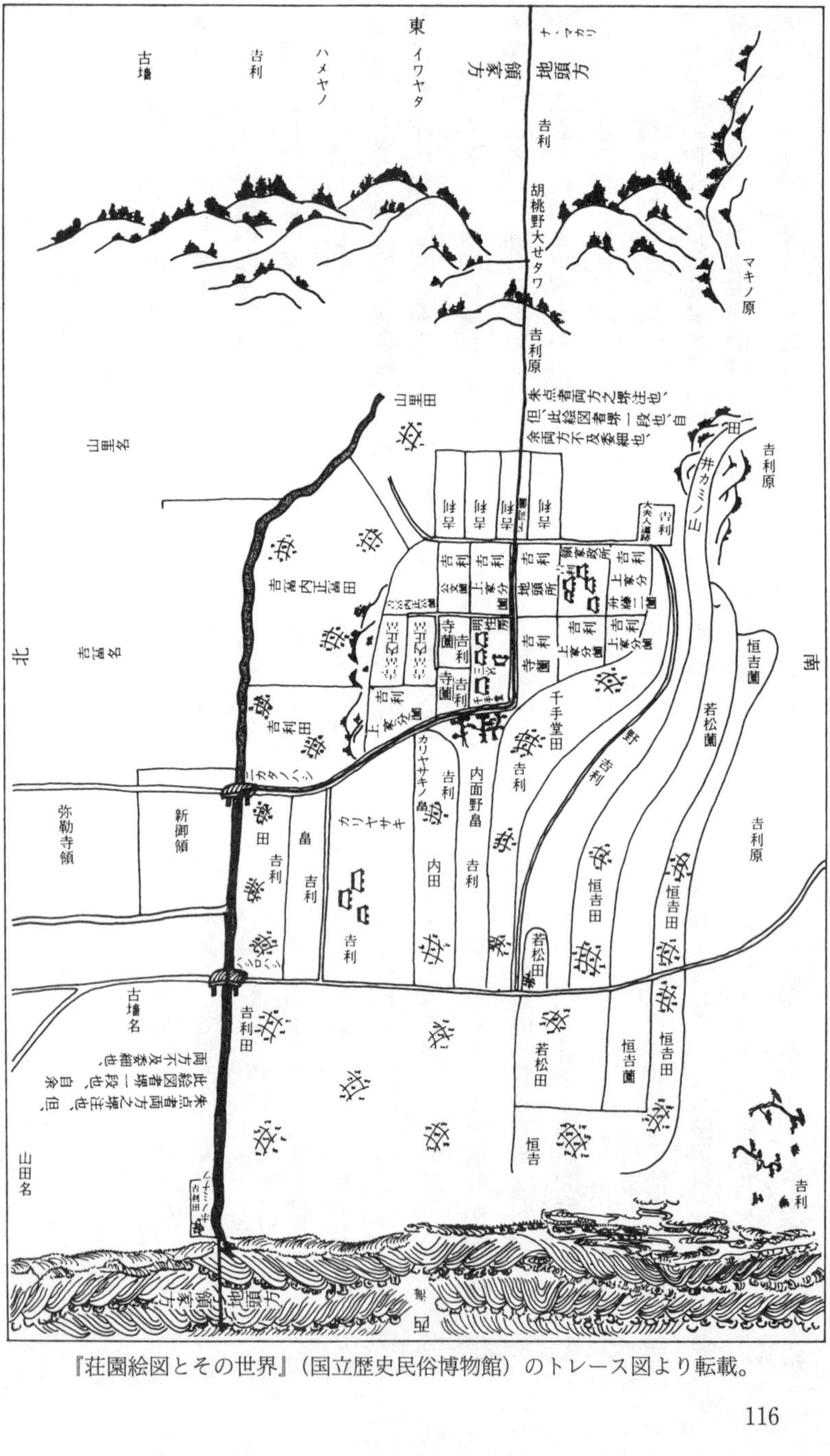

『荘園絵図とその世界』（国立歴史民俗博物館）のトレース図より転載。

あり、何かこの地域の中世の波動を伝えているようでもある。地形なども全体がかなり正確に描かれていて、その仕上がりはなかなか見事である。絵図の主題である中分線は、「ホノミナツ」の海から「ニカタノハシ」を右折してカリヤザキ(仮屋崎)に達し、「千手堂」の角に至り、そこから東に折れ「地頭所」の北側、「下司薗」を分断する形で通過した後は、東方山地の「胡桃野大セタワ」に向かって直線が引かれている(トレース図参照)。注目されるのは、絵図中央の集落で、絵図はこの集落を中心に描かれたと想定され、領家(下司)と地頭との相論和与から作成された点を考えると、政治性の強い絵図といえよう。また、地頭方が田畠など全体が詳細に描かれていることも注目される。

本絵図の名称は、裏書きに「伊作庄内日置北郷堺絵図」とあることから、「伊作庄内日置北郷」と称されることが多いが、両地域は関連文書から判断すると、山口隼正氏が「日置北郷と伊作荘とはあくまで並列関係にあり、この中分絵図は「日置北郷」の方のものであると確定できる」と指摘されているように(1)、両地域は並列関係にあることが知られるので、その名称は「薩摩国伊作荘日置北郷下地中分絵図」と称するのが妥当と思われるが、あるいは高島緑雄氏が指摘されるように、「薩摩国日置北郷下地中分堺絵図」と称するのが(2)、適当であるかも知れない。

ところで、下地中分絵図作成の舞台となった日置北郷(現在の日吉町域に比定される)とはどのような荘園であるのか触れておきたい。日置北郷は、隣の伊作荘(現在の吹上町域に比定される)などとともに薩摩半島の西側に位置し、平安末期には島津荘の寄郡であったが、文治三年(一一八七)本領主の系譜を引き下司職をもつ平重澄(重純・平姓伊作氏)が、両地域を摂関家(近衛家)に寄進し(翌年、日置南郷の外小野も加えられる)、島津荘では数少ない一円荘として成立した。承久の乱後は、奈良興福寺一乗院が領家となったようである。なお、建久三年(一一九二)一〇月、伊作荘・日置北郷などを領有していた阿多四郎宣澄が、平家謀反の際の張本人であるとされ、鎌倉幕府からその所職を停止され、島津忠久が当郷などの地頭に補任された。この阿多宣澄と平重澄は同一人物もしくは密接な関係があったとされるが、とにかく重澄は寄進後まもなく排除された。その後下司職は、元久二年（一二〇五）以降、途中一時的には下司家に回復されたこともあったが、約六〇余年間の長きにわたり地頭に押領されており、建治三年（一二七七）領家の安堵により、漸く下司家に回復された。下司職回復後の下司家は、領家の権威などを背景に次第に現地で勢力を拡大し、地頭側と激しい対立を示すようになった。しかし、下司家には内紛もあり、鎌倉後期には、伊作荘は重澄の兄弟である親澄の系統に相伝され、日置北郷は重澄の系統に相伝されたようである。

惣地頭職は、両地域とも島津忠久—忠時—久経と島津惣領家に伝えられ、惣地頭職の分割に伴って庶流久長の子孫である伊作島津氏に相伝され、同氏はこれらの地域の地頭として荘園支配を進め、勢力の拡大につとめた。伊作島津氏が、地頭として在地領主権を拡大しようとすれば、領家方とくに現地の支配者である下司と、荘園の支配をめぐって所務相論が起こるのは、この時期避け難いことであり、領家・下司と地頭との間でたびたび激しい相論が起こった。正応二年（一二八九）以降再三再四和与を繰り返したが、将来的に下地相論を避けるための手段として、ついに元亨四年（一三二四）伊作荘・日置北郷・新御領の三ケ所で和与による下地中分がなされ、日置北郷のみ下地中分絵図が作成された。三木靖氏が、「この中分には両者の力関係が反映されている」と指摘されているが(3)、本絵図はまさに伊作荘と日置北郷における、地頭と下司との対立・抗争という視点を軸に読解していく必要があるであろう。

さて、本絵図は、西岡虎之助氏が伊作荘・日置北郷の下地中分を検討した際、絵図についても触れているが(4)、絵画史料として本格的に検討したのは、三木靖氏である。三木氏は、絵図作成の理由について、和与状の中分堺線を、「複雑な堺線を明示し、正確を期すこと」ととらえ、また、絵図の中心的課題については、「図中央の集落中の堺線を詳細にし、文字でも表現できぬ部分を補い、またこの集落中の薗を分断する人為的な直線を公示するところ」にあったと分析された(5)。さらに氏は、中分線の現地比定についても一定の考えを提示された(6)。三木氏の現地比定に対して、その後、現地調査に基づき意欲的に現地比定を研究する高島緑雄氏が三木説に異説を提示され[7]、また、黒田日出男氏は、絵図そのものの検討・分析を行い、従来本絵図が、和与の結果としての中分線を引いた絵図であるとされる見解に対して、この絵図は、「第一段階では和与状にいたるまでの両者の合意による中分線の確定の図上作業のために作られ利用されたものであり、第二段階で最終的に合意された中分線が絵図上に引かれ、和与状の記載とともに裏を封じられて残されたのだという可能性を持っている」と論じられた。さらに、片仮名記載のあるところには、「中分線が引かれる可能性があったのではないのか」との見解を示して、可能性としての中分線について指摘され、また、現地比定にも新たに黒田説を提示された[8]。さらに、奥野中彦氏は絵図の読解を試み、とくに「下司薗」が分断されていることなどに注目し、元亨四年の下地中分は、一分地頭伊作島津氏が本主小野氏からその掌握する現地支配権を奪う契機であり、描かれているのは、「新たに一円的現地支配者となった伊作島津氏の支配権の範囲を明示するもの」と分析された。氏はさらに、絵図にみられる「恒吉」「若松」という新興名主の台頭に助けられて、伊作島津氏の下地中分が成就していった」と指摘されている[9]。

このように、本絵図の研究は、絵図そのものの検討・分析を試み、作成目的を中心に多様な考察が提出されているが、中分線の現地比定が中心に進められてきたように思われる。そして、近年は地頭所や領家政所・寺薗・下司薗跡などの現地調査[10]もさかんに進められている。今後、絵図研究の進展に向けて、さらなる新視点が必要とされよう。

二　絵図の現況との比較

絵図に描かれている日置北郷は、現在の日吉町に比定され、西の東シナ海に面する吹上浜は、日本三大砂丘の一つ

現大橋付近から絵図の中心部（台地の部分）を望む。

である吹上浜の最も北端にあたる場所であり景勝の地である。一九九七年八月下旬、我々荘園絵図研究会のメンバーは、絵図の故地を訪れ、絵図の中分線の海から歩きはじめて川を登り、現・松ケ尾橋を右折して現・吉利神社を見学した後、中央に描かれた地頭所（現在はそのほとんどがポンカン畠）跡、領家政所跡、吉利大夫入道跡周辺までを歩く機会をえることができた。おおかたの道、田畠、園が当時と大きく変わっていないようであり、また、とくに開発が進められているわけではなく、現在の景観は、中世以来の景観をよくとどめていた。その意味では本絵図は、南九州の中世村落の景観をよく伝える貴重な絵図といえよう。地名も、吉利、山里、寺園門、地頭門、仮屋崎、山田、帆の港などが現在も残っており、中分線の現地比定もおおかた可能である。

三　下地中分線の指標となったのは何か

本絵図に直接関係する史料は、元亨四年（一三二四）八月二十一日の「伊作庄日置北郷雑掌地頭代和与状」で、和与状によれば、領家一乗院雑掌左衛門尉憲俊と地頭大隅左京進宗久代沙弥道慶方とが、下地中分以下の和与(伊作荘では九ケ条、日置北郷は七ケ条)を行った事が知られる。和与状は、伊作荘と日置北郷の両地域の下地中分を決めているが、伊作荘は「下地中分、以伊与倉河為両方堺」としたため、絵図は作成されなかったようである。日置北郷については、和与状に、

日置北郷條條

一、両方堺事

右、堺者、隔干東西所立也、①仍西者自帆湊之海、向東至干河登苦田橋、②自彼橋南假屋崎東道於、世戸江千手堂前能道於東江、③自久留美野之大世多和、向東至干伊集院堺、(但七曲道也)、両方堅守此旨為堺、北者為領家分、南者為地頭領、相互無違越、山野河海検断已下所務、各可令一円進止之條、同干伊作庄矣、

とみえる。この中分線は、領家(下司)と地頭との両者の話し合いで決定されたのであろうが、何を指標とし堺を決定したのであろうか。あらためて絵図の中分線が引かれている場所を確認しつつこの点を考えてみたい。

①の部分は、海より河を登り苦田橋までの線であるが、ここは、川をもって堺にしているので明確であり、川が堺の指標となったとみられる。絵図を見ると、川(現・大川)と支流の川(現・山ノ口川)が描かれているが、伊作荘の例を考え合わせると、この川をもって中分する可能性もあったのではなかろうか。しかし、これでは吉利名のほとんどすべてが地頭側にはいることになり、領家側とくに吉利名を支配する下司側の反対もあり、中分線が複雑になるとはいえ、吉利名の中央集落(写真①)を二分する形で落ち着いたのではなかろうか。なお、絵図には海に張り出す中分線が描かれているが、海もまた中分の対象であったことを意味するのであろう。

②の部分は、川を右折し、やがて「千手堂」前の道を経て吉利の中心集落を通り抜けるというまさに複雑な堺線である。なぜ、あえてこの集落を通る複雑な所を中分線としたのであろうか。そこで、注目されるのは、絵図の中央に

描かれている「千手堂　三宮　明性房」の一画である。一般的に寺社は、中世的な境界の一つと認識されていたようであり、日置北郷の場合も、複雑な吉利の中央集落の中分線の決定には、この地域の荘民にとっての聖域であった「千手堂　三宮　明性房」という宗教施設の一画が、中分線が引かれる最大の指標（目印）となったのではないだろうか。おそらく、この宗教施設の一画は下司家に関係する施設であったと思われ、下司側の主張が認められ領家方に属したものと考えられる。このことは、中分の確定が領主権をもつ領家側が主導的におこなったことを意味するのではなかろうか。一方地頭は、宗教施設の一画を堺にしたことで地頭所・領家政所を得ることで決着をみた。さらに、想像をたくましくして言えば、下地中分線の出発点は、下司側にとって決して譲歩できないこの宗教施設にあったと想定され、集落が二分されようとも領家方に取り込みたい場所であったと考えられるのである。ともあれ、「千手堂　三宮　明性房」という宗教施設の一画が、中分堺の最大の指標であったものと思われ、また絵図の中央に描かれたのは、ここを基軸に東西に隔てて双方の堺を決定していったとも考えられよう。

ところで、史料によれば、「千手堂」へは「世戸」と称する場所を通り「千手堂」にいたることが知られる。この「世戸」とは、両側から山のせまった所、切り立った崖を意味する。現地調査によれば、そのような場所は、やはり現・吉利神社に面する崖の部分がそれに相当するものと見られるので、ここでの中分線の現地比定は、三木氏・黒田氏の見解が妥当のように思われる。

③の部分の中分線の決定の指標は何であったのであろうか。先に述べたように、宗教施設の一画が堺となり、そこを基準に東の伊集院の堺に向けて中分線が引かれたのであろう。その際、堺とされた指標が「久留美野之大世多和」であったと思われる。絵図に記される「大セタワ」のタワは、「峠」を意味するという。絵図は山に向かって直線が引かれているが、これは「千手堂」の前の道から東へ、「大世多和」＝峠という堺に向けて中分線が引かれていることを

意味しているのではなかろうか。

こうしてみると、本絵図の中分線の決定には、先に見た「千手堂」などの宗教施設の一画のように、中世的な堺とされていた場所を指標にして中分線は引かれたように考えられる。というのも、一般的に中世的な堺とされていたのは、国境や郡堺・荘堺、条里坪付や畦畔、また、道路や大道・橋、山や谷、河・海や寺社・墓などであり、さらに峠や坂〈サカヒ〈堺・境〉〉もまた境界とされていたのである。本絵図の中分線が引かれた場所もまた、そのような中世的な境界の指標に基づいて中分境が決定されたのではないだろうか。とくに、複雑な吉利名の中心集落の中分の決定には、「千手堂　三宮　明性房」という宗教施設の一画が指標となり、中分線が引かれたものと想定される。なお、ここでの中分線で注目されるのは、「下司薗」が分断されていることである。この点については、奥野氏が指摘する見解もあるが、宗教施設の一画を領家（下司）側が確保したことから、その延長線上にある下司薗は結果として分断されることになったが、下司側はそれを前提としながらも、宗教施設の一画は領家側に取り込んでおきたかったものと思われる。中分の結果、「千手堂」などは領家方となったが、中分後も地頭方の荘民にとって「千手堂」などは、荘民の精神的支柱であったことには変わりはなかったと考えられる。その意味では、下地中分は、農民の生活にとってあまり関係のないものであったと思われる。

四　絵図の作成目的

島津荘内伊作荘・日置北郷では、弘安二年（一二七九）以降再三再四にわたる領家（下司）と地頭（代）の所務相論から和与にいたるが決着をみず、元亨四年（一三二四）八月、伊作荘・日置北郷・新御料では、領家と地頭との間で下地中分がなされた。伊作荘の中分境線は、伊与倉川（現・伊作川）をあてたため、また新御料では八幡宮の放生会馬場を中分境線としたため絵図を必要としなかった。このように、下地中分がなされたからといって堺が明確の場合、必ずしも中分絵図が作成されるとは限らなかったのである。

それでは、何故日置北郷では中分絵図を作成する必要があったのであろうか。日置北郷の場合、帆湊から苫田橋まではともかく、それ以後の中分堺のうち、とくに宗教施設や地頭所・領家政所などがある吉利名の中央集落が二分されるという複雑な中分線となった。そのため、宗教施設を中心とした中央集落の堺をより明確にすることを主たる目的として、日置北郷だけが和与状などの文書の記載を補助するものとして絵図が作成されたのであろう。

ところで、下地中分線の確定作業は、領主権を持っていた領家が主導して進められたと思われるが、絵図の作成に対しては、地頭伊作島津氏が主導して作成したのではないだろうか。絵図を見ると、地頭方が詳細であることが分かるが、これは、やはり新たに吉利名の現地支配者となった地頭伊作島津氏が、地頭方の一円支配（領域支配）を明示するため詳細に描かれたのではないかと想定される。この時期、伊作島津氏は拠点とした伊作荘に比べ、日置北郷は下司勢力が強いため、この地への支配はさほど進んでなく、その地にも在地支配権を確立することが出来たという成果を主張するため、伊作島津氏が主導して絵図は作成されたのではないだろうか。元亨四年の下地中分の成果は、伊作島津氏にとって、在地領主化拡大への画期的な出来事であったと思われ、そのことを歴史的に位置付けようとしたことが、絵図の作成に至ったものと考えられる。そのため、本絵図は、伊作島津氏にとって実に重要な絵図になったに違いない。

また、絵図が作成された三年後の嘉暦二年（一三二七）閏九月二十一日の島津道恵譲状によれば、「ただし、よしとしミやうのさかいは、りやうけとそうこう（惣郷）中分状にミへたり」とあり、下地中分が基本的な秩序と認識されていたことが知られる。絵図自体には触れていないが(中分状とともにその効力は有していたものと思われる)、下地中分の認識の根底に絵図の存在が有ったものと想定される。ところで、先の譲状にみえるよしとしミやう(吉利名)に関して、絵図を見ると、下地中分の結果、大部分の吉利名が地頭方に属したことがわかる。とくに、絵図の中央集落の吉利薗にあった領家政所や、吉利名の開発主体であった吉利大夫入道跡が地頭方に属したことも知られる。この吉利名は、従来下司名であり、下司にとって極めて重要な地域の一つであった。下地中分により、吉利名の大部分を失う結果となったことは、下司側にとって大きな打撃であった筈である。そのため、元徳元年(一三二九)日置北郷弥勒寺領下司の宗太郎真忠は、吉利名は下司真忠の先祖相伝の地であり、領家と地頭との下地中分の際、吉利名をも中分地とみなされ地頭側に横領されたと幕府に訴えた。幕府側は、双方提出の具申書に基づき調査をし、その結果下地中分の和与にまかせて、吉利名は地頭島津宗久が知行することになり、真忠は敗訴となった。先の具申書のなかに絵図は見られないが、地頭側勝訴の背景には、あるいは下地中分絵図の効力もあったのではなかろうか。

注

(1) 山口隼正「薩摩国日置北郷下地中分への一検討」(『九州史学』一〇九、一九九四年)
(2) 高島緑雄「薩摩国日置北郷下地中分堺絵図」(小山靖憲他編『中世荘園絵図大成』河出書房新社、一九九七年)
(3) 三木靖「島津荘薩摩方伊作荘日置北郷の下司と地頭」—下地中分図の位置づけについての覚え書き—(竹内理三編『荘園絵図研究』東京堂出版、一九八二年)
(4) 西岡虎之助「地頭領主化の契機としての下地中分」(『荘園史の研究』下巻之二、岩波書店、一九五六年)
(5) 三木靖「薩摩国伊作荘内日置北郷下地中分絵図の問題点」(鹿児島短期大学『研究紀要』七、一九七一年)

（6）三木靖、前掲論文、三木靖・佐藤和彦「解説　薩摩国伊作荘内日置北郷下地中分図」（西岡虎之助編『日本荘園絵図集成』上、東京堂出版、一九七六年）

（7）高島緑雄「辺境荘園の領主と農民」（西垣晴次編『鎌倉武士西へ』文一総合出版、一九七八年）、「薩摩国日置北郷下地中分の研究—中分線の現地比定・西海から下司薗まで—」（『明治大学人文科学研究所紀要第39冊』一九九六年）

（8）黒田日出男「領主の争いと荘園の分割—薩摩国伊作荘日置北郷下地中分絵図—」（小山靖憲・佐藤和彦編『絵図にみる荘園の世界』東大出版会、一九八七年）

（9）奥野中彦「薩摩国伊作荘内日置北郷下地中分図」（荘園絵図研究会編『絵引荘園絵図』東京堂出版、一九九一年）

（10）高島緑雄、小国浩寿、葛生雄二「元亨四年薩摩国日置北郷下地中分絵図」の現地調査—中分線・地頭所・領家政所・寺薗・下司薗—」（『駿台史学』九七、一九九六年）

陸奥国骨寺村絵図

——聖地を描く絵図——

松井吉昭

六所宮（現・駒形神社）より若神子社方面をみる。
手前の川が檜山河（現・本寺川）である。

「仏神絵図」83.8×55.0㎝、中尊寺蔵

一　はじめに―研究の状況〈紙背図・仏神絵図〉

東北の名刹中尊寺を訪れる人は多い。また近年北上川流域に、奥州藤原氏の居館跡である柳御所の発掘調査がなされた。多くの遺構・遺物が新聞等で紹介され、人々の関心を集めたことは記憶に新しい。奥州平泉文化の代表として金色堂があり、松尾芭蕉の『奥の細道』の一節「三代の栄耀一睡のうちにして、大門の跡は一里こなたにあり」や、「夏草やつはものどもが夢の跡」「五月雨の降り残してや光堂」の句が思い浮かぶ人も多いだろう。この金色堂に並んで一切経を納める経蔵がある。この経蔵に関わる中世の村絵図が伝来するのである。

そしてこの陸奥国骨寺村絵図という名称の絵図は二枚ある。同一地域を描いた絵図であるが、二枚の絵図の記載内容・構図等は異なり、それぞれの作成目的が異なることを示している。これまで一枚を「絵図A・詳細絵図・在家絵図」、もう一枚を「絵図B・簡略絵図・仏神絵図」と呼称されてきた。小論では「在家絵図」「仏神絵図」の呼称を用い、両図を指す場合は「骨寺村絵図」とする。

1　在家絵図の裏書き

平成四年（一九九二）、東京大学史料編纂所にて骨寺村絵図の保存修理がなされ、平成七年（一九九五）『日本荘園絵図聚影　一上　東日本一』（東京大学出版会）が出版された。これによって在家絵図の裏書きを見ることが可能となった。以前の拙論（「陸奥国骨寺村絵図」「陸奥国骨寺村絵図を歩く」『絵引　荘園絵図』東京堂出版、一九九一年）では、判読が不十分であったが、裏書の右端に西を上にして①「御経蔵所領骨寺村差図」、いま一つは下端に北を上にして②「骨

陸奥国骨寺村絵図

在家絵図トレース図（大石直正「陸奥国骨寺村絵図」小山・下坂・吉田編『中世荘園絵図大成』より転載。）

「在家絵図」の「裏書（紙背図）」一関市博物館の模写図

寺村絵図案　寺領郡方堺論　具書也」と読める。②の文字記載については、若干判読の相違もあるが、いずれにしても在家絵図は、鎌倉時代後半からつづく郡地頭葛西氏と中尊寺との山野の領有をめぐる堺相論のための証拠文書として利用されたことが分かる。①②の文字は異筆であることから、在家絵図は中尊寺が村支配のために作成し、のち郡地頭との堺相論の具書として用いられたとも考えられる。また①の記載は在家絵図の紙背図を指すとして、①を「端外題」とする意見が池田寿氏によって出された(1)。氏によれば、料紙の表裏関係から、在家絵図が本来の紙背であるとされる。紙背図は、①の記載から上半分に骨寺村を描いており、下半分には中世中尊寺の様相や伽藍景観が描かれているとされる。紙背図の作成目的は、大長寿院別当職を兼帯した第五代経蔵別当永栄の時、当該期の毛越寺との年中勤仕に関する相論、惣別当をめぐる山門派と寺門派との対立などの不安定な状況の中で、確実に次代へ両別当職を相伝するために描いたとされる。永栄は弘安二年（一二八〇）に大長寿院の四至に関する置文を認め、同三年には経蔵別当職の譲り状を作成している。この置文と譲り状の二つの内容を表現した絵図であるとされる。そして「山並みなどの描き方の特徴から見ても後述する簡略図との共通点が見え、鎌倉時代中期に一対の差図として作成」されたとされる。しかし、私は裏書き①の注記は在家絵図を示すものと判断している。氏の述べられるように、紙背図の下半分の描写は、中尊寺の境内を描いている可能性があると思うが、上半分の描写については、これを骨寺村と推定するには余りに根拠が無く、裏書き①のみでは従いがたい。現段階では「紙背図」の内容・作成目的等は不明といわざる得ない。

2　仏神絵図について

次に仏神絵図の研究状況はどうであろうか。絵図に関する所見については、大石直正氏(2)がまとめられており、それによれば加筆と繕いが見られる点が重要である。絵図を一見しても「馬頭観音」・「経蔵別当御休所」・「慈恵塚」・「御拝殿」の文字記載は、絵図内の他の文字と筆跡が異なっており、加筆と判断される。「御拝殿」については図像も文字と同じ筆であり、加筆といえる。右上の料紙に欠損部分(半紙分)があり、山の稜線の切れ方から欠損部分には山王石屋が描かれていたものと推定することが出来、「山王」の文字記載も後筆と考えられる。さらに絵図の下端の二紙が剝がされており、下端の「寺領」(二か所)という文字は、剝がされた跡の糊代の部分に書かれている。この「寺領」という文字も加筆であり、そのほか骨寺村の領域外に記載されている「寺領」(九か所)と同筆であり、いずれも加筆と判断される。また、「田」の文字記載については、骨寺村内の「田」記載は少なくとも二種類の筆跡があり、一種類は加筆と判断されている。

「仏神絵図」を含む骨寺村絵図の研究は、伊藤信氏の「辺境在家の成立」に始まる。[3] 伊藤氏は「仏神絵図」中の「首人分　三段」・「山王田　二段」・「六所神田　二段」・「霊田　二段」・「宇奈根田　二段」・「若神子神田　二段」の記載に注目され、経蔵別当行栄の時で、永和二年(一三七六)頃の「骨寺村在家日記」に見られる「まつり田」の記載との対応関係として理解された。すなわち「仏神絵図」は南北朝期の中尊寺による神田支配のために作成された絵図とされた。

しかし大石氏も指摘されるように、[4] 絵図記載の神田と「在家日記」の記す「まつり田」とは必ずしも一致しない。反数において、絵図では「首人分　三段」・「山王田　二段」・「六所神田　二段」・「霊田　二段」・「宇奈根田　二段」・「若神子神田　二段」の除田が記され、「在家日記」には「まつり田」として「れいた千かり、山王田七百かり、うなね田五百かり、六所田三反、こまか田二反、若ミこ千かり」がある。また反数の違いのほかに、「首人免」と「こまか田」の項目の違いがある。

大石氏も神田の記載に注目され、「村内の神田の場所や面積が問題」になる時、すなわち鎌倉時代の検注をめぐる中尊寺・毛越寺両寺の別当と衆徒との相論の際にこの絵図が作成されたと考えられた。(5)

次に池田氏は前述のように、紙背図と仏神絵図との共通点をみて、一対の差図とみている。そして仏神絵図は骨寺村の自然地形や景観と地形図とが略一致し、経蔵別当領である骨寺村の地理的景観の現実的な把握がこの絵図の作成目的であるとされた。さらに同絵図には、明らかな三グループの後筆注記が確認できるとされる。それらは(ア)神田等の文字注記、(イ)「ミたけとうよりして山王の岩屋へ五六里之程」の注記と山王岩屋へ至る道程に記された独立樹など、(ウ)「御拝殿」「慈恵塚」「経蔵別当御休所」「馬頭観音」などの注記とそれぞれの建物群である。(ア)については、当初の絵図に経蔵別当が所領支配のために、鎌倉時代に神田の注記がなされたとする。(イ)については、鎌倉時代後期から散見する郡地頭との堺相論に関連して後筆されたものであり、「桧山河」の河道が後に延長されたのは西側の山野を拡大するためであると説明される。(ウ)については、(イ)よりも後に記載されたものであるとする。以上の諸氏の想定される作成時の仏神絵図の姿は非常に簡略なものとなり、「差図」としての性格が強いとされる。以上の諸氏に対し、仏神絵図を相論図として把握されたのは黒田日出男氏である。(6)氏は在家絵図と仏神絵図とを比較し、東の境界である独立樹と「鎰懸」との関連について検討されている。そして仏神絵図の独立樹の文字記載を「郡方□牓示」と読み、またこの下端に本来二紙がありそれが剝がされ、糊代部分に二カ所の「寺領」という文字が記載された。それと同時に南側の山並み部分にも「寺領」の文字が記載されたというのである。つまり仏神絵図も郡地頭葛西氏との堺相論に関わる絵図として作成されたものと見なされ、「慈恵塚(坂)」・「御拝殿」なども後筆であるが、絵図下端二紙が剝がされた後でなされた描写・記載であるという。さらに在家絵図と仏神絵図との関係では、在家絵図は乾元二年(一三〇三)の堺相論における具書として用いられ、仏神絵図は乾元二年以前における堺相論のプロセスで作成されたものであり、在家絵図作成の時、下図的に参照されたものと考えられた。

黒田氏が独立樹の傍らの文字を「郡方□牓示」と読まれたのは卓見である。しかし黒田氏が下端二紙を剝がした直後に記載されたと判断された「寺領」「慈恵塚（坂）」「御拝殿」等の一連の文字記載は、かなり後のものでそこに郡方との相論を読みとることは出来ない、との大石氏の反論もある。(7)

以上のように、「仏神絵図」には加筆・後筆がみられ、さらに欠損部分もある。それらがいつ、どのような状況下でなされたのか。また、本来の仏神絵図の姿はどのようなものであったのか、それがこの絵図の作成目的（骨寺村支配のための絵図か郡地頭との堺相論絵図か）に関わる問題といえる。また二枚の骨寺村絵図のうち、在家絵図が鎌倉時代後期で仏神絵図が南北朝期に作成されたと考えられてきたが、近年の研究では共に鎌倉時代後期に作成され仏神絵図が先で在家絵図が後との説、さらに仏神絵図は鎌倉時代中期で在家絵図は南北朝期に作成との説も出されている。

二　神田・野畠・田代

仏神絵図で注目されるのは、やはり伊藤氏や大石氏が指摘されたところの神田の記載といえる。神田の記載はいずれも桧山川沿いに記載されている。但し「首人分三反」の記載は、骨寺村の西北の奥まった谷田に位置しているが、在家絵図には同位置における田の描写は見られない。

ところで神田とともに「野畠」・「田代」の記載が見られる。在家絵図では、中澤と岩井河に挟まれた地域に古道が通り、「在家跡」の記載と「田」の記載と描写がありそれと野を表現していると思われる雑草が描かれている。

野畠については、伊藤寿和氏の研究がある。(8)伊藤氏によれば、地目としての「野畠」は全国的に分布し、平安時代後期にはすでに成立してをり近世にもつながる、という。正安二年（一三〇〇）七月二日の鎮西下知状に「如此荒野之畠地、非定畠儀之間、随干時開作之条、畠地之習」（『鎌倉遺文』二七巻二〇四七六）とあり、「荒野之畠」と「定畠」とが対比され、随時に開作されたことがわかる。また同下知状には「野畠地利物事」の一条もあり、「荒野之畠」が「野畠」を示すものといえる。一般に野畠は一時的に開発・耕作されて成立し、再び野に返された不安定な畠である。そのため検注・丈量して地子を賦課しがたい点もあるが、検注されて地子を賦課されている史料も多い。骨寺村の場合の状況は分からないが、文保二年（一三一八）三月の「骨寺村所出物日記」（『鎌倉遺文』三四巻二六六二五）には、「山畠栗」「栗所干栗」がみえ、栗・干栗が上納されている。また絹の上納もあり、桑の栽培と養蚕が行われていたと思われる。さらに年未詳の「骨寺村在家日記」（岩手県教育委員会編『奥州平泉文書』）には、うるし、あぶら、むしろ、こもわたが公事として見える。骨寺村絵図には「野畠」以外、畠に関する記載・描写は見られないが、「山畠」「栗所」などの多様な山野の用益があったと思われる。

田代については、平安時代を対象とした吉田晶氏の研究「平安期の開発に関する二・三の問題」[9]がある。氏によれば、平安期の田代の特徴として地域的には一応全国的に分布するが、大部分は機内周辺に見られる条理地割り内の一つの地目と指摘された。また三つに分類され、A型は「荒廃公田や六年還公の空地などのかって開発された歴史をもつ土地とともに（中略）既開・未開を問わず耕地として利用しうる可能性をもちながら、現在水田として利用されていない開発予定地の総称」、B型は十一・二世紀に最も多い田代で、「耕地化のために人力が全く加えられていない荒野や原などとはことなる水田予定地であるが、荒田と区別されるように耕地化されることのなかった土地」、C型は特別の地目ではなく田地一般の総称、とされた。そして歴史的にはB型からC型へ移行するとされた。それでは仏神絵図の「田代」の記載は何を意味するのだろうか。

ところで中尊寺文書中に寺領惣検に関する史料がある。残念ながら骨寺村についてのものは残されていないが、惣検注は建長三年（一二五一）一一月から一二月にかけて行われている（『鎌倉遺文』一〇巻七四〇三）。辻脇村分として、

注進建長三年辛亥十一月五日惣検取帳□□□
合
已上田代六丁一合
除田二丁三反
宇那根神田三反　名主分一丁
首人免一丁　寺役田除之
公田数三丁七反一合
岡成五反不作一反九合
定田三丁二合
右、所注進如件
建長四年壬子正月　日
僧　長弁□□
法橋入信□□

これによれば「田代」は「除田」と「公田」を合わせた、吉田氏分類のC型に属し田地一般の総称といえる。しかし仏神絵図の記載では明らかに地目の一つと考えられる。また陸奥国好島荘の所務についての預所と地頭との相論の裁許である文永六年（一二六九）一二月一二日の関東下知状の一条に「荒野打引事」として、「件荒野者、預所大須賀左衛門尉通信承久三年雖給御下文、在京之間無沙汰、近年励沙汰之処、地頭等称往古之田代令押妨云々者、於寛喜飢

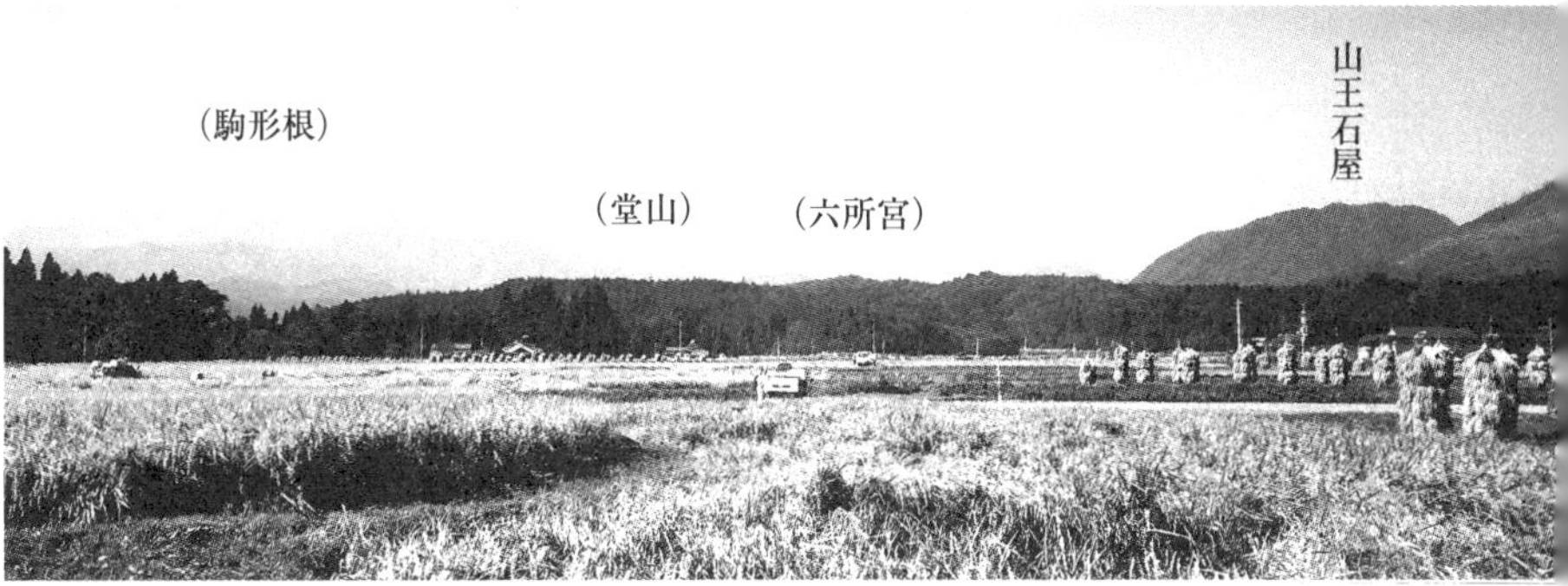

「若神子社」より「堂山」方面を望む

「若神子社」より「鎰懸」方面を望む

「若神子社」と考えられる石祠、大きい方の石祠は明治12年建立である

饉以後所令荒廃之本新田者、預所・地頭相共為打引所耕作也、至其外常々荒野者、任承久御下文、通信早可令開作云々」とある（瀬野精一郎編『増訂鎌倉幕府裁許状集』上巻）。大石氏はこの史料から荒野と田代の違いについて、「田代は同じ開発予定地でも、すでにある程度の労働が加えられており、荒野の開発権に優先する所有権が認められているところ」とされている。(10) とすれば仏神絵図に見る「田代」の記載地も、ある程度人力が加えられていて、鍬・鋤等による小規模な開発が可能な土地と見ることができる。

三　絵図に見る骨寺村の信仰

大石氏が仏神絵図と命名したように、仏神絵図には聖地としての骨寺村世界が描かれている。道に沿って若神子社・宇那根社があり、延長上に六所宮・骨寺跡・白山がある堂山があり、道は堂山裾にて切れているが岩井河に沿って山王・駒形根へとつづいているように思われる。また「金峯山」が記載され、「ミたけたうよ里して山王の岩屋へ五六里之程」と金峯山から山王石屋への道程が注記されている。

戸川安章氏によれば、山形県庄内の金峰山には慈覚大師円仁開基の伝承があり、金峰山の総鎮守社を六所堂といい、そして東北地方には六所堂とか六所権現という修験道と関係のある寺社が多いという。(11) 骨寺村絵図に見る「金峯山」「六所宮」も平泉修験と関わるものといえる。また、骨寺村に熊野信仰も入っている。嘉暦三年（一三二八）六月一五日、法眼行盛が「くまのゝ御はつものゝようとう」二〇貫文の代として、骨寺村の田屋敷を信濃阿闍梨行円に去り渡している（『奥州平泉文書』）。

月光善弘氏によれば、平泉地域の修験者たちは「蔵王権現を本尊とする金峰山社を奉祀してある金鶏山ならびに熊野・新熊野社のある花立山を中心に、入峯修行の道場とし、修行成就の暁には、三社権現の鎮座する満徳山の頂上に登拝した」という。[12]『奥羽観蹟聞老志』には、いまは廃絶しているが、慈覚大師の開基で満徳山宝福寺と称する寺が栗駒山にあったという。「医王山金剛王院毛越寺書出」に「満徳山一名烏帽子形山とも」とあり、三社権現鎮座の所と記す。満徳山とは一つの山名ではなく、烏帽子形山と栗駒山との二つの山を指すものであり、この地域の修験者は満徳山の頂上に祀られている熊野三所権現目指して登拝したのである。奥羽の熊野信仰の中心といえば、名取老女の伝説とともに名取熊野三山が有名である。この老巫女と熊野の関係は、骨寺村絵図における「若神子社」と「駒形根」との関係に擬すことが出来る。

「うなね」（宇那根社）は、吉田敏弘氏が指摘されているように骨寺村のサトの中心であり、地域像の焦点となっている。[13]これまでの諸研究では、宇那根社は用水の神、湧水の神といわれている。それに対し牛山佳幸氏は、宇奈（那）根社は「最初から洪水除けの神として勧請され、その性格がのちのちまで記憶されて、洪水の権化とされた鰻の食物禁忌と結びついて今日に至った」と結論され、伊賀国・上野国・武蔵国の事例から、宇奈根社＝洪水除けの神という神格を補強している。[14]

骨寺村絵図では、中澤の起点に「宇那根社」があり、在家絵図の場合は桧山川（現中川）がサトの中央に描かれているため、宇那根社は絵図の南側に位置している。仏神絵図ではサトの中央に位置している。「野畠」「田代」の地目記載に関係すると思われる。洪水等の災害によって「荒野の畠」「田代」となったものと見ることも出来る。とすれば牛山氏の説のように、宇奈根社を洪水除けの神ととらえることもできるが、どうであろうか。私は「湧水神」と考えるが、いづれにしても水に関わる神であることは間違いない。中尊寺領には、骨寺村以外、「首人」とともに各地に見られる神である。

「野畠」「田代」の地はかっていづれも開発され、それが後に放置されたもので、小規模な再開発可能な土地といえる。この地目の開発にとって重要な水源が「中澤」であったといえる。

若神子社の性格について、大石氏は奥羽地方に伝統的に根強く残る口寄せ巫女と関連され、そして「山王岩屋はその奥の院の役割を果たしす場所」とされている。(15) 山王岩屋は納骨の場であり、骨寺も納骨に関わる寺であった、といえる。この若神子・骨寺・山王岩屋を結ぶ信仰のラインは、大石氏によれば「土俗的なあの世とこの世を結ぶ」ものであり、それが天台・山王信仰に取り込まれていった、とされる。(16) この地に伝わる「慈恵大師」伝承も骨に関わりがある。土地の豪族の娘が慈恵大師の髑髏に法華経を習い、のち髑髏を坂芝山に納めたという説話がある（『撰集抄』）。坂芝山の場所が絵図に見る「大師堂」「慈恵塚」の所であり、骨寺村の入り口である。そこに在家絵図には「不動石屋」があり、不動明王も慈恵大師の化身との伝承もある。

このように見てくると、骨寺村は経蔵別当領としての面と、もう一つ平泉地域の修験者達にとって重要な意味を持つ聖地であったともいえる。

四　仏神絵図の作成目的

この絵図の作成目的については、研究の現況で述べたように、神田支配のために作成・検注をめぐる平泉惣別当と衆徒との相論・郡地頭との相論・骨寺村の地理的景観の現実的把握などが出されている。私も伊藤・大石両氏が神田に注目されたように、仏神絵図の主題は神田と宗教施設にあると考えられる。前述したように、骨寺村は経蔵別当領としての面と平泉修験者達（中尊寺・毛越寺衆徒）の聖地の面があり、それを図像化したのが本来の仏神絵図といえる。

遠藤巌氏によれば(17)、平泉中尊寺内部における鎌倉期の平泉惣別当の性格は、①鎌倉幕府政治の動向を反映している、②法弟への譲渡を前提にして幕府からの補任をもって正式就任が決定されるが、平泉衆徒の要求により二度在職を改易されたことがある、③属する宗派は固定的ではない、④職権として、寺領を衆徒らに配分できる寺領管轄権、供僧職に対する進退権、寺僧等の相論に対する裁許権の三点があるが、寺領の所領所職の秩序が実質的には衆徒の共同意志によって維持されている、以上をあげることができる。

宝治合戦(一二四七)の後、これまでの三浦氏一族と結びついた定豪・定親に代わって足利氏直系出身僧の最信が別当に補任された。最信は文永元年(一二六四)・文永九年(一二七二)に権別当栄賢・雑掌有信をたてて、衆徒方と幕府法廷にて争った人物である。相論の内容は「顕密両宗供僧田事」「不加堂塔以下修理事」「小山薬師堂免田参町事」「金色堂免田、黒沢・白山講田免畠屋敷事」(瀬野精一郎編『増訂鎌倉幕府裁許状集』上巻)など合わせて二〇数箇条に及ぶ。大石氏は検注をめぐる相論が行われた事実に注目し、「その際、神田の大きさと場所が問題になって、この絵図は作成された」と推論されている(18)。私も氏の推論を支持したい。文永九年の下知状には、「検注事、右、衆徒則如文永元年下知者、検注者、代一度可遂之由、被定下之処、別当不叙用之由申之、雑掌亦依百姓之訴訟、遂損亡検見之旨、陳之者、為正検歟、将又為損亡検見歟、尋作人等之後可有左右哉」とある。惣別当最信は、代一度の惣検注を何度も行おうとして衆徒と対立したのである。建長三年(一二五一)の惣検注は、最信が惣別当就任まもなくの時期であり代替わりにともなう惣検注である。大石氏が云うように、「最信はこのような検注を何度も行なおうとし」て衆徒と対立し、その際除田の存在や面積、田代・野畠が問題となり絵図が作成された(19)。

惣別当最信は衆徒との対立によりついに建治三年(一二七七)改易され、北条氏一族が惣別当として登場する。原仏神絵図は最信の惣別当在任時期である宝治元年（一二四七）頃〜建治三年（一二七七）の間に作成されたと思われる。その後の郡地頭葛西氏との相論の過程で絵図の下端二紙が剝がされたものと思われる。

黒田氏が発見された「郡方□牓示」の文字記載は、原仏神絵図になく下端二紙を剝がした後の記載と考える。そして「寺領」「御拝殿」「馬頭観音」「経蔵別当御休所」などの記載は、かなり後のものであると思われる。たとえば「馬頭観音」信仰の在り方が一般化するのは江戸時代であり、信仰の諸相には馬の安全・旅の安全を守る神、養蚕の神、農耕一般の守り神などがある。東北地方には、オシラサマとして養蚕との関わりが強い。文字記載も江戸時代になされたもので、その位置は「檜山河」の右岸にあり、「首人分二段」に対応している。推測すれば、首人は絹を所出しており、このことと関わるものであろう。また絵図における「御拝殿」「慈恵塚」の位置は不自然であり、若神子社より東になければならない。

郡方葛西氏が主張する境界は中尊寺衆徒には容認できるものではなく、新たに骨寺村の四至を明確に示した絵図が作られた。それが在家絵図であろう。

仏神絵図には未だ解明できない点もある。一つには、骨寺村の「サト」空間を区切るような点線はなぜ描かれたのか。二つには、絵図の上方がなぜ剝がされたのであろうか。そこに描かれたものは、山王岩屋であったのかどうか。江戸時代の追筆はなぜ行われたのか。これらが理解されて、初めて本当の絵図読み解きになるのである。今後も考えていきたい。

五　地元の運動と景観保存

骨寺村絵図が描く地域は、現在の岩手県一関厳美町本寺地区であり、北上川の支流磐井河の右岸の村である。平安時代末の天治三年（一一二六）に、自在房蓮光という人によって中尊寺に寄進され、中尊寺経蔵別当領として史料上に登場する。骨寺村は蓮光の「往古私領」であり、寄進と同時に蓮光は初代の経蔵別当に任ぜられ、以後彼の門流が経蔵別当として支配してきた。

古い歴史を持ち、鎌倉時代の絵図があり、絵図の景観がよく残っている地域である。近年、奥州藤原氏居館跡である柳之御所跡の発掘調査により種々の遺物・遺構が出て、マスコミにも取り上げられた。さらに二枚の骨寺村絵図が国指定の重要文化財に指定され、『絵引　荘園絵図』の時と異なり、地元の研究者・市民・行政が関心を持つようになった。本寺地区には、村おこし団体として、住民全員が参加する「美しい本寺推進本部」がつくられ、國學院大學地理学教室（吉田敏弘氏）と共催で現地調査を行っている。また一九九五年には、陸奥国骨寺村調査協力委員会（委員長大石直正氏）が発足している。このような状況は千坂嵃峰氏の「地名からみた「骨寺村絵図」の世界」（『聖和学園短大紀要』第34号、一九九七年）に詳しい。

地元住民が地域の歴史に関心を持って、積極的に絵図の世界の解明に参加し、本寺地区が歴史景観の保存地域に指定されることを願いたい。現在、「駒形神社」「味が沢」「寺が沢」等の地名を記した標注が、「美しい本寺推進本部」によって建てられている。しかしいまだ行政の積極的参加は見られないようである。一関市博物館との共同研究を通じて、村おこしと景観保存の道を模索してほしいと思う。荘園絵図の景観が、現在残されているところは少ないのである。その意味においても重要な地域といえるだろう。

「六所宮」（現駒形社）

「駒形神社」の標注、右側に神社がある。左は本寺地区を通る道路。

注

（1）「陸奥国骨寺村絵図に関する一考察」（『古文書研究』第44・45合併号、一九九七年）
（2）「陸奥国骨寺村絵図（仏神絵図）」（小山靖憲・下坂守・吉田敏弘編『中世荘園絵図大成』河出書房新社、一九九七年）
（3）『歴史』一五、一九五七年
（4）「中尊寺領骨寺村の成立」（『東北学院大学東北文化研究所紀要』第15号、一九八四年）
（5）注（2）、（4）
（6）「描かれた東国の村と堺相論―陸奥国中尊寺領骨寺村絵図との〈対話〉―」（国立歴史民族博物館編『描かれた荘園の世界』新人物往来社、一九九五年）
（7）注（2）
（8）「古代・中世の「野畠」に関する歴史地理学的研究」（『日本女子大学研究科紀要』創刊号、一九九四年）
（9）「平安期の開発に関する二・三の問題」（『史林』四八巻六号、一九六五年）
（10）「荘園関係基本用語解説」（講座日本荘園史1『荘園入門』吉川弘文館、一九八九年）
（11）「羽前金峰山の修験道」（戸川安章編『出羽三山と東北修験の研究』名著出版、一九七五年）
（12）「栗駒山（須川岳）と修験道」（月光善弘編『東北霊山と修験道』名著出版、一九七七年）
（13）「骨寺村絵図の地域像」（葛川絵図研究会編『絵図のコスモロジー』下巻、地人書房、一九八九年）
（14）「「ウナネ」および「ウナネ社」について」〈上・下〉（『信州大学教育学部紀要』第八〇号・八二号、一九九二・九四年）
（15）（16）注（2）
（17）「平泉惣別当譜考」（『国史談話会雑誌』第17号、一九七四年）
（18）注（2）
（19）注（4）

大和国乙木荘土帳

――土帳からみた村落景観――

石附敏幸

都伎神社
奈良県天理市乙木町。朱塗りの鳥居から社殿に
う道の両側に、中世以来の耕地が広がる）

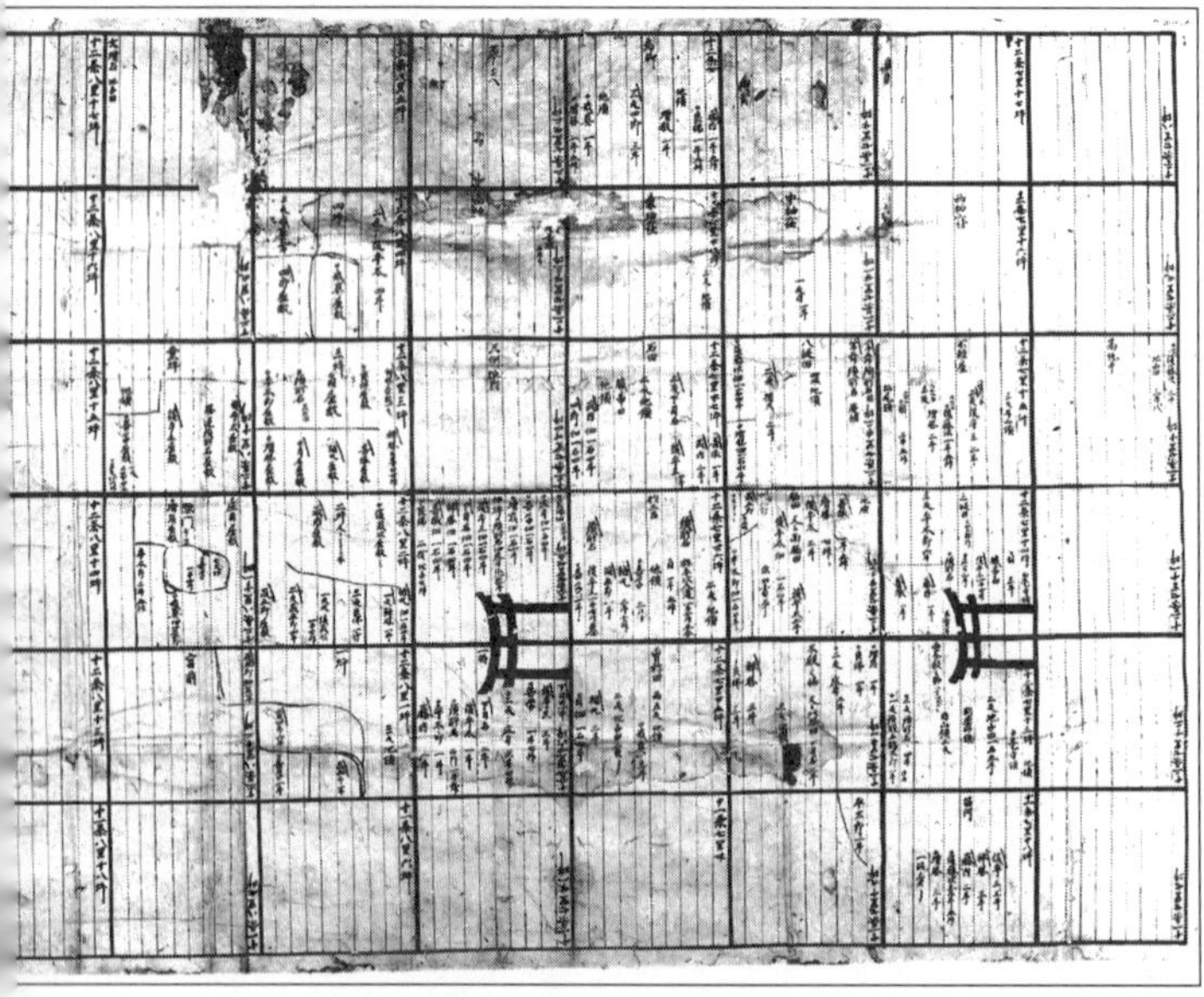

大和国乙木荘土帳（内閣文庫蔵）

一　乙木《おとぎ》荘と土帳

奈良盆地の東端、山麓をほぼ南北にはしる山辺《やまのべ》の道は、現在、奈良県下で最も人気の高いハイキングコースである。この道沿いには歴史学上貴重な遺跡や由緒ある寺社が多く点在しているが、その観光ポイントの一つに式内社に比定される夜都伎《やとぎ》神社がある。奈良県天理市の石上神宮を出発して永久寺跡を経由した後、山沿いの小道を登り降りすること十数分、やがて園原町の広々としたみかん園に出て緩やかな坂道を下りる。そして道が乙木の集落に入ろうとする手前、左手の木々に囲まれた場所に夜都伎神社が鎮座している。春・秋の観光シーズンや休日ともなると境内のベンチや池のほとりで憩う観光客の姿が絶えない。しかしこの地がかつてこの一帯を領域としていた中世荘園乙木荘の最も神聖な場所で、境内の宮ノ池が乙木荘の中核的な用水源であったことを知る人はまずいないであろう。このような中世村落の景観をうかがい知る手掛かりとして乙木荘土帳が今日に伝えられている。

この土帳は全く同内容のものが二つ伝存し、いずれも紙本に墨書されたものである。一つは猪熊全寿氏所蔵になるもので、法量はおよそ九四センチ×一三一センチ、裏書に「乙木御庄条里坪付」とあり、また紙背文書がある。この文書は乙木荘に関係する内容ではあるが、この絵図の作成に関わるものではなく、絵図の料紙として紙背が再利用された結果残されたものであろう。もう一つは内閣文庫に所蔵するもので、法量はおよそ九六センチ×一二八センチ、裏書に「乙木庄土帳／中院」とあり、特に紙背文書はない。内閣文庫本は猪熊氏本を書写したものと考えられる。その根拠は、猪熊氏本で欠損している文字を、内閣文庫本ではそのまま空白にしている箇所があるからである。[1]

図1―a～hに乙木荘土帳のトレースを掲げておく。図は南を天として描かれ、条里を示す方格線で全体が区劃さ

れ、すべてに□条□里□坪という地番が表示されているが、周辺部の一部をのぞく坪には固有の字名も表記されている。また各坪は南北の直線で十等分に区劃され、この一帯の田地はいわゆる短冊型の土地利用が支配的であったことを示しており、現在でも夜都伎神社の西方に広がる田畠ではその遺制が明瞭に残されている。これは「東高――西低」の地形の田地に効率的に水を分配するのに適した地割りであった。ただ屋敷地などには半折型地割りやフリーハンド線で描かれた特異な地割りもみられる。目をひくのが二つの鳥居である。文字の記載状況から判断して、図面に方格線を引いた後にまず鳥居が描かれ、その後に条里坪の地番や小字名が書かれたことが分かる。鳥居が絵図の作成上必要なランドマークだったと考えられるが、現在でも絵図の左側（東側）の鳥居に相当する場所には、幕末の嘉永元年に春日大社から移築された朱塗りの鳥居が立っており、絵図と現地を比較する場合おおいに役立つランドマークである。各坪内の田畠に関しては一片ごとにその面積・耕作者ないしは税負担者の名・所当米の量などが細かく記入されている。絵図の正確な作成時期は不明であるが、猪熊氏本の紙背に文永二年（一二六五）の文書が存することから、それをそれほど下らない鎌倉時代後期（十三世紀末頃）の作成と考えられよう。

残念ながら乙木荘の歴史を語ってくれる文献史料は大変少ないが、荘園領主が興福寺大乗院であったことはほぼ間違いない。貞和三年（一三四七）の「大乗院領田数段米注進状」（春日神社文書九〇一号）に「乙木庄　二十一町八段二反切反米六石五斗四升六合…／乙木窪　六段反米一斗八升…／乙木竹内　七町三段八反切段米二石一斗九升二合四勺…」とある。ここにいう「乙木竹内」は、現在の乙木町の南に接する竹之内町にあたる。この町は中世環濠集落の遺構として著名で、集落の西側に環濠のなごりと思われる池が現存する。「乙木窪」は正確には比定できないが、乙木荘土帳に「東柚窪」「中柚窪」「西柚窪」などの字名をもつ坪があり、その近辺と考えられるが、僅か六段の田地しか持たない点、独立した村落を構成していたとは考えがたい。結局、この注進状の「乙木庄　二十一町八段二反切」が、かつて乙木荘土帳

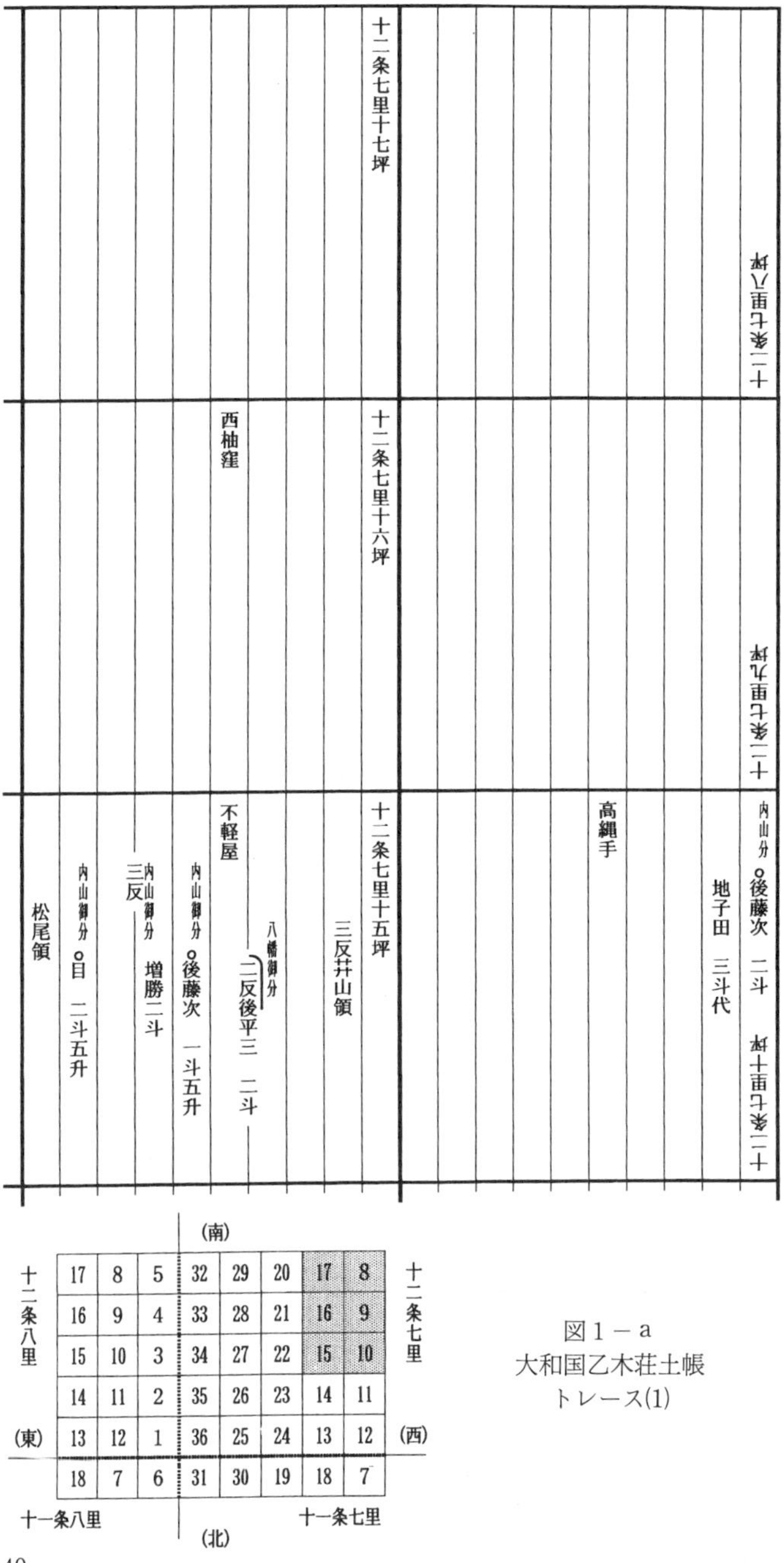
十二条七里十七坪
十二条七里八坪
十二条七里十六坪
西柚窪
十二条七里九坪
十二条七里十五坪
三反井山領
不軽屋
八幡御分
二反後平三　二斗
内山御分　o後藤次　一斗五升
三反　内山御分　増勝二斗
内山御分　o目　二斗五升
松尾領
高縄手
地子田　三斗代
内山分　o後藤次　二斗
十二条七里十坪
(南)
十二条八里
十二条七里
(東)
(西)
17 8 5 32 29 20 17 8
16 9 4 33 28 21 16 9
15 10 3 34 27 22 15 10
14 11 2 35 26 23 14 11
13 12 1 36 25 24 13 12
18 7 6 31 30 19 18 7
十一条八里
十一条七里
(北)

図１－ａ
大和国乙木荘土帳
トレース(1)

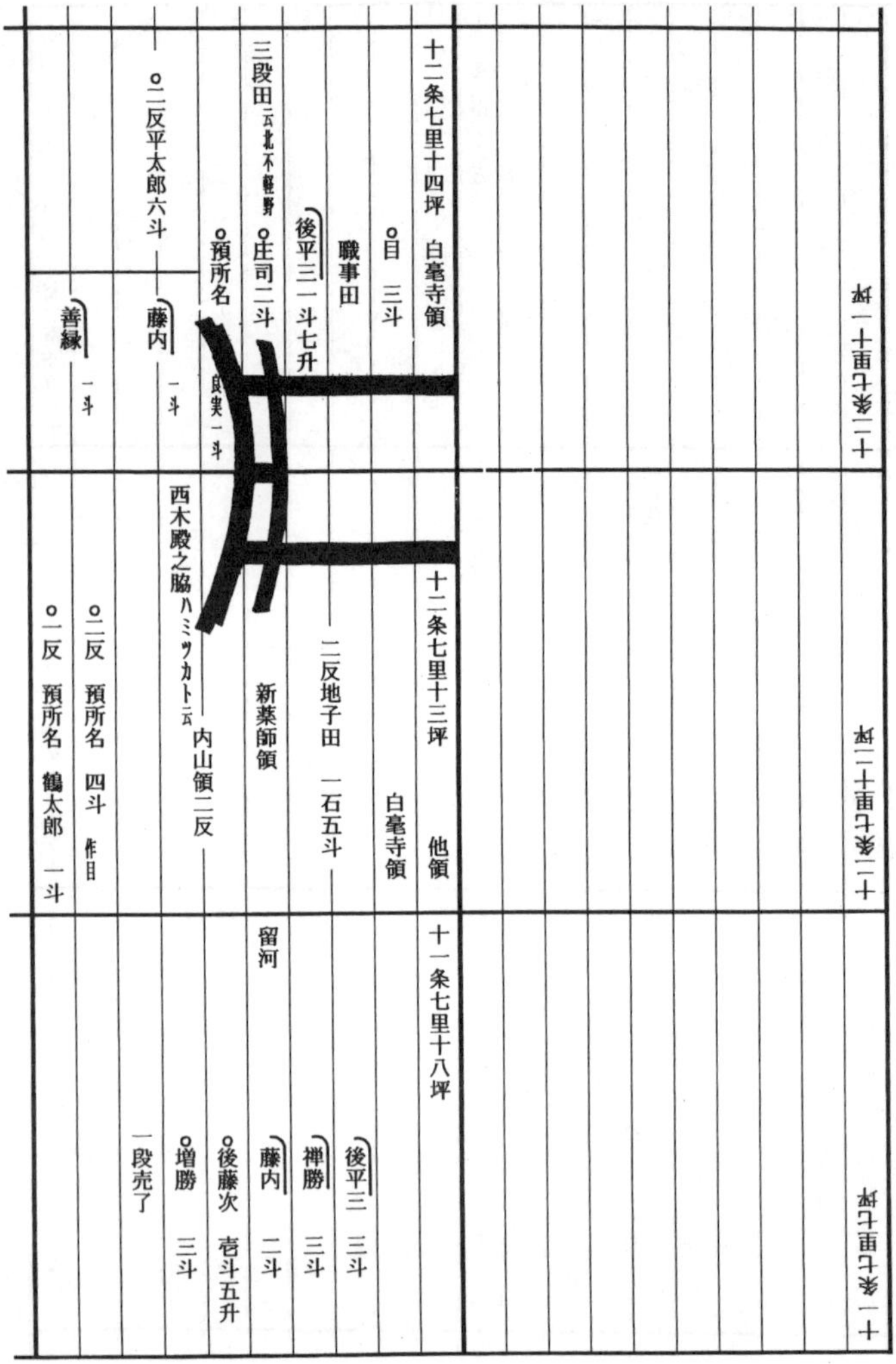
十二条七里十四坪　白毫寺領
目　三斗
職事田
後平三　一斗七升
三段田云北不輕野　庄司二斗
預所名　良実一斗
二反平太郎六斗
藤内　一斗
善縁　一斗
十二条七里十三坪　他領
白毫寺領
二反地子田　一石五斗
新薬師領
内山領二反
西木殿之脇ハミツカト云
二反　預所名　四斗　作目
一反　預所名　鶴太郎　一斗
十一条七里十八坪
後平三　三斗
禅勝　三斗
藤内　二斗
留河
後藤次　壱斗五升
増勝　三斗
一段売了
十二条七里十一坪
十二条七里十二坪
十一条七里七坪

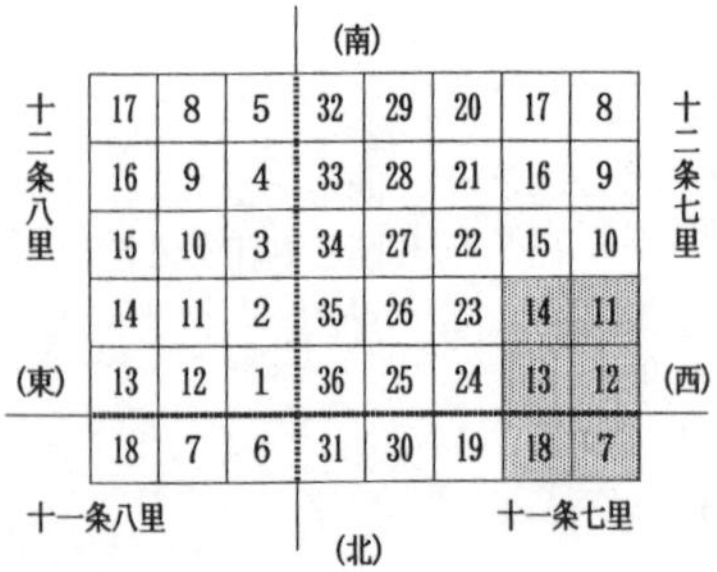
(南)
十二条八里
十二条七里
17 8 5 32 29 20 17 8
16 9 4 33 28 21 16 9
15 10 3 34 27 22 15 10
14 11 2 35 26 23 14 11
(東) 13 12 1 36 25 24 13 12 (西)
18 7 6 31 30 19 18 7
十一条八里
十一条七里
(北)

図１－ｂ
大和国乙木荘土帳
トレース(2)

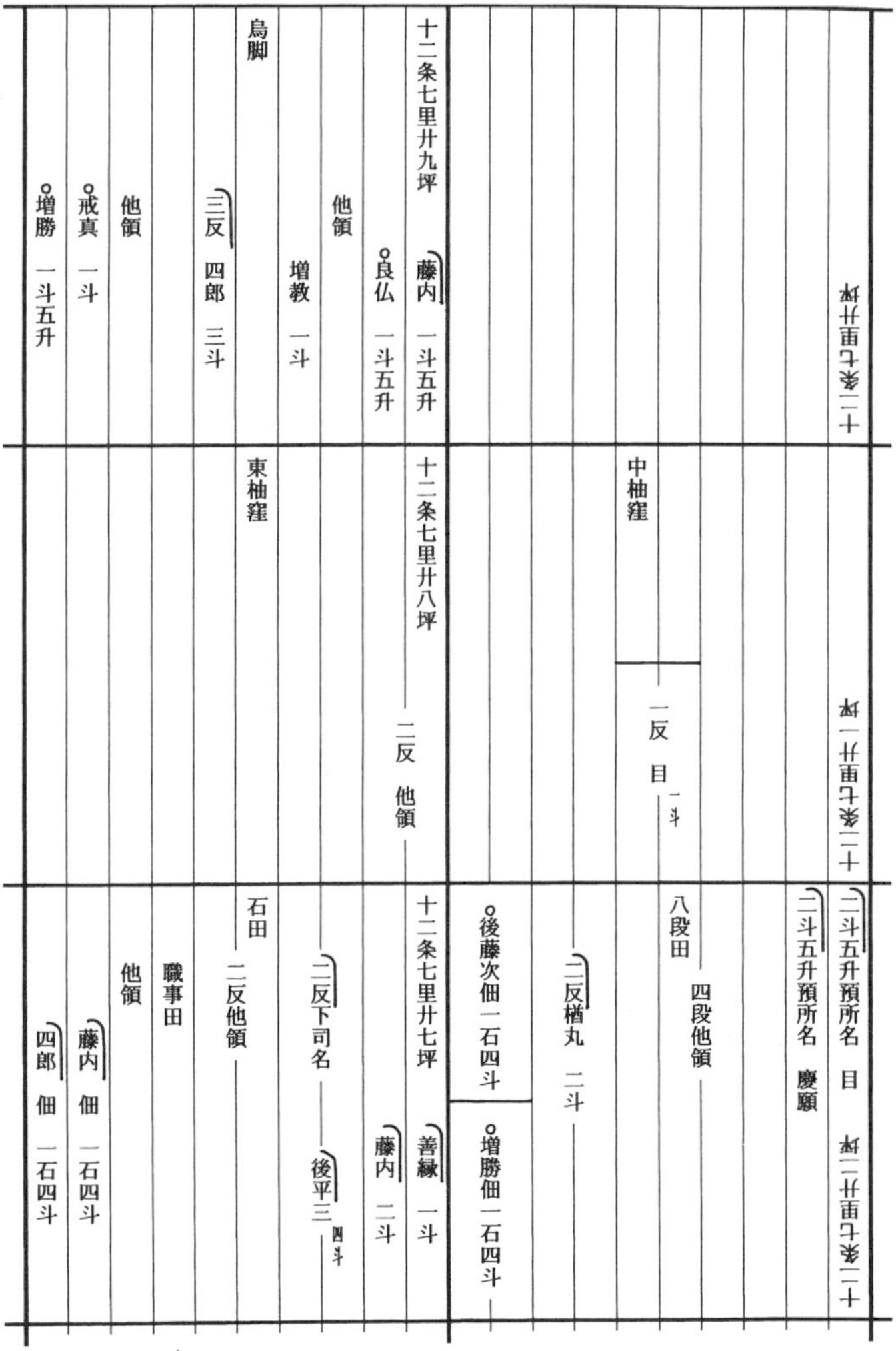

(南)

十二条八里　　十二条七里

(東)								(西)
17	8	5	32	29	20	17	8	
16	9	4	33	28	21	16	9	
15	10	3	34	27	22	15	10	
14	11	2	35	26	23	14	11	
13	12	1	36	25	24	13	12	
18	7	6	31	30	19	18	7	

十一条八里　　十一条七里

(北)

図１－ｃ
大和国乙木荘土帳
トレース(3)

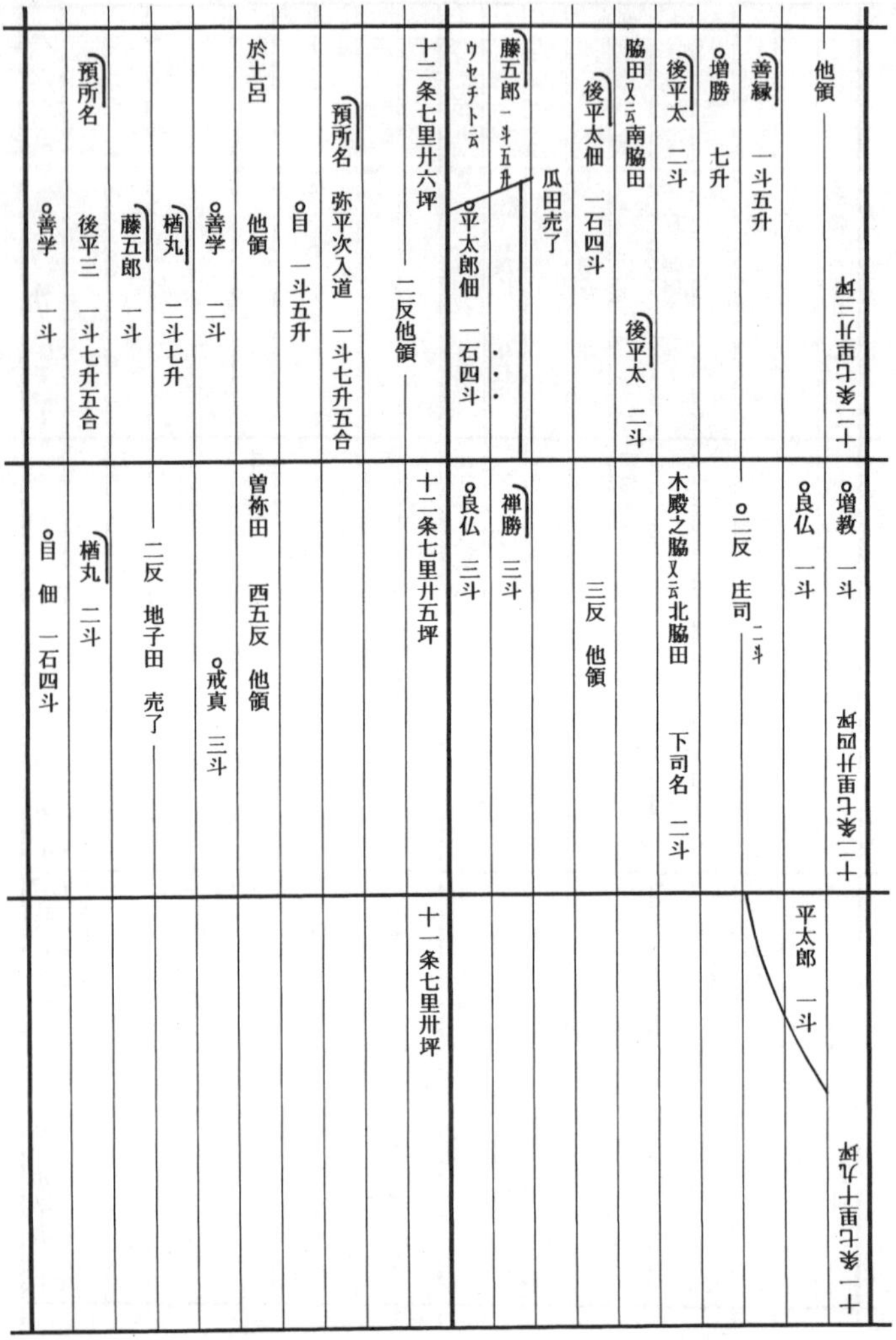
十二条七里廿三坪
他領
善縁　一斗五升
増勝　七升
後平太　二斗
脇田又ハ云南脇田
後平太　二斗
後平太佃　一石四斗
瓜田売了
藤五郎　一斗五升
ウセチト云
平太郎佃　一石四斗
十二条七里廿六坪
二反他領
預所名　弥平次入道　一斗七升五合
目　一斗五升
於土呂　他領
善学　二斗
楢丸　二斗七升
藤五郎　一斗
預所名　後平三　一斗七升五合
善学　一斗
十二条七里廿四坪
増教　一斗
良仏　一斗
二反　庄司　二斗
木殿之脇又ハ云北脇田　下司名　二斗
三反　他領
禅勝　三斗
良仏　三斗
十二条七里廿五坪
曽祢田　西五反　他領
戒真　三斗
二反　地子田　売了
楢丸　二斗
目　佃　一石四斗
十一条七里十九坪
平太郎　一斗
十一条七里卅坪

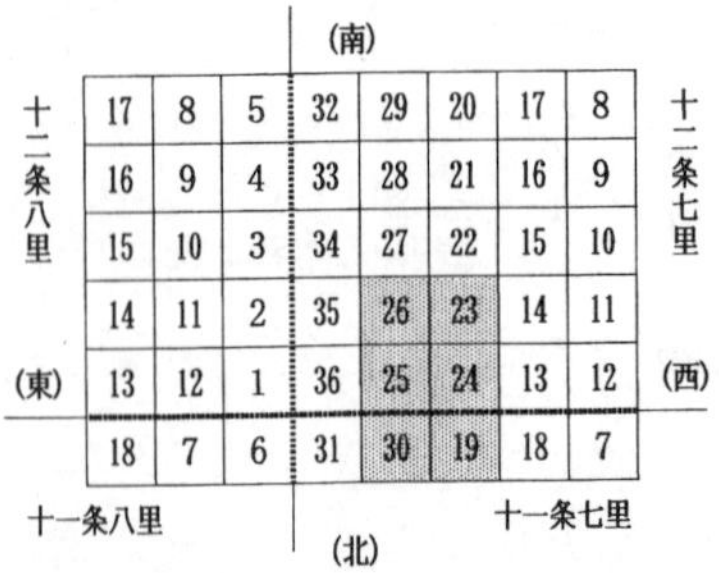
(南)
十二条八里
十二条七里
17 8 5 32 29 20 17 8
16 9 4 33 28 21 16 9
15 10 3 34 27 22 15 10
14 11 2 35 26 23 14 11
(東)
13 12 1 36 25 24 13 12
(西)
18 7 6 31 30 19 18 7
十一条八里
十一条七里
(北)

図1－d
大和国乙木荘土帳
トレース(4)

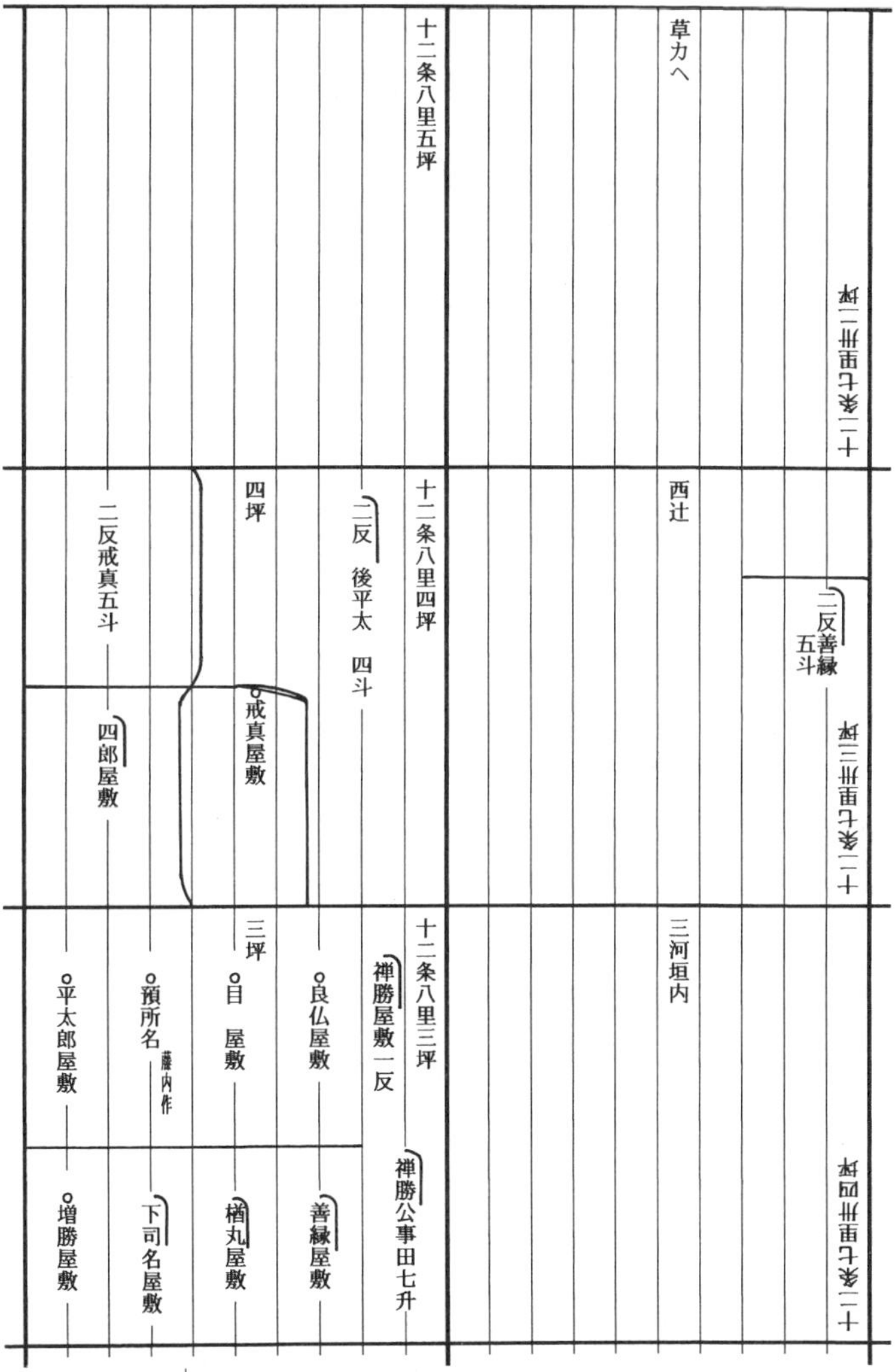

十二条七里二坪
草カヘ
十二条八里五坪
十二条七里三坪
二反善縁五斗
西辻
十二条八里四坪
二反後平太四斗
四坪
戒真屋敷
二反戒真五斗
四郎屋敷
十二条七里四坪
三河垣内
十二条八里三坪
禅勝公事田七升
禅勝屋敷一反
良仏屋敷
善縁屋敷
三坪
目 屋敷
楢丸屋敷
預所名 藤内作
下司名屋敷
平太郎屋敷
増勝屋敷

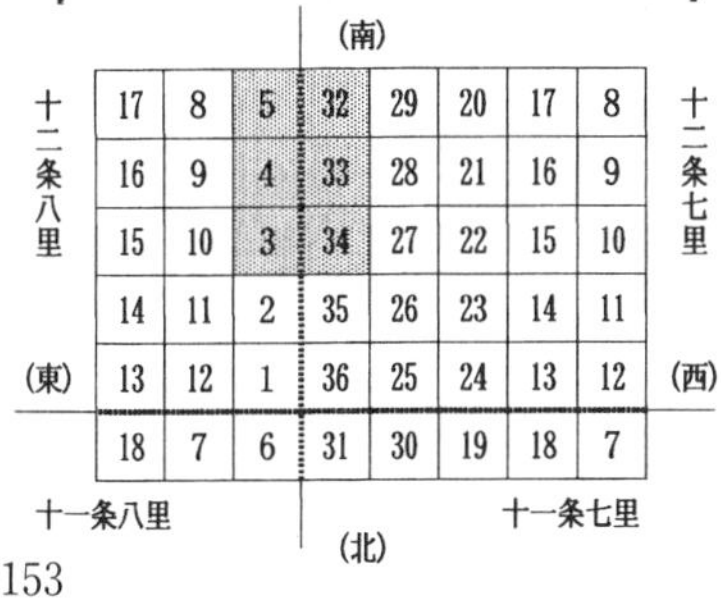

(南)
十二条八里
十二条七里
(東)
(西)
十一条八里
十一条七里
(北)
17 8 5 32 29 20 17 8
16 9 4 33 28 21 16 9
15 10 3 34 27 22 15 10
14 11 2 35 26 23 14 11
13 12 1 36 25 24 13 12
18 7 6 31 30 19 18 7

図１－e
大和国乙木荘土帳
トレース(5)

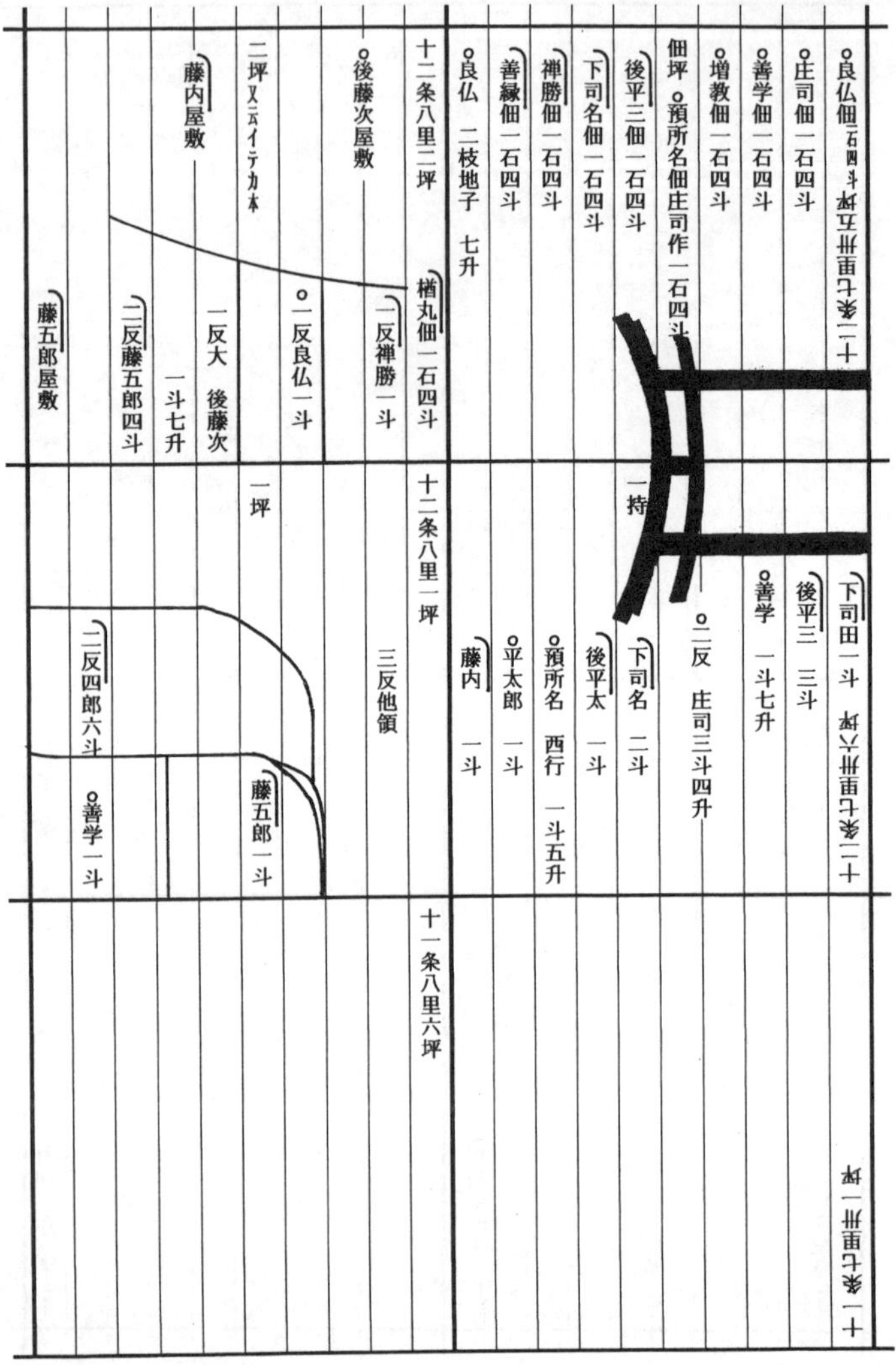

(南)

十二条八里　　　十二条七里

17	8	5	32	29	20	17	8
16	9	4	33	28	21	16	9
15	10	3	34	27	22	15	10
14	11	2	35	26	23	14	11
13	12	1	36	25	24	13	12
18	7	6	31	30	19	18	7

(東)　(西)

十一条八里　　　十一条七里

(北)

図１－f
大和国乙木荘土帳
トレース(6)

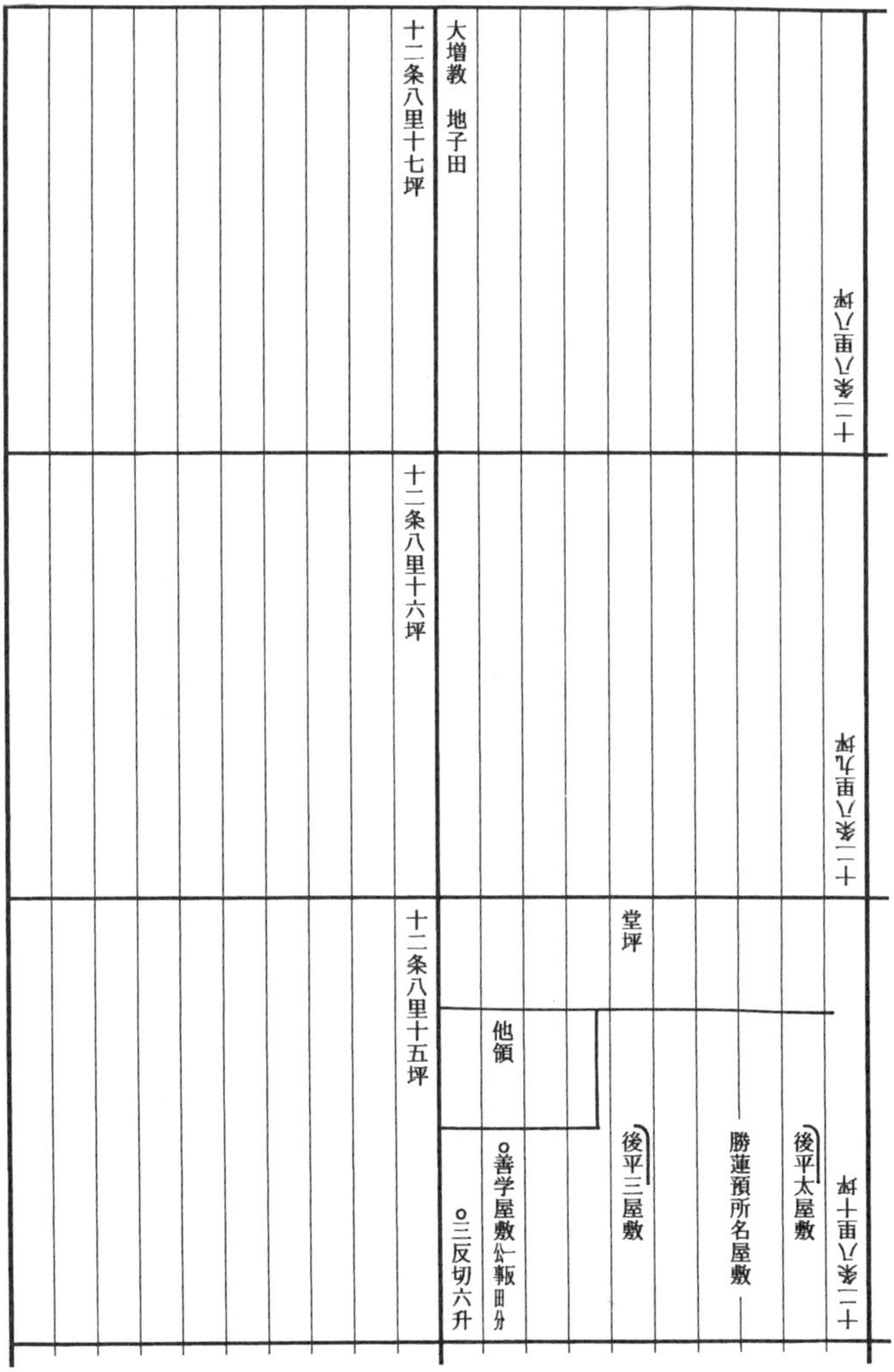

十二条八里十七坪
大増教　地子田
十二条八里八坪
十二条八里十六坪
十二条八里九坪
十二条八里十五坪
堂坪
他領
○三反切六升
○善学屋敷公事田分
後平三屋敷
勝蓮預所名屋敷
後平太屋敷
十二条八里十坪

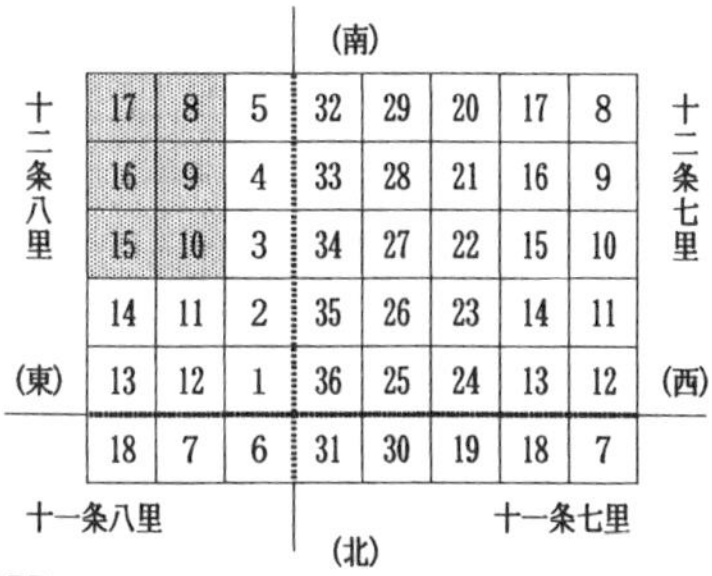

(南)
十二条八里
十二条七里
(東)
(西)
十一条八里
十一条七里
(北)
17 8 5 32 29 20 17 8
16 9 4 33 28 21 16 9
15 10 3 34 27 22 15 10
14 11 2 35 26 23 14 11
13 12 1 36 25 24 13 12
18 7 6 31 30 19 18 7

図１－g
大和国乙木荘土帳
トレース(7)

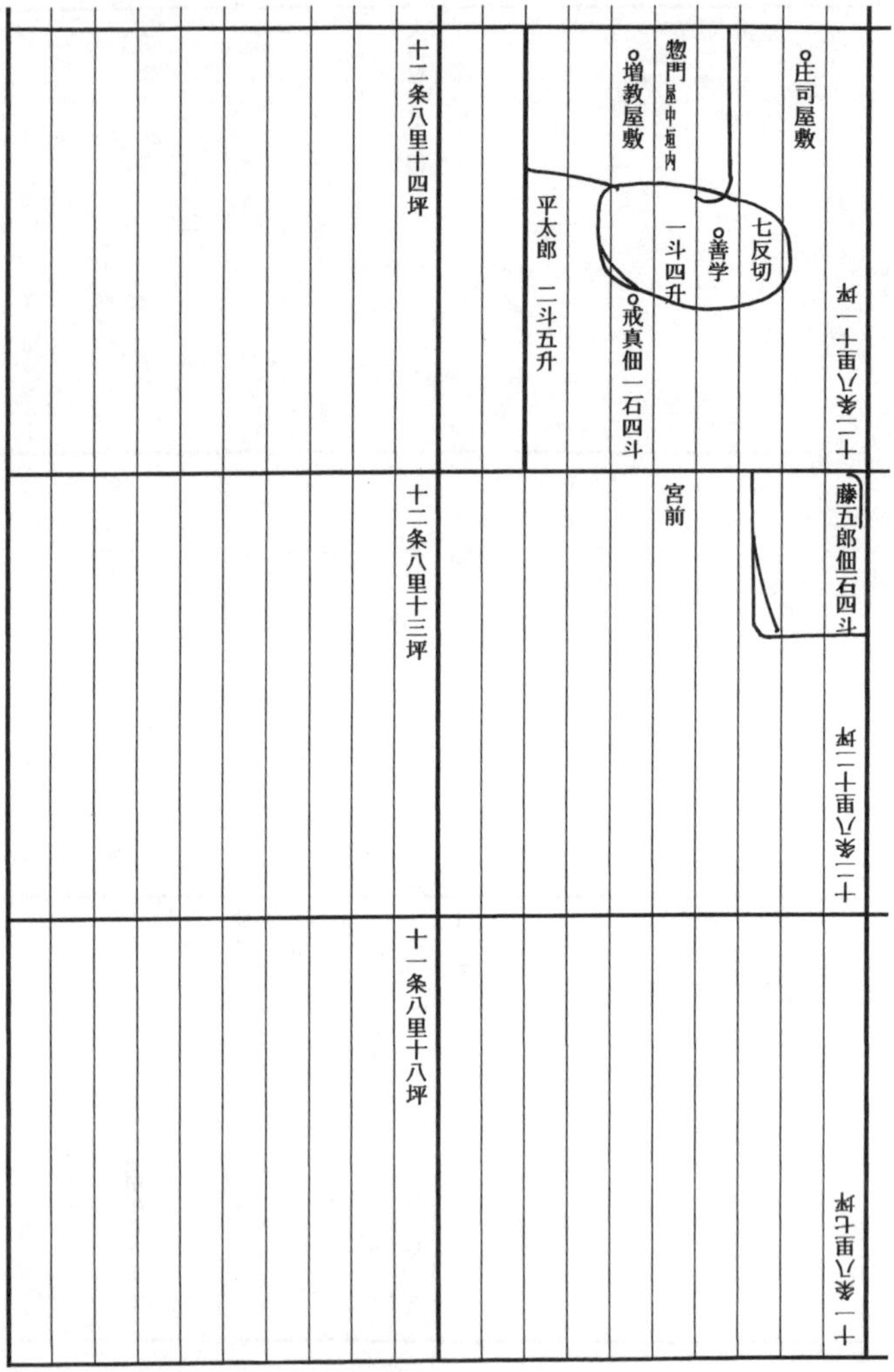

(南)

十二条八里	17	8	5	32	29	20	17	8	十二条七里
	16	9	4	33	28	21	16	9	
	15	10	3	34	27	22	15	10	
	14	11	2	35	26	23	14	11	
(東)	13	12	1	36	25	24	13	12	(西)
	18	7	6	31	30	19	18	7	

十一条八里　　十一条七里

(北)

図１－h
大和国乙木荘土帳
トレース(8)

に表記された村落にほぼ該当すると考えてよかろう。乙木荘土帳に表記された田地・屋敷地を合計してみる。文字記載のない空白部は計算せず、また他領ないしは～領とある部分の面積は除外して、田地・屋敷地の合計額を出すと、ほぼ十四～五町になる。二十一町とは数値が異なるが、半世紀の間隔を考慮すればそれほどかけ離れた数値とはいえない。寛正四年（一四六三）の「諸庄段銭成足帳」（お茶の水図書館蔵大乗院文書）にも「乙木廿一丁八反七十二歩上庄八中院、下庄上乗、乙木窪六反、乙木竹内内山領七丁三反二百八十八歩」とあり、ほぼ同じ田地面積が記されているが、中院・上乗院は乙木荘から北東一キロほどの地にあった内山永久寺（明治維新の廃仏毀釈により廃絶）の子院であり、乙木荘は地理的にも永久寺の膝下に存在し、永久寺が何らかの権益を有していたらしい。大乗院門主の隠居所に永久寺があてられる場合があり、(2) いわば永久寺は大乗院の末寺的存在であった。内閣文庫所蔵の乙木荘土帳の裏書に「中院」とあるのは、この絵図が永久寺中院に保管されていたことを示している。ただ土帳には「内山領」「内山分」なる田地が散在しており、乙木荘が完全な永久寺領であったならばこのような記載がなされるはずはなく、土帳が描かれた段階における乙木荘の荘園領主は大乗院であったと考えてよかろう。

この絵図を対象とする本格的な研究は西岡虎之助氏によりはじめられた。(3) 西岡氏はこの土帳が中世荘園内の土地配分形態を知る格好の史料であるとし、所有田地面積や生産力に関する徹底的な数値分析をほどこされ、荘園経済の実態を明らかにされた。そして荘民としては自作田五段・佃一段・屋敷地一段というのが定型であり、荘民の中心は自作農であり、土地配分の様態は古代班田制の遺制であると評価された。また渡辺澄夫氏は、この乙木荘を均等名荘園の範疇に入ることを明らかにされた。(4)

西岡・渡辺両氏の研究は、土帳の記載内容から文字や数値のデータを抽出して分析されたもので、土帳を絵図として読み解いていく作業はほとんどなされなかった。これに対して、歴史地理学の観点から土帳に示された田地・屋敷地の空間配置の意味を考察されたのが、片平博文氏である。(5)片平氏は、池や水路などの荘域内の水利の実態と田地の肥沃度の場所的な差を明らかにし、さらに屋敷地の地割りを現地比定され、この荘園の成立過程における田地・屋敷地の配置の意味を考察されている。現況調査をもとに乙木荘土帳の空間的な情報を解読していこうとする点、まさに画期的な研究であった。その後、荘園絵図への歴史学的な関心が高まり、絵図の機能や分類に関する研究も深化していくなかで、従来の研究が軽視しがちだった方格図系の差図・土帳への関心も高まってきている。(6)乙木荘を一つの素材として、土帳の機能や史料としての存在意義について確認しておくことは決して無駄なことではなかろう。

二　「土帳」の意味

土帳とは何であろうか。裏書や端裏書などにはっきりと「土帳」と表記されている絵図を列挙すると、乙木荘以外に、(a)大和国佐保新免田土帳、(b)大和国若槻荘土帳、(c)大和国横田荘土帳、(d)大和国倉荘土帳、(e)大和国中山荘土帳、(f)大和国出雲荘土帳、(g)大和国古木新本両荘土帳、(h)大和国宿院荘土帳などがあげられる。まず気付くことは、いずれも興福寺領荘園に関するもので、所在国も大和に限定される点である。さらに(a)(c)(d)(e)(f)(g)(h)などは尋尊の筆写によるものである。この点、「土帳」なる絵図の呼称は、ひょっとすると大乗院ないしは興福寺関係の所領支配の場で用いられていた用語であった可能性も考慮すべきであろう。そこで注意しておきたいのが、今回取り上げる乙木荘土帳について、猪熊氏本では「(条里)坪付」と書かれていることである。土帳は、坪付(図)と同一あるいは類似した範疇に属する絵図類であったことが想像される。

中世の絵図類中に土帳が存在していることは一般的に知られているものの、その概念はやや曖昧で、差図との相違点なども漠然としている場合がある。土帳の概念をもう少し厳密に規定し直していく必要があろう。

まず注目しなければならないことは、「土帳」の用語が、実は検注帳（取帳）の別称として広く用いられていたという点である。中世における田畠の検注の実態に関しては、安田次郎・山本隆志・富澤清人などの諸氏による研究があり、(7)それによると検注の一連の作業はおおまかに、(a)検注帳（取帳）の作成（領主側から現地に派遣された検注使による調査記録）、(b)名寄帳・目録（丸帳）の作成（検注帳をもとに定田・除田等の区別や年貢所当量などを確定）の二段階に分けられるという。この点で、荘園図としての土帳とは、検注帳（取帳）に記載されるべき田地片の所在・面積・所有者（耕作権所有者および所当負担者）といった情報が、方格図上に展開されたものと定義できよう。

それでは荘園図の土帳を取り扱う時に留意すべき点は何であろうか。富澤氏の研究によれば、検注帳（取帳）に田地片を記載することは、その田地が検注帳作成の主体である領主の進止下に入ることを意味しており、「特定の取帳に記載するためには、他のいずれの取帳にも記載されていないことを前提にしていたはずである。『取る』作業はその意味で排他性をもつものであった」という。まさしく検注帳（取帳）の第一の機能は「田を取る」ことにあり、それは「下地取帳」「村切土帳」などの別称に如実に現われている。このような性格は方格図上に描かれた土帳においても同断であろう。すなわち、景観を俯瞰したり田地・建物・河川・山などの空間的な位置関係を指し示すといった地図的な性格は希薄であり、あくまで土地片の領有関係を確定する帳簿としての機能をもっていた。

吉田敏弘氏は「とりわけ大和国の興福寺領荘園に関しては、多数の条里図様の差図が伝存しているが、その多くはむしろ粗雑といってよい仕上がりとなっており、実用本位で簡便に作成されたことを窺わせている」と指摘されており、(8)大局においてこの評価は的を射たものであろうが、土帳に関してはいま一歩踏み込んだ性格づけが必要であろう。先ず第一に、土帳は差図一般とは区別すべきであろうし、また土帳の一見粗雑に感じられる記載内容も、検注帳としての公的な機能の然らしむる結果だったのではなかろうか。すなわち土帳の土地記載は、領主の下地進止権の及ぶ範囲に限定され、それを逸脱する土地記載はしてはならなかった。つまり支配の及ばない土地に関する記載は一切省略されるという原則を有していたと考えられる。その禁欲的な姿勢はかなり厳格なものであったはずで、領主の進止下にない土地の名称を書き込むことなどは勿論、絵師・図師の手すさびで山河などの自然景観を描き加えることすら禁忌とされていたのではなかろうか。

ここで差図と土帳の相違点を確認するために、播磨国小宅荘の二枚の絵図（年末詳図と文和図）を例にとって考えてみよう。絵図そのものに関する詳細は、次章の弓野氏の説明を参着されたい。ここで確認したいことは、二つの絵図はいずれも条里方格図上に田畠の記載を持つ坪付図であるにもかかわらず、両者全く印象が異なる点である。年未詳図が家屋・樹木・山さらに用水と絵画的な表現がふんだんに盛り込まれているのに対し、文和図は方格図に田畠の面積や種類を記すだけのまさしく粗雑な内容となっていることである。荘園領主の大徳寺は、小宅荘三職方の支配をめぐって、在地勢力と長年の相論に関わってきた。年未詳図については、大徳寺が室町幕府から小宅荘の一円支配を承認されたときに作成された可能性が示唆されているが、いずれにせよ、荘園の景観や境界線を明示している点、大徳寺の荘園支配を正当化・明確化しようとする意志を読み取ることができよう。つまり坪付図の機能とともに支配系差図としての地図的な機能が併存していたといえる。一方、文和図は純然たる坪付図（土帳）である。すなわち方格図上、進止下にある田畠が存在する坪には面積などの文字記載があるが、存在しない坪では記載をしない。景観は勿論、荘域を明示しようとする意志も読み取れないのである。

しかしこういった土帳の記載を無味乾燥で抽象的なものと否定的に評価することは避けるべきであろう。富澤氏は、検注帳作成の際に「読合」という検注使と現地荘官荘民との確認合意の作業がなされたことを明らかにしており、乙木荘土帳中の人名に「⌝」あるいは「○」の合点が付されているのは、そういった手続きと関連するものではなかろうか。いずれにせよ検注使が現地に臨んで荘民たちの立合いのもとで作成された公文書であった点は重要であり、荘園村落の実態をかなり正確に示すデータが含まれていることになろう。特に乙木荘土帳でフリーハンド線で引かれた屋敷地の地割りは注目すべきで、その痕跡が現在の集落に色濃く残存していることは片平氏が細かく検証されている通りである。さらに耕地の所在と面積のみでなく、所有者・年貢負担額までが記されている点、土帳一般のなかでも乙木荘の記載事項はかなり詳細なものと評価できよう。

以下、片平氏の論考と重複する部分が多いことと思うが、乙木荘における寺社などの宗教施設および水利の問題を取り上げてみたい。土帳記載の空白部を他の史料や現地調査による情報で補うことで、中世荘園・村落の景観をある程度復元できることを示しておきたいのである。

三　土帳記載と宗教施設の問題

乙木荘土帳にランドマークとしての二本の鳥居が描かれ、「宮前」なる坪名もみられることから、十二条八里十二〜十三坪（現在の夜都伎神社に相当する地）に神社が存在していたことは間違いないはずだが、土帳には社地の記載は一切ない。これも領主の進止下にない土地は空白のままにする土帳の表記原則に従ったものと考えられる。

『奈良県山辺郡誌』(9)によると、大字乙木の夜都伎神社について「当社ハ俗ニ春日神社ト云フ。…又夕奈良春日社ニ縁故アリシニヤ。明治維新マデ其祭日ニハ当所ヨリ蓮ノ御供ト称セシ神饌ヲ献供シ来レリ。又六十一年毎ニ春日ノ二ノ鳥居ヲ当社ヘ下附サル、ノ例トナリ居レリ。今ノ社殿モ春日若宮ノ古社殿ヲ賜ハリシモノナリト云フ」「伝説ニ当社ハ元来春日神社ニシテ夜都伎神社ニハアラズ。夜都伎社ハ竹之内ノ十二神社是ナリ。…年代未ダ詳ナラザレドモ竹之内ノ三間塚《さげづか》ト当大字ノ夜都伎社ノ社地ト交換セシニ因レルモノニシテ春日神社ト夜都伎社トハ素ヨリ別社ナリト云フ」とあり、一方三間塚池について「元ハ大字竹ノ内ニ属シ竹ノ内ノ明神ハ本大字〔乙木〕ニ属セシヲ交換セリト云フ」とある。また同書によると大字竹之内の十二神社について「伝説ニ延喜式ニ載スル所ノ夜都伎神社是ナリ。夫レハ後世ニ至リ当所ノ三間塚池ト乙木ノ夜都伎社ノ社地ト交換セシニ依テ湮滅シテ知レザルニ至ルト如何ニヤ」とある。要するに、現在の夜都伎神社の地にはかつて春日神社があり、本来の夜都伎神社は東南四百メートルほどのところにある現在の十二神社の場所にあった。しかし竹之内にあった三間塚池の水利権を乙木が獲得するかわりに、夜都伎神社の社地を竹之内に譲渡し、ここに竹之内の村社としての十二神社が成立して現在に至った。そして夜都伎神社の祭神は春日神社の地に遷座させ、社名も夜都伎神社に変更されたというのである（位置については図2参照）。この伝承は現在の地域住民の間でも広く信じられており、現夜都伎神社の前に立っている看板の説明も同様である。

実際、三間塚池は地理的には竹之内に所在するが、現在の水利権は完全に乙木に属している。また現在の十二神社は竹之内の産土神であるが、乙木からの参道跡がかすかに残っており、逆に竹之内からの参詣路は不自然な迂回路となっている。[10] さらに現夜都伎神社の玉垣内には礼拝石があり、秋の大祭にはこの上に神饌を供え十二神社のある東方の谷を遙拝する儀がなされるが、これはここに併祀されることになった乙木社の祭神がかつて十二神社の場所にあったことに由来するものであろう。このように三間塚池と社地の交換は史実であったと考えられる。交換時期は明確ではないが、「当所〔竹之内〕ノ村社ハ白山神社ナリシコトハ文禄四年検地ノ時『村中氏神白山神社除地』トアリ。延宝七年本田平八郎ノ時亦然リ。然ラバ交換ハ延宝以後ナラン」という『山辺郡誌』の記載に従って、江戸時代であったことはほぼ間違いなかろう。

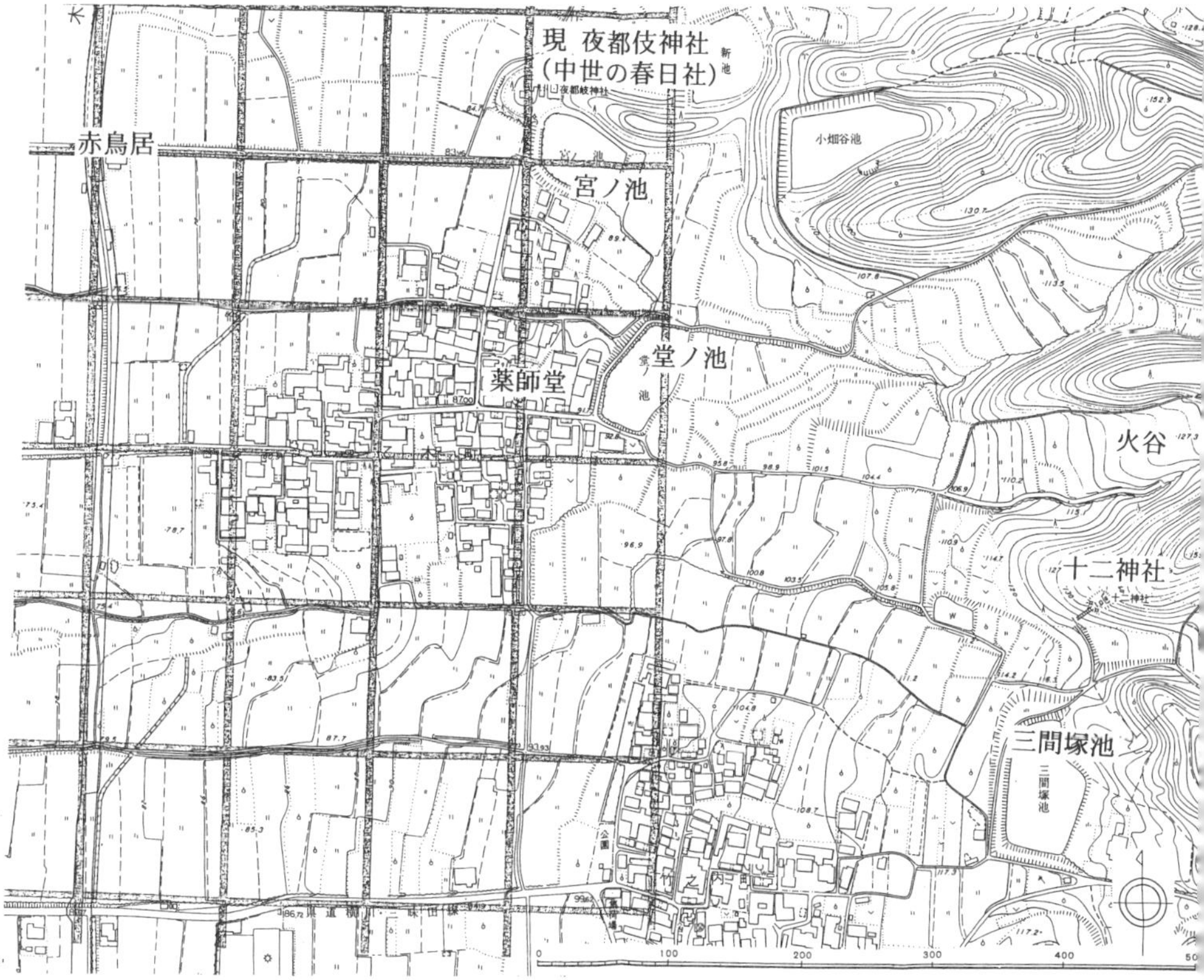

薬師堂

夜都伎神社拝殿

図２　乙木荘の概況

いずれにしても、現夜都伎神社が中世の段階で春日社であったことは確実である。それは(a)現夜都伎神社の祭神に春日四神が含まれていること、(b)鎌倉時代には七月十五日の節供を奈良の春日社へ備進していること（例えば『春日神社記録』「中臣祐定記」安貞三年七月十五日条）、(c)奈良春日社の遷宮に際しては、乙木に古物分配を受ける慣例があったらしいこと（『春日神社記録』「中臣祐春記」弘安十年六月十四日条）、(d)現夜都伎神社の東方三百メートルほどのところに鹿足石なる岩があり、春日明神が鹿島立ちして春日に向かう途中で休息した場所と伝承されていること（『山辺郡誌』）などからも明らかであろう。中世ではこの神社と奈良の春日社との関係が極めて濃密であり、現夜都伎神社の社地には大乗院の支配が及ばなかったのであろう。土帳で鳥居まで描きながら神社そのものの記載が全くないのは、そのような背景を考慮する必要がある。しかし村落に居住する人々にとっては大切な宗教施設であったはずで、現在に至るまで宮座祭祀が継承されてきている(11)。

村落のもう一つの宗教施設として、集落内に村堂が存在していた。それは土帳に「堂坪」「惣門」といった坪名が存在すること、現在も堂ノ池という名称の溜池が存在していることなどから確実である。土帳で「堂坪」内に「他領」として区画された部分に該当すると思われる場所に、現在、町の公民館と薬師堂がある。現在の薬師堂は昭和五二年に新築されたものだが、それ以前の建物は、明治維新の神仏分離によって夜都伎神社内にあった十来子堂を移築したものという(12)。堂内には見事な薬師如来座像を安置し、現在でも毎月八日の午後に集落の女性たちによってささやかな供養が行われている。土帳には「惣門」なる坪が存在するが、「惣門」には寺院の正門という意味があり、いわば集落は村堂を中心とする寺内町のような姿をしていたのではないか。

乙木の現在の集落と土帳に示された荘民の屋敷地は、場所的にはほぼ重なる。中世の乙木集落が村堂を中核とする極めて濃密な集村型村落を形成していたことを確認できよう。

四　土帳記載と水利の問題

戦後完成した吉野川分水は、奈良盆地の水利体系を一変させた。乙木町もその例外ではない。しかし吉野川分水は、この地域ではほぼ県道天理環状線に沿った地下を南北に流れており、それよりも低地にある西側の耕地のみがその恩恵を蒙っている。すなわち乙木町の朱塗りの鳥居よりも東側（山地側）の耕地は、依然として古来よりの溜池に依存せざるを得ない状況が続いているのである。

図3は山辺郡乙木村の「明治廾年溝道切図[13]」に基づいて乙木荘の溜池と用水路の様子を図示したものである。地形は東側（山地側）が高く、溜池も耕地・集落の東側部分に点在し、水路が西方へ流れ下っている。今日乙木の主要な水源となっている大規模な小畑谷池・久保山田上池はいずれも明治後期以後に造成・整備されたもので、この「溝道切図」には描かれていない。

乙木荘の最も重要な水源は、夜都伎神社境内にある宮ノ池で、ここから西に流れ出る水路の両側は土帳でも最も耕地が密集し、特に佃が集中している地域である。領主の直轄地である佃には、荘内で最も水掛りが良く肥沃な耕地に設定されるのが通例である。この場所が乙木荘における農業生産の中核であったと断言してよい。一点気になるのは、最も神社に近い「宮前」坪が、佃約一段を除いて空白になっていることである。ここは今日でも耕地として利用されており、水源に最も近い場所である。土帳の空白を単純に荒地・空閑地と解釈してよいか問題がある。「宮前」という坪名なども考慮すると、この場所に神田としての免田があって荘民による共同耕作などが行われていた可能性も想定しておく必要があろう。

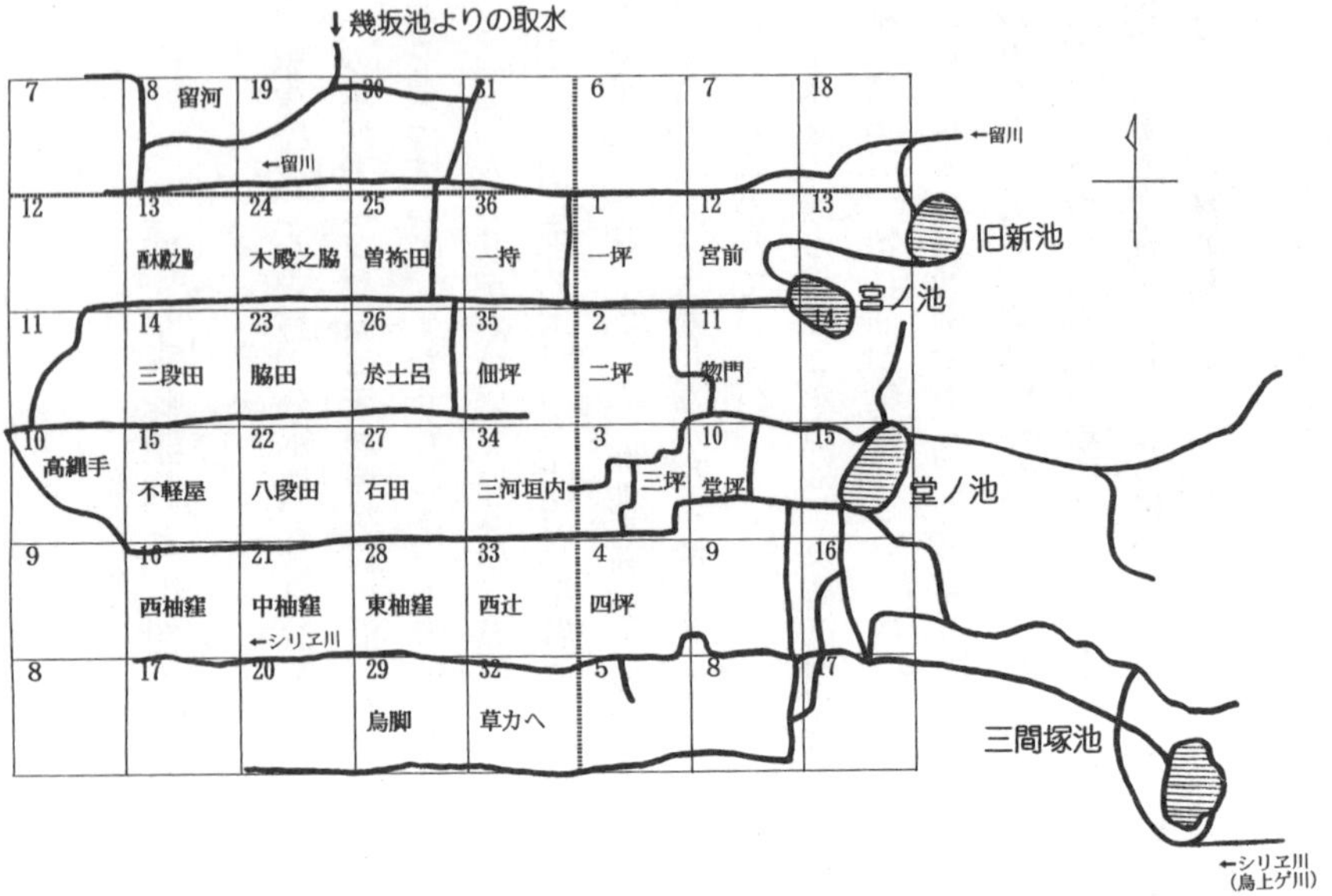

堂ノ池

宮ノ池の取水口

図3　乙木荘の水利

次に重要な水源として、現在の乙木集落の東側に位置する堂ノ池がある。土帳の「石田」「八段田」「不軽屋」などの耕地に水を供給していたと思われる。この池は今日と同様、荘民たちの屋敷地に隣接していたと考えられ、屋敷地内にあるいは存在していたかと思われる菜園などにも水を供給していた可能性があろう。特に注目すべきは「三河垣内」で、ここは耕地の記載の全く無い空白の地となっているが、荒地・空閑地だったとは到底考えられない。垣内という名称から考えても、荘民たちの宅地に付属する共同体的所有権の強い田畠が存在していた可能性が高いのではないか。現在堂ノ池の取水口は南北二箇所あり、南側の小門樋《こもび》は水深の浅いところに出口を設け、これが普段使用される水門であるのに対し、北側の大門樋《おもび》は水深の深いところに出口を設け、池を浚ったり修復するために排水する時に使用するという。図3で注目されるのが、この北側水門から出た水路が、宅地内を通り土帳の「三河垣内」に相当する田地に向かい、そこで途切れていることである。中世段階において、堂ノ池の水が宅地に附属する耕地や垣内の耕地を潤していた可能性は十分考えられよう。なお近年まで堂ノ池とそこから出る用水路とは集落の防火用水としての役割も担っていたとされるが、その機能は中世においても同様であっただろう。

土帳の下部（北部）の坪付がほとんど空白となっているのは、地形的にちょうど侵食谷が東西に延びている場所で、当時として開田化がまだ不可能だったことを示していよう。ここは現在杣之内《そまのうち》の親里ホッケー場のある丘陵のへりに相当している。現在乙木の北部の耕地を潤している旧新池の造成は近世以後と考えられ、水利面でも中世段階でのこの地域の開発は困難だったと思われる。しかし土帳では、侵食谷が終わるあたりの十一条七里十八坪（「留河」）を中心に田地記載がみられる。この「留河」の坪名は、ここを流れる水路名としても近代にまで残されている。すなわち『奈良県山辺郡誌』に「留川　字宮ノ北ニテ大字園原地内ヨリ発シ字留川ニ至リ大字三昧田地内ニ入ル長十五町ナリ」とあり、園原から夜都伎神社の北方を経由して侵食谷を流れる水路名と、その恩恵を蒙る耕地の字名がともに「留川」

と呼ばれているのである。この水路が十八坪の開田化を可能にしたことは確かだが、山地からの自然湧水・雨水の流れだけでは安定した水量を確保し得ないようで、図3に示すように乙木の北方二百メートルほどにある幾坂《いくさか》池からの水路が合流していることがわかる。近世において幾坂池は山口村（現杣之内町）と三昧田《さんまいでん》村が共同利用する権利を持っていたが、乙木村は西方の三昧田へ流れる水路の水を一部利用する権利を有していたらしく、享保年間に三昧田と乙木の両村間で水論が起こっている。(14)三昧田との幾坂池の水利関係は中世にまでさかのぼる可能性があろう。

土帳の上部（南部）の坪付がやはりほとんど空白となっているのも、侵食谷が東西に延びている開田化の困難な地域であったことによると考えられ、特に「〜窪」という坪名がその地形的特徴を表現していると思われる。しかし、ここでも十二条七里二十九坪（「烏脚」）のみが例外的に開田化されている。この坪名は近代まで「カラスアゲ」という字名として残ったが、同時にここに流れるシリヱ川の別名が烏上ゲ川と呼ばれている。東方の山地からの自然湧水・雨水の流れであるが、この水は現在三間塚池に一旦貯えられる。前節で述べたように、近世以前の段階では三間塚池の主たる水利権は竹之内に属していたはずで、仮に中世段階で三間塚池が存在していたとしても乙木への引水はかなり制約されていたものと思う。

いずれにしても、「留河」と「烏脚」は、いずれも農地化が困難な地形に例外的にぽっかりと開かれた田地であり、開発経営には多くの困難が伴ったと思われる。そして山地からの細々とした流水をはるばるこの耕地に引水するという不便さも確認できよう。その水量不足を補うため他村に属する溜池からの流れを利用したとしても、村落間の紛争を惹起しやすいという不安定さは免れない。

以上、中世乙木荘の水利の状況を概観した。荘内の耕地の肥沃度・安定度は、宮ノ池・堂ノ池の水掛かり地と「留河」坪・「烏脚」坪とでは大きな差があったことがわかる。ここで注目したいのは、土帳では耕地の所有者（耕作者）

が一～二段の面積を単位として全体として適宜に分散されているという傾向である。詳細に検討すれば荘民間の不平等や格差が検出し得るかもしれないが[15]、まず大局的に田地小片の荘内における分散性を認めることが大切であろう。単純に農作業の集約化という観点からは、こういった分散性はかえって不利な要因となり得る。西岡氏はこのような「分散の現象」について、「荘民の分田もしくは自作田を割りあてるにあたっては、荘民がそれぞれ便宜の位置にこれをえたいという要求を、全荘民に公平にまんべんなくみたすというたてまえからして、原則として一段ずつを諸々の坪であてがったものであろう」と述べておられる[16]。まさしく土地の肥沃さや水利に起因する格差を荘民各員で平等に負担していくこと、あるいは渇水など自然災害による農業経営の危機を分散することを意図した措置と考えるのが妥当であろう。

荘民一人に対して一段の屋敷地が記載されている点からも、乙木荘が均等名荘園であったことは間違いなかろう。しかしこの均等名の概念をめぐっては研究者の間で意見が分れている。その第一の問題点は、均等名が経営の実態を示すものなのか、単に税収取のために領主側により机上で構想されたものなのか、ということである。しかし乙木荘に関していえば、検注の結果を詳細に記録したと思われる土帳の段階ですでに各荘民の所有する佃・名田の合計面積がほぼ均等になっている。しかも耕地・屋敷地の面積の均等性とともに、用水や地味などの面での均等性も配慮されていた可能性も考慮すべきであろう。すなわち収取面のみならず、荘民の経営実態での平等性をも配慮した編成がなされていたのではないか。ではこのような編成を必然たらしめた強制力は何か。一般には興福寺など古代的な寺社権門の領主権力の強固さを指摘する意見が強い。しかし乙木荘の場合のように、地形や水利・地味などにまで関わるきめ細かな平等原理を反映した編成が、村落外的な領主権力の強制のみで可能となるとは考えがたい。この地域で特に卓越した在地領主が存在した形跡もないので、土帳に記載された均等名は、村落内の共同体的な平等原理が色濃く反映された結果だったと考えるのが妥当ではなかろうか。前節で検証したような、村堂を核とする濃密な集村型村落という特質を考慮しても、共同体的規範がかなり強固な村落だったのではなかろうか。

乙木といえばすぐに想起されるのが、室町時代に奈良町に販路を有していた乙木の萱簾座の存在である。[17] この簾座は史料上応永年間にはその存在が確認されるというが、簾の生産それ自体はさらに古い伝統を有していたはずで、この土帳の成立した段階で、すでに領主に納入する雑公事としての生産が行われていた可能性もあろう。原料となる萱はおそらく乙木集落の東方、山への緩い傾斜地に自生していたものではなかろうか。[18] いずれにせよ、乙木の荘民は、土帳の時代から約一世紀後には、強固な結束のもとに萱簾の活発な生産・輸送・販売活動を展開していくのであり、そういった活力の源泉となる惣村的な共同体組織が比較的早期に発達していた可能性は高いのではなかろうか。

無論、このような名田畠の分散性という特質は何も乙木荘のみにみられるものではなく、畿内荘園に広く見られる性格でもあろう。現象面の一致のみで均等名の概念を性急に一般化することは避けるべきで、個別荘園それぞれについて背景が異なっている可能性も認めるべきであろう。また土帳に寺社や池の記載がない理由を、それら宗教施設・灌漑施設の共同体的所有権の強さに求めることができるのかどうか、他荘のケースを含めて今後も検討を加えていく必要がある。いずれにしても、土帳は特定領主による荘園制的支配の様子をストレートに図化したもので、ある意味では村落社会の実態とのズレが最も先鋭に浮かびあがってくる絵図類といえる。このような土帳の機能・性格をより明確化していくこと、そして中世村落の景観復元に土帳を積極的に活用していくことが大切であろう。

五　景観保存の意義

前述のごとく、現在乙木町の集落内を観光コースとして人気の高い東海自然歩道（山辺の道）が通っており、この点からも自然環境・歴史的環境の保全の問題が気になるところである。現況では、乙木の集落よりも東部の山地は全域が風致地区に指定され、これ以外の地域も農業振興地域に指定されており、開発には一定の規制が加えられている。また朱塗りの鳥居から夜都伎神社への道筋は「馬場サキ」と称され、神社の境内であるとの意識が強く、葬列がここを通ることなどは禁忌とされているという。よって夜都伎神社の周辺と鳥居までの参道の両側に広がる田園風景は、今後もその姿を留めてくれることが期待できよう。しかし農業人口の減少により農地の維持管理を続けていくことは次第に困難となってきており、乙木町の西部では宅地の建設が近年目立つようになっている。

さらに歴史遺産への一般的関心が神社仏閣・古墳などに偏っている点は、この山辺の道も例外ではない。中世荘園への行政の関心も、「当時の村落景観は本圏域にはほとんど残されていない」(19)と報告されているように極めて消極的である。乙木の地域に関しても、歴史的遺産として知られているのは夜都伎神社のみである。七百年以上前に描かれた乙木荘の絵図が現存していることなど、現在地元に住んでいる人々の間ですらほとんど知られていないのである。

名も無き民衆の生活の場を景観として保存しようという意識は、歴史環境保全には概して積極的な姿勢をとっている奈良県でさえも、環濠集落などを例外として極めて希薄であるといえる。幸いにも乙木荘は東海自然歩道（山辺の道）の上に存在し、観光と景観保存と現在の乙木町民の生活とを両立させる方途は十分あると思う。まずは乙木荘土帳と今日の景観を比較説明した看板を立てることであろう。奈良盆地には古墳や寺社だけでなく古代・中世の農民が生活していた痕跡も多く残されていることを実感してもらうことは、山辺の道を一層意義深いものにすることにつながるはずだからである。

注

(1) 具体的には、猪熊氏本で「十二条七里廾九坪」とあるはずの文字の中で「里廾九坪」が欠損し、また「十一条七里卅坪」とあるはずの文字の中で「坪」の字が欠損しているが、これらは内閣文庫本では空白にされている。
(2) 稲葉伸道『中世寺院の権力構造』(岩波書店、一九九七年) 第II部第六章。
(3) 西岡虎之助『荘園史の研究』上 (岩波書店、一九五三年)「中世荘園における土地配分形態」。
(4) 渡辺澄夫『畿内庄園の基礎構造』上 (吉川弘文館、一九五六年) 第一編第四章。
(5) 片平博文「大和国乙木荘の歴史地理学的研究」(『人文地理』三〇―二、一九七八年)、同「大和国乙木荘における荘園村落の発達過程」(『地理学評論』五三―一、一九八〇年)。
(6) 石上英一「古代荘園と荘園図」、南出眞助「古代荘園図と中世荘園絵図」(いずれも金田章裕・石上英一・鎌田元一・栄原永遠男編『日本古代荘園図』〈東京大学出版会、一九九六年〉所収)。
(7) 安田次郎「興福寺大乗院領大和国横田庄の均等名」(『史学雑誌』八八―一、一九七九年)、山本隆志『荘園制の展開と地域社会』(刀水書房、一九九四年) 第二章第一節、富澤清人『中世荘園と検注』(吉川弘文館、一九九六年)。
(8) 吉田敏弘「田図・条里図」(小山靖憲・下坂守・吉田敏弘編『中世荘園絵図大成』第二部「中世荘園絵図の周辺」〈河出書房新社、一九九七年〉所収)。
(9) 奈良県山辺郡教育会編纂『奈良県山辺郡誌』中 (初版一九一三年、名著出版より一九七三年復刊)。
(10) 式内社研究会編『式内社調査報告』三 (京・畿内三) (皇学館大学出版部、一九八二年)「大和国山辺郡夜都伎神社」。
(11) 乙木には文亀二年以来の宮座文書があったらしいが、現在所在不明であるという (『改訂　天理市史』下〈天理市、一九七六年〉

三八九頁）。
(12)『改訂　天理市史』上（天理市、一九七六年）八〇二頁。
(13)天理市役所所蔵の写真版を拝見した。
(14)『改訂　天理市史』上二七五頁。
(15)片平氏は、「大和国乙木荘における荘園村落の発達過程」（注5）において、土帳の耕地・屋敷地の分布を詳細に検討され、土帳に記載された名主を(A)～(C)にグループ分けし、(A)→(B)→(C)の順に村落の構成に加わっていった結果、耕地の周辺部への拡大と集村化がはかられていったとされる。これによると、後に加わったグループほど比較的不利な耕地に配されていることになり、均等名と位置づけられる名主間にも微妙な格差が存在していたことになる。
(16)西岡氏注（3）論文。
(17)脇田晴子『日本中世商業発達史の研究』（御茶の水書房、一九六九年）付論I、安田次郎『中世の奈良』（吉川弘文館、一九九八年）六八頁。
(18)十二神社の北に竜神とおぼしき小祀のある谷間があるが、ここの字名を「火谷《ひだに》」といい（図2参照）、かつて野焼きが行われていたことをうかがわせる。萱は刈り取った翌年に再び良質のものを繁殖させるため晩秋に萱野を焼き尽くす必要があるが、それとあるいは関連があるかも知れない。
(19)奈良県山辺広域市町村圏協議会『山辺新広域市町村圏計画』（一九八一年）。

播磨国小宅荘三職方絵図

—二枚の坪付図からのシグナル—

弓野瑞子

小宅神社

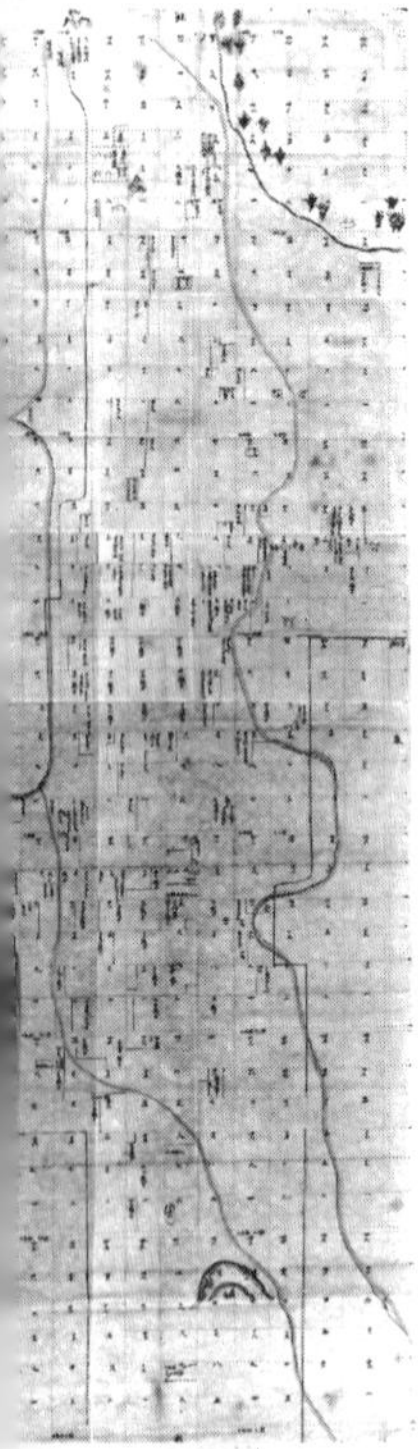

年未詳図

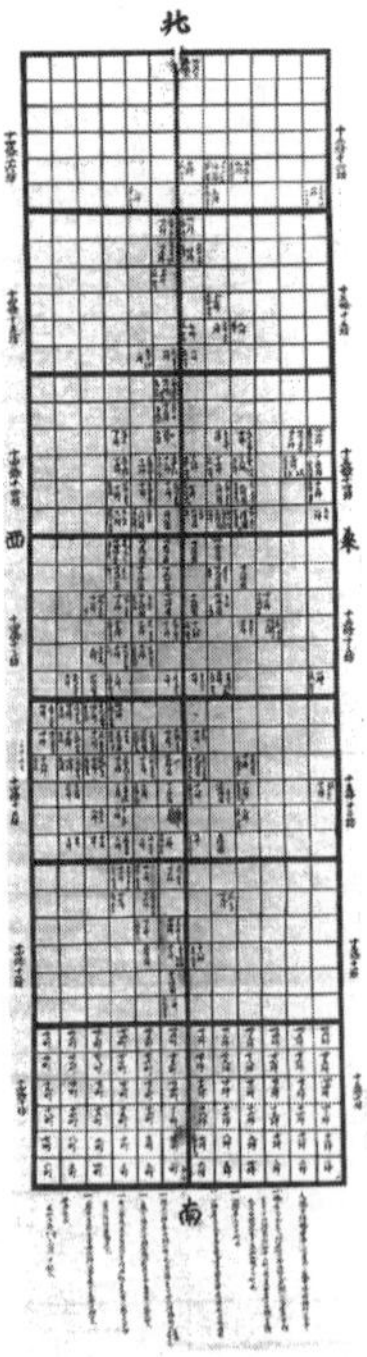

文和図

播磨国小宅荘三職方絵図（大徳寺蔵）

一　小宅荘と二枚の坪付図

「播磨の小京都」といわれる兵庫県龍野市は、龍野城の城下町の趣を現在でも色濃く残している。市の中央を揖保川がゆったりと南流するが、その東岸の市東南部のあたりにはまだ処々に田地が広がっており、ここで取り上げる中世小宅荘もその中に位置していた。用水源として揖保川の恩恵をこうむっていたこの田地一帯は、荘園絵図研究に携わる者にとって注目すべき場所である。というのは小宅荘・弘山荘・鵤荘という互いに隣接する三つの荘園について、それを描いた絵図が揃って伝存しているからである。従来はそのうちの鵤荘絵図のみが注目されがちで、他の絵図に関しては播州平野の条里復元の研究に利用される以外、まだ十分な分析が行われていないようである。特に小宅荘には二種の様相の異なる坪付図が残されているにも関わらず、両図の比較検討を含めて十分な注意が払われていない。坪付図（土帳）・差図を本格的に荘園絵図研究の俎上に上せるにも、小宅荘は格好の研究対象といえよう。

京都紫野の大徳寺には、中世の小宅荘を描いた二種の絵図が伝えられている。一枚は文和三年（一三五四）三月の年紀があり、二・四一五メートル×〇・六二メートル、欄外に「大徳寺領播磨国小宅荘内三職方条坊坪付図」と記されている（以下、文和図と略称）。もう一枚は、二・五八五メートル×〇・九三四メートル、年紀は記されていない（以下、年末詳図と略称）。この二種の坪付図は、同一地域を描いた図であることは勿論、作成年代もそれほど隔たってはいないと考えられている。しかし両者の描き方は全く異なる。条坊（条里）の方格線をまず引いて、そこへ坪付を書き入れているのは両図とも同じであるが、年末詳図はその上に揖保川や「四日市河」などの用水を書き入れ、北東に東山、南に傾山を描き、さらに屋敷や樹木など絵画的な要素を付加して自然景観・村落景観を表現しようとする姿勢を持っている。この二つの絵図から小宅荘に関するどのような情報を引き出すことができるのか、以下検討していきたい。

二　年未詳図の作成時期

大徳寺領小宅荘の概略を表1に、また両図の記載の比較を表2に示しておく。ここにいう三職とは荘園を管理する公文職・田所職・惣追捕使職を指すと思われる。臨済宗大徳寺派の大本山大徳寺は、開山が宗峰妙超（大燈国師）。妙超は浦上一国の子、母は赤松円心の姉で、円心が小堂を与えたのが始まりと伝える。正中元年（一三二四）雲林院辺菩提講東塔の地を得て寺地を拡大し、花園上皇・後醍醐天皇の祈願所となった。開山大燈国師の出身地に近い小宅荘は、新興の禅宗寺院大徳寺にとって重要な経済的基盤でもあった。

文和図の完成は文和三年（一三五四）であることがはっきりしている。これは、「相伝領主の余胤」と称する在地有力者との間で長年にわたって相論が繰り返され、南朝の後村上天皇が小宅荘三職方全部を大徳寺に安堵した正平七年の二年後のことである。おそらく三職方が安堵されたことを受けて検注が実施され、その結果を図化したものと考えられる。

一方、年未詳図の作成時期についてある程度特定することはできないであろうか。まず三職方の坪付をみると文和図と大きな相違がないので、両図の年代差はさほど大きくないと考えられる。さらに両図を比較した場合、年未詳図には坪付帳としての情報に加えて、村落景観・自然景観・荘域といった地図的な情報も含まれている。おそらく小宅荘職方の検注結果を記したものが文和図であり、この純然たる坪付図を基にさらに差図としての要素を付加して作成されたのが年未詳図であったと考えてよかろう。少なくとも年未詳図が文和図の後に作成されたことは間違いないと

表１　播磨国小宅荘三職方の略年表

1325（正中２）	正二位前権大納言中御門経継が大徳寺に小宅荘三職を寄進する。 （年未詳「小宅荘三職方文書目録」〈2-664号／史407〉）
1330（元徳２）	後醍醐天皇が小宅荘三職を大徳寺に安堵する。 （同年8月7日「後醍醐天皇綸旨」〈1-34号／史271〉）
1335（建武２）	小宅荘三職を大徳寺に安堵、領有を主張していた大覚寺に対しては替地を与える。 （同年閏10月14日「後醍醐天皇綸旨」〈1-39号／史367〉）
1336（建武３）	北朝光厳上皇が大徳寺の小宅荘三職の知行を安堵する。 （同年9月27日「光厳上皇院宣」〈1-69号／史369〉）
1340（康永３）	小宅荘三職方の神役・国役を免除する。 （同年7月14日「光厳上皇院宣案」〈2-651号／史371〉） （同年7月14日「光厳上皇院宣」〈1-71号／史372〉）
1350（観応元）	大徳寺と「相伝領主の余胤」貞興らの三職方をめぐる相論に関して、三職方の知行の折半が命じられる。（同年6月1日「光厳上皇院宣」〈1-72号／史373〉）
1352（正平７）	南朝後村上天皇が大徳寺に三職方の全知行を安堵する。 （同年2月6日「後村上天皇綸旨」〈1-43号／史374，1-44号／史375〉）
1354（文和３）	文和図が作成される。 （同年3月「播磨国小宅荘三職方絵図二点」〈2-654・655号／史376〉）
1362（貞治元）	北朝後光厳天皇、小宅荘内三職方半分の一円知行を大徳寺に安堵する。 （同年10月25日「後光厳天皇綸旨」〈1-185号／史377〉） （貞治2年10月27日「室町将軍足利義詮御判御教書」〈2-656号／史378〉）
1363（貞治２）	将軍足利義詮が守護赤松則祐に貞宗（貞興の子か？）を退けて下地を寺家雑掌に沙汰するよう命ずる。 （同年12年5日「室町将軍足利義詮御判御教書」〈1-186号／史379〉）
1364（貞治３）	貞宗の背後には赤松貞範（則祐の兄）がいるとして、三職方半分を大徳寺に返還しないのなら、貞範の領有する春日部荘内から田地を寄進し、貞宗を誅伐せよと、将軍義詮が守護則祐に命ずる。 （同年8月28日「室町将軍足利義詮御判御教書」〈1-189号／史381〉）
1366（貞治５）	貞宗が逐電し、幕府は三職方の寺家一円領掌を認める。 （同年10月2日「室町将軍足利義詮御判御教書」〈1-192号／史384〉）
1368（応安元）	大徳寺は浦上氏に三職方を預け、屋敷地として30石の下地を与える。 （同年10月15日「浦上八郎太郎景祐請文案」〈12-2933号／史387〉） （同年10月19日「徹翁義亨書状案」〈12-2934号／史388〉）

※〈　〉内は依拠する史料の番号を示し、例えば〈2-664号／史407〉は『大日本古文書』家わけ第17「大徳寺文書」2－664号の文書を指し、また『龍野市史』第４巻（史料編１）での史料番号が407であることを示す。

表2　文和図と年未詳図の主な内容の対照

条	坊	坪	文和三年図	年未詳図
14	16	34		揖保境畑3反田5代東屋敷但井44本畑地子
		33		揖保川(川)
		11		畑1町40此内40堂免散所屋敷(家4)畑40
15	16	31	毘沙門堂 郡山堂	
		8	一円5反20西寄20不作畑	田7反40内新開20 又40
		6		職方 郡山免1反
14	15	5		四日市河(川)
15	15	36		郡山免2反
14	14	25	1反10中 畑散所	田1反 田成畑1反 灯油畑1反
		14	5反30南寄	田3反30 此外保頭給免1反
15	14	23	40代東寄	田3反 彼岸田1反 三月田1反畑1反20
		16	1反35東南寄 畑1反40	観音免25畑25
		15		崇導社(家1・木4)
		14	2反25西北寄 田成畑	職方田2反25 2反内1反屋敷免 田成畑
		13	一円 八郎左衛門屋敷	職方田7反20(家3)
		12	7反30北寄	職方田7反30
		9	一円6反東寄 田成畑1反	田4反15 比丘尼屋敷15 田成畑1反
		8	一円6反30東寄	田5反40 天神十一月田1反畑3反10(家3)
		7	2反小宅寺西	小宅寺敷地田1反半畑30
		5	一円8反20 1反30寺社分天神敷地	職方田8反10 天神敷地30観音堂免30同敷地10
14	13	11	1反40東寄 1反大歳田	田1反30
		10	30代南大歳田 10代	
		4	一円畑	畑1反30 堀溝川(川)
		3	3反20西寄	職方田3反40畑3反 30代大歳免 20代年頭畑免残河原
15	13	32	一円	職方田9反30 20代天神馬場
		29	一円 畑1反20 畑30	田4反畑2反20此内田1反保頭給
		22	15代西寄	実勝寺敷地畑2反 田成畑1反30
		16	畑1反10	田25代 若王子免30 本畑1反10
		15	3反40 実勝寺跡	
14	12	26	一円 20代田成東 30代西堂免	職方田9反 田成畑20堂免30阿弥陀堂
15	12	30	25代	田5反在家屋敷付免 八日市(家4)
		19	一円5反八日市屋敷 畑5反屋敷	職方8反40此内25屋地付免
		17	一円 代官給跡	
		9	3反西寄	職方3反 1反灯油田
14	11	26	7反10南寄	職方6反10
15	10	7	3反40南西	職方田3反40 小河原

思われる。

年未詳図の作成時期をさらに特定するための手掛かりとなるのが、長年の相論に苦しめられた大徳寺が応安元年に地元の有力者浦上氏に小宅荘三職方を預けたことである。浦上八郎太郎(景佑)に与えられたのは三十石分の下地三町で、具体的な坪付も残る(応安三年九月十七日「小宅荘三職方三町田坪付注文」〈大徳寺文書一二、二九四〇号〉、応安四年十月二十二日「大徳寺寺用行定文」〈大徳寺文書一、一二四号〉など)。永和二年(一三七六)十二月「小宅荘三職方内検年貢目録」〈大徳寺文書二、六六〇号〉にも除田の中に「浦上方」三町がみえ、応安三年「小宅荘三職方三町田坪付注文」によると、その地は十五条十四坊十三坪・十二坪、十五条十二坊十七坪、十五条十坊七坪、十四条十一坊二十六坪と散在するが、これは両図に職方と記す坪付とほぼ一致する(ただし十五条十二坊は文和図には一円代官給跡とあるが、年末詳図では無記入となっている)。十五条十四坊の地は文和図に八郎佐衛門屋敷と記された坪であり、年未詳図では八郎佐衛門屋敷とみられる区画の他に家三軒を描いており、これを浦上氏の屋敷に相当するとの解釈もあるかも知れない。しかし、大徳寺が応安元年に小宅荘の中心部を浦上氏に与えたのは、この荘園の経営を委託したことを意味している。にもかかわらず年未詳図が浦上氏の屋地について全く触れていないのは、年未詳図の作成に浦上氏が関与していなかったことを示すものではなかろうか。

以上のことから年未詳図は、幕府が赤松貞範らの勢力を一掃して大徳寺へ小宅荘の一円領掌を安堵した貞治五年(一三六六)から浦上氏に三職方を預ける応安元年(一三六八)の間に作成されたと考えるのが妥当であろう。

では年未詳図が作成された動機はどのようなものであったろうか。文和図は小宅荘三職の支配下にある下地を検注した結果を記した坪付図(土帳)にすぎない。それは、大徳寺が下地進止権を有していない土地(同じ小宅荘の惣荘方など)は無記入にするという準則に従って描かれた、極めて抽象的な図である。しかし在地勢力との長期にわたる相論をへて三職方の一円的な知行権を回復した大徳寺としては、荘域や景観・用水系を一見して把握できる絵図を作成しておきたいという欲求が高まったのではないか。そこで文和図完成の後に、それを基に絵画的な要素を盛り込んだ年末詳図を作成したものと思われる。

三　現地との比較―用水と神社―

これまでの研究によると、小宅荘は龍野市龍野町小宅北を中心とした一帯で、隣接する太子町・姫路市にも条里遺構があり、揖保郡全体の条里復原と完全に一致する。(1) 十五条十四坊一坪は龍野市宮脇小字市ノ坪に、崇導社は宮脇の小宅神社に、天神は龍野町堂本小字天神に、傾山は誉田町片吹に比定される。

現地に立って南北に細長い絵図と対照してみる時、年末詳図の全体像は景観を上手に描いていることがわかる。まず北中央より弧を描いて線が記され、その中に樹木が十四本描かれているが、これは現在の東山にあたり龍野テレビ中継放送所や関西電力片山中継所が置かれているところである。現在のＪＲ姫新線の本龍野駅は十五条十五坊西部の位置に比定され、小宅荘職方の中心は十四条と十五条の十四坊～十二坊で、駅周辺の十五坊・十四坊は住宅密集地となっている。近世の龍野城下町が揖保川対岸の龍野市西部地域に位置するのに対し、市の東部域は駅が設置されてから開発されたものである。

年末詳図の特徴の一つは南北に用水を描いていることである。これまでの研究によると、図の用水は文禄四年(一五九五)の「揖保川用水差図」(岩見井組文書)や現在の用水などと対照することができるという。(2) その水利系統をわかりやすく描いたのが図1である。すなわち揖保川から取水する「四日市河」は浦上井主流に、「四日市河」から取水する

播磨国小宅荘三職方絵図

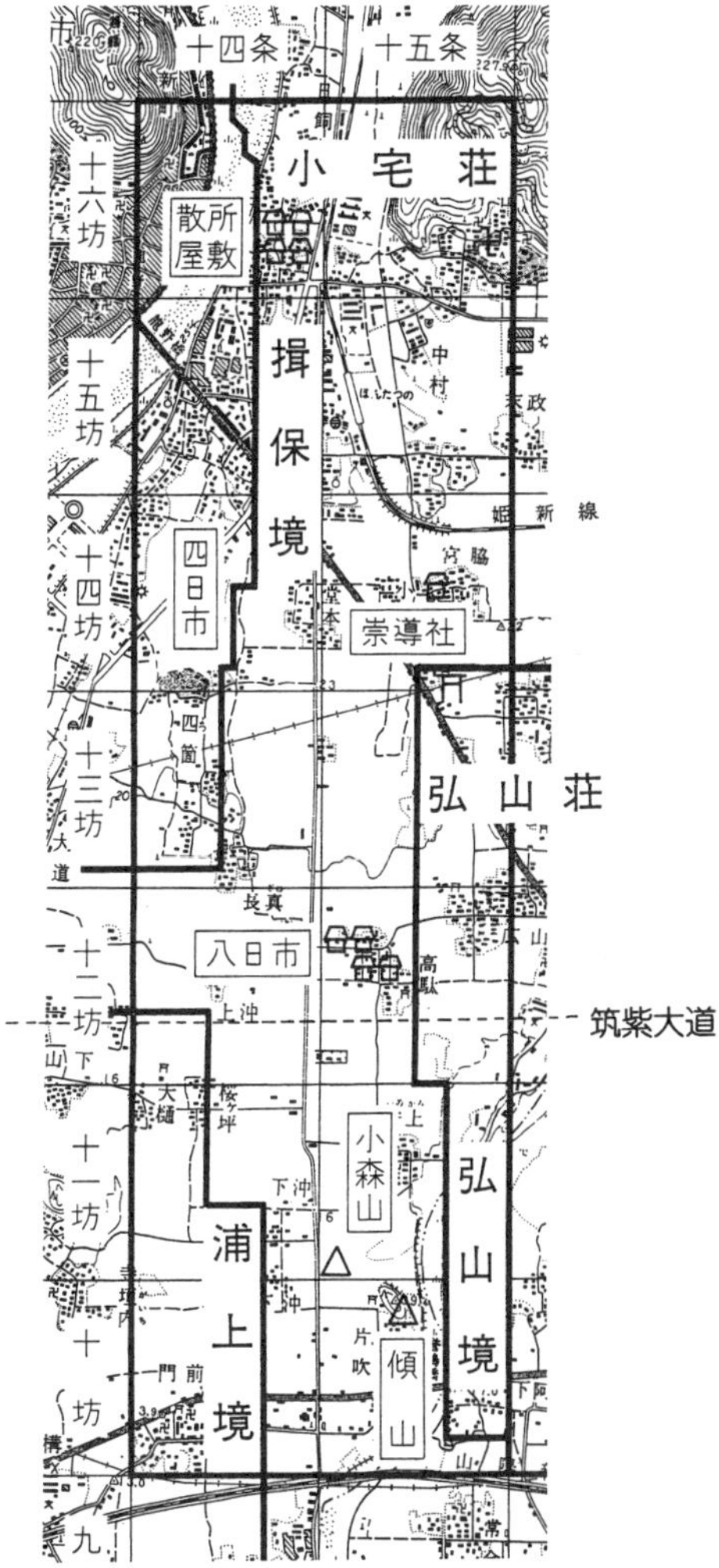

図２　小宅荘の概況
（『日本荘園絵図集成』による）

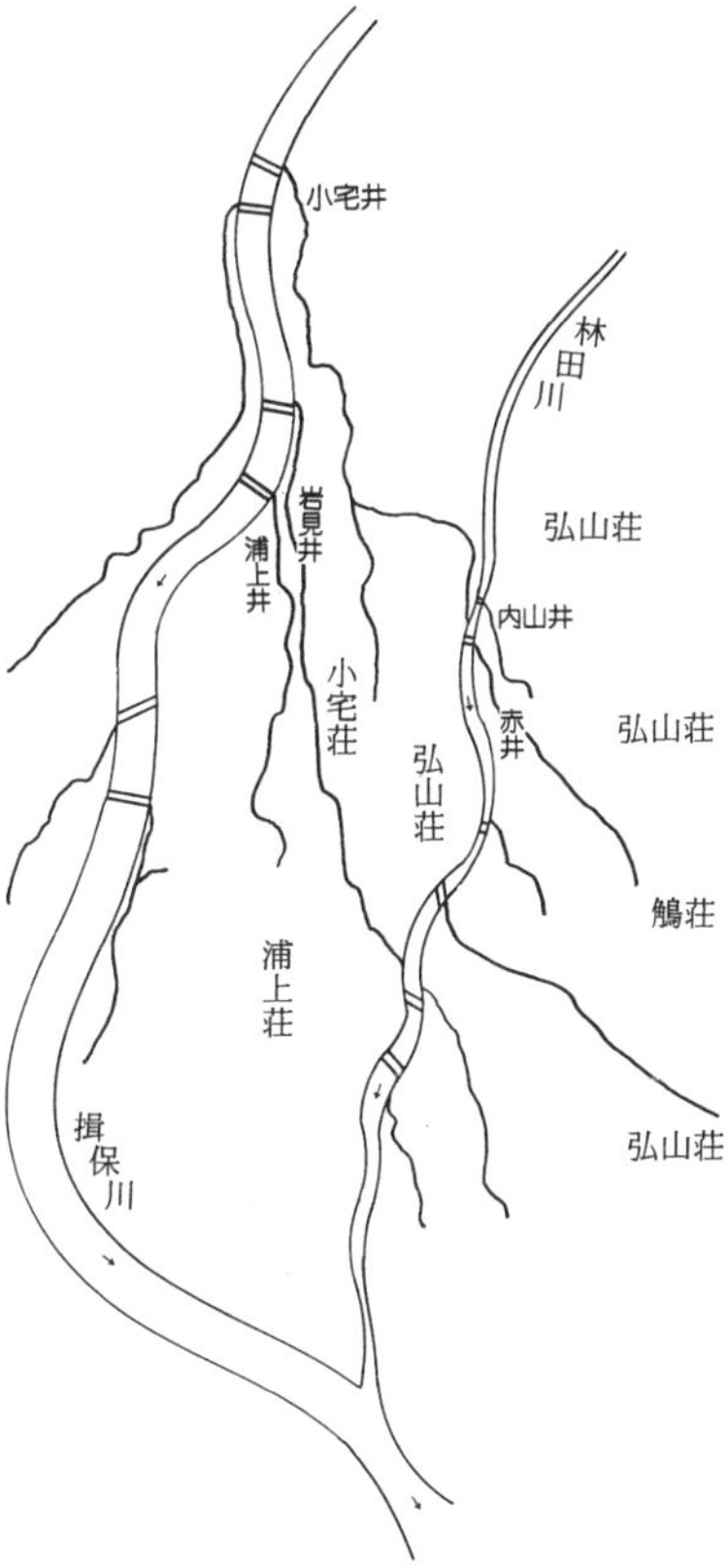

図１　小宅荘の水利
（小林基伸氏の研究による）

「堀溝河」は浦上井分流に、東を南北に流れる用水は小宅井にあたり、浦上井は荘南部を、小宅井は荘北部を灌漑する。小宅井から引かれる分流（赤井）は嘉暦四年（一三二九）の「播磨国鵤荘絵図」（法隆寺文書）にみえる用水にあたり、一度林田川に引き入れられたのち鵤荘の大部分を灌漑する。なお揖保川は十四条十五坊で方向を変え西南流しているが、現在はそれより北で流れを変える。宝暦二年（一七五二）の龍野城下町絵図（龍野市立歴史文化資料館蔵）には現在の流路の他に南にまっすぐのびる本川筋（古川筋）も描いており、これが絵図に描かれた流路に相当する。

十四坊から南は現在でも処々に水田や畑が広がるが、これらの耕地に引かれた用水にも絵図の時代から変化していないところがあり、揖保川からの取水口は移動しているものの、取水口から用水をたどって歩いてみるのは、絵図を理解する上で大いに参考となろう。小宅神社の西側では南北に流れる小宅井が残る。また絵図には南北にほぼ直線に流れてきた「四日市河」（浦上井）が十四条十三坊の南部より同十二坊にかけて湾曲して記されているが、現在龍野市誉田町長真・上沖でその姿を残している。

さて、現況と比較するときに一つの指標となるのが崇導社である。建物一軒・木四本が描かれているが、これは位置からすると現在の小宅神社にあたり、従来の研究でもそのように比定されている。ただ疑問に思うのは、社伝では古代の神功皇后とこの地に盤踞していた豪族小宅氏との関係を記し、その後のことは嘉吉の乱の時に焼失して不詳としていることである。天文年間（一五三二〜五五）に杉本坊が奉職したことを伝えてはいるが、崇導社であった痕跡は全く留めていない。これに対し龍野市揖保町には崇道天皇神社があり、『兵庫県神社誌』によると「京都紫野大徳寺開山大燈国師の産土神と称し、今に当社を崇導大明神と尊称し、同寺の崇敬深し」とある。揖保町は中世の浦上荘内にあり、前記のように大燈国師は浦上荘出身であるので、荘内の崇導大明神を崇敬していたことは首肯し得る。小宅荘が大徳寺領となった時、小宅荘内にあった神社名が崇導社に改名されたのであろうか。(3)

四　文和図と年未詳図の比較

表2を参考に、両図の特徴を概観しておきたい。

両図の坪付を較べると十五条十四坊十四坪二反二十五、同五坪八反二十(八反十)、十五条十三坊三十二坪一円(田九反三十)、十四条十三坊三坪三反二十(三反三十)などのように面積がほぼ同一のところも多い。年未詳図では新開田や大徳寺の用途にあてられる彼岸田・三月田・灯油田・灯油畑も詳細に記している。

年未詳図では重要な標識の一つとなっている崇導社が文和図には記されていない。天神は両図にみえ、永和二年の年貢目録には除田のうちに崇導・天神両宮御神楽料足米五斗を載せる。両宮はこの地域の鎮守と考えられる。天神は前記のように現在比定地に建物はなく、小字名のみが残る。小宅神社(崇導社)の境内社となっている天満神社がこれにあたるのであろうか。

なぜ文和図に崇導社を記さないのか大きな疑問である。文和図は検注結果を記載しただけの純然たる坪付図(土帳)であり、領主の進止権の及ばない土地は記載しないという原則に従っているはずである。すなわち、年未詳図では村落景観の一つの指標として鎮守崇導社の家屋と樹木を描いてはいるが、その社地は職方の進止下にはなかったということを意味しているのではないか。一方、大歳田・大歳免とあるのは大歳神社の田のことであり、これは隣接する鵤荘にある大歳神社の免田であろう。荘民の崇敬を集めたはずの崇導社の社地には領主大徳寺の支配が及ばず、他領(法隆寺領)に属する神社の神田が大徳寺の支配を受ける。これが事実とすれば、荘園制社会の複雑さ、信仰面など村民の生活圏としての村落が荘園制下の領主支配圏と必ずしも一致しないことを示す事例といえよう。このことは、荘園絵

図一般の解読において、寺社の記載を寺地・社地の荘園制的な領有と解釈するのか、単なる村落景観を示すランドマークと解釈するのか、極めて慎重な姿勢が要求されることを示している。

小宅寺は寺の縁起によると天平十七年（七四五）に行基が小宅佐衛門の帰依を受けて金輪山（東山）に天台宗松林寺を建てたのがその前身という。その後荒廃していた寺を大燈国師が正和年間（一三一二〜六）に多聞院と改称して再建した。寺には本尊毘沙門天と大燈国師作と伝えられる不動明王も残る。寛永年間（一六二四〜四三）には落雷で焼失していたのを良範が再興し、高野山真言宗小宅寺と改め、東山山麓の現在地（十五条十六坊）へ移転させたという。このように小宅寺は大燈国師と縁のある寺であるから、東山山上の寺が小宅荘内に敷地を持つこともあるであろう。多聞院といっていたというが、小宅氏建立の由緒があるから小宅寺とも称したと考えられる。文和図の北部に郡山堂・毘沙門堂とあるが、その位置からすると小宅寺に関係のある堂と推定される。実勝寺は比定地の龍野町宮脇に小字実正寺が残るが不明である。文和図に記す寺社は以上であるが、年未詳図では他に観音堂・若王子・阿弥陀堂を記す。

文和図には八郎佐衛門屋敷・古城跡・代官給跡・八日市屋敷・散所、年未詳図には比丘尼屋敷・保頭給・八日市・在家屋敷付免・散所屋敷・国東屋敷が記される。年未詳図の中で重要な標識となっているのは散所屋敷と八日市屋敷で、いずれも家が四軒描かれている。散所屋敷は両図とも揖保川東岸近くの揖保境（揖保荘との境）、すなわち小宅荘の西端となっているが、年未詳図では八坪分北へ移動している。八日市は年未詳図では一坪分北へ移動しているものの十五条の西端の十四条との境界道沿いにあり、比定地の誉田町高駄には小字八カ井が残る。この場所は東西にはしる中世の筑紫大道（山陽道）にも大変に近い位置となっている（図2参照）。毎月八日・十八・二十八日に開かれた市であり、年未詳図によると十五条十三坊三十坪の北半分が市の敷地で、南半分は在家屋敷に付属して年貢免除の田五反があった。これは領主大徳寺が市の商人に年貢米の換貨運送を依存していたため年貢免除の特権を与えたもので、このことは同じ播磨国矢野荘那波市についても同様であったとする説もある。[4]なお上揖保荘には四日市庭があり、現在の龍野市揖保町小字市場が比定地となっている。

上記のように文和図は職方の坪付を明記することが作成の目的となっているが、他には古城跡・代官給跡・実勝寺跡など当時存在しないものを注記している。文和図で特記している八郎佐衛門屋敷は小宅荘の下級荘官の屋敷の可能性があるが、年未詳図では同位置に囲い線を引くだけで無記入であり関心を示していない。永和二年の年貢目録には除田のうちに八郎佐衛門屋敷二反三十代がみえ「論所」とある。この目録には他にも久恒・孫七・孫四郎の地が論所となっており、文和図から目録作成までの二十二年間に小宅荘内の各地で相論があったことを推測させる。

年未詳図には職方の坪付以外にも処々に坪の明細が記され、北部には大木が二本、大きな家が二軒描かれているが、これは何か象徴的な意味があるのだろうか。散所や市も強調されており、散所は屋敷四軒、畑一町四十を所有しており、そのうちには堂もあった。中世の散所については職能民あるいは芸能民などの諸説があるが、[5]この場合はその広さからすると何らかの生産を行っていたのかも知れない。さらに年未詳図で注目されるのが保頭給である。小宅荘の中心部にあたる十四条十四坊と十五条十三坊に各一反ずつを記す。保頭給は永和二年の年貢目録にも除田のうちに保頭給分二反、他に保頭大飯二石一斗五升が計上されており、小宅荘の現地荘官に対する給分と考えられる。二つの図のうち特に年未詳図は、現地に詳しい人物が主体となって作成したと思われるが、その中心が保頭であった可能性を指摘したい。保頭は当然荘内に住んでいたと思われ、彼と散所の職人や市の商人らとの密接な交流が、坪付を記載するという限定された絵図の中に散所屋敷・市庭を強調して書くこととなったのではなかろうか。

五　おわりに

近年、筑紫大道跡が太子町佐用岡と龍野市誉田町福田から発掘された。また西に延長して揖保川と交差する東側には大道の地名があり、これも筑紫大道の名残といわれる。八日市は筑紫大道沿いまたは大変に近い場所にあったと考えられる。小宅荘より揖保川上流の新宮町觜崎には文和三年十月二十四日銘の摩崖仏があり、この地は美作道が交差し、宿が存在する場所であった。散所は揖保川近くの両道の中間地点に位置したのである。以上のように一見地味にみえる小宅荘絵図だが、古代条里のなごりがみえ、その上に中世荘園が成立して揖保川を用水とし、市・散所・寺・神社を中心とした営みや代官・保頭の活動を想像させるのである。

注

（1）谷岡武雄「播磨国揖保郡条坊の復原と二、三の問題」（『史学雑誌』六一―一一、一九五二年）、上田洋行『西播磨の揖保川左岸に並ぶ三荘』（太子町教育委員会、一九八五年）。

（2）小林基伸「平野部の水利と荘園――揖保川下流域平野調査レポート」（『企画展示荘園絵図とその世界』〈国立歴史民俗博物館、一九九三年〉所収）、同「水利と荘園」（国立歴史民俗博物館編『歴博フォーラム描かれた荘園の世界』新人物往来社、一九九五年）。

（3）崇道社については牛山佳幸『小さき社の列島史』（平凡社、二〇〇〇年）参照。

（4）『兵庫県史』第三巻（兵庫県、一九七八年）。

（5）丹生谷哲一「非人・河原者・散所」（『岩波講座日本通史』第八巻中世二　岩波書店、一九九四年所収）。

第三部　荘園絵図の構成的展開

荘園四至牓示図の歴史的性格と機能
——東大寺領伊賀国黒田荘絵図を手がかりとして——

奥野中彦

はじめに

本稿は四至牓示図の一事例を取り上げ、それに即して四至牓示図の歴史的性格とその機能を論じようとするものである。

ところで、荘園四至牓示図については私はすでにその成立過程と意義について論じている。[1] そこで、この絵図は荘園の領域支配実現のなかで成立したこと、荘園の領域支配は荘園専属荘民の成立と荘園村落の成立を前提として実現をみたことを述べた。しかし、その後、錦昭江氏は四至牓示図の推移と相論絵図の成立を論じ、四至牓示図の性格について再検討を促したのである。[2]

荘園四至牓示図は律令国家の班田図・開墾田図に継起して現れるが、班田図・開墾田図が国家機構の下で法的手続きをもって作成をみたのに対し、四至牓示図の作成には法的裏付がなく、荘園の私的領有を十全にするために、領有の証の一つとして、荘園領主のイニシャチブで作成されたものであり、その意味で、四至牓示図は古代田図とは性格を異にするものであった。したがって四至牓示図作成のねらいについてはいま一度、根本的に考えなおしてみなければばならない。領域支配の実現には不輸・不入の権限獲得とその象徴である四至牓示を立てることで十全であるのに、なぜそのほかに絵図を作成する必要があったのか。右の点を念頭に東大寺領伊賀国黒田荘絵図の場合を例として再検討してみたい。

『東大寺文書』四ノ八十五に収められている東大寺文書目録に[3]、建久四年（一一九三）九月十四日「被取出文書等事」としたなかに「黒田庄絵図新一枚」というのが載せられている[4]。この絵図は「為書進陳状、取出東南院了」とある五巻のなかの一巻であり、この絵図は少くとも鎌倉時代の初頭には作成されていたことを物語る。しかし、この絵図は残念ながら伝存していない幻の絵図になっている。

この絵図は、当時隣接の荘園との間に境に対する相論が生じ、その際の「陳状」に添えられたものであって、それ故、この黒田荘絵図が領域を示した四至牓示図であったと推定しうる。（本稿では右の黒田荘絵図がほかなぬ四至牓示図であったことも論じたい。）

それでは改めて、黒田荘四至牓示絵図が作成された目的はなにか、いかなる経緯のもとで、いかに成立したのか、またいかなる役割が課されていたのか、を考えてゆきたい。

対象とする東大寺領伊賀国黒田荘については、これを対象とする専論は多い[5]が、今日まで管見の範囲では黒田荘絵図についてはその専論をもたなかった。

一　〃四至牓示を打つ〃ということ

荘園において〃四至牓示を打つ〃ということがなされた。しかし、四至牓示を打つということは荘園のみになされたのではなく、占野開墾において占地の許可認定要件であって、この四至を限ることによって公験交付がなされたのである。ところで、占地を示す牓示を打つ行為の源は古く、「しめ」といって例えば『常陸国風土記』行方郡条に、夜刀神が箭括氏麻多智の耕作を妨害したとして麻多智は山口において「杭を標《しめ》て堺の堀を置」いたとみえる（岩波文庫本武田祐吉編『風土記』昭和十五年第五刷五八ページ以下）。

弘仁二年（八一一）二月三日官符[(6)]によれば太政官は諸国に符を下して、占請の輩が四至を限って町段を論ぜず、ために弊害を生ずるとして、以後、占請の地は町段を一定し、四至に依らざれとした。しかし、以後も四至を定めるということは公験申請の要件として根強く残った。しかし、この四至を限るというのはあくまでも占地範囲を示すもので、四至内において、排他的占有権をもつものでなく、四至内に他の所領も多く存在していた。

康保元年（九六四）、勘解由長官藤原朝成は伊賀国薦生・広瀬牧は故転経院延珍僧都の所領であったが、その所領を「宅において伝領」（宅として伝領）したので、使者とともに「四至を牓示し、立券宅名としてその所由を報示すべし」と名張郡司と隣接地大和国都介郷刀禰等に帖送した。[(7)]

これによると、朝成は、その伝領した旧延珍の所領を宅のうちとしていたことが判る。そこで〝立券宅名〟によって公験をえようとしているのである。これは「宅」が、十世紀の私的所有否定政策のなかでも不変の私的所有権承認の根拠であったことに拠るのである。その際、「四至を牓示し」とあることにも注目したい。この「四至を牓示し」というのは、ここで主題にするような一円領有型のそれではなく、墾田地のうちには公田を混じえ、栗林と野地は一処ごとに四至を定めているものである。

他方、大寺社にあっては所領化は「立券宅名」のかたちはとらず、「立券荘名（号）」のかたちをとった。これは、荘田――荘園となることが、十世紀以降、不輸を含む私的所有を認められた特権地を意味したのである。十世紀以降、田図既登記の荘田は不輸と認定された。

とこで、天喜元年（一〇五三）には政府は伊賀国に官宣旨を発し、前々司以後の荘園の牓示を抜き、官物を催徴することを命じた。[8] それというのも前司公則が毎郷荘園の牓示を打ったために、百姓等は官物を遁避し、そのために、国務かなわずの状態になっている、そこで、去年（永承七年）上奏して、その年（永承七年）十二月二日に停止の官符が出されたが、各、本家の威勢を張って国務に叶う輩がない。伊賀国は四カ郡を管しているが、①名張郡では興福寺と東大寺の立券本田三〇〇余町でうち現作は二〇〇町であるが、去今年の官物は未だ合夕《せき》も弁進がない。②伊賀郡には伊勢大神宮新免田、右大臣藤原教通家・東宮大夫藤原能信家・侍従中納言藤原信長家等の所領があって、官物を弁進しない。③山田郡内権門領は現作田は一〇〇余町で、それは内大臣藤原頼家・按察大納言藤原資平家・民部卿藤原長家家等の所領で、去今年官物の弁済は一切ない。④阿拝郡には東大寺領柏原荘と平柿荘新免田一〇余町があって、これらは前司公則が立券したところである。そのほか伊勢大神宮六六町免田、東大寺領玉瀧杣・修理職杣・平柿免田二〇町があって、その住人が荘田より公田に入作し、官物を弁進せず、公事を勤仕しないと。このときの官宣旨に、「当国狭少之地、亡弊之境也、而前司公則朝臣悉打立毎郷庄園牓示之間、百姓遁避官物、不叶国務」とみえる。国司が郷ごとに荘園の牓示を打ち立てたというのである。[9]

国司が郷ごとに荘園の牓示を打ち立てるという行為は、いわゆる国免荘で、これは十世紀以降、検田権が国司に委譲され、国司はこの検田権に基づいて徴税業務にあたったが、封戸物の弁納のために、封主に一定の田地を荘地として与える行為に出たのである。これは封主と弁納義務者の国司両者の利害の一致するところであった。

二　黒田荘の成立と牓示

東大寺領伊賀国黒田荘は同国名張郡に成立した荘園で、その前身については明確ではない。黒田荘といえば石母田正氏の研究が著名であるが、石母田氏は、黒田荘の成立を長元六年（一〇三三）板蠅杣の荘園化とみている。[10]つまり、天平勝宝七歳（七五五）に勅施入されたとされる板蠅杣の発展形態とみるものである。しかし、板蠅杣が長元六年に荘園化したという確認はない。東大寺自身は、康和二年（一一〇〇）八月宣旨[11]がひく同年七月の東大寺解状に、黒田杣は天平勝宝三年（七五一）四月一日に寺家修理料として勅施入されたものとして、黒田荘を黒田杣の発展形態であるとしているのである。「黒田荘」の初見は、長久四年（一〇四三）十一月五日の藤原実遠解[12]が引く東大寺政所下文で、それは同年十月二十九日に出され、そこに「黒田庄出作田者、是往古寺領也」とみえるものである。

黒田荘は杣から出発した。正倉院丹裏文書天平勝宝二年（七五〇）五月二十七日の掃部寺御塔所解[13]に「伊賀小作所」とみえるが、これが板蠅杣に関係あるものと推定され、天平勝宝七歳（七五五）十二月二十八日に、伊賀国名張郡に板蠅杣一処（東は名張河を限り、南は齊王上路を限り、西は小倉立薢小野を限り、北は八多前高峯幷鏡瀧を限る）が勅施入されたと主張する。[14]この杣は、東大寺にとって建築用材をえるところであった。

件の板蠅杣のある伊賀国名張郡には、伊勢太神宮領や、勘解由長官藤原朝成領等[15]があった。この板蠅杣の内部構造は直接的にはわからないが、天慶九年（七四六）八月二十六日の伊賀国神戸長部解[16]によると、伊勢太神宮領名張山の場合には、「山内住居諸浪人、爰任各意、有用途切木、為其数□超、即以古公験称吾地、或立新公験成己地」という状態であるとしている。これは黒田杣においても同様のことがみられたであろう。浪人が古公験や新公験をもって吾が地とする動きに対し、官符をもって国に対して四至を定めて牓示を打つとともに、太神宮の場合には、山預職に公民を排除し、神民で「堪事之輩」を補してもらいたいとしているのである。

右のように八世紀段階における牓示は、杣より材木伐り出しの杣の範囲を定めたもので、そこにおいては、「領域」支配を示したものではなかったのである。

さて、黒田荘が明確にその姿を現すのは、天喜年間（一〇五三〜五八）に入ってであって、そこに、東大寺は、国衙との間で、荘園領有をめぐって激しい争いを展開している。

天喜元年（一〇五三）三月二十七日に、政府は伊賀国に官宣旨を発し、前々国司以後の荘園の牓示を抜き、官物を催徴することを命じた(17)。これによると、前司公則が毎郷に荘園の牓示を打ち立て、そのために百姓らは官物を遁避し、国務かなわずの状態になっている。去年一旦、上奏して停止の官宣旨が出されたが、本家の威勢を恐れて、あえて所務を全うするものがない、という。

この官宣旨に基づいて、伊賀国司は同国の前々司以後の荘園の牓示を抜き棄て、再び公領に編入する挙に出た(18)。これに対して、東大寺は名張郡に存在する荘園には本願聖主の勅施入文書が存在し、長元のころにはすでに荘園の設立を認められたものとして、「もとの如く寺領たるべし」の宣旨を下してもらい、抜き棄てられた荘園の牓示を改めて立てられんことを請い、こうして天喜元年八月再び寺領として奉免された(19)。

ところが、去年（天喜元年）九月のころ、官司が下向し、先例にまかせて本牓示を打ち立てることになったところ、官使と荘司とは、各、向背をなし、弁決せず互いに還向した。その後、東大寺領の荘司らは恣に公地数十町を牓示内に打ち込め、公事不承引の挙に出た。前司は、道理にまかせて糺定しようとしたが、任期が満ち、上道した。ここに、今、新司が下向し、実を本所に尋ねて牓示を打つことにしたが、すでに寺家下文は明白ということで寺家不承引で牓示を打つことができない。公損甚だしくこれにすぐるものはない、なんぞ寺家、恣に公田公民を打ち籠め寺領となすかと。[20] このように、伊賀国衙は政府太政官に申し立て、ここに、天喜二年（一〇五四）七月二十五日に、東大寺に対し、同寺領黒田荘四至外に去年より打ちこめた数十町の公田を停止し、国役を勤仕すべしとする官宣旨が下された。[21]

以上により、天喜元年（一〇五三）より同二年（一〇五四）当時の黒田荘の状態が窺われる。まず、第一に、黒田荘は、一旦、前々司以後打ち立てられた牓示を抜き棄てられたこと、第二に、先例にまかせて本牓示を打ち立てたところ、黒田荘の荘司は恣に数十町の公田を牓示内に打ち籠め、公事を不承引という挙に出た。第三に、それに対し、伊賀国はすみやかな官使下向による非横停止を申し出、政府は官宣旨を下して、黒田荘四至外に打ち籠めた公田を元に戻すこと、あわせ公田公事の勤仕を命じたことである。

右にみたように、こうして黒田荘はともかく四至を確定することができた。東は名張河を限り、南は宇陀河を限り、西は山を限り、北は薦生・渡瀬を限るである。[22] しかし、これをもって黒田本荘が、天喜以前から確定していたことを示すものではない。すでに、伊賀国司小野守経は、天喜元年（一〇五三）三月官宣旨[23]に基づいて、前々司藤原顕長任以後の荘園として、牓示を抜き棄てているからである。それでは天喜二年（一〇五四）に確定をみた黒田荘本荘というのは、いつ成立したものであろうか。

まず結論的にいって黒田本荘の成立は、この確定をみた天喜二年（一〇五四）の発端となった「前々司以後の荘園の牓示を抜」くとみえる、「前々司」のときがそれではなかろうか。東大寺は「長元の比下知」をうけたもの[24]とするが、当時から長元年間成立を示す文書を提出していないのである。つまり、荘としての認定は「前々司」による国免に基づいていたというほかはない。しかしながら、黒田本荘の成立は四至牓示絵図の成立には結びつかなかった。

天喜二年（一〇五四）六月五日の東大寺申状（案）によれば、東大寺は政府に、官使を伊賀国司小野守経に下して、守経が判官代桃原久与を使として東大寺「名張荘」の牓示を抜き棄てたのを糺し改め四至牓示を打ってもらいたいとして申請している。[25] それによれば、「件庄前司棟方朝臣請申可停止顕長任申以後庄等宣旨之次、准自余新庄」として牓示を抜くという動きに対し、「爰寺即尋　本願聖主勅施旧文、并存長元之比新官符之旨」を以って官裁を請うたところ、「旧に任せて本の如く寺領と為す」という宣旨が天喜元年（一〇五三）八月二十六日に下されたという。

十世紀以後、荘園設立の動きがきわめて顕著になるとともに、荘田の免田化が始まり、さらにこの荘田免田化の動きのなかで、太政官・民部省の免判をうけた不輸の免田化が進行し、さらに、国司――国衙による免田の措置、いわゆる国免荘が出現してくる。これに対し、政府は延喜以降、たびたび新立荘園の収公、荘園整理を行って、荘園の拡大を防ごうとした。この荘園整理において収公の対象となったのは多く国免荘であって、国免荘は本来、国司の任期期間中であったので、真先きに整理の対象となったのである。

黒田本荘における牓示を抜き棄てるという事由となっているのが「前々司」以後といわれているのは、右の国免荘の整理に準じて行われたといえる。しかし、東大寺はこれに対し、「勅施旧文」と「長元之比新官符」とが黒田本荘にはあるとして、牓示を抜き棄てる対象地に該当しないと主張したのである。[26]

三　荘園不輸・不入の動き

荘園は即、不輸ではなく、荘田の不輸は十世紀に始まり、それは田図制度の確立した既登記荘田においてである。[27] したがって、荘園においても不輸でない田地を多く含み、それら田地においては官物を輸さなければならなかった。まして、荘田を耕す農民が公田を耕すときにあっては官物や公事を弁済する義務があった。ところが、十一世紀中葉の伊賀国の権門領ではこれを全くなさなくなったらしい。天喜元年（一〇五三）の官宣旨[28]が引く永承七年（一〇五二）十二月三日伊賀国司解に、「張各本家之威勢、敢無叶国務之輩」とみえる。それ故、荘園整理令に基づいて、「応令官使抜前前司藤原朝臣顕長任以後庄園牓示、催徴官物」と命ぜられたのである[29]。

しかし、天喜元年三月に政府は伊賀国に「顕長任以後庄園牓示」を抜き棄て、官物催徴を命じながら[30]、同年八月には東大寺領名張郡荘の牓示を旧のごとく立つべしと命じている[31]。

このとき伊賀国における国司顕長任以後の荘園停止のために大判官代壬生正助は官使山重成・紀安武と相具して黒田村荘屋に罷り向った[32]。そこに、彼の村の住人物部時任、次いで東大寺知事僧公釈が出て来たので、これに国符の旨に随えという官符宣旨を仰せ知らしめた。しかし、そこに、寺家下部の姓名不詳の男が出て来て、正助の身を相い搦め、使部重成等の従者を打縛し、正助と郡司範輔の身を搦め捕えようと擬した。その際、寺家側は、重成の乗る馬の鞍尻骨に矢を射立て、次いで安武の狩衣の左方袖を射通し、また重成ら随身の馬二匹、乗鞍二具、狩衣二領、襖袴二腰、烏帽子二頭、帷二領、沓二足、行縢二懸を押領し、村の住人の私宅二宇を放火する行為に出た[33]。

また伴成通を拒捍使として、国内の永承六・七年（一〇五一〜二）二カ年の作田の官物を徴進すべしという宣旨に基づき譴責を加えたが、伊勢大神宮神戸や東大寺・高家所領作田官物はさらに弁進せず、常に濫行不善を働く。今、東大寺従儀師で名を知れぬものが、今月三日、数十人を随身し、官符・宣旨に背いて改めて牓示を立ててしまった。そこで根元を尋ねんために使部重成ならびに書生正助、郡司範輔らを遣わしたのであると[34]。

ところで、右の裁定を求められた政府は、東大寺が使者を放って官使の身を危しくし、従類を打縛し雑物を奪い取った犯過に対しては罪科に処するところであるが、恩詔によって赦に会ったので、ただ将来を誡めて二度とこのようなことがないようにしなければならないとし、また、件の荘を新立荘として停止されたというのであれば、東大寺がまず在状を注して官裁を請べきであるとし、荘家においては旧のごとき領掌を認める一方、押取した官使等の雑物は糺返すべきことを東大寺に命じた。[35]

ところで東大寺は改めて荘園牓示を打つことを認められたのを利して数十町の公地を牓示内に打籠め国役を勤めずという挙に出た。伊賀国留守所によれば、黒田荘の阡陌は、東は名張河を限り、南は宇陀河を限り、西は山を限り、北は薦生・渡瀬を限るで、前司の任に、諸荘園の牓示を抜き棄てた日に同じく抜き棄てられた。その後、東大寺より改めて宣旨が下されたとして元のごとく牓示を打ち立てた。天喜元年九月ごろ、官使下向の日に、先例にまかせても との牓示を打ち立てようとしたところ、官使と荘司の見解が対立しその解決をみないために引き上げたところが、東大寺荘司らは恣に公地数十町ほどを牓示内に打ち籠め、公事を承引せずという挙に出たという。伊賀国留守所はいう「公損の甚しき、これに於て過ぎるものなし。何ぞ、寺家恣に公田公民を打籠め寺領となすべけんや」と抗議している。[36]

東大寺の動きで注目されるのは、牓示内に公地を引き籠める動きで、公田公民を黒田荘に取り込み、これをそれぞれ黒田荘・黒田荘民となそうとするものであった。

天喜三年（一〇五五）一〇月の伊賀守小野守経は東大寺別当房の御教書を請けて、以下のように返書した。[37] 伊賀国には東大寺領として、黒田・玉瀧・修理職高様の三杣があり、その杣等縁辺郷邑の住人等が杣人と称して、その耕作公地田畠を私人の伝領とするものとの風聞がある。(1)黒田杣辺の住人、恣に公田を刈取り、杣に籠って国使を射害せんとした。去年の夏、国司入部の日に、杣内に乱入するは無実と称し、新楯等を築き、数十の軍兵を発向した。かれこれ別当房を詣でて陳じ申したが承引せられず、ひとえに毎年東大寺封の所当三〇〇余石を弁ずるに黒田杣辺を例として切進めてきたが、すでに請納されない。いよいよ遁避を宗とし、或は隣国に去り、或は山林に隠れて、そのために東大寺封の弁済が永絶している。⑵天喜三年正月中旬の比、まず、鞆田村に赴き、負名の輩を尋ね召したところ、各、柴戸を閉じて見来るがない。しばらくして、国司随身の牛馬三疋頭を山中より群党をなして追い取り、また舎屋に放火しこれを国司の所為とした。⑶二月三日（天喜三年）に同じ濫地に罷り向った。これは米穀牛馬等を山中に積み置くというのを聞いてこれを捜し求めたところ、人影がなく、よって罷り帰えろうとしたところ山中に軍陣を結び、天を響かせる呼び声をあげた。このような声は文士の身には未だ聞き習わぬものであった。東大寺別当律師のいいつけで、国司といえども、もし入り来たらば一箭を放つべし、いわんや使者なら尚更だと。かくして、忽然として東西山中より流矢が雨脚のごとくふりそそぎ、ここに、拾い取った身に繞った矢と、所従を疵つけたあたり矢だけで一九隻に及び、罷り逃げ帰った。⑷去春に、上記顚末を公庭（庭）に上奏するも裁定遅鈍、さらに抱愁のところ、去る五月上旬ころ、かの日の証人として在庁官人等を召進すべしと検非違使庁使は苛酷で、さながらその扱いは罪科の輩のごとくで、さきにもあとにもの心をえない扱いである。これ多くは私曲の致すところで、あたかもそれは狼戾狭少の亡国の所為で、非人の長吏扱いである。そこで農節の間を過ぎた同六月中旬、庁官七人を差し定め、その召しに喚応した。対決空しく数月を送り、わずかに在官に対する訊問がすんだにすぎない。また、黒田荘杣方の者五・六人が召問されたが、俄かに犯人山村頼正追捕の事が生じて官人（＝検非違使庁使）等は各、去月中旬に帰京した。在庁者は徒らに百余日を経過し、そのため国司方に衰えが生じ、その上、書生の中に、推問中の失言により禁獄されて数月に及ぶものが出た。言上憚るといえども杣人等の陳述は縦横多端でその咎もない。近日、当任掾狛為頼が館下で射害され、雑人宿屋が放火された、と。[38]

黒田荘が荘園の不輸・不入に動いたのは、天喜三年十二月のことであった。東大寺はその年月に奏状を発して、同寺領板蠅・玉瀧杣、黒田荘に旧のごとく境四至に牓示を打ち、永く牢籠を止め、かねて国使不入、免除雑役、寺家材木の採進、修理夫役の勤仕を命じてもらいたいとしたのに対し、その奏状をうけて、政府は翌天喜四年閏三月にこれを伊賀国に命ずる官宣旨を出している。(39)それによれば、黒田荘等は租帳に除く格前のところであり、官省符によって立てられたところとし、しかしながら、「近代国司狼戻為宗、宛負国使（役）責勘之間、本寺材木不採進、已有若亡也、倩案旧記、以件杣材木幷庄々所出土産之物、多支大破修理、依是不入国使、不仰国役也、爰時代推移、人心異発、忽諸（緒）仏法、蔑爾本寺之間、在任国司不令《合》期之弁、纔有其弁者、是非見色」とし、その解決策として境四至に牓示を打つことと、国使不入と雑役免除を命じた(40)のである。

こうして天喜四年（一〇五六）に、黒田荘の四至牓示が打たれ、そこに、四至牓示図が作成される少なくともその前提が成立したように思われよう。しかし、天喜四年段階の四至牓示は、これを永続させる諸条件をあまりにも欠いていた。

天喜六年（一〇五六）正月八日の伊賀国司庁宣(41)によれば名張郡司に対し、早く黒田杣を抜き棄てるべしと命じている。それによれば、官使伴成道は宣旨ありと称して恣に公地に牓示を打ち、東大寺所領黒田杣の四至と定むと。国司が奉行しないにも関わらず、使が単独で牓示を打立てる。前司任中においては、件の成道は諸荘園の牓示を抜く使であったのに、当任になって今度は改めて牓示を打つ使となるのか、天喜三年の諸国に下知した宣旨によれば、ことを寺社に寄せて公地をもって謀って荘園となす輩は早くその身を搦め進めよ、もしその力及ばなければ、姓名を注申せよとある。よって打たれた牓示を早く抜き棄てよと命じているのである。(42)

このように、東大寺による荘園領有は、公田問題で、一旦打たれた牓示が国司によってしばしば抜き棄てられるという事態をまねいているのである。公田を荘田とするという問題は荘園住人化した「住人」の出作によって絶え間なかったのである。

寛治四年（一〇九〇）十一月の東大寺政所下文[43]によれば、黒田杣司ならびに住人等に対し、公田領主の所勘に従って材木の造進を命じている。住人田堵等は寺役に事よせて領主の所勘に随がわなかったことに対し、東大寺政所が公田内領主の所勘に従えとしているのは注目される。

荘園の不輸・不入は、荘園内に公田や、他の領田・私田を混じえないということが第一の条件になる。さらにその上に、専属の荘民をえて、この荘民を荘園領主の完全支配化に置くことによって実現される。したがって、天喜四年に、「不入国使、免除雑役」[44]の特権をえたとしても、この時にはまだ黒田荘は一円的領有を実現しておらず、また住人の専属荘民化も未だしであったから、四至牓示を打っても、国司の手で抜き棄てられるということを将来したのである。それでは黒田荘において、荘内の一円領有と、住人の専属荘民化はいかに行われたか。

永長二年（一〇九七）四月の官宣旨[45]によれば、黒田・玉瀧両杣寄人の作田官物を東大寺封米に便補せしめている。玉瀧・黒田両杣寄人等の出作公田は国司の「注上」＝検注結果によれば、すでに三八〇余町に及び、その所当官物の現米は一一四〇余石で、軽物三八〇〇余疋で、たとえ、これを封米に便補しても、余剰が出てくるはずで、この余剰を国司が徴納すればよいというのである。こうして、この寄人の作田官物を東大寺封米に便補する措置は、寄人作田の実質荘田化を意味するものであり、またあわせ寄人の荘民化を促すこととなった。

四　黒田荘四至牓示図の成立

『東大寺文書』四ノ八十五所収の東大寺文書出納目録[46]に建久四年（一一九三）九月十四日「被取出文書等事」として、「黒田庄絵図新一枚」というのがみえる。これは「為書進陳状、取出東南院了」とみえるものの一つで、ときの有力な証拠書類として使用されたことが窺われる。また、久寿三年（一一五六）四月十七日の東大寺雑役荘文書出納日記(47)「絵図一帖」とみえ、さらにまた保元二年（一一五七）東大寺文書返納目録(48)に「赤穂絵図一枚」「絵図一枚」とみえ、「絵図」が証拠書類として十二世紀に重きを置いていることを知る。

ここでは、建久四年に東大寺において陳状書進のために東南院より取出された「黒田庄絵図新(49)」というのが何時ごろ作成されたかを考えてゆきたい。

大治四年（一一二九）十一月二十一日東大寺所司解(50)によれば、東大寺は勅施入官省符文ならびに度々の宣旨・国判・法家勘文にまかせて官使を遣わし、旧のごとく境四至に牓示を立て東大寺領伊賀国黒田荘・玉瀧杣の収公・入勘および牢籠を停止してもらいたいとしている。

それによれば、黒田荘は名張河を限って東境としているが、星霜をへて河流が西に遷移してしまった。近年の洪水のために、河流はいよいよ西の麓に寄り、杣工の居所が次第に頽失し、古河の跡は桑田に変じてしまった。代々国司は旧例を顧ず、ただ新流の次第に随って収公する。よって、根本勅施入ならびに天喜年中の両使の宣旨にまかせて、旧のごとく古河を限って境とする裁定してもらいたい。天平神護の官符・省符、天徳・応和の官符、官牒、修理職牒状ならびに天喜綸言等にまかせ、旧のごとく四至牓示を立て、永く収公を停止し、収公入勘の牢籠および他家が造材するとして立ち入ることを停止してもらいたいと。また、忠盛朝臣の妨げに対しては、前別当大僧正寛助が訴え申し、その際に本公験を召され、すでに七箇年を経ているため、本公験を更に進覧できないが、一紙の文書も帯びずして往古の寺領を押妨することは許されない。以上のような条々を理非の子細は、法家の勘文に載せられているが、裁きの報せが滞っているのが愁中の愁であると。(51)

こうしてみると黒田荘（玉瀧杣）は大治四年段階に至っても、その領域においてなお確定をみたとはいえず、旧のごとく古河を限って四至牓示を立て、収公入勘・牢籠停止を政府に訴え出ているのである。

大治五年（一一三〇）六月十日の東大寺牒[52]によれば、東大寺は伊賀国衙に対し、黒田杣を天平の施入ならびに度度の官符・宣旨にまかせ、もとの如く旧河を東境とし、その内田地の所当官物を免除されんことを請うた。

それによると、往古以降、毎度洪水に見舞われ、件の大河が荘内を押穿し、その流れは移り改わり、数百歳を経る間に、いよいよ、漸く、西高山に頽れ寄り、杣領の田畝が追年流減し、居住の民烟は残地無きが如くである。長和三年（一〇一四）坪付によれば、荘内現作田三三町一段一八〇歩で、これは本領の半分にも及ばないもので、近年に至ってはわずかに、一〇町ばかりである。ここに、もとの境の旧河はすでに桑田となり、代々の国司は新流を限って次第に収公する。これにより、度々、牓示を立てる宣旨を下さるといえども、かの土民等、ことを左右に寄せて寺役を遁れんがために、また国務を詆さんがために故に好んで本荘と為さず。古河・古境は、鮎瀬・鮎土・河合・河原田・淵尻・溝口ならびに荘・迫等の字をなしている。近年の国検田坪付等にその字は明鏡である。出作巨多の論を慰し、本荘耗減の愁を散ぜんためにも、早く、天平の施入文ならびに度々の官符・宣旨に任せ、もとの如く旧河跡を限って永く荘領とし、所当官物を免除してもらいたい[53]と。

ところで黒田荘(杣)において、四至牓示が問題になるのは、右にみた大治五年までであって、以後は公田押領が問題となり、さらに他荘との境相論が問題となっている。したがって黒田荘の領域の確定は、大治五年(一一三〇)のことであったとみるべきであろう。さらにいえば、この領域の確定とともに、四至牓示絵図黒田荘絵図の最初のものが成立したと想定される。

天喜元年（一一四四）三月二十九日の太政官符案[54]によれば、太政官は伊賀国司に対し、官使を派して東大・興福両寺が簗瀬・真木山・丸柱ならびに予野村等内公田三〇〇余町を押領し、調庸雜物を弁済せしめないのを停廃させよと命じている。それによれば、東大寺領黒田荘は本田二五町八段一〇八歩であるが、近代以降、寺家の威を募って、簗瀬・真木山・丸柱三ヵ村内の公田三〇〇余町、公民一〇〇余家を押領し、租税を輸さず、課役を勤めないという。そのうち①簗瀬村は、前司小槻祐俊宿禰が寛治年中（一〇八七～一〇九三）、始めて別保にした後、ひとえに寺領と号したが、藤原孝清任の長治三年（一一〇六）に宣旨が下されて停廃された。②真木山村は、為重朝臣任に同じく宣旨が下されて停廃された。③丸柱村は源憲明の任で、始めて黒田荘領を称するところである。これより代々の間、或は奏聞を経、或は使庁に附して虜掠の徒を追却せしめ、或は官使を遣わして加納の地を停止せられた。しかし、なお厳科に懲りず、猥りに押取するところである。名を二〇余町の免田に寄せて、三ヵ村の国領を假奪するのは貪猾の甚だし、いかでか禁遏なからんやと。（猪田郡内予野村公田三〇余町は、興福寺西金堂領と号し、租調を輸さずと）。

天養元年（一一四四）十月二十日の鳥羽院庁下文（案）[55]によれば、黒田荘を含む伊賀国五ヵ荘司等に対し、国衙からの訴えの条々を改めて仰せ下している。それによれば以下の三ヵ条で、(1)は荘の出作田を検注すべしということ。(2)早く、収納使の催しに随い、出作田所当官物を弁済せしむべし、(3)荘内居住の出作名は、官物段別三斗、荘外居住の名は雑役を勤仕せしむべし、というものである。

右のところで、検田の際、図師をもって条里坪並、阡陌を定めることが載せられている。いいかえれば、検田の際、図師が条里坪並を図示していたことが判る。

検田者国中之大事、最前之厳政也、因之雖神社仏寺権門勢家之庄領、敢莫不承諾、就中件御庄出作、代代之間、皆所入勘也、而当任初致対捍之条、言語道断事也、加之、郡司刀禰等者為国衙之進止、検田検畠之時、以彼等為図師致沙汰之処、猥假庄家之威、不叶国衙之催、所為之旨、甚不当也、条里坪竝以図師為明鏡、不相具彼等者、以誰人可分別阡陌哉、早任法、可致沙汰之旨、欲被裁下者、以解状尋庄家之処、申云、毎任被検注、何始可対捍

哉者、任国衙下知、相具図師等、可令検注件出作田矣、[56]
右で重要なのは、「郡司・刀禰等は国衙の進止」というところであり、また、「検田・検畠の時、彼等（郡司・刀禰）を以って図師として沙汰致す」といい、さらに、「条里坪竝図師を以って明鏡を為す」というところである。
ところで、黒田荘において絵図が持ち出されたのは治承二年（一一七八）以降で、それは周辺荘園との境相論の際である。

『東大寺文書』四ノ三十九所収の年月日未詳の東大寺三綱等陳状土代[57]によれば、大和国山辺郡藤井荘が東大寺領を侵犯したとして、勅施入文・官符・宣旨・庁宣等とともに、「絵図一禎」を副進している。この絵図には「見寺領四至一円之旨」と注記され、寺領四至一円を図示したものであるとしている。また、本文中にも、「就中、天平　勅施入書・長元官符・天喜宣旨、皆以亀鏡、仍任状、見地絵図所注進也」とみえ、現地を示した絵図を証拠書類の一つとして提出している。

藤井荘は治承二年に東大寺材木を押取ったとしてこの不当とその返却を求められているが、右の東大寺三綱等陳状[58]には、「何況藤井庄大和国也、伊賀寺領多打入之状、尤不隠便」といい、「寺領四至内公私他領之由、以外僻事也、于今全無段歩他領、今所申藤井庄許也」と主張しているところに、絵図を持出した事由が窺われよう。また、その絵図が境四至を示したものであったこともいうまでもない。

藤井荘との境相論の際、証拠書類として提出した絵図が建久四年（一一九三）に陳状[59]の一つとして取り出した黒田荘新絵図であったかどうか確定できないが、その蓋然性は高いであろう。この黒田荘新絵図が四至牓示絵図で、その成立は一二世紀七・八〇年代のものと考えることができる。

このように黒田荘絵図は、黒田荘が不輸不入権を確立し、官宣旨ないし院宣によってその領域支配が確立した段階で成立したと考えられそれは、大治五年（一一三〇）で、その年に最初の黒田荘四至牓示図が作成され、ついで、一二世紀七・八〇年代に、新黒田荘四至牓示図が作成されたと考えられる。新黒田荘四至牓示図を作成する必要は、隣接荘園との境争いが起ったためで、新の新たる所以は、四至牓示図が本来もっていた境四至の相論・諍訟に備えたものを、さらに自荘に有利に導くために境の部分に補正・改変を試みたそれであったろう。

五　荘園四至牓示図の機能——絵図のもつ物神性——

黒田荘は正治元年（一一九九）に興福寺末寺龍穴寺領大和宇陀郡長瀬荘と境相論をしている。この境相論で注目されるのは絵図が持ち出されている点である。正治元年八月十五日の黒田長瀬境相論証文文書目録(60)に、①天承二年出作四至宣旨并官使実検状一巻　②養和元年新庄出作田数四至注文一通　③長承二年東南院検注帳目録一通　④保安二年寺陳状案二巻　⑤天治三年名張郡検田丸帳一巻　⑥長承二年矢河条田畠立券注文一通　⑦天喜四年黒田荘田堵等申文一通　⑧長寛三年薦生牧証文一巻　⑨寛治五年鹿高脇寺領田畠国役免除国判一巻という①から⑨のほか「紙絵図一禎」が挙げられている。

それではこの境相論に持出された絵図はどのような機能を果していたのか。

正治元年九月の龍穴寺所司陳状(61)によれば、東大寺三綱が龍穴寺領大和国宇陀郡長瀬荘民が東大寺領黒田荘を割き取ったと訴え申した条々に不当があると陳じている。そこで「両方所出之絵図、方角相違了、依此等不審、両方評議、指期日下遣使者之処、東大寺乖約諾、不下合使者、爰興福寺使者催出宇陀郡郡司、検知地頭之処、長瀬絵図依無相違、郡司加判行、封続目了、已可謂亀鏡矣」とみえる。すなわち、黒田荘と長瀬荘の境相論において、両方から絵図を出し検証していることが判る、そして、両者の絵図は境の方角が相違していたのである。

右にみえる境相論に持出された絵図が四至牓示図であったことは議論の余地がないが、同じ年の、同じ黒田荘と長瀬荘との境相論において、「民部省図」も持出されているのにも注目したい。正治元年八月と考えられる黒田荘民陳状土代に(62)

一　以本図可指南之由事

陳申云、於此条者、当庄殊庶幾也、且先度令言上其旨畢、長瀬在和州、黒田在賀国、共以国之堺為庄之堺、尤開民部省図、可被令落居也、

とみえる。国境、荘の境が一致している本件のような場合は民部省図をみれば明確になるというのである。民部省図というのは、班田の際作成されたいわゆる班田図で、それが民部省に保管されたものをいい、本来、境を確定するために図示されたものではない。これに対して、四至牓示図は、その作成を法的に定めるということはなく、その作成は個々の荘園領主の必要に応じて作成されたのである。そして四至牓示図は、境四至を定めて、四隣との境界を明示するところに目的がある。したがって四至牓示図は本来的に境相論に備えるというねらいをもっているのである。

四至牓示図は領域の確保にあったが、この領域の確保ということについていっておかなければならないことがある。それは荘園領主にとって、荘園は領域の確保・拡大ということを本来的に目標にしているのではないということである。荘園領主にとって荘園は第一義的には収益の確保・拡大ということであって、収益の確保・拡大ができれば、領域確保・拡大に拘泥するものでなかったのである。にもかかわらず、領域の確保・拡大に拘わっているのは、領域の確保・拡大と、収益の確保・拡大とが相即しているととらえられているからである。

しかし、領域の主張は、不輸・不入権の獲得と領域の四至に牓示を打つことによって果されるのであり、この上に、

四至牓示図をもつということは、荘園の隣接地との間に相論・諍訟が起っているか、起りうる可能性が高いためからではなかったか。四至牓示図は領域を示す荘園においてすべて具備する必要があったわけではなく、隣接地と紛争の起きやすい荘園において作成されたとみられる。

正治元年（一一九九）五月のものと推定される大和国長瀬荘百姓等解（案）[63]によれば、「伝法院僧都御房御任之時、当御庄沙汰者、与彼郡郡司等、界四至定牓示畢、次第即庄内宿老者　見知明白也、随件証文於伝法院御倉被納置既已、」とみえ、境四至牓示を打つときには郡司が立会っているのである。これは、境四至牓示に公証力をもたせるためで、ここには図を作成したとの記述はないが、あわせ図も作成されたと考えられる。それが、正治元年九月日龍穴寺所司牒状[64]にみえる「長瀬絵図」であろう。

ところで、正治元年の黒田荘と長瀬荘との境相論において、四至牓示絵図と目される絵図を検証している書状がある。それは次のようなものである（①〜③）。

①（端裏書）「興福寺別当僧正書状[65]」

先日之絵図返上之、此方絵図献覧之、御覧之後、可返給候也、
久不申承之間、毎等事候哉、抑彼堺事、依忿々、自然罷過候処、去比、依　勅定下向之刻、令尋極候了、且自
其所賜絵図、事切候了歟、両国堺をハうるはし乍付置、越堺和州分欲領候之条、勿論事候歟、可令察給候也、
明日依参賀上洛候也、罷下、即可遣使者候、御使下向、可宜候歟、如此非道出来候之条、不便候、日来不得心
候之間、不落居罷過候了、恐々謹言、
（正治元年）八月三日　　権僧正（雅縁）（花押）

謹上　尊勝院御房

②（端裏書）「黒田庄申状」(66)

長瀬黒田之際目論事、先ニハ荒井まて志めを立天候ひき、今度ハ左官林ふみすきて、今月六日志めを立天候、兼又今度御申候、兼又今度御申候ひけるは、妻王（齊）之のほり道まて、可弘之由申候ひけるとそ承候、実事是定ニ天候はゝ、見乍庄田分、一町余うせ候ひなんするに候、又下人の説ニいかに事もきれぬ、かくはと申候けれは、いま四五日かほとに、きれなんすとそ申候ける、又このよしをは、定天公文被申候らん、以上

（正治元年カ）八月八日　藤原助重

③

来十四日可遣使者候也、

絵図給候了、此事、黒田住人等所行不当候、仍可下進遣使者候也、本者堺際相論、猶毎度不改用之、故僧都之時過候了、今度ハ越堺及庄最中、日来委不承聞給之処、細々沙汰窮候了、御使被遣候之条、可宜事候歟、其旨事令申御使候了、恐々謹言、

（正治元年カ）八月十日　権僧正（権掾）（草名）(67)

①によると興福寺別当雅縁は、東大寺寺務の尊勝院に対し、先日の絵図返上、此方絵図献覧」といって、両方で絵図をみせあっていることが知られる。この絵図は四至牓示図であったことは、同書状中に、「両国堺をハうるはしく付け置きながら」といっているのに窺われる。②の藤原助重申状には絵図の名はないが、際目に「しめ」を立て境を確定することをいっているのである。③は①と同じ興福寺別当雅縁書状で、ここでは黒田荘住人の所行不当をいい、ことは境際の相論で、「なお、毎度之を改用せず」といっている。「今度は堺を越え庄の最中に及ぶ」ということが出来

したという、そして、冒頭に、「絵図給ひ候了ぬ」といい、四至牓示図を取り寄せているのである。

同じ東大寺領伊賀国の荘園である阿拝郡鞆田荘において六〇余町の領田のほかに八〇町の官物を先例に背いて対捍していると在庁官人に訴えられ、これを受けた記録所は、建仁元年（一二〇一）七月日に、「仰在庁官人幷本寺所司等、且召境絵図、且対問彼輩、可有左右歟」との勘状を示している。[68]ここでも、四至牓示絵図が領田支配の範囲を検証する証拠書類ないし、ひとつの決め手として提出を命ぜられているのである。

こうしてみてくるとき、四至牓示絵図は、たんに領域支配を景観をもって示すためのみのものではなく、隣接地との相論・争訟に備えるということもその絵図の重要な機能としていたことが知られる。さらにいえば、四至牓示絵図の成立の段階で、その時現在・近未来において隣接地との相論・諍訟に備えて自荘を有利に導く周到な描き込みがなされていたといわなければならない。

ところで、班田図・開田図は班田された口分田、開墾された田地の登記を目的にしたものであるが、四至牓示図にはこのような古代田図作成が果す役割はない。領域支配は、不輸・不入権の獲得と四至牓示を打つことによって果され、その上に、図を作成するということは、要件として求められていない。荘園四至牓示図は荘園領主のイニシャチブのもとで作成されたものであり、法的な要請に基づくものではない。

それでは改めて四至牓示図が作成された事由はなにか、これは、今迄述べて来たように、隣接地と境をめぐって相論・諍訟が起りうる可能性が高いところであったからといわなければならないであろう。一歩踏み込んでいえば、荘園領主は境界の確定の困難、複雑なところは、牓示のみではなく図をもつことによって果しうるという考えに基づいて作成されたととらえる必要があろう。もともと領域図は統治領域支配に直結するというのが古代中国の地図観であった。[69]これと同様に、領域を示す図をもつことによって領域支配が十全化しうるととらえられたところに、荘園四至牓示図が成立してくるととらえねばならない。

図のもつ物神性[70]は、日本において律令国家が班田制の施行に伴って、民部省図・国図を整備し、開墾田に対しては開墾田図を作成し、売買・相博等の所有権・占有権の異動に伴なう変更登記は図への書き込みによってなされるという田図制度にすでに具現されていたといえる。つまり、図のもつ物神性が、律令国家において図にきわめて高い証拠能力を賦与することによって一層高められていた故に、法制に基づかなくとも、荘園領主は、その描く四至牓示図に四至境の明示と、領域支配の具現を込みうるとしたのである。四至牓示図作成にはその証拠能力を高めるために、検田に図師として活躍した郡司刀禰らが参劃した可能性も高い[71]。

まとめ

四至牓示絵図の歴史的性格とその機能について、今日伝存していない東大寺領伊賀国黒田荘絵図の成立過程を通して考えてみようとした。

黒田荘四至牓示絵図は、黒田荘の領域的支配実現を前提として成立したものであったこと、四至牓示ということ自体は、黒田荘の場合、すでに十世紀にみられたが、そこにおいては四至牓示図は成立しないこと、黒田荘の領域支配の確立は大治五年（一一三〇）のことであり、それとともに四至牓示図の作成がなされたであろうと推定した。

この四至牓示絵図は、律令国家の田図と違って法制に基づくものではなく、荘園領主の主導の下に、領域荘園の四至と内部景観を示し、その支配を貫徹するために作成されたものであったから、その作成には荘園領主の明確な意図が秘められていたとみなければならない。その眼目は四至牓示の確定、四隣との紛争を防止することにあり、その意味で四至牓示絵図は一三世紀以降に頻発した相論とそこに持ち出された相論絵図の原型となるものであった。四至牓示絵図には、その作成の当初から領域支配実現過程で相論・諍訟のあった境に対して自荘を有利に導く描き込みがなされていたと想定しうる。

ところで、領域的支配は、荘園が不輸・不入権を獲得し、朝廷によって四至領域支配を許容する官宣旨ないし院宣が出され、四至牓示を打つことによって確定をみる。つまり、領域支配は四至牓示を打つことが必要十分の要件で、本来、絵図を必要としない。それではなぜ荘園領主は四至牓示絵図を持とうとしたのであろうか。荘園領主や地頭領主などそれぞれ権力を分有する勢力がその必要に応じて作成するのが中世絵図の特色である。これは、絵図をもつことによって支配が十全化するという地図のもつ物神性が喚起された故と考えられる。

地図のもつ物神性とは、地図を持つことは、そこに描かれた地の支配に直結するという観念であり、そこに、地図が作成されるそもそもの動機があったのである。(72)

注

(1)「荘園四至牓示図の成立」(竹内理三先生喜寿記念論文集刊行会編『荘園制と中世社会』一九八四年九月　東京堂刊所収のち拙著『日本における荘園制形成過程の研究』一九八八年、三一書房所収)。なお、四至牓示図における四至と牓示については木村茂光氏が、主に神護寺領紀伊国桛田荘の場合を例にとってその役割を問いなおしている(「荘園四至牓示図ノート1」『東京学芸大学紀要』第三部門社会科学三七集、一九八五年)、「荘園の四至と牓示」(小山靖憲・佐藤和彦編『絵図にみえる荘園の世界』一九八七年、東京大学出版会所収)。

(2)「失われた絵図をもとめて――領域型荘園の推移と相論絵図の成立――」一九九五年三月二十八日荘園絵図研究会報告、氏はそこで、大治四年（一一二九）五月十三日の待賢門院庁牒案（『平安遺文』五巻二一三四号）を紹介している。それによれば、東大寺永範はその相伝所領遠江国榛原郡質侶牧を待賢門院に寄文と公験をもって寄進し、そこに新に立券がなされ、これらを受けて待賢門院庁は立券に「絵図」を加えて遠江国衙に対し、質侶牧に境四至に牓示を打つことを求めている。質侶牧では四至牓示を打つ前に「絵図」が作成されていることが判り、その「絵図」は立券図であるが厳密な意味では四至牓示絵図とはいえないが、「絵図」は牧の領域を示すものであったろう。

(3) 竹内理三編『伊賀国黒田荘史料』（以下『黒田荘史料』と略す）（一巻一九七五年三月、二巻一九七九年、吉川弘文館）二巻四一七号。

(4) （3）に同じ。

(5) 『日本荘園データ2』（国立歴史民俗博物館資料調査報告書6、一九九五年）〇載の「荘園関係文献目録」によれば、竹内理三編『伊賀国黒田荘史料』一、二を含めて四〇の文献名があげられている。

(6) 『類聚三代格』巻一五　墾田幷佃事。

(7) 康保元年九月廿五日大和国都介郷刀禰等解案（『黒田荘史料』一巻一八号）。

(8) 天喜元年三月廿七日官宣旨案（『黒田荘史料』一巻四〇号）。

(9) （8）に同じ。

(10) 『中世的世界の形成』一九四六年、伊藤書店。この書は、さらに同名で一九五七年に東京大学出版会、一九八五年に岩波文庫版で出版されている。

(11) 康和二年八月十二日官宣旨（『黒田荘史料』一巻一〇八号）。

(12) 『黒田荘史料』一巻三一号。

(13) 『黒田荘史料』一巻一号。

(14) 同年月日孝謙天皇施入（『黒田荘史料』一巻二号）。この文書は偽文書とされている（丸山幸彦「一〇世紀における庄園の形成と

展開」(『史料』五六巻六号、一九七三年）参照)。

(15) 天慶九年八月廿六日伊賀国神戸長部解写（『黒田荘史料』一巻一一号）に「請被永停止以公浪人、被補任太神御領名張山預」とみえ、また康保元年九月廿三日名張郡郡司解案(『黒田荘史料』一巻一四号)に、可与使者共、牓示四至、立券言(上脱)殿(藤原朝成)御所領牧地幷新開治田等之状、在大和国山辺郡堺、号広瀬牧・薦生牧」とみえる。

(16) (15) に同じ。

(17) 天喜元年三月廿七日官宣旨案（『黒田荘史料』一巻四〇号)。

(18) (17) に同じ。

(19) 天喜元年八月廿六日官宣旨案（『黒田荘史料』一巻四一号、一巻四二号)。

(20) 天喜二年七月廿五日官宣旨案（『黒田荘史料』一巻四四号)。

(21) (20) に同じ。

(22) (20) に同じ。

(23) 天喜二年六月五日東大寺申状案（『黒田荘史料』一巻四三号)。そこに、「而当時国宰守経朝臣、以去五月廿二日入部於名張郡、恣抜棄件庄牓示、幷住人等准平民充責方々色々雑役」とみえる。

(24) (23)の東大寺申状案に、「件庄(黒田荘)前司棟方朝臣請申可停止顕長任申以後庄等宣旨之次、准自余新庄、雖抜棄其以示(マヽ)(牓示)、爰寺家即尋　本願聖主勅施旧文、存長元之比新官符之旨、而請　官裁之日、任旧如本可為寺領　宣旨、以去年(天喜二年)八月廿六日下了」とみえる。

(25) (23) に同じ。

(26) (23) に同じ。

(27) 拙稿「古代図籍制度論」(『史観』百二十冊、一九八九年三月)。

(28) (8) に同じ。

(29) 前同。

(30) 前同。
(31) 天喜元年八月廿六日宣旨案(『黒田荘史料』一巻四一号)。
(32) (19)に同じ。
(33) 前同。
(34) 前同。
(35) 前同。
(36) 以上、(20)天喜二年七月廿五日官宣旨案。
(37) 天喜三年十月九日伊賀守小野守経請文(『黒田荘史料』一巻四六号)。
(38) (37)に同じ。
(39) 天喜四年閏三月廿六日宣旨案(『黒田荘史料』一巻五四号)。
(40) (39)に同じ。
(41) 『黒田荘史料』一巻六三号。
(42) (41)に同じ。
(43) 寛治四年十一月六日東大寺政所下文(『黒田荘史料』一巻九二号)。
(44) (39)に同じ。
(45) 永長二年四月三日官宣旨(『黒田荘史料』一巻一〇七号)。
(46) 『黒田荘史料』二巻四一七号。
(47) 『黒田荘史料』二巻二六六号。
(48) 『黒田荘史料』二巻二七一号。
(49) (46)に同じ。

(50)『黒田荘史料』一巻二〇七号。
(51)前同。
(52)『黒田荘史料』一巻二一二号。
(53)前同。
(54)『黒田荘史料』一巻二五〇号。
(55)『黒田荘史料』一巻二五一号。
(56)前同。
(57)『黒田荘史料』二巻三五五号。この文書は同『黒田荘史料』では治承二年のところに掲げている。この文書は同年に起きた藤井荘との境相論関係のものと断じうるので、『黒田荘史料』の係年は至当であろう。
(58)(57)に同じ。
(59)(46)に同じ。
(60)『黒田荘史料』二巻四二九号。
(61)正治元年九月日龍穴寺所司陳状(『黒田荘史料』二巻四三三号)。
(62)『黒田荘史料』二巻四三二号。
(63)『黒田荘史料』二巻四二五号。
(64)(61)に同じ。
(65)『黒田荘史料』二巻四二六号。
(66)『黒田荘史料』二巻四二七号。
(67)興福寺別当雅縁書状『黒田荘史料』二巻四二八号。
(68)建仁元年七月日記録所勘状案(『黒田荘史料』二巻四五三号)。

(69)『史記』巻八十六刺客列伝第二十六に荆軻が「燕督亢之地図」をもって秦王に謁見しているが、統治地図を差し出すことは、一国を献上することと同義に解された。

(70)絵図のもつ「物神性」について最初にとりあげたのは小山靖憲氏であろう(『中世村落と荘園絵図』第八章「荘園絵図の史料学」、同書二四八ページ、一九八七年、「史料学」は一九八七年新稿とある)。しかしそこで小山氏は物神性について、「絵図はいったん作成されると、後に作成する際には必ず参照したのではないかと考えられるのであって、このような特性をここでは絵図の物神性と理解したい」と、一たん成立した絵図が次の同一絵図の作成の際の踏襲性に物神性を指摘する。私は絵図を含む地図のもつ物神性についてそれが一たん作成されるとそれが現実の占有関係、支配領域を示すものとして受けとられたという意味で使用している。

(71)(56)に同じ。そこに、「郡司刀禰等為国衙之進止、検田検畠之時、以彼等為図師致沙汰之処、猥假庄家之威、不叶国衙之催、所為之旨、甚不当也」とみえ、郡司・刀禰が荘園領主に取込まれ、預所・荘官・荘司化していたこと、その過程で、かれらが荘園四至牓示図の作成に関わったと考えられる。

(72)地図のもつ物神性は次のような事例にも窺われる。『吾妻鏡』第九　文治五年(一一八九)九月十四日条に次のような箇条がある。

二品令レ求二奥州羽州兩國省帳田文已下文書一給。而平泉舘炎上之時。燒失云々。難レ知二食其巨細一。被レ尋二古老一之處。奥州住人豊前介實俊。并弟橘藤五實昌。申下存二故實一由上之間。被二召出一。令レ問二子細一給。仍件兄弟。暗注二進兩國繪圖一。并定二諸郡券契一。郷里田畠。山野河海。悉以見二此中一也。注二漏餘目三所一之外更無二犯失一。殊蒙二御感之仰一。則可レ被二召仕一之由云々。

それによれば、頼朝は奥州征討によって奥州藤原氏を倒し、陸奥・出羽両国の実質的支配権を掌中にした。(頼朝が陸奥(出羽)の国衙行政権をえていたことは、大河兼任の乱後、文治六年(一一九〇)に伊沢家景を頼朝が陸奥国留守職に任じたことに窺われる。(伊沢家景は出羽国のそれも兼ねていたと考えられる。)このとき頼朝は、奥州・羽州両国の省帳・田文を求めたというのである。省帳は租税・戸籍を記したものであり、田文は田籍・田図である。これは結局、平泉館炎上のためうることができなかったために、奥州住人豊前介実俊・弟橘藤五実昌を起用し、両人は暗唱する両国絵図を注進し、諸郡の券契を定めたとある。それによって両国の郷里田畠・山野河海を悉く知りえたという。実俊・実昌が注進した絵図は郷里田畠・山野河海を一望することができる鳥瞰図的性格のもので、これに諸郡の券契をもって諸郡に存在する田畠の権利・面積をあわせ知りえたことが窺われる。この場合、郷里田畠・山野河海のありどころをえがいた絵図をえたことが、頼朝にとってその陸奥・出羽両国支配を実質化させるものであったことは敢えて強調するまでもないであろう。

〈付記〉　小生の手書きの原稿（よみずらく判読しずらい）のワープロ化をしていただいたのは土屋伸也氏である。末尾に記しては誠に申訳けありませんが銘記して感謝申上げます。

東大寺領越前国足羽郡糞置村開田地図の再検討
――八世紀における開発と国家的土地支配――

田中禎昭

はじめに

正倉院には、八世紀後半、東大寺が所有した越前国足羽郡糞置村に関わる二枚の荘図[1]が所蔵されている。二枚とも麻布上に墨書したもので、一枚が天平宝字三年（七五九）十二月三日（以下A図と称す）、一枚が天平神護二年（七六六）十月二十一日（以下B図と称す）の異なる日付を有している。

これら二枚の荘図については、天平神護二年十月二十一日越前国司解[2]（以下、越前国司解と称す）などの関連史料の存在もあいまって、「同一の荘の開墾状態その他の時間的推移を荘図から知りうる唯一の事例」として注目され、多くの研究が蓄積されてきた。栄原永遠男氏は、糞置村開田地図の研究史を(1)荘図そのものの研究、(2)荘図と糞置荘故地との対比、(3)故地そのものの研究に分類し、それら研究史の整理を踏まえ、とりわけ(1)(2)の点に関して、現段階における研究の到達点を示す卓抜な議論を展開された[3]。

その研究史については、栄原氏の論稿を参照されたいが、(2)(3)の視角からの研究については、栄原氏のほか、金田章裕氏[4]、村岡薫氏[5]の業績が近年の特筆されるべき成果となっているといえる。しかし、両者の学説は、ＡＢ二枚の荘図の比較と故地との対照という同一の作業を試みながら、その結論のみならず、問題意識の所在、分析方法において際だった対照をなしている。したがって、糞置荘図研究を進展させていくためには、これら両者の学説の相違についての実証的批判が必要不可欠の作業となってくるのである。かつて、私は、金田・村岡学説の批判を通じて、糞置荘図について(2)の立場からの私見を提示したことがあるが、(6)金田氏は新稿において糞置村条里プランについて若干の修正を加え、自説を補強された。(7)この金田・修正条里プランは、氏自身が主導して実現された福井県平野部の条里プラン復原を踏まえた精度の高いものとなっており、私が前稿において指摘した問題点は、この修正により解決されているところもあり、(8)私見の復原案自体も訂正が必要になってきている。(9)しかし、金田説にはそれ以上に残された問題点が多々あり、開田図への固有の方法的認識を前提にした金田氏の基本構想には、いまだに従いがたい点があるように思われる。

また、村岡氏が論じた糞置荘故地の灌漑状況調査を踏まえた荘図の解釈については、その調査成果は、糞置荘研究に極めて重要な知見をもたらした業績として評価したいと考えるが、さらなる荘図の綿密な検討を通じて、新たに明らかになってくる点も多いように思われる。

そこで本稿では、特に金田・村岡・栄原三氏による最新の糞置荘研究の成果を荘図の記述内容に即して厳密に検証し、条里プランと開発の推移の分析の中から、糞置荘図から理解される八世紀後半における在地の開発と土地支配について、一つの試論を展開してみたいと思う。

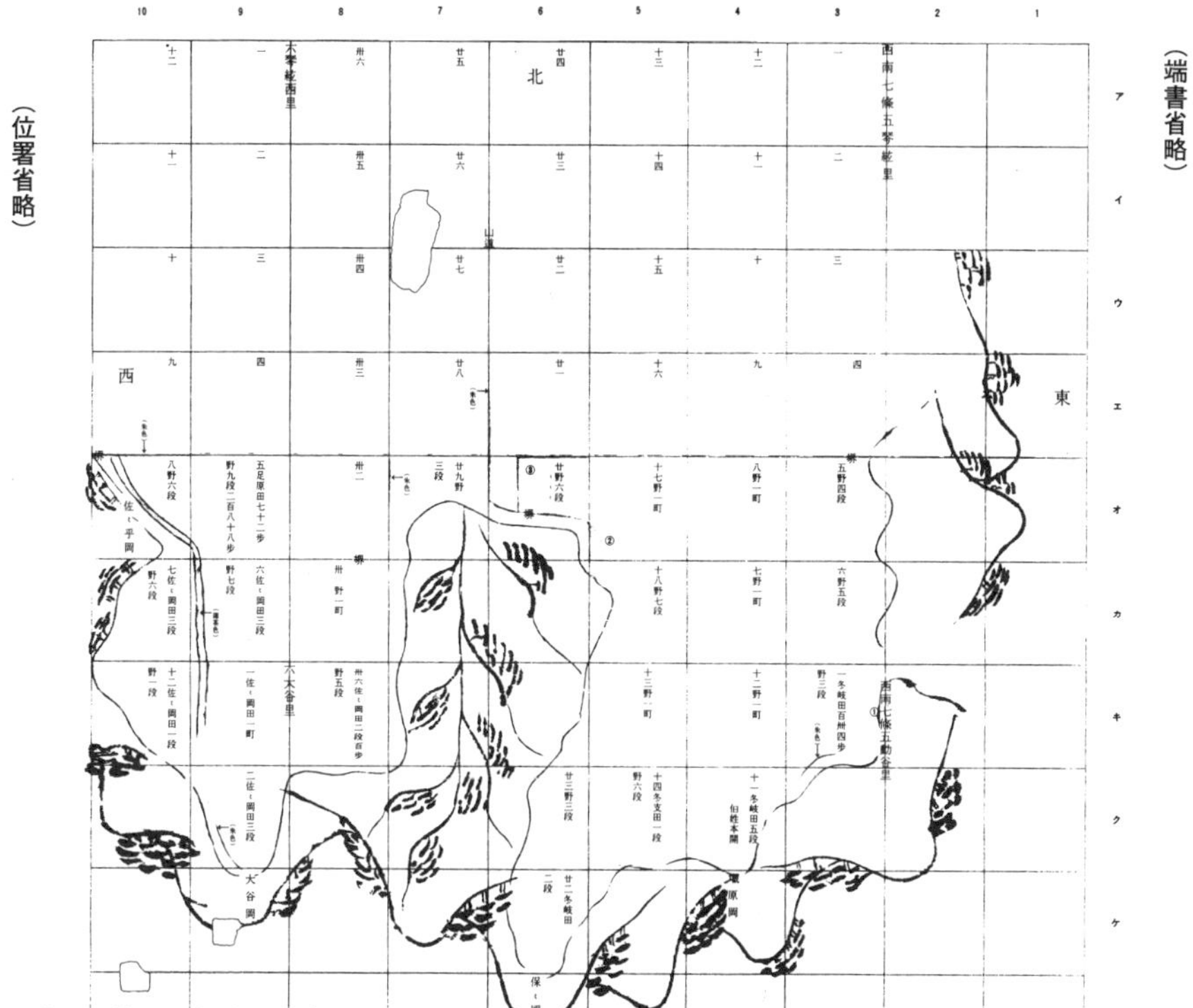

補注

①3キ 「西南七條」ハ、第四圖幷ニ第五一五號文書ニ據ルニ「西南八條」ナルベシ、

②5オ コノ境ノ支線ハ、抹消シタリ、

③6オ コノ「形ノ線ヨリ「野六段」ノ三字ニカケテハ、抹消シタリ、

④左 「調集使」ノ「調」ニハ、塗抹ノ痕アリ、

⑤左 「従伍位下」ノ「伍」ニハ、塗抹ノ痕アリ、

A図・天平宝字三年十二月三日越前国足羽郡糞置村開田地図
(東京大学史料編纂所編『大日本古文書(家わけ第十八) 東大寺文書之四(東南院文書之四 東大寺開田図』所収翻刻図)

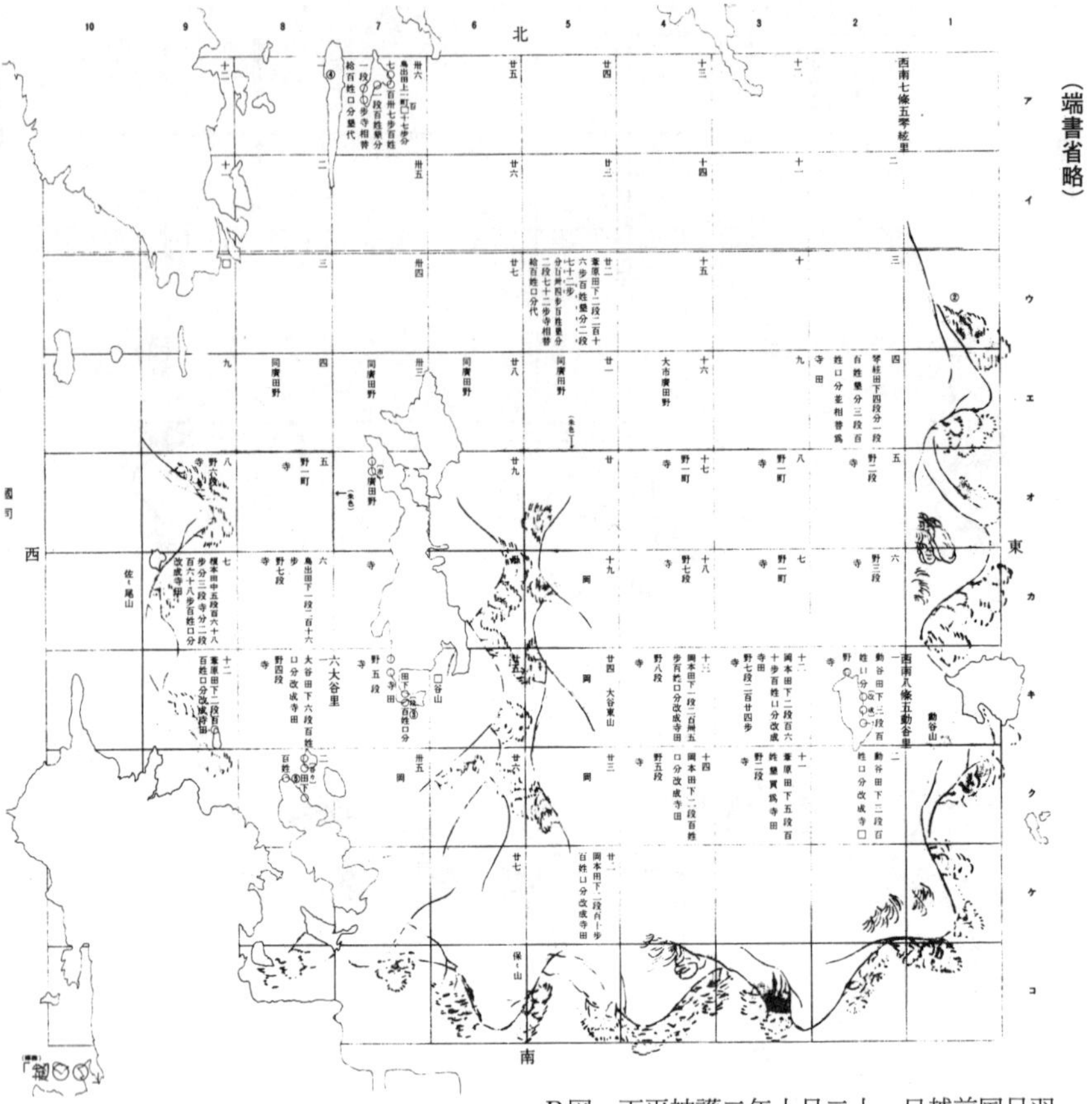

B図・天平神護二年十月二十一日越前国足羽郡糞置村開田地図
(東京大学史料編纂所編『大日本古文書（家わけ第十八）　東大寺文書之四（東南院文書之四　東大寺開田図』所収翻刻図)

補注

①右　「貳町」以下ノ字ハ、第五一五號文書ニ據ルニ、「貳町八段壹伯伍拾伍歩」ナルベシ、

②1ウ　樹幹ハ茶、樹葉及ビ山肌ハ茶或ハ緑ヲ以テ彩色セリ、

③7キ　「　田下○○」ハ、前掲文書ニ據ルニ、「卅六岡本田下一段」ナルベシ、

④8ア　コノ闕損部ニハ、第三圖ニ據ルニ、「六琴絃西里」ノ字存シタルベシ、前掲文書ハ、里名ヲ「琴絃田西里」ニ作ル、

⑤8ク　「○○田」ハ、同文書ニ據ルニ、「大谷田」ナルベシ、

一　金田章裕氏による条里プラン復原案の検証

金田論文は、条里プランと山の表現パターンに注目して開田図の表現法を把握し、そこから条里プランの実態と開田図の認識について理解していこうとするものである。金田説の要旨は、次のごとくに整理できよう。

まず、開田図の山の稜線や、山麓線（A図のみあり）の表現は、現地の山（C図a〜o）、谷（C図イ〜ル）と極めてよく対応している。この対応関係に留意してA図とB図を比べ、条里プランを復原すると、A図の条里プランは足羽郡主要部の条里地割を延長して想定した条里プランと適合することが分かる。しかし、この条里プランには、現地形と開田図の認識が矛盾して不明確な点があり、それが原因となって天平宝字四・五年に寺田が公田として収公されてしまう。その後、道鏡政権下での東大寺の勢力拡大を背景に、寺領を回復するために現地の実状に合わせて修正したものがB図の条里プランであり、それが圃場整備直前までの地割として現地に遺存することになった。

金田説の特徴は、A図・B図各々に対応する二つの異なる条里プランを認め、特にA図の条里プランの矛盾・不明確さに、寺田（A図）→公田（天平宝字四・五年）→寺田（B図）という経緯を辿る糞置荘の歴史とB図作成の背景を見いだすところにある。このような金田氏の所論の前提は、(1)A図の条里プランは、A図北方に展開する足羽郡主要部の条里プランを延長したプラン（以下、これを延長条里プランと呼称）と一致する、(2)B図の条里プランは、圃場整備前まで現地に遺存した条里地割（以下、これを遺存地割と呼称[10]）から復原される斜向した条里プラン（以下、これを斜向条里プランと呼称）と一致する、という二つの想定である。

私は、(2)のB図の復原案には賛意を表するが、(1)のA図条里プラン＝足羽郡主要部延長条里プランという前提につ

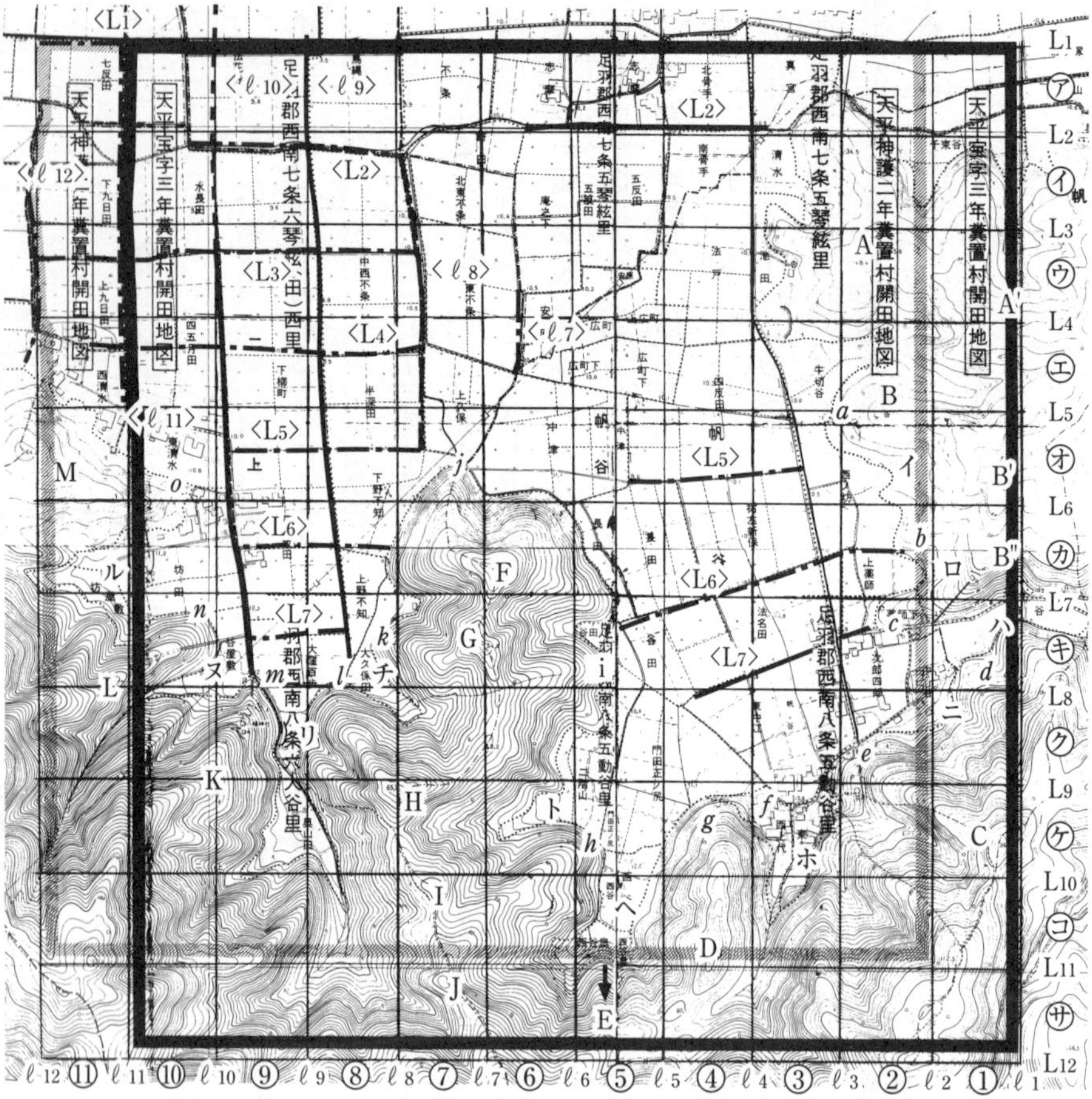

C図・延長条里プランと遺存地割（『福井県史　資料編一六下・条里復原図』所収図をもとに加筆）

細い実線の方格線：足羽郡主要部の条里プランを糞置荘に延長して想定された条里プラン(延長条里プラン)（金田注(4)−②に基づき加筆）

太い実線及び破線の方格線：遺存した畦畔及び小字界から復原された条里地割（遺存地割）（栄原注(3)−②に基づき加筆）

――：条里地割の可能性が最も高く、復原の基準線となる畦畔

- - -：上記畦畔から約一町の距離にある小字界

-----：上記二例の延長線上にある畦畔

栄原氏の遺存地割案は、金田氏の想定する遺存地割案とおおよそ一致しており、金田氏が遺存地割と適合的とするB図の条里プラン（斜向条里プラン）の根拠となる地割とみて大過ない。

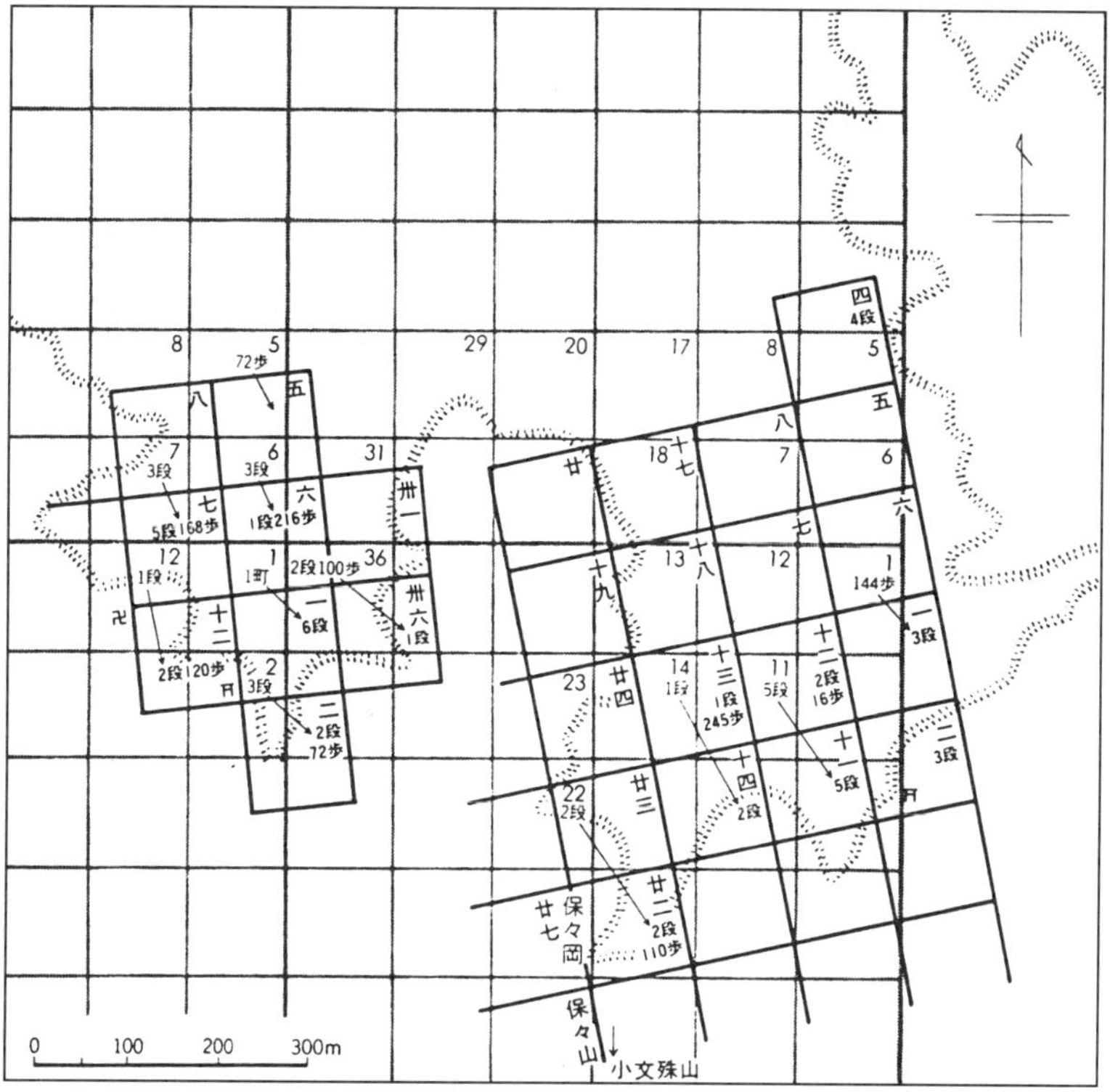

F図・金田章裕氏による延長条里プラン（A図に比定）と斜向条里プラン（B図に比定）想定案（同『古代日本の景観』一四三頁・第23図「糞置村各坊の田積変化」より）
＊細い方格線が延長条里プラン、太い方格線が斜向条里プランを示す。

いては、疑義をもっている。そこで、以下、(1)の前提に関する金田説の論拠を逐一検討し、それを通じてA・B両図の条里プランについての私見を提示することとしたい（以下、金田説の論拠を論拠①～⑥とし、それに対する私見を批判①～⑥として示す）。

論拠①：延長条里プランの大谷里・動谷里の境界線が1の山の張り出しの西辺、リの谷のすぐ東を通り、A図と完全に一致する。

批判①：論拠①に関する金田説は妥当である。

論拠②：延長条里プランの大谷里北側里界線はルの谷の奥とGの山の近くを通り、A図の記述と一致する。しかし、斜向条里プランに従うと、nの張り出し部を通る東西線が大谷里の北の里界に相当することになり、里界の南側に一町の田（A図・大谷里一坊）を所在させることが困難になる。

批判②：論拠②に関する金田説は妥当である。

論拠③：延長条里プランでは動谷里北側里界線はcの張り出しの上に来、動谷里および琴絃里東側里界線がa、b、cの山麓線付近を通るが、これらの点はA図の記述と一致する。

批判③：A図の動谷地区の方格線は、延長条里プランと一致していない。A図では、動谷里北側里界線は、延長条里プランのようにcの張り出しの上ではなく、cとdの間の谷部分を通っている。この谷は、現地形では文殊山系東側の平野部に接続する細谷と呼ばれる地域に当たり、この里界線は谷を抜ける道との関係をもつ可能性があるので、A図の動谷里北側里界線は、延長条里プランと一致していない。一方、斜向条里プランにおける動谷里北側里界線は、細谷に接続するcの張り出しの南側の道の位置と合致しており、このことからA図の条里プランは、延長条里プランよりも斜向条里プランと一致するということができる。動谷里・琴絃里東側里界線とa、b、cの山麓線の関係についても、延長条里プランよりも斜向条里プランに適合している。[11]

論拠④：A図に「壩原岡」と書かれた動谷里十坊に、延長条里プランではgの張り出しがあり、A図の記述と延長条里プランは一致する。

批判④：A図では「壩原岡」の北側の動谷里十一坊は谷となっており、一方、延長条里プランでは動谷里十一坊はgの張り出しの北側の平野部分に当たっていることになり、A図の山麓線の記述が延長条里プランと一致しない。すなわち、A図の動谷地区の条里プランは、延長条里プランと一致しない。

論拠⑤：A図に見られる大谷地区の琴絃西里八坊から大谷里一坊にかけて描かれた二本の平行墨線の東西に所在する坊において、A図とB図では田積に変化が認められる。すなわち、平行墨線の東側の坊では、A図よりB図の方が田積が増え、西側の坊では田積が減っている。これは、条里プランの修正に伴ない条里方格内での山の位置が変化したために、山による可耕面積の制約関係が変化したために生じた現象とみなされる。このことは、A図とB図が、延長条里プラン、斜向条里プランという異なる条里プランをもっていることの証左といえる。

批判⑤：大谷地区の坊単位に金田氏の想定に従いその地形的制約関係を確認すると、次の通りである。

(イ)琴絃西里七坊は、A図の三段からB図の五段一六八歩に増加している。しかし、延長条里プランから斜向条里プランへの修正を想定しても、前者のプランではoの峰が、後者のプランではnの峰が地形的制約になるはずで、可耕地の地形的制約関係にそれほど大きな変化はないように見える。

(ロ)大谷里十二坊は、一段から二段一二〇歩に増加している。金田氏の想定で、A図の大谷地区に延長条里プランを適用すると、十二坊の中央にnの張り出しが占め、「坊田」南部、「谷屋敷」の谷奥の平地部がnの南北に若干の可耕地として確保できる。一方、金田氏の想定のようにB図の条里プランに斜向条里プランを適用すると、今度はnとmの張り出しが坊の地形的制約となり、「谷屋敷」の大部分を可耕地として確保できる状態となるが、代わりに「坊田」南部の可耕地を失うこととなる。つまり、条里プランの変化によっても、大谷里十二坊の可耕地面積に大きな相違は出てこないように見られる。

(ハ)琴絃西里六坊は、A図三段からB図一段二一六歩に減少している。しかし、延長条里プランから斜向条里プランへの修正を想定しても、A図もB図もともに平野部であるので、修正に伴なう地形的制約は生じないように見える。

(ニ)大谷里一坊は、一町から六段に減少する。確かに、延長条里プランが斜向条里プランに修正されると、延長条里プランでは平野部にあった大谷里一坊が、斜向条里プランでは南部にmとnの張り出しを含むようになり、大谷里一坊に一町の田を所在させることが困難になる。したがって、A図の大谷地区の条里プランが延長条里プランと適合し、B図の大谷地区の条里プランが斜向条里プランと適合するという金田氏の理解は妥当であるように思われる。しかし、それは大谷地区の条里プラン復原に限ってのことである。また、大谷地区条里プランの復原案に妥当性を認めることは、必ずしも田積の増減の根拠を山による可耕地の地形的制約関係の変化に求める立場を承認することにはつながらない。なぜなら、大谷里一坊以外の(イ)琴絃西里七坊、(ロ)大谷里十二坊、(ハ)琴絃西里六坊では、上述のように田積の増減と可耕地の地形的制約の変化の関係は明証性をもたないからである。なお、大谷地区の田積の変動の問題については、本稿の要点に関わるので、後述したい。

論拠⑥：保々岡(保々山)がB図ではA図より西側の坊にずれたことを、B図の条里プランがA図より東南方向の斜角でブレたために、方格線の主軸方向に基づき山を見て描いた結果生じた現象とする。これは、動谷地区の条里プランは、ほぼ正方位の延長条里プラン＝A図から、斜向条里プラン＝B図に変化した証左である。

批判⑥：山が、見る視点により、図上の位置がずれてくるというのは卓抜な指摘である。しかし、方格線の主軸方向が山を描く角度になるとは必ずしも言い切れない。たとえばA図の向山は、金田氏自身が指摘するように、それぞれ大谷の北西、南西方向から見て(つまり方格線の主軸方向と無関係に)描かれている。つまり、糞置荘図の場合、条里方格線の主軸方向と山を見る視点に相関関係はないと言える。したがって、図上の山の位置の変化は、条里プラン変更の根拠にならない。

以上、六項目にわたり、A図の条里プランが延長条里プランと一致するという金田説の復原の論拠を逐一検討してみた。ここから、明らかになるのは次の諸点である。

まず、批判①②から、A図の大谷地区の条里プランが延長条里プランと一致するという金田説は、妥当とみなされる。しかし、批判③④から、A図の動谷地区の条里プランは、延長条里プランと一致しておらず、むしろ、それはB

図と合致する斜向条里プランと適合しているといえる。また、批判⑤⑥から、AB図の大谷地区における田積の増減や山の表現の変化は、条里プラン変更の根拠にならないことが明らかになる。その点を踏まえ、批判⑤－(二)の検証結果に留意すると、批判①②からも言えるようにA図の大谷地区の条里プランは延長条里プランと一致するが、B図における大谷地区の条里プランは斜向条里プランと一致するということができる。

つまり、金田説の問題点は、A図の条里プランの復原案に集約されるといえる。すなわちA図全体を延長条里プランとして想定する金田説に対して、私見は、A図は延長条里プラン（大谷地区）と斜向条里プラン（動谷地区）を一つに統合した条里プランとして捉えるという相違がある。

私は、上述の検討結果から、A図の条里プランの認識・表現は、現実の地形・地割と齟齬を来しているとは言えず、かなり正確に描かれているとみなしており、現地形との厳密な対応をB図に求めA図の不明確さを重視する金田説とは異なる立場をとる。したがって、A図とB図の田主・田積の相違・変化は、金田説とは異なる背景に基づくものと想定する。そこでこの点を検証するために、次節では、A図が延長条里プランと斜向条里プランを統合した条里プランを表現したもので、それが現実の地形・地割と適合的なものであるという点について、その積極的な論拠を提示することとしたい。

二　A図条里プランの復原

A図の条里プランが、大谷地区については延長条里プラン、動谷地区については斜向条里プランと一致するという点は、それぞれの条里プランの条里方格線と山麓線の関係を、A図に描かれた条里方格線と山麓線の関係と対比していくことで確かめることができる。すなわち、A図の中の山の張り出し（a〜o）、谷（イ〜ル）と条里方格線との位置関係を、C・E図（延長条里プラン）、D図（動谷地区斜向条里プラン・遺存地割から復原）、C・F図（大谷地区斜向条里プラン・遺存地割から復原）にそれぞれ当てはめていくと、A図の中の大谷地区の山麓線と条里方格線の関係は、E図の大谷地区の延長条里プランのそれと最も適合しており、また、A図の中の動谷地区の山麓線と条里方格線の関係は、D図の斜向条里プランのそれと最も適合していることが分かる。

金田氏の復原案で問題になる重要な点は、氏が復原したC図・動谷地区の条里プラン案では、動谷里二十二坊がトの谷の位置に来ており、同坊がへの谷に位置するA図の記述と相違するという点である。金田氏は、この点をA図の条里プランによる現地認識の間違いの一部とみなし、この間違いによる条里プランの不明確性の修正をB図・条里プランへの変更の目的の一つと捉えている。

延長条里プランをA図動谷地区の条里プランに適用する金田説では、A図の動谷里二十二坊に描かれている谷状のくぼみはへ谷を指し、ト谷はA図には描かれていない、という認識が前提となっている。しかし、果たしてそうであろうか。A図の諸本[12]により、A図における谷の描写を確認すると、いずれの諸本にも、動谷里二十二坊に描かれた谷状のくぼみの上部・動谷里二十三坊に、わずかだが谷状のくぼみが描かれていることが分かる（図1）。一方、遺存地割と合致する斜向条里プランでは、へ谷は動谷里二十二坊、ト谷は動谷里二十三坊に位置することになる。つまり、A図に描かれた動谷里二十二坊の谷状のくぼみをへ谷、同二十三坊の谷状のくぼみをト谷とみなせば、A図の谷の位置の表現は、斜向条里プランにおける現実の谷の位置とみごとに合致するのである。このことは、すでに検討した諸点とあいまって、A図・動谷地区の条里プランが、遺存地割と合致する斜向条里プランに基づき現地を正確に描写していることを示している。つまり、A図・動谷地区の条里プランの中に一部の間違いがあるというよりも、動谷地区

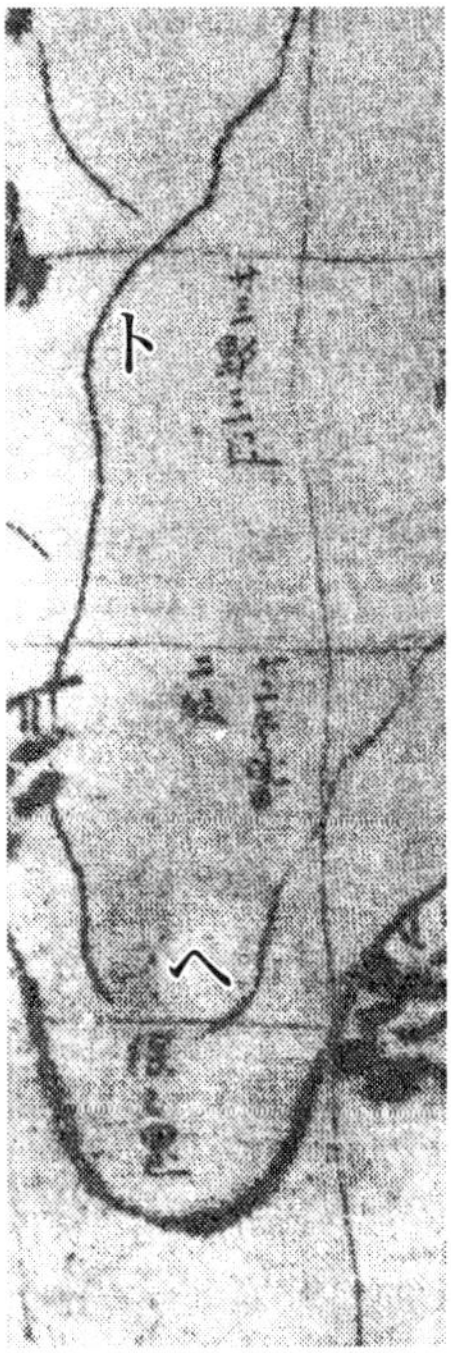

図1・A図中のト谷とヘ谷の描写
(『大日本古文書』図録(注12)より)

の条里プランに延長条里プランを想定する金田氏の復原案そのものに問題があると捉える方が、上記の矛盾を合理的に理解できるのである。

しかし、A図が、延長条里プラン(大谷地区)と斜向条里プラン(動谷地区)を統合した条里プランとして成立したとする私見が成り立つためには、かかる異なる二つの条里プランを一つに統合したことを示す、より積極的な根拠がA図の記述自体の中にも求められなければならないだろう。実は、A図の記述の中には、この点を傍証する極めて注目すべき痕跡が残されている。

A図には、荘界線と道が朱線で描かれている。朱線の位置は、(ア)琴絃西里八・九坊界線上、(イ)琴絃里二十九・三十二坊界線上、(ウ)琴絃里二十一・二十八坊界線上とその南への延長、(エ)琴絃里二十坊内の曲線部分、(オ)大谷里二坊内、(カ)動谷里一坊から二坊にかけて、の計六ヶ所ある。そしてこの他に、次のような抹消された朱線が確認される。すなわち、(キ)琴絃里二十坊の西側の坊界線から東へ約三分の一ほど入った坊内の、北の坊界線から(エ)までの南北線と、北の坊界線上をその位置から東の坊界線までとに、カギ形に引かれた朱線があり、これは後に抹消されている。さらにこのカギ形の朱線の内側、琴絃里二十坊内には「野六段」の文字が読み取れ、その周囲にシミを認めることができ、このシミも「野六段」の文字の抹消の痕跡を示している。また、(ク)(エ)の曲線は琴絃里十七坊南西隅にまで延びているが、同坊内の部分は抹消されている[13]。

栄原氏は、A図における朱線と荘域北限を示す荘界線の関係について次のように述べている。(ウ)の北半部、琴絃里二十一・二十八坊界線上の朱線は、その北方延長上（二十三・二十六坊界線上）に「山道」の表記があるので、これに関わるものである。したがって荘界線を示す朱線は、それを除く(ア)〜(カ)のラインであり、このうち荘域北限を示す荘界線は、(ア)(イ)(エ)である。さらに、抹消された琴絃里二十坊の「野六段」を除く他の坊の「野」の合計十二町五段二八八歩が開田図冒頭に表記された「未開十二町五段二百八十八歩」の数値と一致することから、A図における荘域の北限を示すラインは、「堺」の文字を表記した琴絃里五坊の北界線と琴絃西里八坊の北界線を東西に結ぶ直線L5のラインを基本とし、それが琴絃里三十二坊と同里二十坊の平地部分の二カ所で南へ入り込んだ形をとるものであるとする。

栄原氏の所見は妥当であるが、ここで注目したいのは、琴絃里二十坊の「野六段」の文字の抹消と、それに関わる(キ)のカギ形に引かれた朱線の抹消の事実である。

まず、琴絃里二十坊の「野六段」が、「未開十二町五段二百八十八歩」の総計に含まれていないことから、A図作成の最終段階で琴絃里二十坊が荘域外とされたことは間違いない。しかし一方、「野」＋面積表記は、糞置荘地（東大寺地）を表示するというA図の原則に注目すると、琴絃里二十坊の「野六段」の書き込みの事実は、A図作成途上のある段階で、それが一端、糞置荘地として認識され、A図の完成までに荘域外にはずされたことを示している。また、同坊が、基本的に荘域北界線を示すL5のラインに面した坊であることを踏まえれば、そこに存在する(キ)のカギ形の朱線の書き込みと抹消は、「野六段」の書き込み・抹消に関わって荘界線が訂正された事実を示すとみるのが妥当であろう。つまり、これらの記述の書き込みと抹消は、A図の作成過程が、琴絃里二十坊の「野六段」を荘域として(キ)の荘界線を書き込んだ段階、それを荘域から外して(キ)の荘界線を抹消した段階の二段階を経過したものであることを物語るのである。

琴絃里二十坊の「野六段」と(キ)の朱線の抹消による荘北界線の訂正は、何を意味しているのだろうか。私は、上述した二つの主軸を異にする条里を一つの条里プランに統合したとみるA図の解釈により、かかる訂正の背景を、より整合的に理解できると考える。

A図中央に描かれた山（向山）をはさみ、その西側が延長条里プラン（D図）とすると、L5以南は東西で主軸方位を異にすることになる。仮に、西の大谷地区の条里プラン（E図）、東側が斜向条里プラン（延長条里プラン）の主軸方位に従ってL5の荘界線を西から東に延長すると、琴絃里二十坊は向山北方の平野部に位置することになる。しかし反対に、東の動谷地区の斜向条里プランに従ってL5の荘界線を東から西に延長していくと、今度は向山にぶつかり、琴絃里二十坊はL5の荘界線の外側（北側）に位置することになってしまう。L5以南の向山東西の条里方格線は、主軸を異にするため、現実には接合することが困難なのである。一方、向山北方では、遺存地割から少なくともL2のラインは東西で矛盾なく接合し得る可能性が高い。[14] また、向山北方は、低湿地故に一部を除き開発不可能な野地が広がる荘域外であったので、[15] 延長条里プランをL2〜L4の向山北方地域に適用しても、東大寺にとってほとんど問題はなかったに違いない。しかし、延長条里プランをさらに南に及ぼして、それに糞置荘全体を組み込んでいこうとすると、特にL5以南の動谷地区の斜向条里と矛盾が生じてしまい、向山北側のL5のラインの東（動谷地区条里プラン）・西（大谷地区条里プラン）の接合点が矛盾の結節点となるのである。この接合点に位置している坊が、まさに問題の琴絃里二十坊と同二十九坊であった。

つまり、東大寺は、当初、糞置荘北方に展開する足羽郡主要部条里プランを南に延長し、当荘を足羽郡の郡統合条里に組み込むことを意図したものと思われる（延長条里プランによる糞置荘・条里方格線の設定）。A図の段階では、向山北方の荘域外の平野部（L1〜L4）では、野地が多く地割の設定が進捗していなかったため、延長条里プランの設定にほぼ成功し、また、向山南方・L5以南の大谷地区でもとりあえず延長条里プランへの統合を実現した。

この延長条里プランによる統合は、さらに動谷地区への大谷地区からの入り口に当たる向山北端の平野部にも及び、まず、この平野部が琴絃里二十坊「野六段」として荘域内に組み込まれ、A図に書き込まれることになる。しかし、その後、荘東南部の動谷地区の開田地帯では、斜向条里プランに従った条里プランの設定が為され、それに伴い、動谷地区側のL5を基準にした荘界ラインも斜向条里プランに従って設定し直されることになった。その結果、新しい動谷地区のL5の荘界設定ラインが向山にぶつかり、向山北端の平野部・琴絃里二十坊がL5の荘界設定ラインの外側に位置することが認識され、同坊の「野六段」の荘域からの抹消と、旧荘界線(キ)の訂正が行われたものと考えられる。

以上のことは、別の側面から見れば、A図の条里プランが、主軸を異にする動谷地区の斜向条里プランと大谷地区の延長条里プランを統合したものであったことを物語っている。そして、それらを図上認識の上で一つの正方位プラン（延長条里プラン）とみなすために生じる坊の所在地の不明確さについては、向山の東（動谷地区）・西（大谷地区）それぞれに描写された山麓線との関係により坊の位置を把握することで、克服が図られているのである[16]。

一方、向山以南の東・西の異なる条里プランの接合上の矛盾（ズレ）は、向山の描写の中で曖昧にされることになった。すなわち、開発対象地域外の「山」は、東大寺が坊単位に所在地を詳細に把握する必要に欠けているために、「山」の中で条里方格線を接合しても机上の問題として、実態認識を曖昧にしておくことができ、また、それにより東西二つの条里プランの接合上の矛盾（ズレ）を糊塗できるのである。しかし、東（動谷地区）・西（大谷地区）の接合点となる向山北方の平野部（琴絃里二十坊）では、「野」（開発対象地）の位置を把握しなければならないため、主軸を異にする条里を一つに統合する矛盾（ズレ）はどうしても表面化せざるを得なくなる。この矛盾（ズレ）に対する東大寺の試行錯誤の痕跡が、琴絃里二十坊「野六段」と(キ)のラインの書き込み・抹消による荘域の訂正の事実の中に隠されているのである。

三　糞置荘の用水秩序と開発をめぐる諸問題——村岡薫説の検証を中心に

上述のごとく、金田説では、A図からB図への田主・田積の変動の背景に、A図の現地認識の不明確さが指摘されているが、この点についての実証は問題が多く、検討の余地があることはすでに述べた。それでは、二枚の糞置荘図の田主・田積の変動は、いかなる根拠と背景にもとづいてなされたのであろうか。私は、この問題を解決するには、糞置荘における国家・東大寺と在地諸勢力の開発をめぐる諸関係を把握し、さらにそれを規定した当該時期の国家の土地支配の政策基調を理解する必要があると考えている。

かかる視点から糞置荘の田主・田積の変動過程の背景を追究した研究としては、やはり村岡薫氏の業績が注目される。村岡氏は、A図とB図をフィールドワークを踏まえた現地形及び灌漑状況の検討結果との関わりの中で比較することで、糞置荘の開発の推移と実態を考察している。氏の方法は、圃場整備前の灌漑状況の調査を踏まえ、近世以前の関連文書類の比較検討から遡及的に糞置荘における古代の用水とその開発可能地域を明確化していくというものである。氏の灌漑状況の調査結果はD図（動谷地区）・E図（大谷地区）に示したが、それと荘図の坊ごとの開田状況を対比させると、次の点が理解されるという。

まず、荘図内の開田地は、南の山麓部に集中し、向山以北の地域には野地が広がっていた。これは、北方の徳光上江用水が八世紀には存在せず、また、この用水の灌漑地域が漏水の激しい低湿地であったため北方地域は開発不可能地域が多く、それに比べて南部の山麓部が谷川と湧水の豊富な比較的安定したヤト田の地域であったためである。し

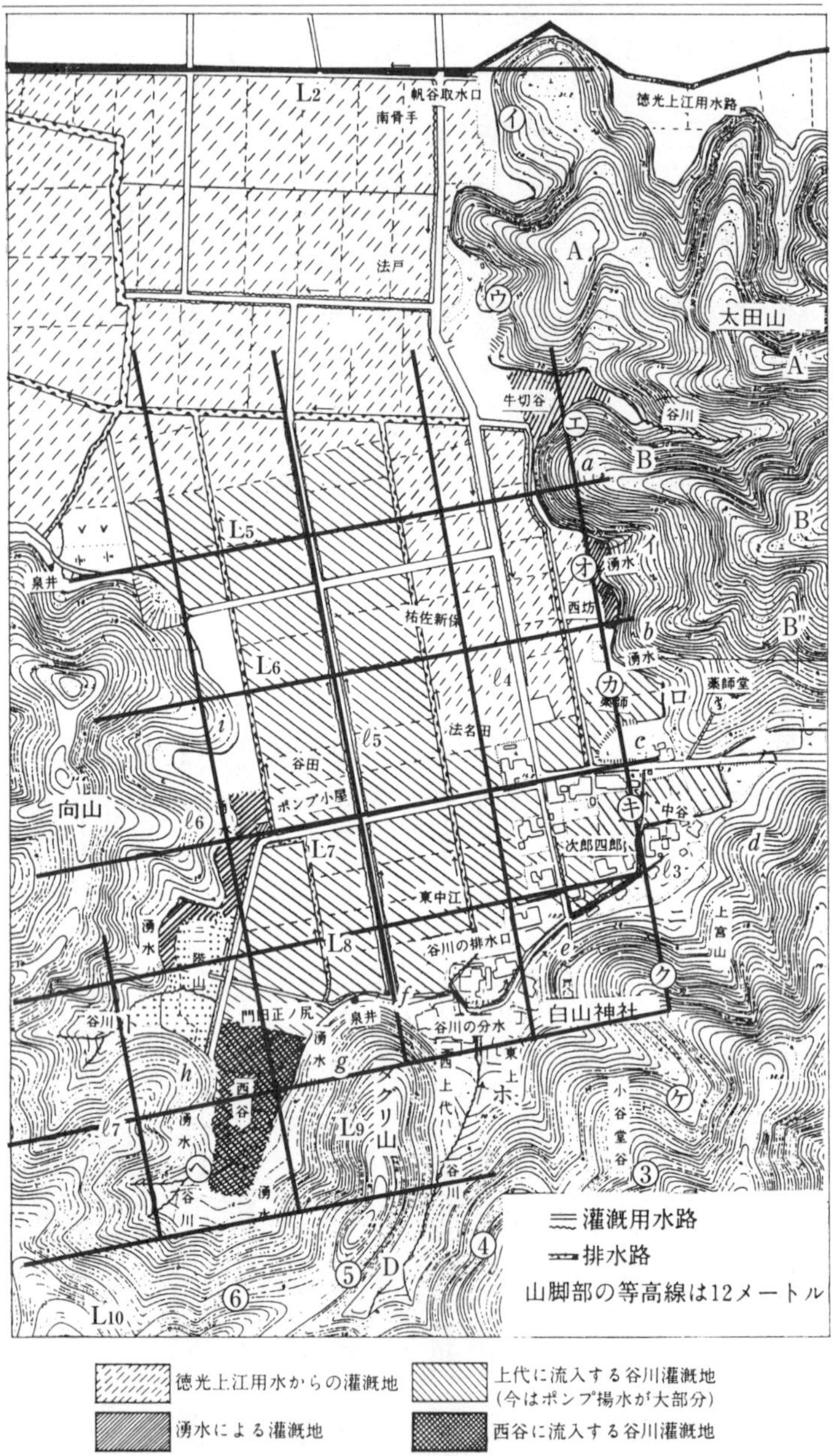

D図・動谷地区灌漑・条里プラン図―A・B両図に共通する条里プラン復原私案―
灌漑図は村岡論文所収のものである。条里プランの方格線は、L5〜L10、l3〜l7は、金田氏により、遺存地割から復原された斜向条里プランの比定案（前掲注(4)）を、また、L 2は、『福井県史』、栄原永遠男氏による復原案を各々参照して図上に加筆した。なお、山の張り出し（i）の位置は、金田氏が想定した位置よりも北側に想定している。

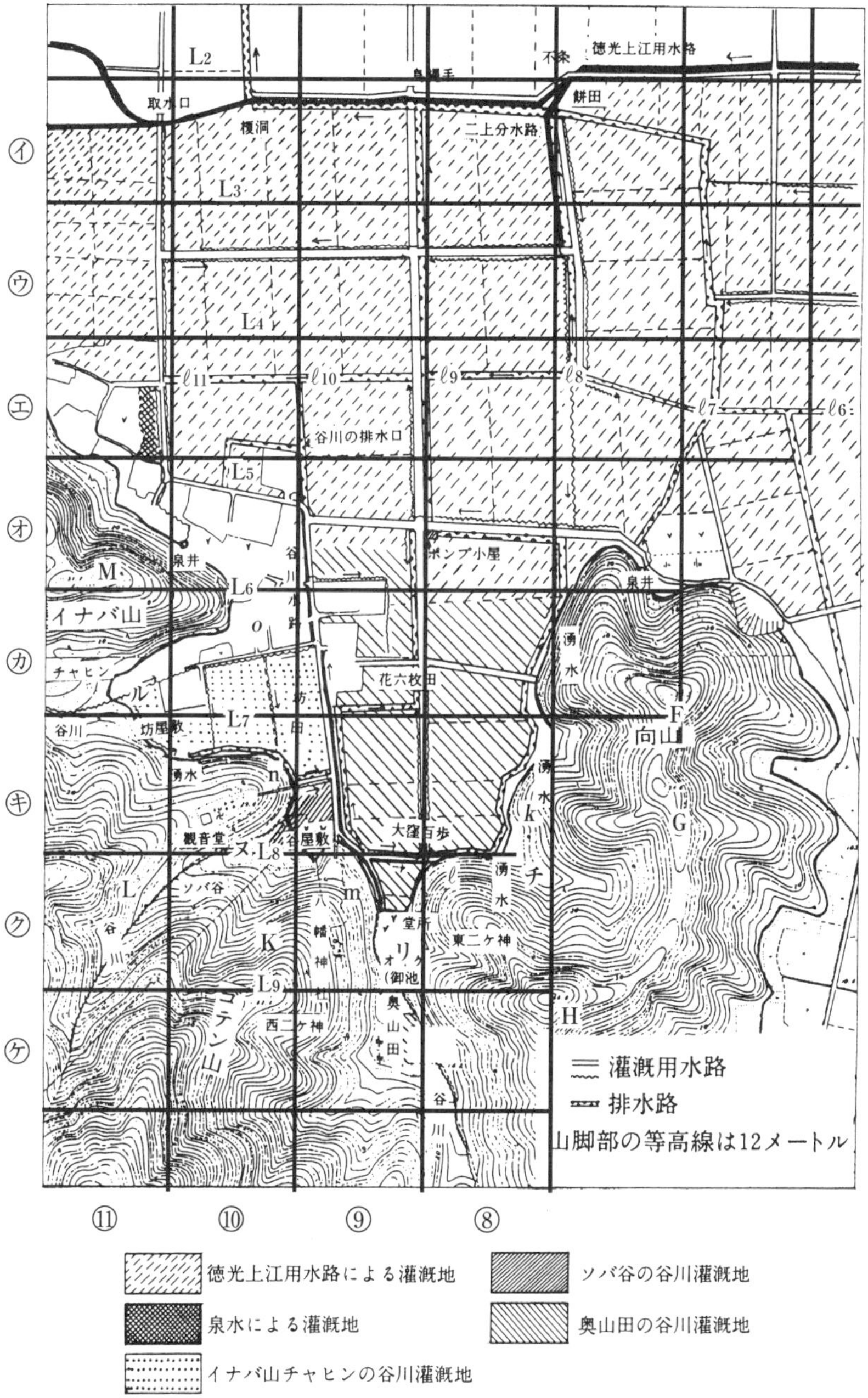

E図・大谷地区・灌漑条里プラン図—A図のみの条里プラン復原私案—

灌漑図は村岡論文所収のものである。条里プランの方格線は、C図に基づき加筆した、足羽郡主要部の条里プランを延長したもの（延長条里プラン）である。

かし、山麓部も日照条件が悪く低水温の地が多く、そのためほとんどが下田であった。糞置荘占定以前、動谷里十一坊の「伯姓本開」田が水量豊富な上代の谷川流入口に占地しており、当荘の開発はこの坊から発展していったものと思われる。越前国司解に見える糞置荘田の天平宝字四・五年の公田編入は、谷川の用水を公水とする在地の主張に国司が乗った結果発生した。A図によれば、大谷地区の開発が進展していたが、これは当地域の灌漑の為の谷川水路(大谷地区に描かれた二本の平行墨線。以下、平行墨線と呼称)が造成されていたためである。B図では、この谷川水路の消滅と谷川水路灌漑地域の荒廃が、大谷地域の平行墨線の消滅と当地区の田積減少から伺われる。その背景には、越前国司解に見える「郡司百姓等」が「堀塞寺溝堰」ぐ事件があり、そこから藤原仲麻呂政権から道鏡政権への移行に伴う寺領再編をめぐる在地勢力と寺家の対立抗争が存在したと考えられる、とする。

村岡氏の分析視角については基本的に賛同できるが、結論的に言えば意見を異にするところがあるので、以下、村岡説の検証を軸に私見を提示していきたい。

まず、A図に描かれ、B図に見えない二本の平行墨線の意味について、それを灌漑溝(谷川水路)とする理解[17]は妥当であろうか。

この平行墨線は、A図の中の大谷里一坊から琴絃西里六坊・同里五坊・八坊にかけて描かれており、二本の墨線の中が薄茶色に彩色されている。栄原氏は、この平行墨線について次のように指摘する。①A図では「山道」は朱線一本で表記されていることから道の表現ではない、②A図と同じ天平宝字三年に同じグループで作成された荘図六点には、各々二本の平行墨線が一本の彩色された墨線と区別されて描かれ、後者はいずれも道を表現し、前者は「溝」「川」等の水流を示す表現となっている。したがって、A図の平行墨線は、溝を表現している、③平行墨線は大谷里一坊内から始まり南方に延びないことから、この溝がリの谷奥から発するものではない、④当地は湿地帯であったので灌漑用ではなく、排水溝であった可能性が高いといえる、という。

栄原氏の①②の認識は、平行墨線を農業用の溝と捉える村岡説を補強するものとなっているが、③④説については、平行墨線を「奥山田」(リの谷)からの谷川を引く灌漑溝(谷川水路)と把握する村岡説とは異なる認識が示されている。この点については、村岡氏が指摘された、谷川水路が造設された微地形の問題が参考になる。すなわち、昭和四十六年測量の「二上地区現況計画平面図」により把握される大谷地区の水田面の高低から、「坊田」や「谷屋敷」に流入する谷川が微扇状地を形成し、谷川水路はこの微扇状地の扇央部を通っていることが確認される。そして、奥山田から流入する谷川の自然流路としては、この扇状地形の扇端部を迂回し、「上野不知」「下野不知」の低い所を流れるはずであることから、谷川水路は自然流路ではなく人工水路としか考えられないとしている。

村岡氏の指摘により、谷川水路が自然流路を改変し新たに造設された人工水路であった可能性は高まったといえよう。この点は、A図に多数あった自然流路(谷川)が図上に一本も描かれず、当該墨線のみが描かれていることから、当該墨線が他の自然流路と異なる特殊な性格をもっていたと考えられることと深く関わっている。

したがって、リの谷(「奥山田」)に水路が描かれていないのは、平行墨線が「奥山田」から発していないことを示しているのではなく、「奥山田」からの自然流路(谷川)を引く東大寺の人工水路(谷川水路)の造設部分が、大谷里一坊から始まることを示すにすぎないのである。延長条里プランで大谷里一坊の位置を確認すると、同坊の南端は、「奥山田」の谷の出口が、「谷屋敷」の谷川の形成する微扇状地にぶつかる部分に該当している。このことも、「奥山田」の谷川の自然流路が大谷里一坊の南端で終わり、人工水路部分がこの地点から始まる可能性を高めるものといえよう。

以上の点から、私は、A図の二本の平行墨線を東大寺により造設された灌漑用の人工水路(谷川水路)とする、村岡氏の見解を支持したい。[18]

しかし、村岡説には、方法的問題も含め、いくつかの疑問点もある。

第一に問題なのは、村岡氏が平行墨線消滅の理由を、越前国司解に見える「郡司伯姓等、捉打寺田使、堀塞寺溝堰」の事件との関連から、「郡司伯姓等」による東大寺の谷川水路（人工水路）の「堀塞」に求め[19]、その背景を道鏡政権下の寺領保護政策の強行に対する在地勢力の反発に見いだしている点である。前者の点については、越前国司解に見える「寺溝堰」をめぐる抗争を具体的に荘図の中で検証した画期的な業績であると考えるが、その背景を道鏡政権の寺領拡張政策という政策方針にのみ求めていくのは問題がある。村岡説では、「郡司伯姓等」という在地勢力と東大寺の抗争が、何故「寺溝堰」を「堀塞ぐ」という形で起こったのか、その必然性が説明できない。また、村岡氏は、B図では谷川水路の灌漑地と想定される大谷地区内の五つの坊で田積が減少していることが、平行墨線（谷川水路）の消滅に起因しているとする。その指摘自体は卓見であるが、そうであるならば、B図において大谷地区の田積の増加した坊があることの理由も、合わせて説明されるべきであろう。

表1は、大谷地区の地目と田積の変化を、天平宝字三年のA図作成段階、天平宝字四・五年の校班田段階、天平神護二年のB図作成段階に分け、その推移を各坊ごとに確認してみたものである。表1と村岡氏の作成した大谷地区の灌漑状況図（E図）を坊ごとに対照していくと、次のような特徴が見えてくる。まず、大谷地区で田積を減少させた坊は、平行墨線（谷川水路）の東側に集中し、田積を増加させた坊は、平行墨線（谷川水路）西側に集中する。次に、田積を減少させた谷川水路東側の五つの坊について見ると、(a)地目が寺田のままで田積を減少させているケースと、(b)田地目を寺田（A図）→口分田（天平宝字四・五年校班田）→寺田（B図）という形で変化させながら、田積を減少させているケースという二つの類型が認められる。そこで、(a)(b)それぞれのケースについて、各坊の灌漑状況をE図で確かめていくと、(a)の琴絃西里五坊・同六坊は谷川水路のみに全面的に依拠した可耕地をもつ坊であるのに対して、(b)の

所在	田積の変化			灌漑状況	田の増減	種別
	天平宝字3年	天平宝字4・5年	天平神護2年			
琴絃西里5坊 谷川水路・東	寺田　72歩 寺野9段288歩		寺野1町	谷川水路	減	ⓐ
琴絃西里6坊 谷川水路・東	寺田3段 寺野7段		寺田1段216歩 寺野7段	谷川水路	減	ⓐ
琴絃西里7坊 谷川水路・西	寺田3段 寺野6段	寺田3段 口分田2段168歩	寺田5段168歩	イナバ山チャヒンの谷川	増	
大谷里　1坊 谷川水路・東	寺田1町	口分田　6段 寺野　4段	寺田　6段 寺野　4段	谷川水路 奥山田の谷川	減	ⓑ
大谷里　2坊 谷川水路・東	寺田3段	口分田2段72歩	寺田2段72歩	奥山田の谷川	減	ⓑ
大谷里　12坊 谷川水路・西	寺田1段 寺野1段	口分田2段120歩	寺田2段120歩	谷屋敷の谷川	増	
動谷里　36坊 谷川水路・東	寺田2段100歩 寺野5段	口分田　1段 寺野　5段	寺田　1段 寺野　5段	奥山田の谷川 湧水	減	ⓑ

表1

大谷里二坊・同一坊・動谷里三十六坊は、「奥山田」からの谷川の自然流路や湧水に依拠した可耕地を確保できる坊であることが分かる。私はかかる(a)(b)の灌漑状況の相違と、谷川の自然流路や湧水に依拠した(b)の坊にのみ天平宝字四・五年段階で口分田が出現し谷川水路（人工水路）に依拠した(a)の坊は東大寺が一貫して確保しているという問題は、密接に関わっていると考える。用水の性格から見ると、(b)の坊を灌漑する自然用水は、東大寺の他、百姓の田に水を引くことの許された公水[20]であり、(a)の坊を灌漑する谷川水路は、東大寺の加功により造設された排他的な「寺溝」とみなすことができよう。

上述のように、「奥山田」からの谷川の自然流路が「坊田」や「谷屋敷」に注ぐ谷川の形成する微扇状地の先端部を流れるのが本来の流路であるとすれば、仮に谷川水路（平行墨線）の存在が無ければ、この自然流路は(b)の大谷里二坊・同一坊・動谷里三十六坊の方向に流れ、それぞれの坊にそれに依拠した可耕地を確保することが予想される。つまり、東大寺による谷川水路の造設は、(a)の二つの坊の開発を可能にすると同時に、本来(b)の三つの坊に向かう自然流路の水（公水）を奪うことで(b)の坊における自然流路に依拠した田地経営を困難ならしめる、という問題を生起するのである。北陸における東大寺の荘田経営が、大規模な「溝堰」の造設により谷川や湧水などの自然用水に依拠した百姓口分田・墾田経営を妨害し、結果的に在地の百姓との対立・矛盾を引き起こした歴史的状況については、桑原荘や溝江荘、鹿田荘等の事例からすでに奥野中彦氏[21]が明らかにされている。こうした傾向を踏まえると、東大寺は、(a)の坊の開発計画を中心に谷川水路（平行墨線）を人工的に造設したが、百姓層は郡司と結託して特に公水（自然用水）を利用した(b)の坊における水田を確保するために、自らの依拠する谷川の自然流路を維持するべく東大寺の「寺溝堰」（谷川水路）を「堀塞ぐ」という行動に出たのではないだろうか。その結果、谷川水路の「堀塞」と並行して自然流路（公水）に依拠して開発された(b)の坊の百姓経営地が、天平宝字四・五年に百姓口分田として認定されることになった、というのが事の真相であったと考えられる[22]。(a)の坊の田積減少は、谷川水路の崩壊ないし縮小に伴う寺田の荒廃化（琴絃西里五坊）、田積減少（琴絃西里六坊）を意味しているが、(b)の坊の口分田化及び谷川水路（平行墨線）の消滅を伴う田積減少については、百姓経営地（口分田）が谷川・湧水の自然流路に依拠し、東大寺が谷川水路（人工水路）に依拠するという、各々異なる用水系による経営が同一の坊内で錯綜した結果生起した現象とみなすことができるのである。

次に、谷川水路の西側の田積を増加させた二つの坊について見ておきたい。これらは、E図の「坊田」「谷屋敷」の地域に比定され、イナバ山チャヒン及びソバ谷の谷川に依拠した可耕地で、東側の谷川水路から灌漑する土地ではなかった。琴絃西里七坊では、天平宝字四・五年に旧来の寺田に加わった百姓口分田分が増加しており、また大谷里十二坊では、寺田（A図）→口分田（天平宝字四・五年の校班田）→寺田（B図）と変化する中で、天平宝字四・五年に百姓口分田として田積を増やしている。百姓口分田がイナバ山チャヒン、ソバ谷の谷川（自然用水）に依拠して経営されていることは確実である。問題は、百姓層の新たな開田（百姓口分田の増加）と東隣の谷川水路の消滅にいかなる相関関係があるかという点である。村岡氏によれば、「谷屋敷」「坊田」の地域は、谷川水路とそれに並行して走る道路が堤防になって大雨時にイナバ山チャヒンの谷川の水をせき止めてしまい、そのため鉄砲水によって一帯を冠水させ甚大な被害を出すことがあると、現在の用水状況を説明している。この点を勘案すると、谷川水路とそれに伴う条里地割（延長条里プラン）の設定は、「坊田」「谷屋敷」の谷川の自然流路による百姓層の経営にとって妨げになる要素を備えていた可能性が高いのではなかろうか[23]。こうした事由が背景となり、谷川水路の「堀塞」により「坊田」「谷屋敷」の自然流路（公水）に依拠した百姓経営地が田積を増加し、それが天平宝字四・五年に追認されて百姓口分田となったものと考えられる。

A図とB図の各坊に付された小字地名的名称の変化は、用水秩序の変動から地目・田主・田積の変化を説明する上記の考えを裏付ける傍証となるだろう。

まず、A図、すなわち平行墨線（谷川水路）の存在する段階においては、琴絃西里五坊の「足原田」を除く東大寺田の所在する坊の小字地名的名称は、平行墨線（谷川水路）東西にわたって「佐々岡田」で統一されている。これは、「足原田」を除く「佐々岡田」部分の東大寺の用水秩序が、平行墨線（谷川水路）を中心に構築されている可能性を示している。具体的に言えば、「佐々岡田」の所在する大谷里六坊・一坊・二坊は、E図では、谷川水路による灌漑地として位置づけられている。琴絃西里七坊・大谷里十二坊の場合は、灌漑自体はイナバ山チャヒン・ソバ谷の谷川に依拠しているが、その地割形態・灌漑状況は谷川水路の存在に規定されていると見てよい[24]。E図からみて、谷川水路は、上記の「佐々岡田」の所在する五か坊の用水秩序・耕地の地割形態を規定する存在とみなすことができるのであり、その意味でこれらの五か坊は、谷川水路を軸に構築された一体的な耕地群であったと考えられる。

「足原田」の存在する琴絃西里五坊についてはどうか。E図では、この地域は谷川水路による灌漑地として位置づけられている。しかし、A図を見ると、当該時期の平行墨線は、琴絃西里五坊の南側里界線からすぐ西北方向に折れ、

「佐々平岡」（現イナバ山）の北側山麓線に沿って琴絃西里八坊を斜めに走っていることに気づく。この点は、E図の谷川水路の状況とA図のそれの大きく食い違う点となっており、したがって、A図では琴絃西里五坊は谷川水路の灌漑地とみなすことはできないように思われる。「足原田」（葦原田）の名から見て、これは平野部に展開する排水不良の湿田であろう。琴絃西里五坊は、A図の中で谷川水路中心の用水系・地割形態から唯一外れる耕地の可能性がある。「佐々岡田」「足原田」の二種の坊に分かれるA図の小字地名的名称のあり方は、谷川水路中心の用水系・地割形態と合致する大谷地区の耕地の存在形態を表現していると見られる。

これに対して、B図段階では、「佐々岡田」がa「榎本田」（琴絃西里七坊）・b「葦原田」（大谷里十二坊）・c「大谷田」（大谷里一坊・二坊）・d「鳥出田」（琴絃西里六坊）・e「岡本田」（琴絃里三十六坊）と坊ごとに細かく分かれ、「足原田」が荒廃化（野化）している。谷川水路が消滅して口分田を出現させた天平宝字四・五年以後の状況を示すB図の段階では、上述したようにそれぞれの坊では谷川・湧水の自然用水に依拠した経営が為されたと考えられるが、大谷地区のB図の小字地名的名称のあり方は、このような用水秩序と合致する耕地の存在形態をよく示している。すなわち「榎本田」はイナバ山チャヒンの谷川に依拠する「坊田」地域、「葦原田」はソバ谷の谷川に依拠する「谷屋敷」地域、「大谷田」は奥山田からの谷川の自然用水に依拠した地域、「鳥出田」は「大谷田」北側の平野部の湿田、そして「岡本田」はk・lの付近から湧出する二カ所の湧水に依拠した地域に対応している状況が確認される。金田氏は、A図からB図にかけての小字地名的名称の変化の背景に、条里プランに基づく開拓の進行とともに、天平宝字四・五年の校班田に伴い、これらがA図段階とは「別の田として記録」された、という条件を想定する[25]。小字地名的名称の変化をもたらした「別の田」の出現とは、本稿の立場から見ると、谷川水路を軸に統合された東大寺主導の用水秩序・地割形態（延長条里プラン）から、自然用水（公水）ごとに分割された「郡司百姓等」主導の用水秩序・地割形態（斜向条里プラン）への変化を物語っているといえよう。その意味で、大谷地区の小字地名的名称の変化は、用水秩序と地割の変更（より具体的に言えば公水としての自然用水に依拠した百姓開墾地の成立）に伴う、耕地形態の変化に対応しているということができる。

四　開発の推移——天平神護二年越前国司解の再検討

村岡氏は、谷川水路消滅の時期、すなわち越前国司解に見られる「堀塞寺溝堰」の時期を、道鏡政権の成立した天平神護元年閏十月から二年八月の間に求めている。村岡説に対する第二の疑問は、この点にある。村岡説の根拠になった越前国司解の該当個所を検討してみたい。

以前、被太政官去八月廿六日符偁、得東大寺鎮三綱牒偁、越前国田使僧勝緯等状云、去天平宝字五年、巡察使并国司等、割取寺家雑色供分之田、給伯姓等、又雖乞溝堰処、无所判許、加以、郡司伯姓等捉打寺田使、堀塞寺溝堰、水不通、荒地不少者、今鎮三綱等、具注申状、牒上如前、望請、依前図券、勘定虚実、若有誤給伯姓、更収返入寺家、改正図籍、並充溝堰、永得无損者、官判依請、仍差少寺主伝灯進守法師承天・造寺司判官外従五位下美努連奥麿等、充使発遣、国宜承知、准状施行者、謹依符旨施行、具件如前、仍具事状、即付奥麿等申上、謹解。

村岡氏は、①田使僧勝緯等が状を鎮・三綱に提出したのが天平神護二年八月二十六日以前である、②その状の内容が「改正図籍、並充溝堰、永得无損」という寺領回復のための二点の許可申請であり、すでに勝緯等がその任に当たっていた、③勝緯が検田使としてB図奥書に署名している、という点を根拠に、「雖乞溝堰処、无所判許」という事態が勝緯等の寺領回復活動中に起こったと論じている。

しかし、村岡説の最も重要な根拠となる②の点、すなわち勝緯等状の内容が上記二点の許可申請であったということは、越前国司解からは論証できないように思われる。勝緯等状の引用箇所は、「者」（てへり）により文書を区切っていくと、「去天平宝字五年」の文言から「荒地不少」までであることが分かる。つまり、「改正図籍、並充溝堰、永得无損」の許可申請は、勝緯等状ではなく、それを受けた東大寺鎮・三綱が、天平神護二年の校田に当たり太政官に申請した牒の内容を示している。したがって、ここから勝緯等が東大寺に対して「溝堰を充」てる任務を行っていたということはできないだろう。むしろ勝緯等はその状で、巡察使と国司等が東大寺田を百姓に給い東大寺の「溝堰処」の占定を許可しなかった事、また、郡司百姓等が寺田使を捉え打ち「寺溝堰」を掘り塞いだという事件を東大寺に報告したにすぎないのである。そして、「堀塞寺溝堰」事件の発生は、勝緯等状の冒頭の年紀が示すように天平宝字五年と見るのが自然であり、その報告を受けた東大寺が「充溝堰」を太政官に申請したのが天平神護二年の校田時であった、とみなすことができよう。なお①③については、事件が天平宝字五年に生起したとみても成り立つ論点なので、ここであえて触れる必要はないと思われる。

それでは、天平宝字五年に掘り塞がれた「寺溝堰」の一つ、すなわち糞置荘の谷川水路（平行墨線）は、一体いつ造設されたのであろうか。A図の作成が天平宝字三年であることから、同年開削ということもあり得るが、私は以下の点から、天平勝宝元年（七四九）の寺領占定以後、天平宝字三年のA図作成以前にすでに開削がなされていたと考える。(26)

先学が指摘しているように、(1)A図の十二月三日という厳冬期の日付、(2)寺使が越中から十一月十四日以降に越前に向かい、約半月後にはA図を完成させていること、(3)天平宝字三年から同四年の一年間としては坊ごとの田積の増減が不自然なこと、(4)作図上のミスがあること、といった点から、A図作成に際しては寺使は実況検分をほとんど行わず、班田図などの過去の資料に基づき翌年（天平宝字四年）の校田に備えた寺領確認のためにA図は作成された[27]。したがって、A図の谷川水路（平行墨線）も過去の班田図の記載をそのまま踏襲した可能性が高く、必ずしも天平宝字三年に開削されたものとはいえないだろう。

以上の検討結果を踏まえ、谷川水路造設をめぐる動向と荘図作成の過程は次のように整理できると思われる。

①天平勝宝元年以後、天平宝字三年までの間に、東大寺は大谷地区に谷川水路を造設し、足羽郡主要部の条里プランを延長し、これを軸にした大谷地区の用水系・土地の編成を行った。

②①を受けて、すでに山麓部の自然用水（公水）に依拠して糞置荘域に進出していた百姓層は、東大寺による谷川水路（「寺溝」）の造設とそれに伴う新地割（延長条里プラン）の構築により、自らの経営地が依拠する自然用水（公水）を妨げられるという事態に直面した。そこで百姓層は郡司の一部と結託して、寺田使を捉え谷川水路（「寺溝」）の埋め戻しの強行手段に訴え、山麓部の自然用水（公水）に依拠した百姓開墾地の維持を図った。

③天平宝字四・五年の校班田にあたり、巡察使と国司は東大寺の主張を認めず、同時に、百姓層による谷川水路（「寺溝」）埋め戻し及びそれを軸にした東大寺の耕地編成の拒否の結果維持された、自然用水（公水）を軸にした百姓開墾地の用水秩序・耕地体系を追認し、それらの耕地を公田に編入して百姓口分田として再班給した。

④天平神護二年の校田に当たり、道鏡政権下での寺勢を背景に、東大寺田の奪回が図られる（越前国司解）。しかし、大谷地区では、谷川水路を軸にした用水秩序と耕地体系（延長条里プラン）を回復することはできず、東大寺田の回復は、自然用水（公水）に依拠した百姓開墾地（百姓口分田）の一方的奪取（「改正」）という手段を通じて行われた。したがって、条里プランについても、谷川水路の用水系と関わるA図・大谷地区の延長条里プランは放棄され、百姓層が自然用水（公水）に依拠して構築した現実の地割に適合する形で編成（斜向条里プラン）されることとなった（B図）。

糞置荘における東大寺と百姓層の用水をめぐる対立は、単に道鏡政権下の一事件として処理されるべきではなく、東大寺領占定以後、在地に伏在した矛盾として把握すべきである。自然用水（公水）を軸に耕地を編成していく百姓層と、人工灌漑施設を加功により造設しそれに基づき大規模墾田経営を展開する東大寺という、それぞれの依拠する用水の性格に規定された経営の質の相違、言い換えれば開発・経営の階級的特質を視野に入れなければ、荘図作成の背景を捉えることはできないのである。(28)

五　地目・田主認定変更の法的根拠――土地法（墾田法）と荘図

天平宝字四・五年の校班田において、巡察使と国司が、A図で承認されていた寺田・寺野を百姓口分田として班給したのは、いかなる根拠に基づくものであったのだろうか。最後に、大谷地区における寺田・寺野収公の法的根拠を、当該期の土地制度の中に位置づけてみたい。この問題については、当該期の墾田制体系そのものの検討が必要であるが、紙幅の都合上別稿に委ね、ここでは必要に応じて要点のみを記しておく。そこで、以下、大谷地区の各坊における天平宝字三年（A図）段階から天平宝字四・五年の校班田結果（B図から復原）段階への地目の変化を確認し、前章までの検討を踏まえた上で、かかる変化の制度的根拠について私見を提示する。

(1)大谷里一坊……寺田一町→口分田六段・寺野四段（前者：天平宝字三年のA図の段階、後者：天平宝字四・五年の校班田段階。以下これに準ずる）。

大谷里一坊では、谷川水路（寺溝）とそこから灌漑した寺田の破壊に伴い、奥山田の谷川（自然流路）に用水を依拠した百姓開墾地が出現した。天平宝字四・五年の口分田は、この百姓開墾地を収公し、口分田化したものと考えられる。

天平十五年（七四三）に制定されたいわゆる墾田永年私財法は、墾田開発の事前申請と公験判給を経ない私的開墾を不法とみなし、公験をもたない私墾田を収公するという法理を規定していた（墾田公験判給制）[29]。また延喜民部省式公水条には、公水を用いた私墾田で、なおかつ他者の田地の灌漑を妨害するものは収公の対象となるという法理が確認される（公水制）[30]。当坊の口分田が認定される一年前のA図の段階では、当坊には寺田しか認定されていなかったのであるから、奥山田の自然流路による百姓開墾地は公験判給を経ない不法墾田であったことは間違いない。したがって、かかる百姓開墾地には、墾田公験判給制が適用され、制度的に収公の対象に認定することができるのである。また、自然用水（公水）を妨げる谷川水路（寺溝）による寺田経営は、公水制に触れ、これも収公の対象として認定することが可能になる。以上の点から、当坊の口分田化の法的根拠は、墾田公験判給制と公水制にあったと考えられよう。

なお、寺野四段は、寺田一町のうちの四段分が荒廃化したが、そのまま寺の占定する野（墾田開発対象地）として確保されたものとみなされよう。

(2)大谷里二坊……寺田三段→口分田二段七二歩・空白地（無実）

当坊の寺田の崩壊と口分田出現の背景は、大谷里一坊と同様である。したがって、当坊の口分田化の根拠も、大谷里一坊と同じ墾田公験判給制と公水制にあったと思われる。

当坊で注目されるのは、寺田三段のうち、二段七二歩が口分田化するが、残りの二八八歩は何の表示もない空白地となっている点である。当坊で二八八歩分の寺田の荒廃田化が起こったことは明らかであるが、かかる荒廃田が図上に何の表示もない空白地となっているのである。一方、AB両図ともに、「野」の表記は、「寺野」すなわち東大寺が墾田開発対象地として占定した未開地を意味しており、それは坊単位に一町や四段、二段などの占定面積の表示が為されている。このことは、端書にある「未開」の総面積が荘図の坊内に見られる「野」の合計と一致することから確認できる。しかし、このことは言い換えれば、糞置荘の荘域（朱線）内に東大寺の占定野地＝「野」とは異なる地目として、未開発地・荒廃田＝空白地が存在することを示している。したがって、荘域内に点在する占有主体の表示のない空白地は、見過ごすことができない重要性をもっているのである。

こうした未開発地・荒廃田の区別の仕方は、糞置荘図だけではなく、他の荘図にも見いだすことができる。その一例を掲げると、たとえば神護景雲元年越中国射水郡鳴戸村墾田地図(31)には、次のような記述がある。

三鳴戸田一町
　无実四段
　　寺田六段
　　　已荒

この場合、三坊に所在した東大寺田一町の田は、すでに神護景雲元年には荒廃化していたが、ここでは荒廃田が、東大寺が占有権を表示する「已荒」六段と、占有主体の表示のない「无実」四段に地目が区別されていることが確認される。こうした事例は、他でも確認できるが、荒廃田の占有主体の表示の有無が明確に峻別されているということは、荘図上の荒廃田には、上記のように荘田占有主体（この場合は東大寺）の占有権が確保されている土地＝「已荒」と、占有権を喪失した土地＝「无実」という二種類の地目が存在していることを示している。糞置荘図における占有表示のない空白地は、まさにこの場合の東大寺が占有権を喪失した荒廃田＝「无実」を意味するのではないかと思われる。

なお、田図上の荒廃田の定義については、律令土地制度史上の「常荒田」と「不堪佃田」の相違との絡みで多くの研究が蓄積され、未だ定見を見ていない。しかし「不堪佃田」が占有主体の田主権のみは保護された荒廃田だが、前者の「常荒田」は、延喜民部省式諸国校田条に定着した法理により、校田時に収公が実施されることになっていたという理解に問題はないだろう[32]（常荒田収公制）。このような収公荒廃田としての「常荒田」こそが「无実」であり、また、糞置荘図に見られる荘域内の空白地を意味していたと考えられる。したがって、荘域内の空白地は、なんらかの理由により寺田が「常荒」として認定され、常荒田収公制が適用されて収公されたものといえよう。

(4)動谷里三十六坊……寺田二段一〇〇歩→口分田一段・空白地（無実）

口分田化・空白地（無実）化の背景及びそこに適用された法的根拠は、(3)と同じである。

(5)琴絃西里五坊……寺田七二歩・寺野九段二八八歩→寺野一町

当坊における寺田の寺野化は、谷川水路の「堀塞」による寺田の荒廃化が想定される。当地は、収公の対象とならず、野地のまま、東大寺の占有地（開発対象地）にとどめられた。

(6)琴絃西里六坊……寺田三段→寺田一段二一六歩・空白地（無実）

当坊では、東隣の谷川水路の「堀塞」は、寺田の一部の「常荒」化をもたらした。したがって、「常荒」化した寺田一段一四四歩分だけに常荒田収公制が適用されて収公され、空白地（無実）とされたと考えられる。

(7)琴絃西里七坊……寺野六段→口分田二段一六八歩・空白地（無実）

字「坊田」に比定される当坊では、東隣の谷川水路の「堀塞」は、イナバ山チャヒンの谷川（自然流路たる公水）に依拠した百姓開墾地を出現させ、それが天平宝字四・五年に至り口分田化されることになった。一方、寺野（東大寺開発対象地）の一部は、「常荒」として認定され、天平宝字四・五年時に収公されて荘図上に空白地（無実）として位置づけられた。

開発対象地たる未開の野地が収公される根拠としては、墾田永年私財法に規定された三年不耕条項[33]が考えられる。これは、墾田開発認可の公験を得ても三年間、未開地のまま放置したならば、その占有権を失う、という法規である。また、イナバ山チャヒンの自然流路に依拠して出現した百姓開墾地を口分田化した根拠は、(1)同様、墾田永年私財法の墾田公験判給制にあったものであろう。

(8)大谷里十二坊……寺田一段・寺野一段・空白地（無実）→口分田二段一二〇歩・空白地（無実）

当坊における寺田の荒廃化と口分田化の背景は、東側の谷川水路の「堀塞」に伴う、字「谷屋敷」の谷川（自然流路たる公水）に依拠した百姓開墾地の出現があった。この百姓開墾地が、天平四・五年に口分田として認定されたのである。

寺田・寺野収公（「常荒」認定あるいは公田化）の法的根拠は、常荒田収公制、あるいは墾田永年私財法の三年不耕条項のほか、口分田に認定された百姓開墾地の用水（「ソバ谷」の谷川＝公水）を妨停したことによる、公水制の適用にもとづく収公が考えられよう。また、百姓開墾地の口分田化は、墾田公験判給制に基づく収公が想定される。

以上、大谷地区における天平宝字四・五年段階における地目変更の法的根拠について、当該時期の土地制度に留意しつつ推測を試みてみた。国家的土地支配の下、糞置荘における地目・田主・田積の変化が荘図という形で国家的に承認されるためには、当然、それなりの法的根拠が要求されるはずである。しかし、従来の諸研究は、この点を非常に軽視しており、藤原仲麻呂や道鏡等の当該時期の政策担当者や国郡司の裁量・恣意による地目・田主の変更を暗黙のうちに了解していたように見える。また、金田説が指摘したような荘図の不明確さによるその作り替えが、田主・田積の変化に結びつくとするならば、むしろ、荘図の作成、すなわち条里プランの編成が田主・田積を規定する根拠になる、当時の所有権のあり方とそれに規定された国家法の仕組みを明示すべきであろう。

しかし、前節で検討した糞置荘の在地における用水と耕地をめぐる競合を踏まえることにより、地目・田主の変更がアットランダムに行われているわけではなく、当該時期の土地法（墾田法）を根拠として実施されていたことが明らかになった。

したがって、ここから問題になるのは、かかる地目・田主・田積の変動＝荘図の作り替えを公的に承認する時に持ち出された土地法（墾田法）が、いかなる律令国家の土地支配・土地政策の基調により規定されているかを解明することである。この問題を明らかにするためには、国家法（墾田法）と、荘図及びその元になった田図・田籍制度との関係を国家の土地政策・土地支配の基調との絡みで追究していく必要があるが[34]、それについては今後の課題としたいと思う。

むすびにかえて

以上、ＡＢ二枚の糞置荘図を再検討し、二枚の荘図作成の背景について、条里プラン及び用水秩序の復原を通して、試論を展開してみた。おわりに、本論の結果得られた見通しと課題を整理し、結びに変えたいと思う。

東大寺と百姓等の在地勢力は、糞置荘の現地において、Ａ図作成以前の段階から用水秩序をめぐり競合関係にあった。百姓等は、山麓部の谷川・湧水といった自然用水（公水）に依存して開発を進めるが、東大寺の開発は、造東大寺司・国司の協力の下で進められる国家的開発[35]として、自然用水（公水）に依存する他に大規模な灌漑施設の造営（加功）によって開発を展開した。その最も象徴的な出来事は、大谷地区に見られる谷川水路（平行墨線）の造設である。こうした新たな東大寺の統一的な用水系・土地編成に対応するべく、足羽郡主要部の郡統合条里を延長した条里プランへの編入を意図したA図が、天平宝字三年に作成されることになる。A図では、向山北方、及び大谷地区において延長条里プランによる土地編成を成し遂げたが、一方、動谷地区では、地割が、すでに存在していた山麓部の百姓開墾地に規定されていたため斜向条里とならざるを得ず、このため、A図は、大谷地区と動谷地区の二つの主軸を異にする条里プランを、表現上の調整・操作により、延長条里プランに統合するという変則的な形をとらざるを得なかった。

しかし、こうした東大寺の開発・土地編成は、在地の百姓等の用水秩序を全く無視した形で進められたため、天平宝字四・五年の校班田時に百姓等との軋轢を引き起こすことになった。そのため天平宝字四・五年の校班田で、国司は、土地法（墾田法）に依拠して、寺田と対抗し用水の妨停によりその荒廃化（「堀塞寺溝堰」）を伴いつつ成長してきた百姓開墾地を収公し、新たに口分田として班給することで国家的土地支配への組み込みを意図するのである。したがって、この段階において、自然用水（公水）に基づき開発を進め、山麓部に主に展開した百姓開墾地の地割形態を組み込む形で、大谷・動谷地区すべてをB図の斜向条里プランに変更したのである。やがて、道鏡政権下の寺領保護政策を背景に、天平神護二年の校田時にあわせて、天平宝字四・五年時の百姓口分田・百姓墾田が強制的に寺田化され、その結果がB図に登記されることになった。

なお、足羽郡の沖積平野部には、郡単位の正方位条里地割が施工されている。つまり、沖積平野部の水田は、郡の権力によって統一的に掌握されており、足羽郡ではこれが条里プラン施行とそれに基づく班田制・墾田制支配の基礎となっている。

しかし、糞置荘域の山麓部に展開した百姓開墾地は、天平宝字三年（A図作成段階）時には、ほとんど国家未掌握の下で展開しており、またそれ故にA図において東大寺の主導での用水系・土地編成が、国家に承認されたものと推測される。かかる百姓開墾地は、いわば自然用水（公水）を利用した隠田としての谷田開発（農民的個別経営）と考えられ、東大寺と国司が当地域に足羽郡延長条里プランを施工しようと意図したのも、かかる国家未掌握の農民的個別経営を郡の統一的権力を利用して支配下に編入しようとしたものと推測できよう。しかし、これら農民層の谷田開発は、郡統合条里成立以後の後次的なものであるために、統合条里への編入は、一部、現実の地割に規定された斜向条里プランとして変則的に行なわざるを得なかったのである。

糞置荘図の内容・形式を根本的に規定したのは、東大寺と国司あるいは中央政府との間の対立・矛盾ではなく、むしろ、両者が共に支配の上で立脚した土地法（墾田法）と足羽郡統合条里プランの規制から離脱し、個別経営としての自立を目指す、農民的開発の動向が基底にあったといえるのである。

注

（1）荘図の概念については、栄原永遠男「古代荘図の作成と機能」（金田章裕・石上英一・鎌田元一・栄原永遠男編『日本古代荘園図』東京大学出版会、一九九六年）参照。
（2）『大日本古文書　家わけ第十八　東大寺文書之二（東南院文書之二）』（一九五二年）。
（3）①栄原永遠男「越前国糞置荘と条里地割」（奈良国立文化財研究所編『条里制の諸問題―条里制研究会記録2』、一九八三年八月）、②栄原永遠男「越前　a越前国足羽郡糞置村開田地図」（前掲注（1）編著書所収）。以下、栄原説の引用は、同論文による。
（4）①金田章裕「越前国足羽郡糞置村開田地図における山の表現と条里プラン」（荘園絵図研究会編『絵引荘園絵図』東京堂出版、一九九一年）、②同『古代日本の景観―方格プランの生態と認識』（吉川弘文館、一九九三年）。以下、金田説の引用は同論文・著書による。
（5）村岡薫「糞置荘の開発と現地」（荘園絵図研究会編『絵引荘園絵図』東京堂出版、一九九一年）。

（6）拙稿「東大寺領越前国足羽郡糞置村開田地図について—最近の研究動向の整理の中から」（『古代史研究』十一、一九九二年十一月）。
（7）金田前掲注（4）—②著書。金田氏の修正は、A図の条里プランについて、旧復原案（前掲注（4）—①論文所収の第2図）の東西方向の坪（坊）界線を約二〇メートル分ほど北寄りにずらしたものである（C図）。以下、金田説によるA図条里プラン復原案の引用と批判は、この修正条里プランに依拠している。
（8）『福井県史　資料編一六下・条里復原図』（一九九二年）。
（9）旧稿では、A図条里プランを、すべて遺存地割と一致するB図と同じ斜向条里プラン（後述）としたが、金田氏の新説に対する検証を踏まえ、A図のうち大谷地区の条里プランに限っては、金田氏の指摘する延長条里プラン（C図の西側部分）に妥当性が認められることが判明した。したがって、本稿ではその点に限り旧稿を訂正したいと考える。
（10）条里地割の遺存状況は、現地に残された畦畔と小字界線に基づき確認されたものである。
（11）本稿では、福井市二上町に属する向山以西の谷部（E図の地域）を大谷地区、同市帆谷町に属する向山以東の谷部（D図の地域）を動谷地区と仮に呼称する。
（12）東京大学史料編纂所編『大日本古文書（家わけ第十八）東大寺文書之四（東南院文書之四）東大寺開田図』図録、一九六五年）、「東大寺開田図越前国足羽郡糞置村」（東京大学史料編纂所所蔵、二面、東京国立博物館所蔵本の模写本、架蔵番号保／5／80・保／8／80）、西岡虎之助編『日本荘園絵図集成』上（西岡由起男所蔵本の影印、東京堂出版、一九七六年）。
（13）この点は、栄原氏により諸本とカラー写真の調査を踏まえ確認されている（前掲注（3）—②）。
（14）『福井県史』（前掲注（8））は、「南骨手」「五反田」「庵之下」「餅田」の小字北界線、「水長田」「下九日田」の小字北界線に、また栄原氏は、「清水」「南骨手」「五反田」「庵之下」の小字北界線と「中西不條」「水長田」（一部除外）の小字北界線に、それぞれL2のラインとの一致を認める。
（15）栄原前掲注（3）、村岡前掲注（5）論文参照。

(16) 金田氏は、八世紀において、各郡の縁辺部で現実の地割の主軸のズレが多々存在するにもかかわらず、田図・開田地図上では一律・画一的に表現されるという条里プランにおける景観認識上の特徴を指摘している。糞置荘の場合は、こうした特徴が、東西で主軸方位の異なる地割を画一的条里プランとして読み取ろうとしたB図に現れているとする（前掲注（4）—②、第二章）。しかし、本論で述べた通り、A図段階で、すでにこうした開田図の認識上の特徴は現れているといえる。また、大和国の「額田寺伽藍並条里図」を分析した山口英男氏は、条里方格線による現実の景観・位置認識の齟齬を、道・建物・樹木等の物体・事象を現実の位置確認の指標とすることで補正している事実を指摘した（同「大和　b額田寺伽藍並条里図」、前掲注（1）編著書所収）。A図では、山と山麓線の表現が、かかる補助的指標の役割を果たしているのである。

(17) 藤井一二氏もこの平行墨線を灌漑用水路とする（同『初期荘園史の研究』塙書房、一九八六年、三八六頁）。

(18) 金田氏も土地の低湿な条件から平行墨線を排水溝とし、「小さな谷の部分では、一般に谷頭からの小流を利用することが可能であり、しかも、地形的に最も低い所に相当すると考えられるから用水として使用するのは困難」として村岡説を批判する。しかし、村岡氏が分析された「二上地区現況計画平面図」から、当溝が地形的に最も低所を通っているとは言い難い。また、谷川水路と排水路を有効に組み合わせて水路東側の灌漑を実現している現況（E図）からみて、低湿な土地条件だけでは、灌漑水路の存在を否定する根拠にならないといえる。また、谷頭からの小流（公水）は百姓経営地に利用されており、越前国司解が述べるように、消滅した「寺溝」（平行墨線）がそれらに対抗しつつ造設された人工水路であったとすれば、やはり灌漑用水路とするのが妥当である。荘図の水路として、平行墨線だけが描かれている必然性を解く中で、「溝」の性格を考えていく必要があろう。

(19) 村岡氏は、事件が越前国司解全体の奥書に見え、しかもこれがB図と同じ日付をもつ一対の文書であることから、B図の「溝」の消滅と当該文言との関連を指摘する。

(20) 公水が自然用水を中心とした概念であったことについては、伊藤循「日本古代における私的土地所有形成の特質」（『日本史研究』二二五、一九八一年）参照。

(21) 奥野中彦「「初期庄園」の没落について」(『日本歴史』三二五、一九七五年)。
(22) 糞置荘では、坊単位に見ていくと、A図(天平宝字三年)から天平宝字四年の一年間に、開田面積が53・7%増え、逆に30%減るという不自然な田積の増減が起こっている。村岡氏は、この背景に東大寺と巡察使・国司の開田把握の相違があったことを指摘する。また氏は、天平宝字三年以前から存在した動谷里十一坊の「伯姓本開」から「上代」に流入する谷川を引き回す形で動谷地区の開発が進展したとする。こうした点を勘案すると、一年間の田積の増減を寺田の開発・荒廃だけで説明するのは困難といえ、A図の段階ですでに国司・東大寺未掌握の寺田以外の百姓経営地が存在し、それが天平宝字四年の校田で把握されたとみるのが自然である。
(23) 延長条理プランの地割では、イナバ山チャヒンやソバ谷から流入する谷川を利用した可耕地を琴絃西里七坊や大谷里十二坊に有効に確保できない(E図)。このことも、谷川水路造設に伴なう延長条理プランが、上記の自然流路を軽視した性格をもつことの傍証になる。
(24) 注(23)参照。現況では、これらの谷川の水は、「坊田」「谷屋敷」に引き回された後、谷川水路に落とされている。
(25) 金田章裕『条里と村落の歴史地理学的研究』第一章(大明堂、一九八五年)、同『古代荘園図と景観』第一章第一節(東京大学出版会、一九九八年)。
(26) 藤井一二「東大寺領荘園の形成に関する基礎的考察」(大阪歴史学会編『古代国家の形成と展開』吉川弘文館、一九七六年)。
(27) 栄原前掲注(3)、金田前掲注(4)、村岡前掲注(5)など。
(28) なお動谷地区においては、東大寺が人工水路を開削した形跡は見られない。当地には、村岡氏の指摘のように、動谷里十二坊の「伯姓本開」田(A図荘域外・B図荘域内)が平野部への流入口となる字「上代」の谷川(公水)を引き回した耕地、また、動谷里二十二坊の字「西谷」に流入する谷川(公水)により灌漑した耕地が存在したと考えられ、百姓層と東大寺の経営は、ともにこれら同一の谷川(公水)から灌漑する形で行われたと思われる。大谷地区と異なり、動谷地区ではAB両図の条里プランが斜向条里プランとして変更されなかった背景には、地割を規定する人工水路の造設が当地区に行われなかったことと関係していると思われる。

(29) 吉田孝『律令国家と古代の社会』第Ⅴ章（岩波書店、一九八三年）。なお墾田の給田主義については、吉村武彦「律令体制の成立と国家的土地所有」（同『日本経済史を学ぶ』上、有斐閣、一九八二年）、山本行彦「日本古代における国家的土地支配の特質」（田名網宏編『古代国家の支配と構造』東京堂出版、一九八六年）参照。

(30) 伊藤前掲注（20）論文、岩口和正「律令法と『公水』概念」（『歴史学研究』五三八、一九八五年）。なお私は、公水制は糞置荘図作成時には既に成立していたと考えるが、それについては別稿を期したい（私見の骨子は注（34）参照）。

(31)『大日本古文書』所収開田図（前掲注（12））。

(32) 荒井秀規「荒廃条と『常荒田』」（『古代文化』四四―二、一九九二年）など。ただし、荒井氏は、田図上の荒廃田は特定田主がいない「常荒田」とし、延喜民部式の法理は延暦十年に成立したとする。前者については、田図上に田主の登記された荒廃田と登記されない荒廃田の二種が確認できることから従い難い。また、後者についてはすでに当荘図段階で民部式の法理は成立していたと考えるが、これについては別の機会に論じたい（私見の骨子は注（34）参照）。

(33) 吉田前掲注（29）論文、荒井秀規「墾田永年私財法に関する二・三の視角」（下出積與編『日本古代史論輯』桜楓社、一九八八年）。

(34) 私見の骨子は「平安前期田図支配の成立過程―弘仁十一年十二月二十六日太政官符の歴史的意義―」、『歴史学研究』月報三三五号、一九八七年）に発表した。

(35) 岸俊男「越前国東大寺領庄園の経営」（同『日本古代政治史研究』塙書房、一九六六年）。

讃岐国善通寺一円保差図の成立

石附敏幸

一　問題の所在

弘法大師空海の生誕の地に位置する真言宗善通寺派総本山善通寺（香川県善通寺市善通寺町）は、現在でも多くの巡礼者・観光客が訪れる霊地である。金堂や塔などの伽藍が立つ東院と、空海生誕の地に立つ誕生院（西院）からなっており、その背後には筆ノ山・我拝師山《がはいしさん》などからなる五岳山が連なっているが、これらの山々も幼少の空海が修業したと伝える聖地である。

空海の生家たる佐伯氏によって創建された善通寺は、平安中期以降になると伽藍荒廃の危機に直面することとなった。それに対処すべく、善通寺は十世紀頃に東寺の末寺となり、その政治力に頼るかたちで国衙から伽藍修造のための免田を認可してもらい、寺領を拡大していった。十三世紀後半には善通寺の本寺は東寺から京都山科小野の随心院に変更されている。東寺百合文書や随心院文書、善通寺文書などから浮かびあがる善通寺の姿は、中世において一地方寺院が退転の危機をいかに乗り越えていったか、中央寺院と地方寺院の本末関係あるいは国衙と地方寺院との関係がいかなるものであったかを考察するための貴重な事例である。

鎌倉時代末期、善通寺から本寺の随心院に一枚の絵図が提出された(図2にトレースを掲げる)。裏書は図4のようなものである。この記載に従って、以下この絵図を「一円保差図」と呼ぶことにするが、これは徳治二年(一三〇七)に善通寺の「百姓等」が「烈参」して随心院に進上されたものであることがわかる。よってこの絵図はその後長く京都の随心院に保管されていたものだが、明治四〇年になって善通寺に移管され、現在に至っている。

この絵図を考察対象とする諸先学の論考としては次のようなものがあげられる(以下、左の諸論考を参照する場合は「(a)論文」のように表記する)。

(a)高重進『古代中世の耕地と村落』(大明堂、一九七五年三月)第四章第二節「中世平野部耕地における灌漑」。

(b)高橋昌明・吉田敏弘「善通寺近傍絵図現地調査報告」(高橋昌明代表『荘園絵図の史料学および解読に関する総合的研究』〈滋賀大学教育学部、一九八五年三月〉所収)。

(c)野中寛文「讃岐国善通寺領一円保差図について」(立正大学史学会編『宗教社会史研究』II〈雄山閣、一九八五年十一月〉所収)。

(d)高橋昌明「地方寺院の中世的展開——讃岐国善通寺近傍絵図」(小山靖憲・佐藤和彦編『絵図にみる荘園の世界』〈東大出版会、一九八七年六月〉所収)。

(e)松原弘宣「讃岐国西部地域における地方豪族——空海と円珍の一族を中心にして——」(同『古代の地方豪族』〈吉川弘文館、一九八八年十月〉所収)。

(f)金田章裕「讃岐国曼荼羅寺領の位置と土地利用」「讃岐国善通寺領の土地利用と境域」(同『微地形と中世村落』〈吉川弘文館、一九九三年八月〉所収)。

(g)吉田敏弘「讃岐国善通寺一円保差図」(小山靖憲・下坂守・吉田敏弘編『中世荘園絵図大成』〈河出書房新社、一九九七年五月〉所収)。

右に加え、一円保を含め善通寺の全所領について詳しい説明をしているものに『善通寺市史』一(善通寺市、一九七七年七月)がある。本書の巻末には善通寺文書を含む中世の関連史料がまとめて収載されており、研究に大きな便宜を図っている(以下「善―(番号)」という表示は『善通寺市史』一所収の善通寺文書の番号を示し、また「平―(番号)」・「鎌―(番号)」はそれぞれ『平安遺文』・『鎌倉遺文』の文書番号を示す)。

従来の研究は、この絵図を手がかりに中世の讃岐平野における水利や耕地利用の問題を論じたものが主流であった。善通寺の所領に関しては、平安末期(久安元年＝一一四五)の「讃岐国善通曼荼羅寺々領注進状」(平―二五六九)が残されており、これと一円保差図を比較することで、平安期から鎌倉期への土地領有・土地利用の変化を知ることが可能だったのである(a)(d)(f)論文など)。また絵図読解の基礎となる原本調査や現地比較なども高橋昌明・吉田敏弘氏によって詳細に行われている(b)論文など)。

諸先学の行ったこの絵図の分析に関して、新たな知見を付け加える余地は無さそうである。しかし、この絵図がなぜ作成され提出されたのかという問題に関しては、まだ十分な考察が行われていないというのが現状ではなかろうか。これに関して『善通寺市史』一は、「寺領の百姓が水論の判決を寺に請うために差出したものと推測されている」とする。確かに水利関係が絵図の最も重要な構成要素であり、絵図提出の背景に水利に関わる問題があったことは確かであろう。だが「水論」を示すような文字記載が一切ない点、そして「水論」だけが目的ならば用水以外の一円保内の景観を描く必要性がないのではといった点に疑問が残る。また高橋氏は「本絵図は年貢の損免要求のために作成され、領域図的性格を備えたのも、ほかならぬ一円寺領としての損免要求だったからではないか」と推論された(d)論文)。絵図中に描かれている枯れた樹木の図像が旱魃等の天災を象徴しているとの興味深い視点を示されたわけであるが、

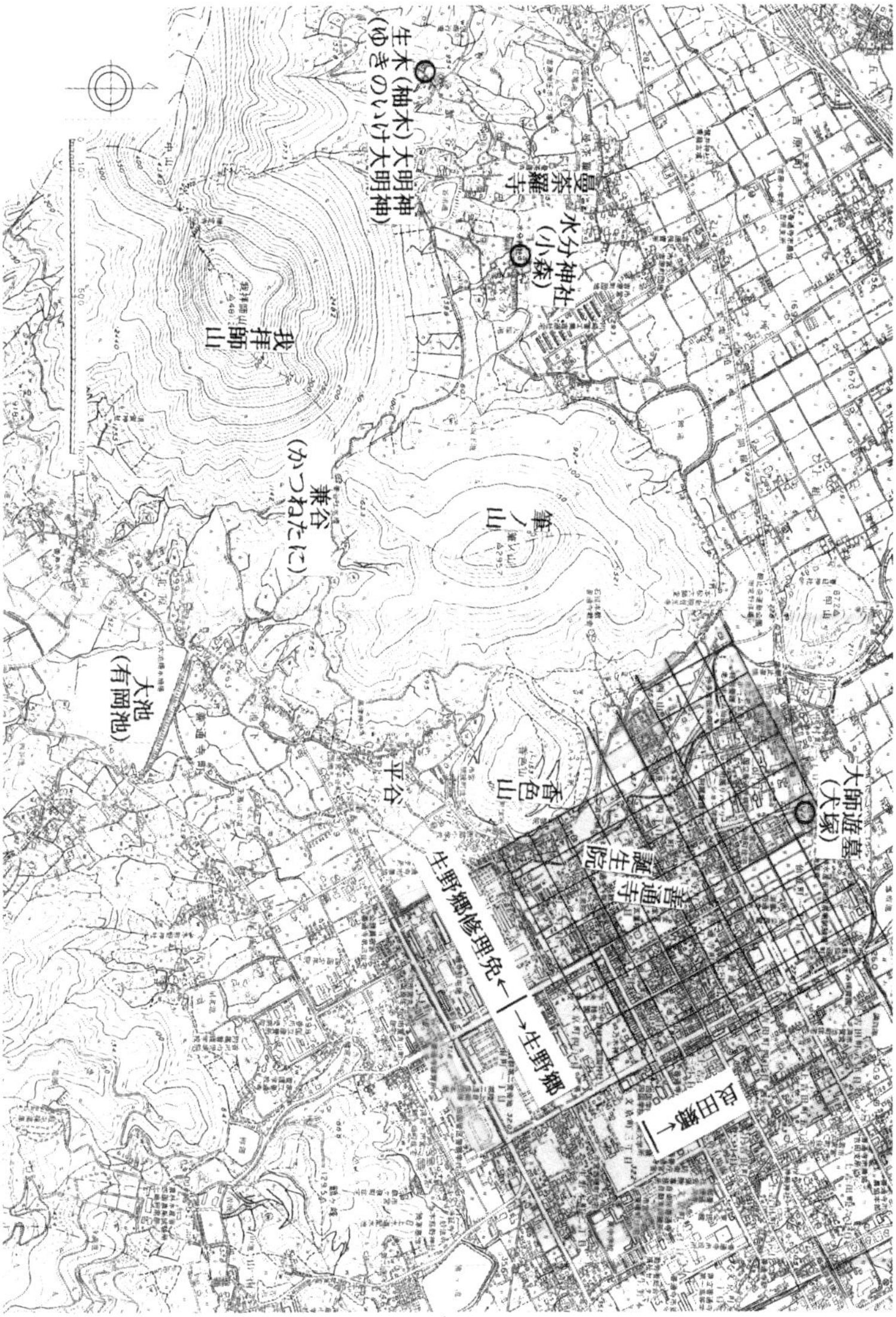
生木(柚木)大明神
(ゆきのいけ大明神)
曼荼羅寺
水分神社
(小森)
我拝師山
筆ノ山
兼谷
(かつねたに)
大池
(有岡池)
香色山
平谷
大師遊墓
(犬塚)
善通寺
誕生院
生野郷修理免←
→生野郷
良田郷→

図１　善通寺周辺の概況

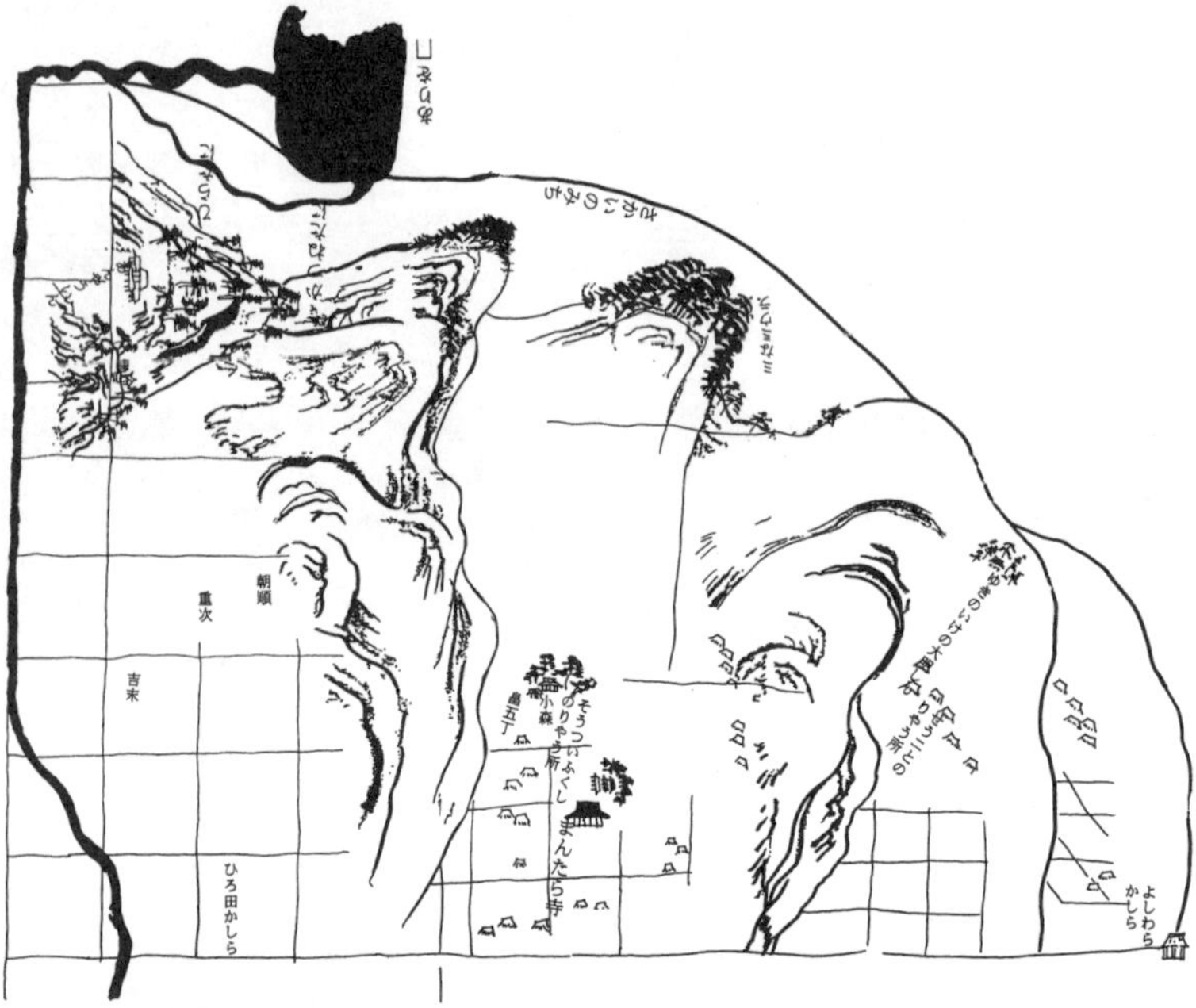

図２　讃岐国善通寺一円保差図トレース

大池（有岡池）

我拝師山と筆ノ山
（正面方向に善通寺東門）

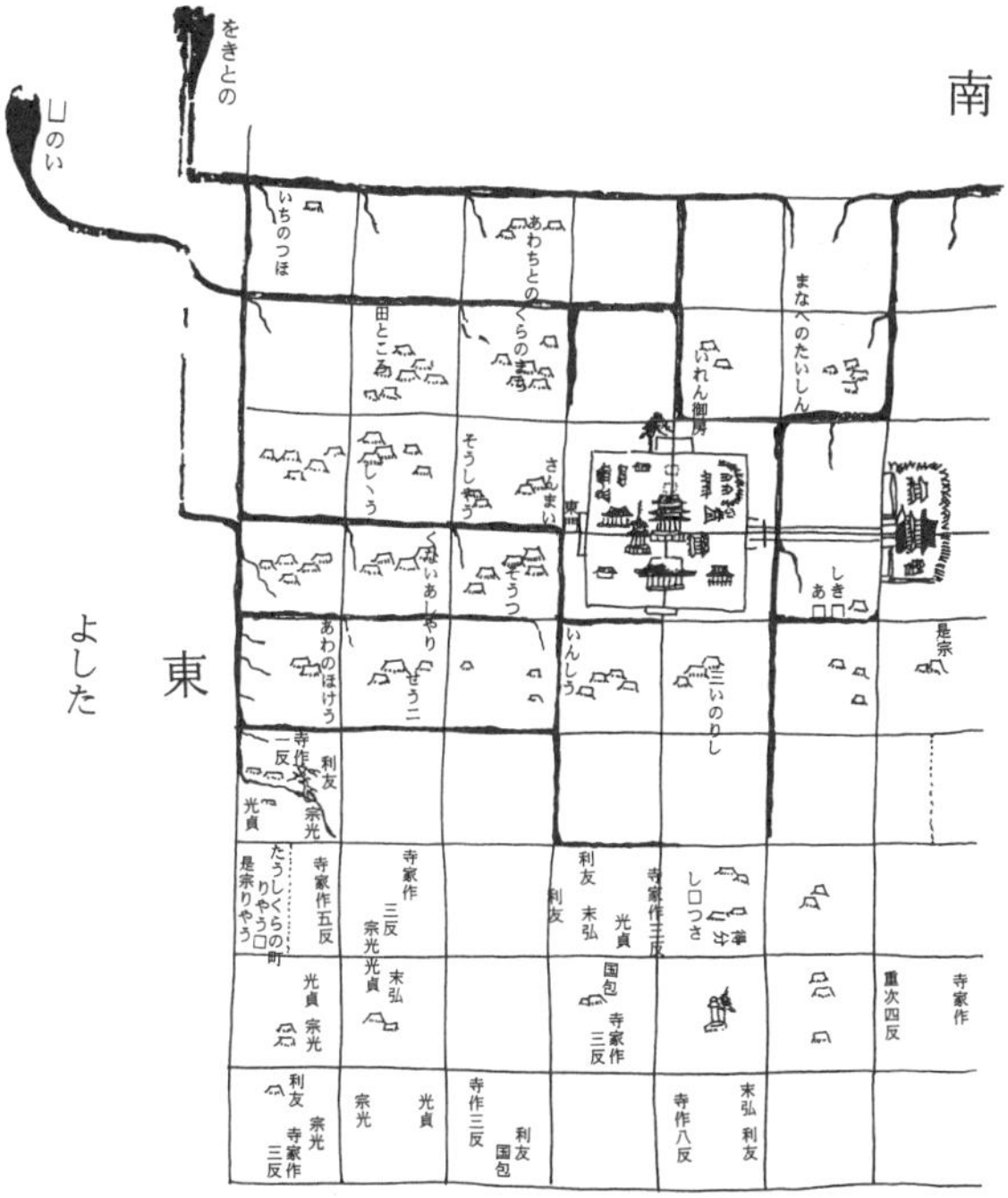

壱岐湧（興殿）

犬塚（大師遊墓）

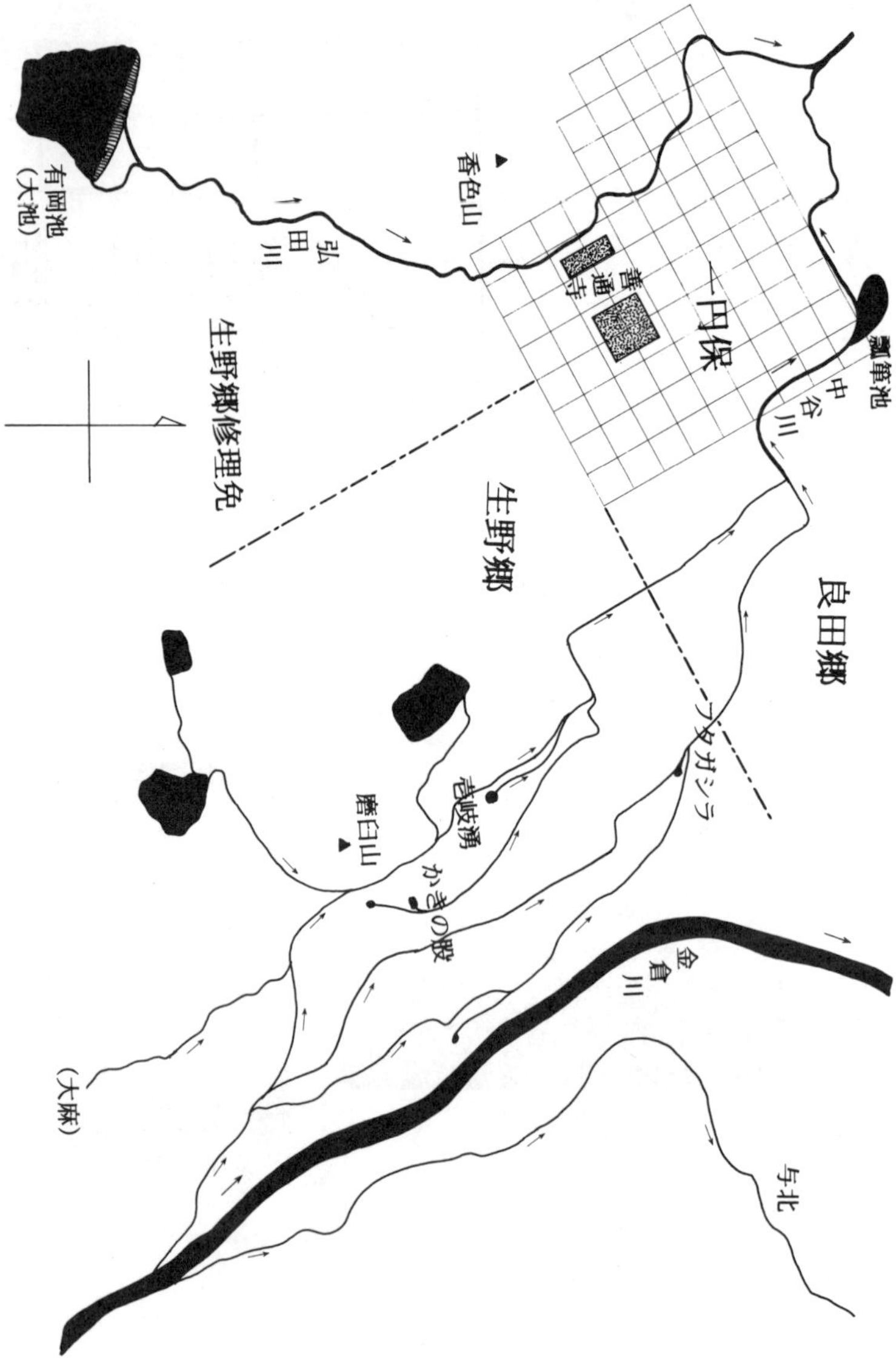

図3　金倉川から善通寺方面への引水

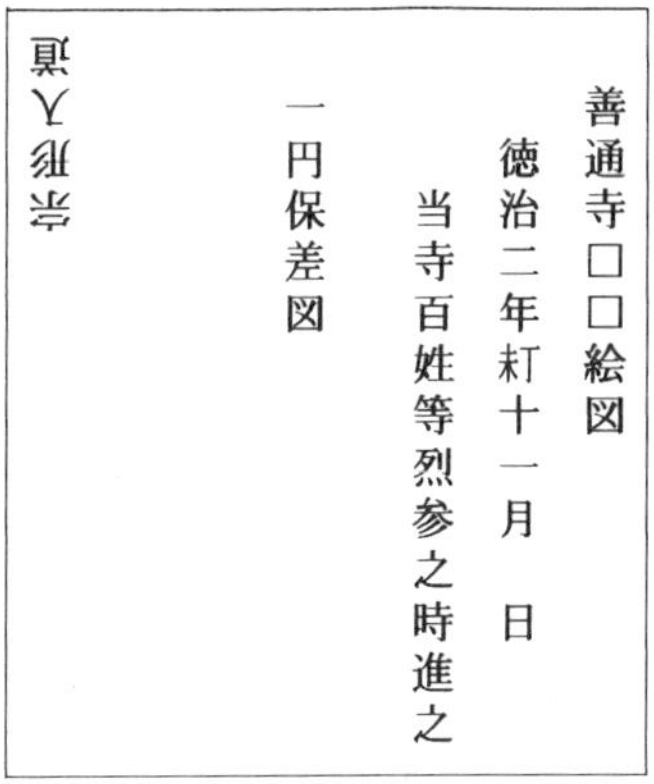

善通寺□□絵図
徳治二年朾十一月　日
当寺百姓等烈参之時進之
一円保差図
宗形入道

図４　善通寺一円保差図裏書

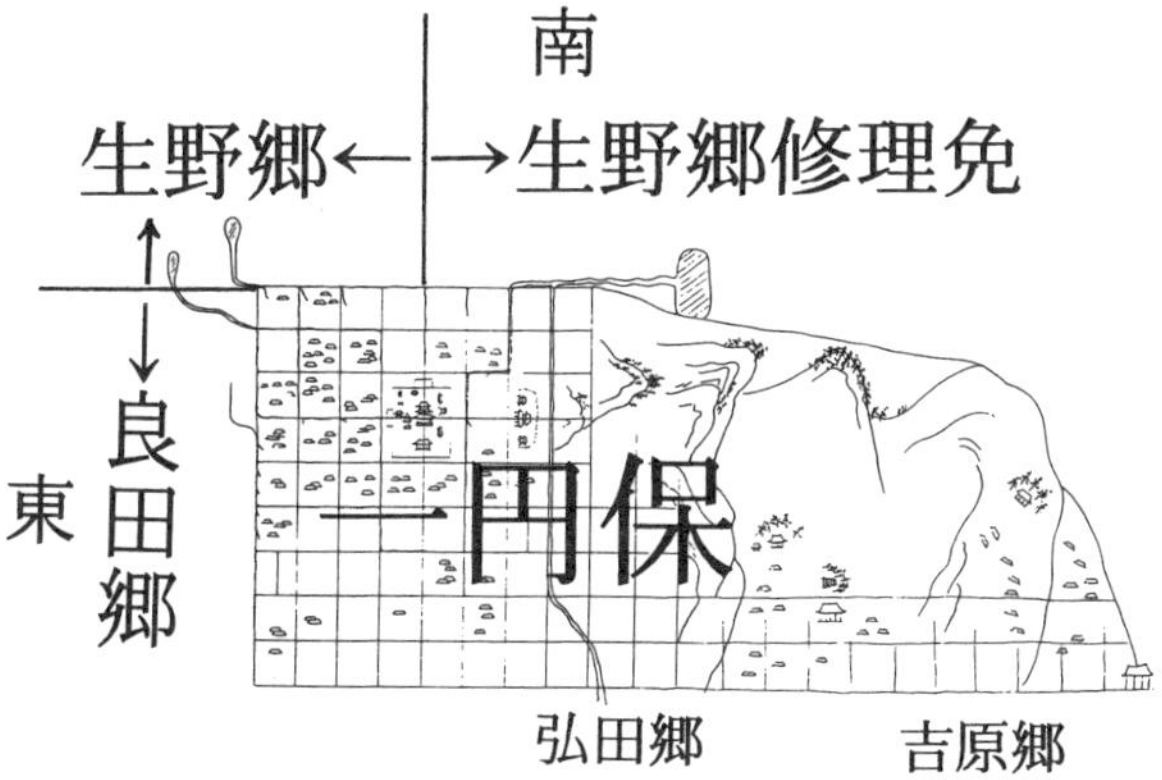

図５　生野郷と良田郷

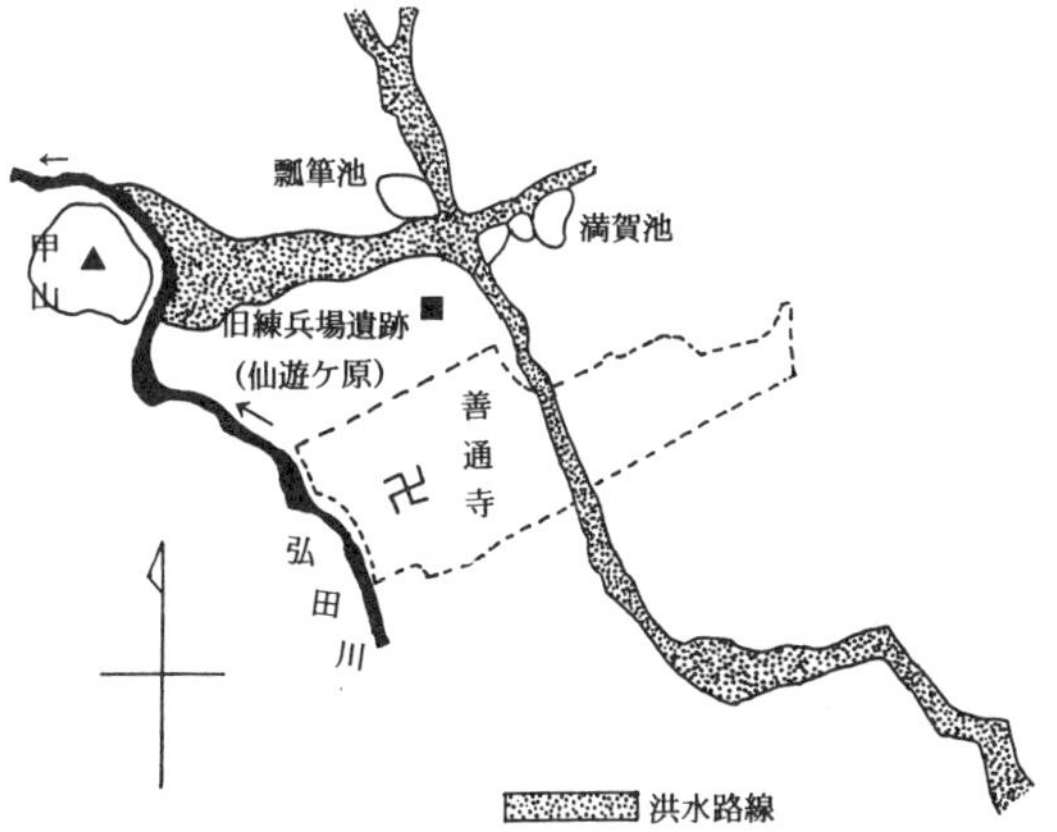

図６　善通寺市一帯の洪水路線（香川清美氏の研究による）

やはり絵図中に被害状況や領主への要求内容を示す文字記載が全くない点、不安が残ろう。吉田敏弘氏は、枯れた独立樹が単なるランドマークであった可能性もあるとし、さらに「領主への烈参のためだけにこうした詳細な所領図が必要であったかどうか、一層の検討が要求されている」とし、「当初『一円保差図』として作成されたこの図が、あらためて徳治年間（一三〇六―〇八）の烈参に再利用された、という仮説も十分成立し得る」と指摘されている(g)論文)。吉田氏は一方で「寺領支配のための差図的内容となっている」とも述べられており(b)論文)、私も、この絵図がまず支配系差図として作成され、その後に何らかの目的で本所随心院に提出された可能性が高いと考える。

そこで以下、この善通寺一円保差図の作成と提出の背景について私なりに考察していきたい。その際に留意しておきたい点は次の通りである。

(1)一応、絵図の作成目的と提出目的とが異なっていたことを前提として考察をしていく。

(2)絵図の作成・提出の考察は、善通寺の寺領支配の問題と深く関連していると思われる。そこで善通寺文書などの関連史料を参着し、当時の寺領の開発・経営の動向を明確にし、それと絵図成立の背景を関連づけていく。

(3)絵図は善通寺伽藍を含む一円保を描いたものであるが、善通寺は近接する周辺地域にも所領を獲得している。特に絵図中重要な水源として特記されている湧水や有岡池は一円保の領域外に存在している。そこで一円保のみでなく隣接地域の所領問題にも目を向けておく。

特に(3)について補足しておく。以下の考察で一円保の隣接地域として特に重要なのが生野《いかの》郷および同郷修理免そして良田郷である。生野郷、良田郷は、それぞれ現在の善通寺市生野町、吉田町にほぼ該当すると思われるが（図1）、次の四至記載を参考に、絵図上における位置関係を確認しておきたい。

○弘安四年（一二八一）八月二十八日「官宣旨」（善―一九／鎌―一四四三三）によると良田郷の南限は「生野郷堺」、

西限は「善通寺本寺領界」とある。

〇宝治三年（一二四九）三月日「讃岐国司庁宣」（善－八／鎌－七〇六〇）や年未詳「讃岐国留守所下文写」（善－一五）によれば、生野郷修理免の東限は「善通寺南大門作道（通）」、北限は「善通寺領五岳山南麓大道」である。ここにいう「五岳山南麓大道」は、一円保差図中に「さかいのみち」と記された道に該当しよう。

これら諸領域の位置関係を一円保差図上で表現すると図5のようになる。有岡池は生野郷修理免（善通寺領）に位置し、二つの湧水は生野郷（国衙領）に属し、東側から善通寺に入る用水路は良田郷（やがて善通寺領となる）を通っていることが確認できよう。一円保への水源がいずれも一円保の周辺部に存在していたことはきわめて重要な事実であり、絵図を理解するうえで留意しておくべき事項であると考える。

二　作成主体と作成時期

一円保差図を随心院に列参し提出した「当寺百姓等」は、この絵図を持ち出して活用し得る立場にいたのであって、絵図の作成主体とほぼ重なる。提出主体を窺い知る史料が、嘉元四年十一月二十四日「後宇多上皇院宣」である（後掲の史料5）。嘉元四年は徳治元年（一三〇六）にあたり、絵図提出のわずか一年前にあたるが、このとき本所随心院との対立から「善通寺住侶等」の訴訟が起こっていたことを知り得る。訴訟の内容については後に考察したいが、時期的にみて、この訴訟と差図の提出とは何らかの関係があったと想定され、提出した「百姓等」の中心に「善通寺住侶等」がいたものと考えてよかろう。後に触れるが、これは善通寺の寺院組織の中枢たる「供僧」を指し、大勧進や学頭のもと善通寺所領の経営を担っていた。絵図上で善通寺伽藍の周辺に住房を有していた僧侶たちに該当する。この点で

表1　生野郷内修理免の変遷　( ) 内は根拠となる善通寺文書の番号

承元3(1209).8	生野郷内重光名見作田6町を善通寺御影堂に寄進（善－4）
	《この時期まだ有岡池は存在せず（善－59）》
宝治3(1249).3	生野郷西半を善通寺領に準じ殺生禁断とし、12町を修造料に（善－8）
弘長3(1263).12	郷司との和与で生野郷西半を「寺家一向進退」の不入の地に（善－14・15）
	《有岡池の築造開始→…→有岡池の完成→一円保差図の作成》
徳治2(1307).11	「当寺百姓等」、一円保差図を本所随心院に列参し提出

も絵図の作成を主導し保有していた主体として、極めて妥当であるといえよう。

次に一円保差図の作成時期を考察したい。作成時期の下限は無論、随心院に提出された徳治二年（一三〇七）十一月である。上限を考える上で手掛かりとなるのが、絵図中に描かれた有岡池（現在の大池）の存在であろう。この池の築造時期が判明すれば、絵図の作成はそれ以降ということになるからである。この有岡池の築造時期を知る重要な手掛かりとなるのが、次に掲る史料である。

［史料1］　年月日不詳「讃岐国司庁宣」（善－五九）

庁宣

可早任善通寺住僧等申請令裁断条条訴訟事

一、当寺修造事

件造営者纔以陸町之免田今宛数字之用途、其足雖難及其勤忘他計、仍免田以下人夫雑役早任先例不可致懈怠、且遂不日之造畢且致国宰之御祈矣、

一、五岳山狩猟并草木伐取事、

件岳山者聖跡異他、争企狩猟、加之草花者供仏之勤樹木者造寺之要也、早各限四方之麓際令停止両事之狼藉矣、

一、寺領一円作田用水事

件寺領者生野郷内興殿并柿俣受二箇所之流、若妨両方之用水定止一円之作田然者、仏聖之闕（後欠）

右史料中にいう善通寺修造のための「陸町之免田」とは生野郷内修理免を指すが、表1に示す通り、免田の面積は宝治三年(一二四九)に十二町に増加している。よってこの庁宣はそれ以前に出されたことは確実である。さらにこの段階で一円保の水利は「生野郷内興殿《おきどの》并柿俣《かきのまた》」(一円保差図の左上に描かれた二つの湧水)に全面的に依拠していたことを記しているので、十三世紀前半の段階で有岡池は存在していなかったと考えられること、すでに諸先学の指摘される通りである(a)(b)(d)論文など)。

しかし有岡池の築造時期はさらに絞りこむことができよう。免田が六町から十二町に倍増したとはいえ、善通寺が一円的な下地進止権を得たわけではない。単に得分のみを取得する権限か、せいぜい国衙領である生野郷内に散在する田地を領有する権限に止まるものであろう。そのような状態で有岡池の築造が可能であろうか。有岡池(大池)は、弘田川を塞き止め、谷間を堤防で塞いで造成した巨大な谷池であり、現在のデータでは、堤高十一・九メートル、堤長四六〇メートル、貯水量二五万トンという規模である。しかも池自体は生野郷の西半に属しているものの、ここを源とする用水は下流の一円保内を主として潤している。一円保に利益をもたらすような巨大な池の築造に着手し得る前提としては、生野郷内のこの地域に善通寺の排他的な領域的支配権が確立されることが不可欠であろう。よって有岡池造成の開始は、生野郷司と善通寺の間で和与が成立して生野郷西半に寺家の領域支配が確立した、弘長三年(一二六三)十二月以降ということになろう(表1)。これほどの巨大な池の築造を達成するには、少なくとも数年〜十年程度の期間は要したであろう。よって有岡池完成の時期は早くとも一二七〇年頃と考えられ、一円保差図の成立はそれ以後ということになろう。

さらに作成時期を絞り込む手がかりとなり得る史料を次に掲げておきたい。

【史料2】 弘安三年(一二八〇)十月二十一日「随心院政所下文」(善一一八/鎌一一四一五〇)

随心院政所下　讃岐国善通寺一円寺僧沙汰人百性《ママ》等

右当一円公文職者大師御氏人郡司貞方之末葉重代相伝来者也、而先公文覚願不顧後難名田畠等或入流質券或永令沽却云々、此条甚無其謂所之沙汰人百姓等之所職名田畠等者本所御進止重役之跡也、而称私領任自由令沽却之条売人買人共以可為罪科也、雖然覚願死去之上者、今非可被処罪科、彼所職重代相伝之本券等、寺僧真恵為親類之間、歎失先祖之跡、申入事由買留畢、依之云本所役云寺家役、存公平不可有懈怠之由申之、然者於彼公文職者真恵不可有相違、於沽却質券之名田畠等者、皆悉可返付本職、但買主一向空手事可為不便、為当名主之沙汰、本銭半分可沙汰渡買主也、自今以後沙汰人百姓等之名田畠等、任自由買領于他名事一向可停止之、於違犯之輩者、可為罪科也、寺家沙汰人百姓等宜承知不可違失之状依　仰下知如件、

弘安三年十月廾一日　　上座大法師（花押）

別当権律師（花押）　　上座大法師

法　眼

善通寺は、東寺長者親厳の門流（やがて随心院門跡になる）に相伝されることにより、ようやく建長四年（一二五二）国使に対する不入権を獲得し、国衙の干渉から逃れることができるようになった（同年九月日「讃岐国司庁宣」、善─一〇／鎌─七四八〇）。しかしそのことが、一円保内における善通寺の強力な支配権の完成を意味していたわけではなかったことが、右の史料で理解できよう。特に一円保公文職を郡司綾貞方の子孫が代々世襲してきたという記載に注目したい。

一円保の成立過程に多度郡司綾貞方が果たした役割については、『善通寺市史』一に詳しい（三六二〜六頁、四一一〜五頁）。久安元年十二月日（一一四五）の「讃岐国善通曼荼羅寺々領注進状」（平─二五六九）によると貞方は善通寺近在に

在所を持ち、応保元年（一一六一）十一月二十五日「綾貞方請文」（平一三一八二）では善通寺の所当地子の徴収を請負っている。徴税・勧農を通じて一円領内の農民への支配力を強め、在地領主への道を歩んでいた人物である。おそらく善通寺一円領が「保」として成立する上で、郡司綾貞方あるいはその一族は保の領有および開発の主体として重要な役割を果たしたものと思われる。義江彰夫氏の「保」の成立に関する具体的な分析を参照するに、(1)貞方の立場は、播磨国赤穂郡久富保における郡司秦為辰や伊賀国名張郡簗瀬保における郡司丈部俊方に類似しており、「初期の保において、保を領有し開発をすすめてゆくうえで、保の領有者が、在地の実力者であるとともに、在庁・郡司などの所職に就いているあるいは獲得することが、積極的な意味を持っていた」との指摘は重要であろう。

要するに、形式上一円保内の名田畠は随心院―善通寺という領主の進止下にあったとはいうものの、実質的な在地支配者は公文職を世襲していた綾氏であり、公文職の覚願が名田畠を勝手に処分するという事態まで起こっていたのである。しかし新しい公文職に真恵が就任することで状況は変化した。真恵は確かにこれまで公文職を世襲してきた綾氏の「親類」であり、沽却された名田畠を買い戻すことができる程度の財力を持つ在地領主層の出身であった。しかし重要なのは、彼が「寺僧」であり、後述する如く、後に善通寺大勧進職に就任して寺院組織を結集して寺領の開発経営を主導する人物であったことである。彼が公文職に就くことで、善通寺が一円保内の百姓在家や名田畠を直接支配し固定化していく体制へと移行していったと考えられる。

この一円保差図の一つの特徴として、寺僧や名主の在家・名田畠の配置が詳細に記載されている点があげられる。家屋を描いている場合は一円保に居住する在家を指すとして、家屋を描かないで単に百姓らの名のみを記載している場合は、その名田畠の所在を示していると考えるべきであろうが、いずれにせよこの絵図はあくまで一円保全域の水利・自然景観・寺社等を鳥瞰図的に描いた差図であり、その中に在家・名田畠の配置を細かく記していることは、そこに寺僧や名主の在家・名田畠の所在を把握し固定化しようとする善通寺側の意図を読み取ることができよう。よってこのような差図の作成は、真恵が公文職に就任し、本所随心院の権威を背景に一円保内の名田畠の売買を厳禁した弘安三年以降のことであった可能性が高いということができよう。

以上、一円保差図は弘安三年（一二八〇）以後徳治二年（一三〇七）以前に作成されたと考えておきたい。この時期に善通寺の所領支配を主導していた人物として注目されるのが、史料2で新任の公文職として登場した善通寺僧真恵である。一円保差図の成立を考察する上で、この真恵の役割を確認しておく必要がある。次に節を改めて、善通寺大勧進職の性格と真恵の果たした役割について考察しておきたい。

三　大勧進真恵について

善通寺一円保差図が作成された頃、善通寺の所領支配の強化に大きく貢献した人物が大勧進真恵である。そこで真恵の果たした役割を考えるために、先ず善通寺における大勧進職とはどのようなものだったかについて簡単にみておきたい。

『多度郡屏風浦善通寺之記』（『善通寺市史』一所収）によると「中古の大勧進は、宥範権僧正・文学上人・親恵上人・道仁上人等、勅を蒙りて伽藍を修治せり」とある。ここにいう「親恵」は無論、「真恵」を指すものであろう。ただこの書物は近世の成立なので、この記載をそのまま信ずるわけにはいかない。例えばここにあげられている「文学上人」は有名な荒法師文覚を指すと思われるが、彼が鎌倉初期に東寺の修造のための勧進を行ったのは事実であるが、善通寺のための活動に関しては明証がない。おそらく本寺であった東寺の勧進活動を末寺の善通寺に勝手に結びつけた誤伝であろう。また善通寺大勧進職が「勅を蒙」って任命されるものなのかどうかは極めて重要な問題であり、別途検討していく必要があろう。そこでまず真恵より後の時代に登場する道仁・宥範についてより確実な史料で検討し、勧進職の性格を明らかにしておきたい。また右以外に大勧進として道範がいるので、これも含めて検討する。

〔道範〕 善通寺大勧進として最も早く史料に登場する。彼は高野山正智院の学僧で、山上の争乱に関与した罪科で仁治四年(一二四三)讃岐へ配流となったが、彼は流刑地での見聞を『南海流浪記』なる紀行文に残している(『善通寺市史』一所収)。これによると、彼は空海の御影像を安置すべく善通寺の寺僧と評議の上、誕生院一堂を建立することになった。「茲に因って或は自力を励み、或は勧進を唱へ」て、建長元年(一二四九)正月に手斧始を行い、同年五月に落成して鎮壇儀が行われ、その願文に「大勧進阿闍梨道範」と署名したという。ただ、彼はこのとき流刑者の立場にいるから、朝廷から大勧進職に任命されたことはなかったであろう。

〔道仁〕 随心院の派遣した雑掌と道仁の相論を裁定した貞和元年(一三四五)十月二十四日「文殿注進状案」(善―四一)に「暦応四年五月廿八日、安堵の聖断に預るや、爰に道仁、当国有縁之仁たるに依り、寺家興隆致すべきの由申付け訖んぬ」とあり、彼の大勧進職就任を確認できよう。

〔宥範〕 誕生院を善通寺の寺院組織の中核に位置づけた人物として著名。応永九年(一四〇二)成立の「贈僧正宥範発心求法縁起」に詳細な伝記を載せる(『善通寺市史』一所収)。それによると宥範は善通寺からおよそ二・五キロ東南にある那珂郡櫛無荘の岩野氏の出身で、高野山など各地で研鑽を積み、故国讃岐に滞在していた元徳二年(一三三〇)、善通寺衆僧の懇請により伽藍復興の中心的指導者となった。そして「さて元弘年中より先ず大師御誕生院を始て造営せらる。建武年中より誕生院に移り給へり。暦応年中より善通寺の五重の塔婆并びに諸堂・四面大門・四方垣地以下悉く造功を遂げられ畢んぬ」という偉業を成し遂げている。また弘田郷地頭との相論において、「大勧進として一寺の評定を遂げ和与せしめ」弘田郷内の修理料所の下地支配権を獲得するなど（観応三年六月二十五日「権大僧都宥範譲状」、善－四三）、寺領の拡大にも精力的な活動を行っている。

以上、善通寺大勧進職の特質を述べるならば次のようになろう。(1)道範を除く道仁・宥範は善通寺近在の地方豪族層の出身である。(2)道範・宥範は優れた学僧である。(3)道範・宥範は善通寺の住僧の懇請を受けて伽藍修造事業を引き受けている。(4)道仁に関しては朝廷から大勧進職の任命を受けていることが確認される。

それでは真恵の場合について、前掲史料1に加えて、次の史料3・4を掲げて確認しておきたい。

【史料3】 永仁六年（一二九八）七月二十一日「大勧進真恵寄進状」（善－二六／鎌－一九七五〇）

（前欠）

合壱仟貫文者

右件用途就当郷　公家武家沙汰以真恵用途令入眼之条、且證文炳焉也、仍彼郷領家地頭以折中之儀令落居之間、[a]一千貫代田畠弐拾町〈里坪／有別紙〉為町別五十貫之代間一千貫分田二十町也、仍町別付百姓一人両堂供僧十八口一人別、令配分一町田代畢、[b]於残二町地者両堂并御影堂可被宛預僧者也、三堂預僧三人各五段給恩都合一丁五、残五反可被宛承仕、凡尽未来際十八口并預僧・承仕等、就縁者境界不□之仁被入此衆中者、興隆之志不善之輩者、不及恥辱以前速可罷出衆中也、寺僧中二人学頭共令断絶者、於件料田者為大勧進之沙汰何茂《ママ》寺修理料也、[c]仍為向後亀鏡寄進之状如件、

永仁六年七月廿一日　　大勧進真恵（花押）

【史料4】 永仁六年（一二九八）七月二十一日「大勧進真恵寄進状」（善－二七／鎌－一九七五一）

奉寄進　高祖大師寺領良田郷内真恵用途代被配分名田事

合弐町〈代銭佰貫文／里坪有別□／但当寺大勧進給免所充行也〉
右大勧進所者堂舎建立修理造営云、行学二道興行云、偏大勧進所可為秘計、[d]且守　院宣之旨尽未来際無懈怠可致興隆之沙汰、[e]仍大勧進并三堂供僧十八口如水魚令一味同心、[f]可専仏法繁栄　□　非儀張行乱行不法之輩出来者、守法令追放衆中不云親疎可致沙汰、若有偏頗之心者八万四千金剛天等致怨愁可加治罰給、此職相伝之時者不云自他之門弟差別付器量可付属其器量者　公家武家御沙汰云、寺内寺外人応云、興隆興行之志、方々以勘其器仁ぉ見定可相伝之也、永代若其機根闕如之時者、為二十四口□□之沙汰此料田ぉ可成寺修理用途、仍為向後亀鏡寄進之状如件、

永仁六年七月廿一日

大勧進真恵（花押）

但大勧進并両学頭相伝之時、云大勧進之器量、云両学頭之器量、[g]等輩之仁、有致相論事之時者、以孔子之計可治定之、

前述(1)～(4)のような特徴が、真恵についても該当するものであることは次の通りである。

(1)多度郡司綾氏の「親類」出身で（史料2）、良田郷に未開発地を含みこんだ私領を持っていたらしくそれを善通寺に寄進しているから（史料3・4）、地元の在地領主層の出身と考えられる。(2)「堂舎建立修理造営」ともに「行学二道興行」が大勧進職の役割であると述べており（史料4傍線d）、大勧進職と「寺僧中二人学頭」との類似性が確認されるから（史料3傍線c・史料4傍線g）、真恵は少なくとも善通寺の学侶階層に属していたと考えられる。(3)真恵と「三堂供僧」との「水魚の如く一味同心」の関係が強調されており（史料4傍線f）、真恵自身の発言だから多少割引して考えなければならないが、住僧たちにとってのカリスマ的指導者だったことは認めてよかろう。(4)「院宣の旨を守り未来際を尽して懈怠無く興隆の沙汰を致すべし」（史料4傍線e）とあることから、真恵も院宣によって大勧進職に就任した

ことが確認される。

右について若干補足しておきたい。史料3によると真恵により良田郷の田代（未開発地）の分配が指示されており、これで左のような善通寺の寺院組織が存在していたことがわかる（無論、これら住僧等の組織の上に本寺随心院から派遣される別当がいたと考えられる）。

大勧進――（学頭）〈二人〉――供僧〈十八人〉――預僧〈三人（金堂・法華堂・御影堂各一人）〉――承仕

供僧十八人は金堂において金胎両部の行法を行ったり法華堂で長日の法華三昧を修し毎月の御忌日には不断光明真言法を修する学侶集団であったが（弘安四年八月二十八日「官宣旨」〈善―一九／鎌―一四四三三〉）、寺領経営にも重要な役割を果たしていたわけである。

また(4)について、真恵が具体的にいつ大勧進に任命されたかを知る手かがりとして、年月日未詳「善通寺住侶等訴状案」（善―三一／鎌―二三八五五）がある。この史料の末尾に「後宇多院御宇去弘安□九月廾九日達　叡聴之刻、忝為当寺修造之要脚被仰于大勧進（後欠）」とあることから、真恵の大勧進就任が弘安年間であったことは確かであるが、史料2で彼が一円保公文職に就任した時には単に「寺僧」とあるから、大勧進就任は弘安三年以後であったことは間違いない。この「善通寺住侶等訴状案」によると、善通寺は弘安九年に兵庫島の関銭徴収権を獲得しているが、これはまさしく中央へ働きかけての勧進活動の結果によるものと思われる。よって真恵の大勧進就任時期は弘安三～九年（一二八〇～六）であったと考えてよかろう。

以上、善通寺大勧進職の役割は、供僧などの寺院組織を結集し、善通寺伽藍の修造とそのための財源たる所領の拡大・安定化を図ることにあった。しかし重源のような中央寺院の大勧進職が荘園獲得や貴賤の寄捨などの広範な活動を展開したのとは異なり、また律宗僧の勧進活動のように職人や非人など「無縁」の民を動員しての社会事業的な開発[2]という色彩も見られない。あくまで善通寺近在の出身者が伽藍復興事業を主導し、寺院周辺の所領の拡大・安定化を計るという、極めて地域的・在地的な活動であったといえよう。無論前述のような兵庫島の関銭徴収権の獲得などは、鎌倉後期の経済発展に着目した勧進活動の新しい局面であったと評価できようが、これが永続的な財源とはなり得なかったことは『善通寺市史』一で述べられている通りである（三九七〜四〇〇頁）。しかし注目すべきは、院宣による任命という手続きを経ることによって、善通寺内部の組織および在地住人に対する絶大な権威を獲得し、随心院――善通寺という本末関係のヒエラルキーに必ずしも拘束されない政治性を獲得した点であった。すなわち善通寺住僧の利益代表として、朝廷や本所随心院に対して積極的な交渉・訴訟活動を展開することが可能となった。

真恵の最も積極的な勧進活動は、一円保の東に接する良田郷を善通寺領に組み入れることであった。すでに善通寺は良田郷の郷務職を獲得し、さらに国役を免除されていたが、真恵が大勧進に就任した頃の弘安六年（一二八三）、「善通寺金堂法華両堂領良田庄」が「一円不輸の寺領」として認められた（同年四月日「讃岐国司庁宣」、善―二〇／鎌―一四八四五）。『兼仲記紙背文書』によると、その後正応五年（一二九二）に良田郷地頭との相論が朝廷で裁定されることになったが、そこには本寺随心院の姿は見えず、「善通寺寺僧」「衆徒」が仁和寺御室の援けを得て朝廷に働きかけている様子が伺える（同年二月十二日「伏見天皇綸旨」〈鎌―一七八一八〉、同年三月二十一日「仁和寺御室性仁法親王令旨」〈鎌―一七八五二〉、同年三月日「善通寺衆徒申状」〈鎌―一七八六五〉）。この訴訟は長期にわたったらしく、永仁二年（一二九四）の段階になってやっと「讃岐国良田郷事、勅願依異于他、限未来際被寄附当寺了、云後代牢籠云地頭濫妨、触訴関東、可致其沙汰者」との院宣が出され（同年六月四日「後深草上皇院宣」、善―二二／鎌―一八五五七）、朝廷―幕府の交渉の末、永仁六年以前にようやく良田郷の下地中分が成立した（史料3傍線a）。このような朝廷との粘り強い交渉を行い得た点にも、大勧進真恵の卓越した政治力を感じ取ることができよう。下地中分による境界線がどこに引かれたかを厳密に比定するのは困難だが、善通寺一円保に接する良田郷西部が善通寺の支配下に組み入れられたのは間違いない。真恵はさっそく寺院組織の直轄支配のもとでこの良田郷の開発に着手した。供僧以下の善通寺住僧らに田代(未開発地あるいは開発予定地)を一定面積ごとに給田として割り当て、開発を担当させるというものである。特に土地一町ごとに善通寺の供僧一人と百姓一人をペアで配置する分田方式に注目すべきであろう(史料3傍線b)。一円保差図をみると、伽藍周辺の水掛かりの良い場所にひらがな表記された寺僧の在家・名田が配置され、水掛かりの悪い場所に漢字表記された一般百姓の在家や名田畠が配置されている。ここに寺僧と一般百姓の明らかな階層差を読み取ることができるのだが、こういった寺僧と百姓の「支配−被支配」関係が隣接する良田郷の開発に際してもそのまま生かされていることを知り得るのである。しかも絵図に表記されたひらがな表記の人名は全部で十六人あり、良田郷の開発に割り当てられた供僧十八人と人数が近似していることも注目されよう。この良田郷の開発が果たして計画通りの成果をあげたかどうかは判然としない。しかし、後に「吉田郷内学頭田弐町」「同郷大勧進田弐町」が相伝されていることから(観応三年六月二十五日「権大僧都宥範譲状」、善−四三)、大勧進や学頭など寺院組織の統轄者の給田として機能しているのは確かであり、真恵はこうした大勧進職の地位と経済的基盤を確立した人物としても評価できる。

このような開発事業は何も良田郷内に止まるものではなかろう。有岡池築造やそれにともなう水路の整備なども近い時期に行われたと考えられ、一円保においても積極的な所領経営が展開されたはずである。よって一円保差図の成立の背景には、大勧進真恵による善通寺所領の精力的な開発事業が深く関係していたと考えられる。

しかし、それならば絵図の中に真恵に関する何らかの記載があってもよいはずで、それが見当らないのは不可解だとする見解もあるかもしれない。これに関しては、絵図でひらがな表記されている僧名は、ほとんどが官職名などにちなむ房号や僧位僧官などで記されているためその実名が不明であり、この中に真恵が含まれているか否かは判断できないと答えることもできよう。ただ私は絵図上に記載されている「まなへのたいしん」なる僧名に注目したいのである。「いちのつぼ（一坪）・（たうし）くらの町」は一応地名と考えて、それ以外の「あわちとの（淡路殿）・し、う（侍従）・そうしやう（僧正）・さんまい（三昧）・くないあしやり（宮内阿闍梨）・そうつ（僧都）・あわのほけう（阿波の法橋）・せうニ（少弐）・いんしう（院主）・三いのりし（三位の律師）・し□つさ（下総か？）・しき□あ□（式部…阿闍梨か？）・田ところ（田所）・そうついふくし（惣追捕使）」などの人名は、律令の官位官職（国名を含む）・僧位僧官・僧の役職・荘官などにちなむ名前で多分に抽象的なものである。これに対して「まなへのたいしん」と「いれん御房」の二例は固有名詞を伴っている点、異質である。特に「まなへのたいしん」の在所は伽藍に近く、有岡池からの水流を扼する場所にあり、描かれた家屋数も四棟であることから、かなり上位の寺僧であったことが想像される。「たいしん」は一応官職名の「大進《だいじん》」と解しておくとして、「まなへ」は何を意味するのだろうか。地名あるいは出身姓を意味するとしても思い当るものがなく、不審である。しかし、小学館版『日本国語大辞典』で「まな」を引くと「【愛・真】［接頭］」とあり、「真」は「名詞の上に付いてほめたたえる気持ちを添える。『まな井』『まな鹿』など」と説明する。同辞書には他に「真砂《まなご》」（「まさご」と同意）・「真面《まなつら》」（「まじめなつら」の意）・「真鶴《まなづる》」（地名）などの項目もあげている。また一部の漢和辞典（大修館書店版『大漢語林』など）では、人名に用いられる場合の「真」の訓みに「マナ」をあげている。一方、「恵」は正確には「ゑ」だが、発音上「へ」と表記されても何らおかしくない。要するに「まなへ」は「真恵」を和風に訓じたものである可能性がでてくる。私は、絵図に記載された寺僧の在所の配置には一定の意味があったと考える。例えば「さんまい」は長日の法華三昧を修する供僧であるため、東院伽藍の東門の最も近くに居住している。この点でも「まなへのたいしん」が西院＝誕生院の近くに四棟に表記された広い屋敷を持っていることに注目したいのである。誕生院は高野山でいえば奥の院に相当するような、善通寺で最も神聖な場所である。また弘法大師誕生所の傍に庵を結び誕生院を建立したのは道範であり、後に宥範によって寺院組織の中核に位置付けられていくことからもわかるように、大勧進職と誕生院の関係は密接である。これらのことを勘案し、私は「まなへのたいしん」が「真恵の大進（房）」を表記したものである可能性が高いと考える。

以上、一円保差図成立の背景を考えてきた。絵図が作成された十三世紀末〜十四世紀初頭は、全国的にも悪党の活動や武家の侵略によって荘園制が危機に瀕していた時代であった。そのような時期、寺社権門にとっての大きな課題は膝下所領の確保・再編であった。善通寺の場合も、伽藍を含みこんだいわば「寺辺」というべき最も強固な支配権を主張できる領域を一円保として確保し、その支配と経営を安定化させる必要があったのである。寺院組織による膝下所領の直接支配を強化し安定化させる上で大きな役割を果たしたのが大勧進真恵であった。その真恵により主導された一円保の開発結果を描いた支配系差図が一円保差図であったと考えてよかろう。

四　一円保差図と水利の問題について

一円保差図が作成された背景については以上述べてきた通りである。ではもう一つの問題、この絵図がなぜ徳治二年（一三〇七）に善通寺から本所の随心院に提出されたのかについて考えてみたい。そのための重要な史料を次に掲げておく。

【史料5】　嘉元四年（一三〇六）十一月二十四日「後宇多上皇院宣」（善―二八／鎌―二二七七四）

善通寺住侶等訴事、会赦之上者可有寛宥沙汰候歟、本所敵対之条不可然之旨、直可歎申之由被仰含候了、申旨候

者可令存其旨給之由
御気色所候也、仍執達如件、
（付箋）「嘉元四年」
十一月廿四日　参議宣房
少納言法印御房

【史料6】徳治二年（一三〇七）八月二十五日「後宇多上皇院宣」（善―二九／鎌―二三〇三三）

讃岐国良田郷所被返付善通寺也、可令下知給之由
院宣所候也、仍執啓如件、
徳治二年八月廿五日　権中言《ママ》宣房
謹言　按察大納言殿

【史料7】徳治二年（一三〇七）九月二日「洞院実泰添状」（善―三〇／鎌―二三〇三九）

讃岐国良田郷事院宣如此候、可令存知給候也、仍執達如件、
徳治二
九月二日　権《ママ》察使実泰
随心院前大僧正御房
追申候、
当国善通寺内大師所生之旨崇重異他之処、年来勅施入之地尚以及違乱之由就被申候、無相違被下院宣候歟、尤神妙
候、

史料5の内容は、善通寺と本所随心院との間で対立・訴訟が起こり、善通寺住侶が規範を乱すような行動に出たらしく、その赦免と両者の宥和を指示した院宣である。善通寺と随心院の対立の具体的内容は史料6・7によって知ることができる。すなわち史料6・7は良田郷を善通寺に返付せよという院宣だが、これによって善通寺と随心院が良田郷の支配権をめぐって激しく対立していたことを理解し得るのである。地頭と下地中分を行った後、大勧進真恵の指導のもと供僧集団による良田郷の開発が企図されたことは前述の通りであるが、随心院側はこの善通寺による良田郷の直接支配に干渉しようとしていたわけである。その問題が史料6・7の院宣によって一応決着し、良田郷の善通寺の支配権が確認されたわけだが、注目すべきは、この院宣が出されたのが、絵図が随心院に提出される事件のわずか二〜三ヵ月前だったことである。

一円保差図の提出の背景には良田郷の領有問題があった。しかし一円保と良田郷は隣接するが別の領域である。良田郷の問題のためには良田郷の絵図を提出すればよいのであって、別地域の絵図を提出するというのは何とも不可解な行動に思える。ただ、一円保の絵図が良田郷領有の正当性を訴える効果を有していたならば、決してあり得ないことではなかろう。一円保は善通寺にとって最も重要な膝下所領である。その強力な支配権は正当なものとして随心院にも認められている。そこでこの一円保の絵図を提示し、この所領を維持していくためには東に隣接する良田郷が善通寺にとって必要不可欠な「生命線」なのだという主張を行って、随心院に対して速やかな院宣の履行を迫ったのではなかろうか。では、一円保差図のどのような内容を、良田郷領有を正当化するために利用したのだろうか。

一円保差図の内容は、(1)水利、(2)境界の明確化、(3)伽藍や他の寺社の地理的明示、(4)寺僧・百姓の在家・名田畠の配置、という構成要素に分けられよう。

(2)に関しては、「さかいのみち」などが記載されていることからも明らかであろう。この「さかいのみち」は五岳山南側の裾野をぐるっとめぐり、五岳山を一円保内に取り込んでいる。前掲史料1の第二条では、五岳山が「聖跡」として殺生が禁断されているのは勿論、「草花は供仏の勤め、樹木は造寺の要」となるものであるから、早やかに四方の麓の際に境界を引き、狩猟と伐採の狼藉を停止されんことを申請している。「さかいのみち」はまさにこの境界線に該当するものであろう。なお「さかいのみち」の内側に書かれた「ひらたに」は、現在も平谷の町名として残っており、香色山《こうしきざん》と筆ノ山に挟まれた谷間に相当する。「かつねたに」は、現在の筆ノ山と我拝師山に挟まれたかなり谷間を奥に登ったところの字名としてある兼谷に該当しよう。この場所には金谷池（兼谷池）があるから、「かつねたに」→「かねたに」の変化を想定してよかろう（ただし現在当地に居住している人は兼谷を「カンダニ」と発音している）。(3)に関しては、吉田氏による曼荼羅寺周辺の堂祠の現地調査（(b)論文）、高橋氏による大師遊墓の調査や善通寺伽藍の分析（(b)(d)論文）に詳しい。(2)と(3)の要素は密接に関係しているものであり、伽藍や寺社などを丁寧に描くことで一円保の聖域化を図り、領域内の支配を正当化しようとする意図を持っていると考えられる。(4)の要素に関しては前述した通りである。

右の(2)~(4)の要素は良田郷との直接的な関係を見いだせない。この絵図の最も重要な構成要素は何といっても(1)の水利問題であり、私は、良田郷領有を正当化するために持ち出してきた問題もそれであったと考える。そこで以下、一円保の水利問題について考察していきたい。

一円保差図を虚心に眺めた時、水利に関する最も重大な問題点は、絵図の左下の部分（東北部）、漢字記載の百姓名が多く配置されている場所に用水路が達していないということである。絵図に描かれた笠塔婆は犬塚として現存している。(3) 幼少の空海が遊んでいる時に泥土で仏像を作って礼拝した場所にちなみ、この一帯は仙遊《せんゆう》ケ原とよばれ、明治末の練兵場設置に伴って軍に接収されたが、それ以前は一面の農地であった（練兵場跡には四国農業試験場が設置され現在に至っている)。

前掲史料1により、有岡池（大池）造成以前の一円保の用水源は生野郷内の興殿と柿俣の二箇所の湧水（絵図中に描かれた二つの湧水）に全面的に依拠していたことが分かるが、有岡池の完成によって善通寺周辺の水路網は整備されても仙遊ケ原までそれを及ぼすことはできなかったことが絵図から読み取れよう（近くを弘田川が流れているが、川床が低すぎて取水は不可能である）。[4] この点において吉田氏の「もとより水文条件は大きく変化しているであろうが、これら二つの湧出量が善通寺領一円の灌漑を全うしていたとは考えがたい」という指摘は重要である（ⓑ論文）。この水量不足を解消し、仙遊ケ原一帯の灌漑用水を整備するためにはどのような開発事業が必要なのであろうか。

図3は善通寺市一帯の水利の現況について模式図的に描いたものである。注目すべきは、善通寺市東部を北に流れる金倉《かなくら》川からの導水である。象郷《ぞうごう》橋付近の井堰から北西に流れる水路は、途中いくつかに分流して上吉田町に向う。最も西側の流路をみると、途中大麻山《おおあさやま》から流れてくる水路と合流し、磨臼山《すりうすやま》の際を経て、壱岐湧（興殿）や柿股の出水に重なるように善通寺方面に流れていく。『西讃府志』巻二四多度郡生野郷の「溝二派」のうち「一派大麻ヨリ乾ニ流レテ善通寺ニ入レリ」とある水路に該当するものであろう。現在この流れは中谷《なかたに》川と呼ばれ、善通寺市仙遊《せんゆう》町、中村町を経て弘田川に落ちる。また金倉川からの導水の一部は、県立第一高校およびJR踏切の付近にある二頭出水《ふたがしらですい》の水を合わせて上吉田町に入り、これも中谷川に合流する。この二頭は、江戸時代この周辺の三吉田村（上吉田・下吉田・稲木）を潤す重要な出水であり、善通寺村も大池が枯渇した場合にこの出水を一定量使用し得る権利を有していた。[5] ただし二頭出水の存在自体が中世まで遡り得るかどうか検討の余地がある。いずれにせよ、出水は金倉川からの取水によって補完されるかたちで善通寺方面に流れているのがわかる。現況のような水路網は、自然条件に適った一つの理想的な水利体系であった。

讃岐平野における原始から現代までの水利機構を研究されてきた香川清美氏は、一九五二年に讃岐平野を襲った三回の洪水をもとに「洪水路線図」を作成され、古代稲作の方法と溜池の発生について考察されている[6]。その際注目された場所の一つが、昭和三十年以降、旧練兵場（現四国農業試験場）で発見された弥生時代遺跡である。土器や埴輪の他に十数基の甕棺が発見され、讃岐平野では最大規模の弥生集落跡である。この遺跡と洪水路線との関係を図示したものが図6である。香川氏に依れば、練兵場設置に伴う地ならしなど近現代の開発などによっても古代以来の微地形はほとんど影響を受けていないとされる。図6では、現中谷川をなぞるように金倉川からの洪水路線が走っており、旧練兵場遺跡に形成された弥生集落も、この水流に依存して稲作を行っていたことがわかる。定期的に繰り返される金倉川の洪水により形成された水溜りに築堤・底浚えなどの改良を加え、原始的な溜池を造成していったとされるのである。更に讃岐平野に多数確認される出水《ですい》（湧水）というのも伏流水の流路上にあるから、当然のことながら洪水路線（地表面の水の流路）に重なるように分布している[7]。要するに(1)金倉川から善通寺への導水は地形的にも自然なもので、原始以来の古い起源を有していたこと、(2)壱岐・柿股などの出水を補完するものとして金倉川からの取水があり、出水に金倉川からの導水を重ね合わせることでより充実した水量を確保できることが確認できよう。高橋昌明氏は、久安元年（一一四五）「讃岐国善通曼荼羅寺々領注進状」（平―二五六九）を分析され、田優先の坪・畠優先の坪・田畠同比率の坪の三種に分類して寺領の様相を図化されているが（(d)論文）、これによっても旧練兵場の南半は水田としての土地利用が優越していたことがわかる。すなわち平安末期の段階で出水と金倉川の導水による仙遊ケ原の水田利用が行われていたと考えてよかろう。ところが一円保差図が作成された鎌倉末期には、何らかの事情によりこの地域の灌漑が不十分な状態になっていた。その回復は善通寺にとっても大きな課題だったはずである。

松原弘宣氏は「丸亀平野における灌漑は、(a)満濃池からの取水、(b)『出水』と称される湧水、(c)湧水を集めた溜池によっているといえる。しかも、それらは単独でなされるのでなく重層的に機能しあっていることに注意しなければならない」と刮目すべき見解を示されている(e)論文)。このことは現在の善通寺周辺においても例外ではなく、実は金倉川の水利はその源である満濃池の用益権に淵源するものであった。善通寺は空海の生家たる佐伯氏によって建立されたものであり、また満濃池も空海と佐伯氏によって修造された。善通寺が有していた満濃池の用益権は古代にまで遡り得よう。松原氏は、古代多度郡における主たる水源は出水と溜池であったとする一方、満濃池は「新たに水田開発する場合や旱魃の時における用水源としては極めて重要であったといえる。さらに、通常時においても、金倉川流域における取水、また、湧水そのものの水源にもなったであろう」と述べられている。ただ満濃池は平安期の末に決壊して以来江戸時代に修造されるまでは機能していなかった。これについて松原氏は「満濃池が用水源たりうるには金倉川の管理が重要であり、また、満濃池のない金倉川は用水源たりえなかった」と断言される。しかし満濃池自体は存在しなくとも金倉川は存在していたはずである。また現況では金倉川は天井川と呼ばれてもおかしくないほど河床の高い川であり、もし満濃池の水量調節機能が失われてしまった状態で放置されたら、洪水の被害は甚大となろう。満濃池は機能しなくとも金倉川の治水は不可欠だったはずである。そして築堤工事などとともに川からの用水路を整備して讃岐平野に点在する溜池に貯えようとする努力は絶えず払われたであろう。

前述の通り、善通寺周辺に関していえば、現在金倉川から引かれた水は、旧練兵場（現四国農業試験場）のあたりでカーブして弘田川に流れこむ。これは金倉川から水が溢れ出た時の自然な流路でもあった。絵図が描かれた鎌倉時代末期の段階では、すでに有岡池の完成により弘田川の水量調節が可能で、その排水機能は充実していたと考えられる。金倉川から引かれた水路を仙遊ケ原一帯の溜池や田地にめぐらし、不要となった水を川床の低い弘田川に落とすというのが、最も地形の理に適った水利体系といえるであろう。

このように一円保東北部の田地を十分に潤す水源としては数ヶ所の湧水のみでなく、それを補完する金倉川からの取水が不可欠のものだった。特に善通寺はかつての満濃池に対する水利権をたてに金倉川からの取水を強く主張できたはずである。しかしここで問題となるのは、金倉川や出水からの流路が、一円保の東部に隣接する良田郷を通過しなければならないことである。良田郷内に善通寺の強力な支配を打ち立て、郷内の用水路整備・管理を一元的に支配し十全なものとすることが、一円保東北部の灌漑状況を充実させるための必要条件であった。一円保差図はそういった水利問題の現状を随心院に理解してもらうのに適した絵図だったのであり、善通寺はそれを提示することで自らの良田郷領有を正当化しようとしたのであろう。

五　むすび

以上、善通寺一円保差図の作成時期とその背景、そして本所に提出された理由について私見を述べてきた。それを左にまとめておく。

(1)この絵図の作成時期は一二八〇～一三〇七年に絞り込むことができる。

(2)この絵図は、大勧進職真恵と善通寺供僧らの直接支配下寺領の積極的経営が行われ、その開発結果を描いた支配系差図と考えるのが妥当である。

(3)本所随心院に提出された理由は、懸案となっている良田郷の領有問題で、善通寺側の主張を正当化するためであり、特に一円保内の水利問題を解決するために良田郷の直接支配が不可欠であることを強調しようとしたものであろう。

しかし、本稿で取り上げた水利問題については、善通寺を含む讃岐平野南部という広い視野からの考察が必要であろう。有岡池（大池）の築造も単に善通寺の問題に止まるものではなく、より下流地域の水利問題、ひいては満濃池の存在しなくなった讃岐平野の灌漑をどう維持していくかという問題に関わるものであろう。かつて空海を指導者として国郡機構や在地勢力が結集して満濃池を造成したように、「ミニ満濃池」ともいうべき有岡池の造成には弘田川流域の在地勢力を束ねるべき善通寺という宗教的カリスマが必要だったのではないか。それを明らかにするためにも今後は善通寺と国衙機構・周辺の在地勢力との関係に留意した考察が求められよう。

注

（1）義江彰夫「『保』の形成とその特質」（『北海道大学文学部紀要』二二―一、一九七四年）。
（2）三浦圭一「鎌倉時代における開発と勧進」（『中世民衆生活史の研究』思文閣出版、一九八一年所収）。
（3）ただし高橋氏の指摘される通り、一円保差図の遊墓の位置は実際とはずれており、本来は一坪分北に描かれるべきである（b）論文）。
（4）この点、高橋氏が「一円内をせっかく弘田川が流れていても、右岸の耕地は上流で迂回して流下させる以外川からの引水はむつかしく、絵図でも直接の引水を示す書きこみは見られない」と指摘される通りである（d）論文）。
（5）『善通寺市史』二（善通寺市、一九八八年）一五三～六二頁。
（6）香川清美「讃岐における連合水系の展開（第一報）古代稲作期における溜池の発生とその発展」（『四国農業試験場報告』八、一九六三年）。
（7）『新編丸亀市史』一（自然・原始・古代・中世編）（丸亀市、一九九五年）五六頁の図「出水の分布」を参照のこと。

鵤荘「嘉暦図」の作成年代推考

赤根正晃

プロローグ

奈良県法隆寺が所有する、縦横一メートルをこえる二枚の荘園絵図は、ともに古代以来法隆寺の所領であった播磨国鵤荘を、見事な彩色で描いたものとして著名な存在であり、それぞれ嘉暦図、至徳図と呼称されている。[1]それは至徳図に、嘉暦四年（一三二九）四月に描かれて法隆寺の宝物庫に保管されている絵図を、至徳三年（一三八六）の五月に模写し、その模写図を現地である鵤荘に置くことにするといった意味の裏書があり、また一方の嘉暦図に、まさに「嘉暦四年卯月日」の記載が見いだされることに由来している。

ところが、一九九三年千葉県佐倉市の国立歴史民俗博物館が行なった企画展『荘園絵図とその世界』において、嘉暦図の展示にあたられた水藤真氏は、絵図中の「嘉暦四年卯月日」という年紀記載を、後から切り貼りされた紙に書かれたものと指摘され、作成年代とすることを否定された。[2]

この年紀記載部分が切り貼りされていることについては、以前より指摘されてはいたが、嘉暦四年を嘉暦図の作成年代とする通説の再考にはつながらなかった。[3]しかし、嘉暦図の年紀記載部分が、後から切り貼りされたものなら、

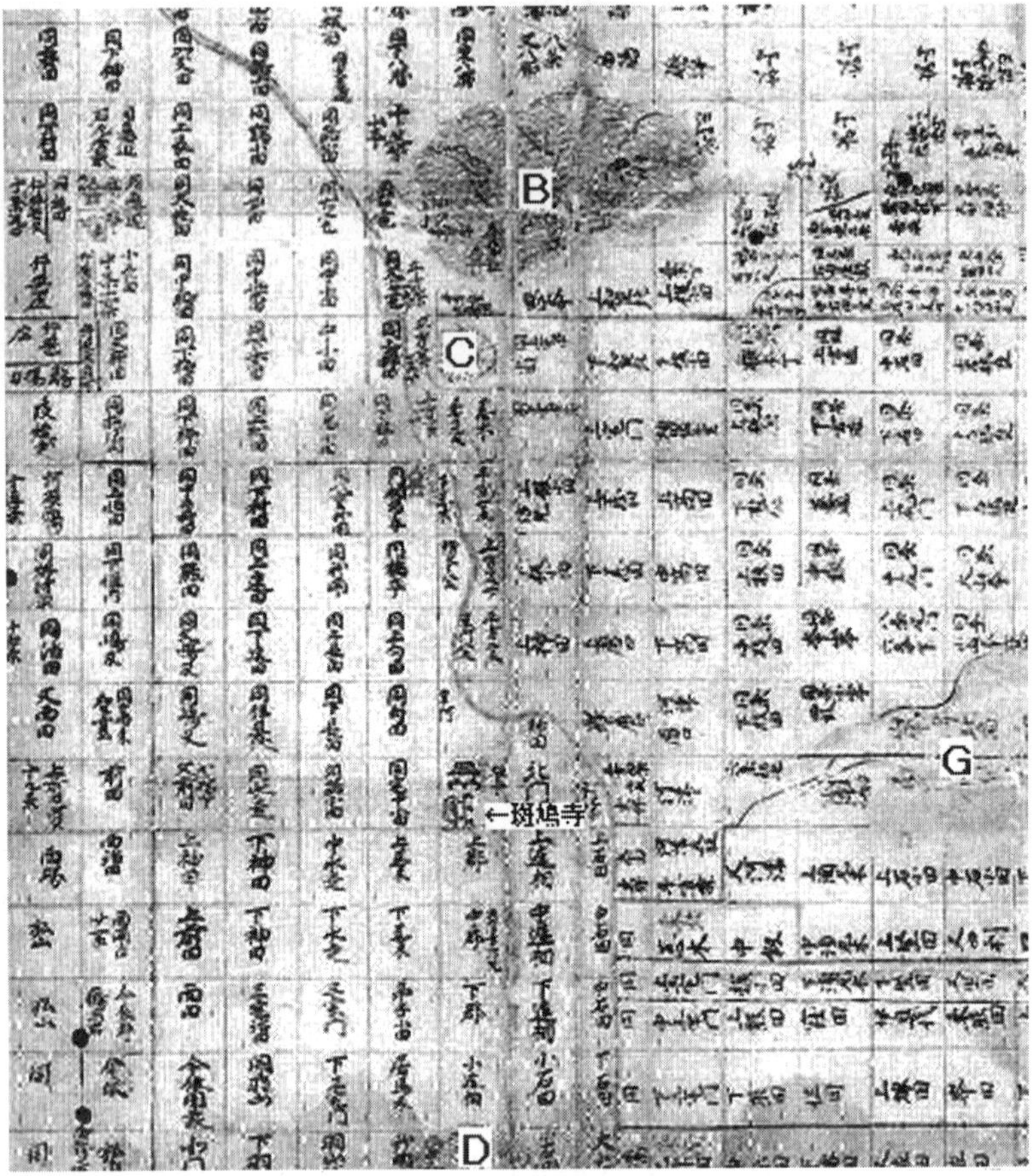

鵤荘部分図

むしろそこに、何らかの偽装の可能性を考えるべきであり、ましてその年紀を無批判に作成年代とするのは許されない。従来の研究では、嘉暦四年を、鎌倉期の数十年にわたって退転していた鵤荘が、幕府から法隆寺に返還された再支配の画期と断定的に考えるあまり、嘉暦四年作成の絵図とする結論に無批判でありすぎたように思える。[4]

そこで小稿では、絵図そのものの考察から問題点を読みとり、それが生じえる環境を文献史料から探りとることによって、不明となった「嘉暦図」の作成年代の特定を改めて試みることにする。

一　絵図記載の考察

まず「嘉暦図」考察の端緒として、栄原永遠男氏による原本調査に基づいて、絵図の作成手順を整理しておこう[5]〔図Ⅰ〕。

① 後の丘陵部分等を含む絵図全体にわたって一町幅の方格線が押線（ヘラのような先の尖ったものを紙に押しつけて、下書きとした線）で引かれる。

② 絵図の中心軸に位置する北方丘陵群（A）、太子山（D）、立岡山（E）の輪郭に押線を施し、絵図上の位置取りを決める。

③ 輪郭に押線を施さなかった丘陵（BCFGH）を含めて全丘陵が描かれる。

④ 丘陵表現のない平野部の方格線部分に墨を落とす（ただし東北部は横線に墨が引かれないなど方格線となっていない。また筑紫大道とされる部分も除かれている）。

⑤ 丘陵位置の修正が行なわれる。

a　AとEの範囲が、東にAは一町、Eは二町程度拡張する。
b　城山（C）とDを北、東に一町ずつ移動する。
c　前山（G）の東南部が南に二町程度拡張する。

しかし、彩色の前後関係などによって推定される以上の工程を経て完成する絵図は、彩色を施した丘陵部と、方格線で表現された平野部のスケッチに過ぎない。通常「嘉暦図」は、マス目一坪ごとの小地名（坪地名）記載によって、地名検索機能を持たせ、法隆寺の鵤荘支配の際の便宜をはかる目的で作成されたものと考えられており、右の工程は坪地名記載の前提作業であり、綿密な平野部の方格線は、条里制地割りの具象化を目的としたものではなく、坪地名を記載する区画を作るためのものだったはずである。

また実際にも、⑤bでC丘陵が移動されなければ、坪地名記載が不可能な部分が残ってしまうから、この絵図は坪地名の記載を前提として、立案されたものと考える以外にない。ところが、右の工程の中の、⑤aの丘陵域の拡張において、④の彩色とは異なる顔料が使用され、修正の痕跡を明瞭にしてしまっているのは、作成作業が一括したものではなかったことを示す微証となるのではなかろうか。もし④直後に、⑤の修正が行なわれたのであれば、修正においても元の彩色と同じ顔料を使用したはずだから、異色の使用は⑤が絵図完成後時を経たものであったため、同じ顔料が得られなかった結果を示すものと考えるのが自然ではなかろうか。しかし、異色の使用を時間差に求める限り、この絵図は坪地名の記載を前提としながら、④までに成立した白地図が修正されるまでの期間、放置されていたことになってしまう。

この一見矛盾した問題を理解するために、あらためて「嘉暦図」の坪地名記載に注目してみたい。すると、実はそれが統一した規格に基づくものではなく、およそ三つの記載法で行なわれているのが見いだされる。その記載法によ

図Ⅰ　方格線と丘陵彩色〈模式図〉

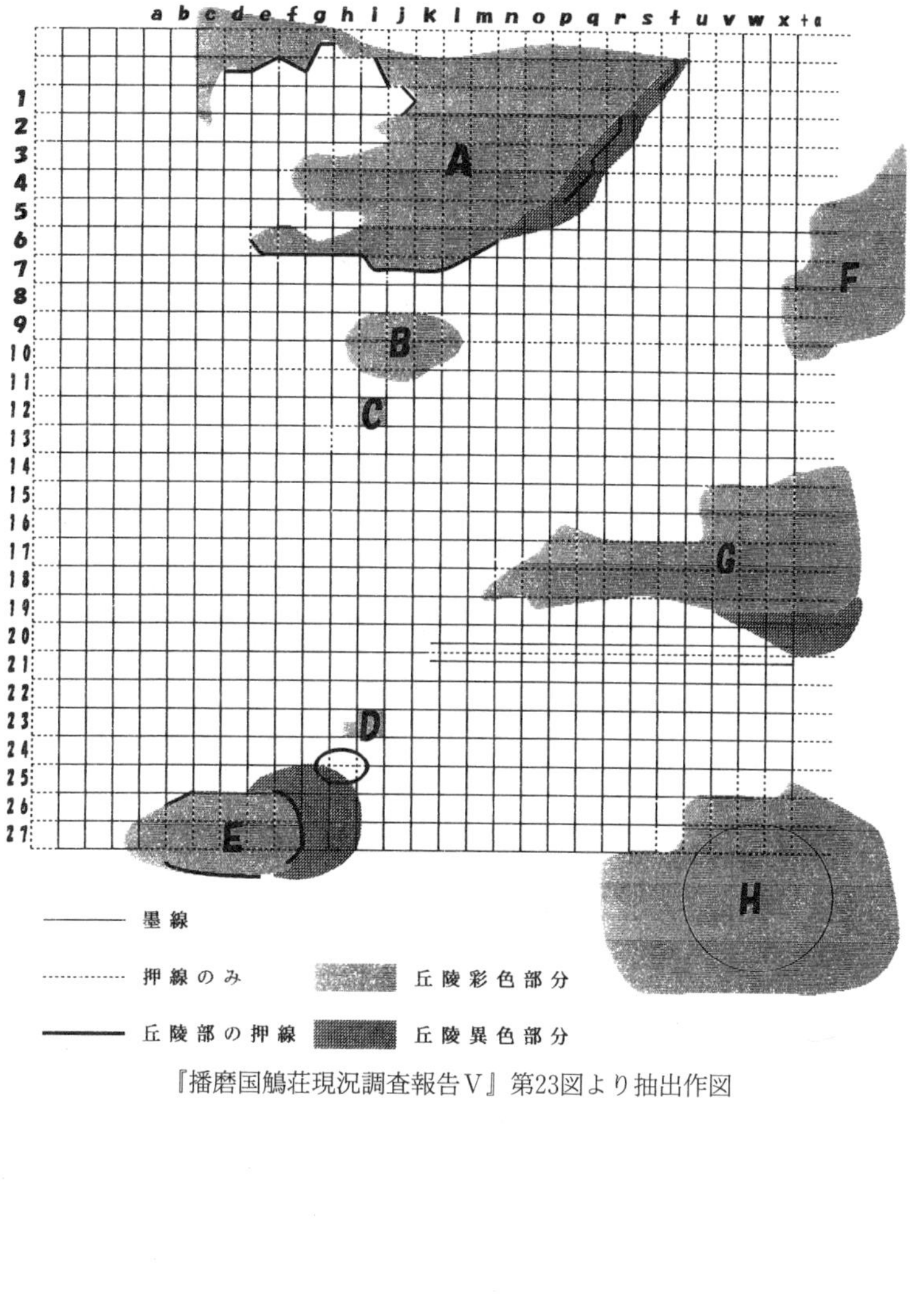

『播磨国鵤荘現況調査報告Ⅴ』第23図より抽出作図

図 II　坪地名の記載状況

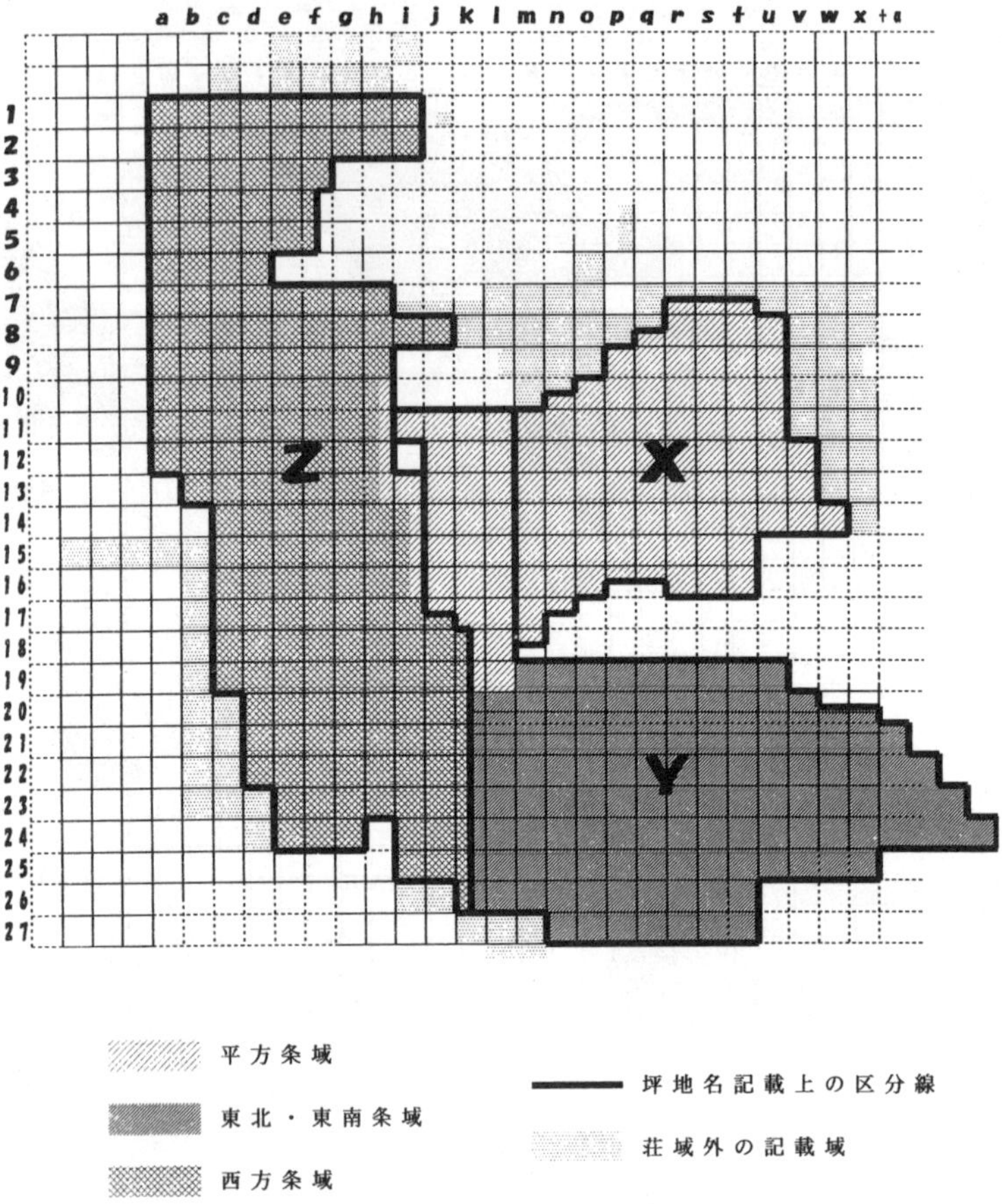

る区分は、鵤荘における西方条、平方条、東北条、東南条という行政区画（絵図でも朱色線で区分されている）とも重なり合いながら、それぞれ図IIのようなブロックを形成している。すなわち、Xブロック（平方条の大半）における坪地名の記載では、一坪ごとに条数を注記するのを特徴とするのに対し、Yブロック（平方条の一部と東北・東南条）の坪地名記載は、一坪ごとの条数注記を施しておらず、Zブロック（西方条）の坪地名記載は、X・Yブロック（東方）とは記載の天地を九十度変えているのである。これらの記載方法の相違は、Yブロックが平方条域をも含んでいるように、行政区画を明示するものではない。絵図の中からはその目的は判然としないが、この無意味に思われる記載方法の相違も、坪地名記載が一括して実施されなかったことを示しているのかもしれない。

このような視点にたち、さらに図I、IIを重ねて見ると、これらのブロックは、それぞれに⑤修正の影響を異にしているのがわかる。まずXブロックでは、この地域を取り囲む馬山（F）、前山（G）北麓、坊主山（B）は修正が行なわれておらず、北方丘陵群（A）の東への拡張も荘域外のため、⑤工程を待たずに、坪地名記載が可能である。その点Yブロックも、修正が実施されているG丘陵東部の南麓や、城山（C）と近接しているものの、記載自体は可能である。これらに対してZブロックのみが、位置が修正されたCと太子山（D）を内部に含んでおり、修正後でなければ記載できない部分を残す。つまり、⑤工程以降でなければ坪地名記載が不可能なのは、実はZブロックのみで、X、Yブロックの坪地名記載は、⑤以前においても十分実施可能なのである。④工程後、Zブロックを除く坪地名記載を目的とした絵図が作成されていたのであれば、④⑤工程間に隔絶があっても問題とはならない。

さらに、Yブロックの坪地名記載については、絵図作成の当初からのものではなかった形跡も看取される。例えば、東北条に二町分（絵図廿・廿一条。なお小稿では一町幅の列を条とする在地呼称をそのまま用い、また絵図上の位置指定では、絵図西端に北から南に一条から廿七条までふられている条数列を縦座標の基準としている）を三分割した部分がある。これは絵図の前山（G）と壇特山（H）の間隔が実際より一町分狭かったため、一条列分を書き落としてしまい、後に無理に割り入れたものと考えられる。しかし、このような誤謬に対しては、本来G以北を北へ一町ずつずらすか、Hを削るか移動させ、方格線を南へ一町延長する処置をとるべきであろう。

ところが、実際の修正は拙劣な割り入れに過ぎず、またGの南麓部（十八条列）に一条分割り入れようとした跡を示すような擦り消しがあり、G以南でこの誤謬を修正しようとの意図が看守されるのである。これはYブロックの記載段階では、すでにXブロックの記載が終了しており、実質的にG丘陵北方の改変が不可能となっていた結果ではなかろうか。さらに、東北・東南条の東端には、方格線が存在しない部分にまで坪地名が記載されているのも、絵図の構想が立てられ、方格線が引かれた段階では、このはみ出し部分の存在を、当初の作成者が把握していなかったことを示しているように思える。(6)

これに対し、不動の三丘陵（BFG）に囲まれたXブロックは、修正とまったく無縁であり、④までの作業に続いて、坪地名を記載することを否定する要素がない。つまり④までの工程の後、Xブロックの坪地名が記載されたとすれば、絵図の表現上は、矛盾がなくなり、「嘉暦図」の作成当初の意図は、全荘域の中でXブロックのみを坪地名記載によって特に強調することにあったことが明瞭となってくるのである。さらに「嘉暦図」の問題点から、⑤の修正と坪地名記載の関連、ブロック間の前後関係を探ってみよう。

鵤荘絵図には多くの誤謬の存在が指摘されているが、最も大きな問題は、絵図の東方と西方の間が一町ずれている点である。例えば現在地から考えて、本来斑鳩寺はG南麓と同列（十九条）になくてはならないにもかかわらず、絵図では十八条に描かれているのである。この矛盾、ゆがみを『町史』等は、西方に存在する斑鳩寺を絵図の中心とする視点から、絵図の東方が一町ずれて描かれていると解釈し、G全体を北に一町移動させる事により解決するとしてい

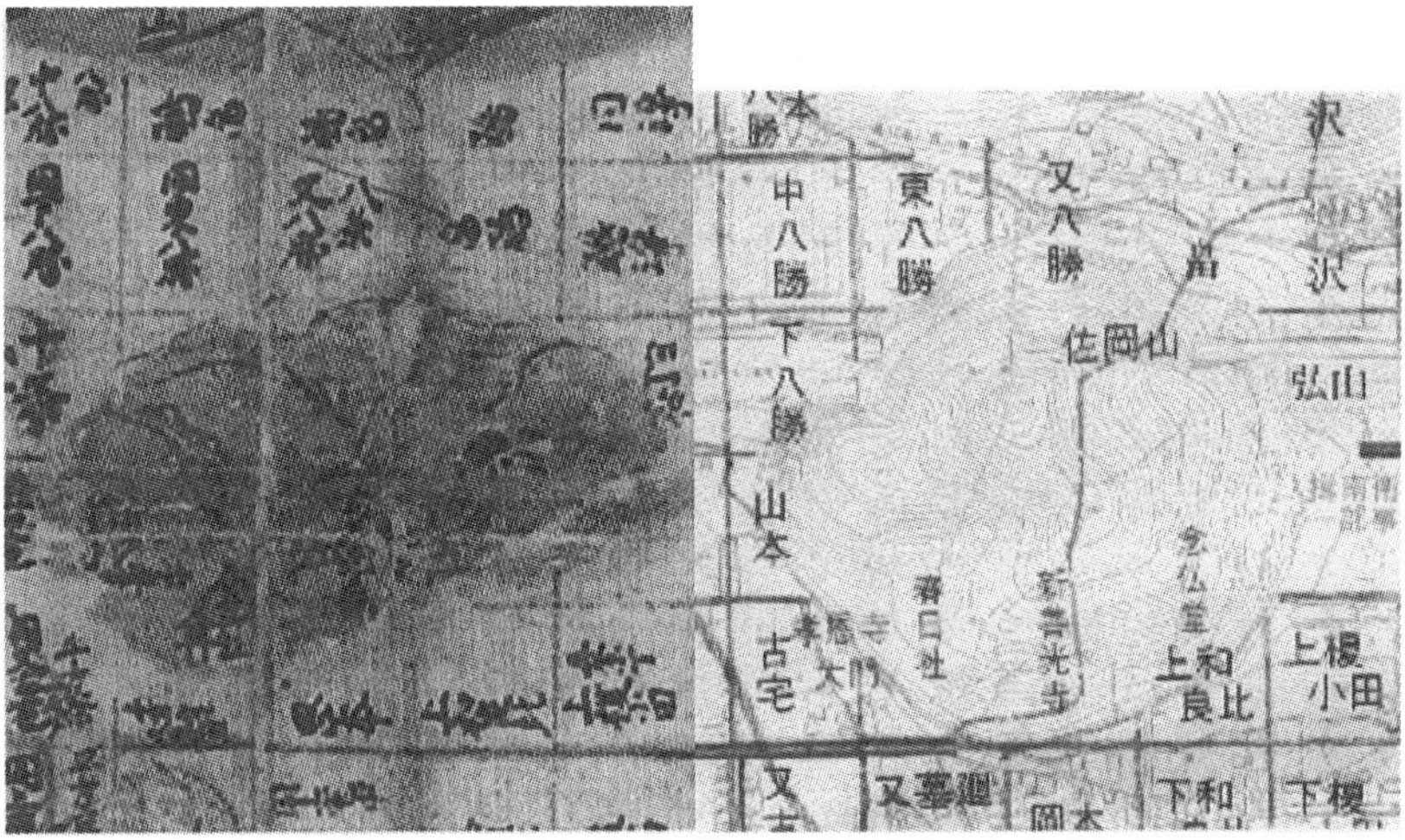

坊主山の規模
右は『太子町史』第一巻の付図『現地比定図』より

る。確かにそのように出来れば、東北条の二条を三分割している箇所も、それぞれに一町分を与える修正が可能となる。しかし、それは斑鳩寺を絵図の不動の中心としたときに、初めて可能な解釈であり、また、なぜ絵図のゆがみが発生したのかを、斑鳩寺を中心に据えて説明できなければ、たんに現地比定作業のための辻褄あわせに終始してしまいかねない危険も残ってしまう[7]。

確かに斑鳩寺は、室町期以降において「大寺」と称され、地域の宗教的中核であったことは間違いないが、絵図における斑鳩寺の表現には、名称が朱色で記載される以外に誇張の跡がなく、特別視している様子もうかがえない。また、中世の法隆寺による鵤荘支配の中心は、斑鳩寺に南接していたと思われる政所であって、斑鳩寺が直接荘務に関与した様子はない。つまり、この寺院を鵤荘の絵図において不動の中核とすべき積極的理由は見当たらないのである。

そこで、斑鳩寺を特別視するような前提を持たずに、ゆがみの原因を考察してみると、実は問題は単純のように思える。そもそも⑤の修正において、C・Dは北と東に一町ずつ移動されているが、もしも東に移動するだけであったなら、Gとの位置間隔は実際の地形と合致していたのである。なぜ、わざわざ北に一町持ち上げてしまったのか、その原因を探れば良いはずである。

そこで注目したいのは、C・Dと南北同列上（横座標I列）にある坊主山（B）の規模である。絵図において、それは南北二町幅の横長に表現されているが、実際の山容は直径三町半ほどの円形であり、明らかに絵図の表現は間違っている。さらに馬山（F）方面より西へ直進し、坊主山東南麓を迂回した後再び西進する筑紫大道も、絵図においては、Bの東では九－十条間線に、西では十－十一条間線に、それぞれBをはさんで南北に一町段差をおいて位置づけられているが、本来Bの東西では二町の段差が存在していたことが、発掘調査によって明らかとなっている。[8] 筑紫大道の誤差は、絵図上大道の通る横線には墨が引かれていない点から、絵図作成の当初、④工程以前から誤認されていたのは確実なので、あるいはBを描く際、大道の絵図上の位置取りにあわせてしまったため、実際より南北に一町小振りに表現してしまったのかもしれない。

Bの規模が実際より矮小に描かれたことは、坪地名の記載にも大きな影響を与えている。具体的には、B南麓十一条に位置づけられている坪地名「又墓廻」「岡本」「上和良比」「上榎小田」のうち、「又墓廻」「岡本」は、一町南にずらさない限り、実際の丘陵域と重なり、現地比定が不可能となってしまうのである。[9] この誤謬は、南麓に沿って存在したこれらの坪地名を、絵図に記載するにあたって、絵図上のB丘陵南麓線にあわせ、同条列に記載してしまった結果に相違ない。そしてBとCにはさまれて存在した「又墓廻」が十一条に記載されたことによって、それに南接する十二条の一坪が空白となってしまい、これを埋めるためにC、そして南北同列上のD丘陵までも移動改ざんさせる⑤の修正作業につながったのではなかろうか。つまり、Yブロックの坪地名記載は、絵図の作成当初からのものではなく、⑤の修正と連動して後から補足されたものと考えられる。

⑤の修正では、本来、絵図中央軸の丘陵の東への移動とBの南への拡張、およびそれに伴うB西側の筑紫大道を一町南下させることが必要だったが、むしろ安易にこれらの誤謬を基準としてしまったために、修正の機会を逸し、かえって絵図のゆがみを助長する結果となってしまったのである。そしてZブロック、西方条の坪地名が、この修正後のゆがんだ空間に記載されたのであれば、それは困難な作業とならざるをえない。実際このブロックの坪地名記載は見た目にもちぐはぐで、詳細に考察すると、さらに矛盾に満ちている。

例えば弘安四年（一二八一）の寄進状に「十八条下長田」とあるが、[10]絵図では十七条に位置づけられているようなずれがあり、また至徳図に存在する坪地名が欠落（十二条「下御門取」など）していたり、[11]同地名が並び重複の可能性が考えられる箇所（十九・廿条の「下神田」など）があるなど多くの齟齬の存在が疑われる。またこのブロックの坪地名の呼称に付属する条数は、北から南へ数えられ、基本的に西端の条数列に準じているので、Yブロック同様、絵図の一坪ごとに条数を記載する必要はないにもかかわらず、十八・十九条以北の坪地名にはいちいち「同」を冠している。[12]これは東方の丁度十八・十九条付近以北のXブロックの記載法の影響、つまり無目的な模倣と考える以外にその理由が見当たらず、このブロックの後進性を示しているといえよう。さらに、規格外に一坪ごとの条数記載が所々で行なわれているのも奇妙であり、その条数も条数列と合致するものとしないものがある（同じ五条列に位置づけられている「五条行岡」「六条免小田」など）。条数記載が条数列と合致する場合、条数列記載以前でなければ記載の必然性がなく、逆に条数列に合致しない条数を注記する理由を条数列との矛盾の指摘であるとすれば、その記載は条数列設定以後ということになりはしないだろうか。

こうしたZブロックの混乱は、ゆがんだ絵図の空間に、無理に坪地名記載を行なった後進性のみならず、このブロックの坪地名記載が一括したものではないことを示しているようにも思われる。個々の坪地名記載の際にそのメルクマールが統一されていなかったと考える以外に、これほどの混乱の原因は考えられないであろう。つまり、Zブロックは⑤修正（改ざん）によってゆがんだ絵図に、時期も基準も不統一なままに記載されたものと判断されよう。ようするに、一見精緻な「嘉暦図」も詳細に観察すると、一時期に一括して作成されたものではないために、坪地名記載を行なう時々の主観に左右され、結果的に全体的な構想を欠いたゆがんだ絵図なのである。

以上、「嘉暦図」にあらわれている諸問題から、その作成過程を考察してきたが、初めに全体の方格線と丘陵表現、およびXブロックの坪地名が記載され、時を経てYブロックの坪地名の記載と、それにともなう丘陵位置の修正が行なわれ、最後にZブロックの坪地名が記載されたという、おおよそ三つの作成段階の存在を読み取ることができた。次に鵤荘の歴史的変遷の中に、そのような段階が存在するか確認したいと思う。

二　鵤荘の変遷と絵図

「嘉暦図」という名称の由来となった「嘉暦四年卯月日」とある年紀記載は、前述のように、本紙に貼り継がれた異紙の部分にあることが明らかとされている。本紙の余白部分に直接記載せず、わざわざ異紙で貼り継ぐ意図は、本紙部分にあった嘉暦四年と矛盾する何らかの年紀記載を抹消、改ざんすることにあった可能性もあり、その存在は、むしろこの絵図の作成年代が、嘉暦四年ではありえないことを示すようにさえ思われる。しかし「嘉暦四年卯月日」以外に、絵図中にその作成年代を示す記載はなく、ただ坊主山（B）の東麓に文永年間（一二六四〜一二七五）創建の孝恩寺が描かれるなどのことから、かろうじて作成年代の上限を、鎌倉中期に設定することができる程度である[13]。そこで、まず鎌倉期の鵤荘の様相から検討していくことにする。

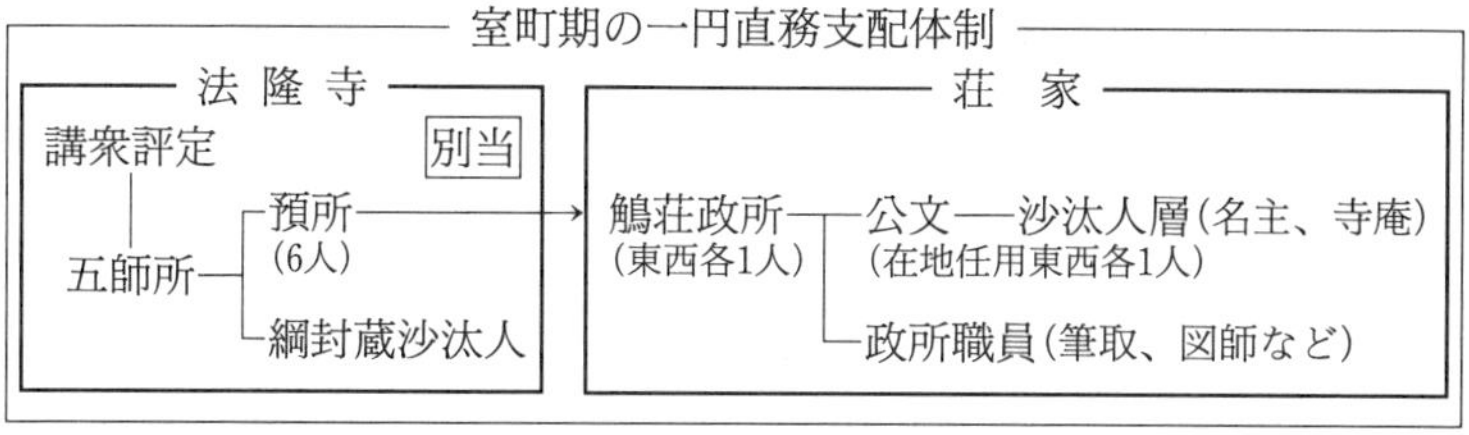

応永五年（一三九八）から天文十四年（一五四五）にかけての鵤荘の記録を取りまとめた『鵤庄引付』によって、室町期以降の鵤荘支配は法隆寺本寺から二人の寺僧が政所（在庄預所）として現地に派遣され、荘官や名主・沙汰人等と、いわゆる「荘家」を運営する直務支配の形態がとられていたことが知られている。しかし、そうした形態が鎌倉時代初期より実現していたわけでは全くない。例えば嘉応二年（一一七〇）法隆寺金堂で行なわれた吉祥御願の供料を鵤荘の下司桑原貞親が沙汰しているのは、法隆寺が在地支配に直接関与せず、荘官職を世襲する在地領主に依存していたことを示している。[14] さらに後述する過程で問題となる桑原氏跡の所領が鵤荘東方のみにあらわれる点と、荘園西方には「西方条公文」「西三箇条下司」として山本氏の存在が確認され、その存在も鎌倉初期以前に遡りえる点、[15] また室町期以降の一円直務支配体制において、東方公文（実報寺氏）・西方公文（内山氏）が見いだされることから推して、東方に桑原氏、西方に山本氏という下司（公文）職を帯する有力な在地領主が実効支配するのが、原初的な支配形態であったと考えられる。

こうした直務支配とは程遠い、在地領主依存の形態を覆す事件が、建長年間に起きる。

……号之鵤、以永為寺領、修理興法時勅仏事、当庄支万方、至下司職者桑原貞久、至貞久十余代之間、全不交異姓、而貞久死去之後、妻尼浄心息男貞保未成年之程、暫為代官致沙汰之処、母子成不和、依之、浄心当職欲譲異姓之刻、寺門大依令欝忿、浄心其案相違、尚臨閉眼之時、為遂本素、譲平新左衛門盛時之日、武家始而成賜任符、更不用寺家之任符、是新儀也、上代未聞其例、若遂武家之成敗者、末代定不随寺家之所勘者歟、当時尚怠寺家役、後代推而被察、寺門滅亡之根源、只在于之者歟、……此等子細自去春之比、学徒数輩亦出鑽仰之窓、遙赴東夷之堺、額捧愁訴之状、頻待武家之断、空送数月、裁許未知其期、……

これは建長五年（一二五三）新補下司の排除を法隆寺が幕府に求める際、興福寺に協力を求めた牒状の一節である。(16)後家尼浄心と桑原貞保との母子間の相克は、十数代にわたって桑原氏が世襲してきた下司職を、荘園領主法隆寺の許可を得ない者の手に渡す結果となり、荘園下職の任命者である法隆寺は、私相伝の非を幕府に訴えているのである。

法隆寺が補任した桑原氏の下司職を、自己に帰属するものと考えるのは、一見、当然のことであろう。しかしその補任の実体は、桑原氏の「十余代」にわたる世襲に他ならず、「任符」はほとんど形式に過ぎないので、桑原氏が「下司職」を先祖相伝の既得権として、当知行の私領と意識するのも無理はない。つまりこの相論では、桑原貞久の没後、後家浄心が管領していた所領なり権限（「下司職」・桑原貞久跡）の全てを、法隆寺進止下の荘園下職内のものと認定できるか否かが争点となるはずである。つまり、法隆寺領の一荘官という表面的な身分と、それ自体独立した在地領主の本質を併せ持つ桑原氏の二つの矛盾した側面が、異姓への相続によって表出したのが、事件の本質なのである。

しかし桑原貞久跡は下司職なのか私領なのか、またその双方であるとすれば、その職権を、現実の支配領域としてどのように分割できるのか、これはかなり難しい問題に違いない。しかも、この時浄心の譲りを受けた平左衛門尉盛時は、有力な得宗被官であったから、(17)幕府も容易に裁許を下すことが出来ず、寺領の別相伝化を危惧する法隆寺側の学侶も、鎌倉での数ヶ月にわたる交渉を強いられることになった。

そして、おそらくこの相論中に、在地では下司「善寂」による殺害事件が惹起する。

……建長年中、依当庄下司善房殺害罪科、被収公于武家之後者、僅就勅会米等、雖貽所務之号、惣庄大底為地頭管領之間……

この殺害事件の詳細はわからないが、法隆寺側の下司の行為によって、係争中の桑原貞久跡の所領を幕府に収公されてしまったようである。[18]当然、事件後の法隆寺の立場は極めて苦しいものとなったはずだが、文応元年（一二六〇）「播磨庄沙汰」のために院宣及び六波羅下知状が法隆寺に下され、翌年には都維那定尊が「証誠」のために下向しており、訴訟自体は継続している。[19]しかし、その結果、法隆寺への全面返還は実現せず、東方には嘉暦四年（一三二九）に「一円寄進」されるまで、幕府の進止下にある領域が残ってしまう。[20]これは、桑原貞久跡のうち下司職権と認められた領域は法隆寺に返還されたものの、桑原氏の私領と判断された領域は相伝の論理によって、得宗被官領、続いて幕府領に編入されてしまったものと理解できよう。下司による殺害事件という負い目を持つ法隆寺も、この処分で納得せざる得なかったのか、これ以降訴訟を継続した様子はない。[21]

さて、三綱都維那の定尊が論証に下向し、桑原貞久跡下司分の返還を受けると、そのうち平方条は翌弘長二年（一二六二）、円照上人の勧進によって恵学供料等にあてられている。[22]そして在地領主消滅後のこの寄進は、たんなる得分権に留まるものではなかった。

弘長四年甲子二月六日。依鵤荘平方雑掌論。鐘木切落。別当令違背畢。張本少輔得業。勢野法橋一族。

これは『別当次第』の頼圓法印の項にある記事で、別当頼圓は平方条を寄進した良盛が、弘長二年に死去したのをうけて就任した人物であり、対する張本の一人は得業を経た学侶、勢野法橋は、別当良盛に寄進をすすめた東大寺大勧進円照上人の眼代として、その名が見える人物であるから、[23]別当頼圓が前別当による寄進を反故にし、新たに雑掌を任命しようとしたのに対し、少輔得業等の法隆寺学侶が勢野法橋等の寺院外勢力と結託して鐘木を切り落とす示威行為に出たものと解釈できよう。寄進が得分権のみのものであれば、得分が確保される限り寄進をうけた学侶達が、[24]「雑掌論」を引き起こす理由はないので、この平方条の寄進が荘務権に及ぶものであったのは明らかである。

つまり、平方条の管理は弘長二年の時点で修学者である法隆寺学侶層（「寺門」）があたることになったのだが[25]、この点は重要である。なぜなら、室町期における鵤荘の一円直務支配の担い手は、他ならぬ「寺門」であるから、この平方条の荘務権確保こそが、後の一円直務支配化への画期的端緒だったに相違ないのである。そしてこの平方条こそ、「嘉暦図」において最初に坪地名が記載されたと前節で想定した領域と重なっているのは偶然であろうか。むしろ史料上はたんに「平方条」とされる領域が、Xブロック＝恵学供領平方条であっても不思議ではなく、新別当頼圓の寄進反故のような不安定な状況下に、別当から自己権益を守る目的で、「寺門」がその領分のみを坪地名によって際立たせた絵図を作成する必然性も十分に考えられるのではなかろうか。

ただし、「嘉暦図」作成の上限が孝恩寺が創建された文永年間であれば、弘長年間に絵図が作成されたとすることはできない。その点、弘安三年（一二八〇）の平方条実検目録が存在するのは興味深い[26]。残念ながら断片であり、その中に坪地名も見いだせないが、実検の存在は、その在地支配の安定をうかがわせ、また弘安三年であれば作成年代として矛盾はなくなる。しかもその時期においても「寺門」と別当との対立的緊張関係は続いているのである。頼圓の次の別当玄雅とは鵤荘久岡名の帰属をめぐって文永七年（一二七〇）紛争し[27]、続いて弘安六年に別当職に就いた興福寺竹林院の乗範法印も、二年後に死去するまでの別当在任中、法隆寺を訪れ拝堂（就任披露儀式）することもなく、「不吉例」と『別当次第』に記されるような人物だったのである。文永～弘安期における相容れない別当との関係の中で、「寺門」は、たえず安定化しつつあった「平方条」の支配を脅かされる危険を感じていたはずであり、自己領分の支証のための絵図作成は必然的ともいえる状況だったのである。

また文永・弘安期以降になると、「寺門」の支配領域が「平方条」（Xブロック）以外に及んでいた可能性が出てきてしまう。そもそも東西の在地領主依存の支配体制が、桑原氏の違乱によって崩壊した後の鵤荘は、(1)「寺門」領となった平方条の大半（恵学供領平方条）、(2)東方の法隆寺内諸集団の所領、(3)東方の別当所領、(4)東方の幕府所領、(5)在地領主管轄下の西方、に分かれていたと思われる。この全てが法隆寺「寺門」の管轄下となって初めて、室町期以降の一円直務支配体制が成立することになるが、結論を先にすると、その際(1)に続いて「寺門」に帰属するのは(2)であったと思われる。(2)の史料上の具体例は、講堂夏衆の諸進定舜による東南条の安居供料田の経営が確認されるのみだが、[28]おそらくその起源は、(1)同様、返還された桑原氏下司分の内、別当の手によって寺院内の諸集団に割り当てられたものであり、安居供料田の夏衆に限らず、同様の料田経営は多く存在していたはずである。[29]それら零細な料田経営がいかにして「寺門」のもとに吸収され、一円直務支配体制につながったのかは不明だが、寺院内の各集団が独自に零細な料田経営を行なう非能率性を考えると、鎌倉後期、聖徳太子の奴僕調子丸の子孫を擁することで宗教的な優位を保ちつつ、一方で五師所以下の事務組織を掌握した「寺門」のもとに、少なくとも(2)の一部は、かなり早期に収斂されたに相違ないのである。つまりXブロックのみが「寺門」領であった時期は、弘長以降比較的短期間であり、その後では、法隆寺「寺門」がXブロックのみを記載する絵図を作成する意味が希薄となってしまう。

さて弘安期頃に、おもに別当との関係から「寺門」が最初の絵図を作成したものと考えると、まったく前節で想定した当初の絵図の姿となるはずである。おそらく当初の「嘉暦図」は絵図全体の中で、自己領分であるXブロックを際立たせることにより、別当の介入を排除する意図で作成されたのであろう。そしてその絵図は、Xブロック以外のマス目を空白のまま残し、坪地名記載域を際立たせる背景とする、実に主題の明確なものといえよう。

もしも「寺門」の支配領域が、恵学供領平方条に限られていたのであれば、あるいは「嘉暦図」も当初の姿のまま残されていたかもしれない。しかし鵤荘一円は、十四世紀末以前に「寺門」の直務支配下にはいり、模写図である至徳図を見る限り、「嘉暦図」も至徳三年（一三八六）以前には一面に坪地名が施される形態に変わっている。この間どのような変化が起こったのであろうか。前節、絵図からの考察では、Xブロックに続いてYブロック全体の坪地名が記載されたと想定した。しかし、実際のYブロックは性質を異にする領域(2)(3)(4)の集合体である。例えば(2)のみを見ても、前述のように漸進的に「寺門」に吸収される性質のものと考えられるから、Yブロックは単純に「寺門」の所領拡大に応じて順次記載されたものではないことになる。とりあえず、(3)(4)の領域が「寺門」に帰属した経過をたどってみよう。

(4)は、建長年間の収公以降幕府領に転化しており、この領域が「一円寄進」によって七十余年ぶりに法隆寺に復したのは、嘉暦四年（一三二九）であった[30]。それは、交渉のため数年間鎌倉に在府した俊厳（調子丸の子孫を称した顕真の甥）や、一﨟の湛舜といった学侶、そして交渉を有利に進めるために聖徳太子ゆかりの寺宝（梵網経・唐本御影）の出開帳に従事した五師の慶賀の働きによるものであった[31]。つまり「寺門」が強烈に運動を展開した結果、はじめて返還が実現したわけで、こうした経緯から、返還された所領は「寺門」に帰属して不思議はないが、実際には別当の領域も存在し続けている。

……去嘉暦四年被成下将軍家御教書、為出羽入道道蘊奉行一円被返付寺門之刻、偏任行信之流記被定庄務之規式之時、以当寺学侶内一人為別当御代官、雖令致四分一之所務、依年々之　損而土貢之多少不定之間、散用勘定依有其煩、能寛僧正別当之時、永被止庄務之綺、為寺門之沙汰、凝寺務方四分一之乃貢、毎年壱万疋可致其弁之由、被出御契約状、……

この史料によって、返還当初には、学侶を代官とするとはいえ、別当の所務を受ける「寺務方四分一」という領域が設定されていたことが確認できる[32]。この「寺務方四分一」は、もともと存在したであろう(3)に、嘉暦四年の幕府領の返還に伴って(4)を加えたうえで、再編成したものと思われるが、その経営は安定せず「寺門」による年百貫文の請け切りとなったわけである。

この別当能寛と「寺門」との間で取り交わされたという請負契約状は建武二年（一三三四）に成立しているので[33]、結果的にその経営は短期間に終わり、鵤荘東方一円の荘務権は「寺門」のもとに収斂されたわけだが、この経過を見ても、嘉暦四年は通過点の一つに過ぎないといえよう。従来の研究では、建長期の違乱によって鵤荘一円が幕府の没収を受けたものと誤解し、嘉暦四年を絵図の作成年代として過大に評価する傾向があるが、この時期では、(4)(5)が「寺門」に帰属しておらず、絵図全体を作成する契機とはなりえない。むしろ「寺門」にとっては、別当の在地支配を排除し、東方の一円支配を可能とした建武二年こそが、Yブロックの坪地名記載が可能となる画期的な年なのである。

さらにこの請負契約が、別当と「寺門」という図式で行なわれていることに注意すべきであろう。弘長期の恵学供領平方条の寄進後に別当が介入したように、一代の別当との契約を以後の別当が遵守するとは限らないのである。

たとえば貞和二年（一三四六）、別当範守が和泉国の高石新左衛門や、播磨国の八木四郎左衛門といった「悪党」を鵤荘に引き入れ、「当寺之所務押取」ったのに対して、「寺門」は訴訟をおこしている[34]。この事件では、鵤荘在地に預所として派遣されていた寺僧の賢範や英祐が、「不及一問答」に法隆寺に逃げ帰っており、在地支配の存亡に関わる深刻なものであった。この危機に「寺門」は「乱妨人」を追い立てるために、「致精誠」と必死の努力を払ったとされているが、もし横領された東方の荘務を奪回するための一連の運動の中で、「寺門」の荘務権の確立した領域を明示するような絵図が存在していれば、有効な証拠（インパクトとしての）となりえたはずである。つまり別当遷替に伴う、帰属問題の発生を予測した「寺門」が、建武二年の契約の際に東方全域が自己に帰属することの支証として、すで存在した絵図を再利用し、新たな坪地名を加筆する必然性は十分存在したと思われる。

つまり、弘安期頃に成立した第一段階の絵図が、おもに別当に対して「寺門」領平方条の領域を主張するものとすれば、建武期に比定される第二段階も、別当の在地去り渡しによる東方の「寺門」一円化を主張するために機能するものと見なせそうである。通常、鵤荘絵図の主題と考えられている坪地名記載は、たんなる現地支配上の便宜目的以外に、荘園領主内部における紛争域を明示する側面を有していたわけである。[35]

以上、前節、絵図の記載状況から想定した三つの段階のうち、作成主体を「寺門」とすることにより、歴史的変遷から二つの契機を見いだすことができた。しかし第二段階を経た絵図でも、依然として西方、Zブロックは手付かずの空白地として残っていることになる。そもそも西方では下司（公文）の山本氏が一三四〇年代に至っても存続しており、第一、第二段階を通じて、「寺門」が荘務権を有する領域を図示するのが絵図の存在目的であったとすれば、Zブロックの坪地名記載は意味を持たなかったはずである。それではなぜZブロックは記載されたのか、西方下司の山本氏の動向から見ていこう。

すでに十四世紀初頭、御家人化し荘園領主法隆寺の所勘に従わず、自立傾向を示す山本氏に対し、「寺門」は西方一円の荘務権の所在確認を幕府に求める動きをみせている。しかしこの時は、必ずしも山本氏を排除しようとはせず、未進を起こさない限り、西方を山本氏の「請所」として認め、その在地支配は継続する。[36]東方の支配すら確立していなかった「寺門」としては、西方の在地領主排除の力も意志もなかったのかもしれない。しかし、一三四〇年代に法隆寺「学侶等」が、西方条公文職の進止権の承認を幕府（足利直義）に求めたのは、山本氏の排斥を目指したものであった。なぜなら康永三年（一三四四）に、山本氏側の主張を不分明として、その進止権を法隆寺に認めた裁許が下されて以降、山本氏の姿は鵤荘の歴史から消えてしまうのである。

単純に考えれば、この康永三年をもって西方も「寺門」に帰属し、Zブロックの記載も可能となるはずである。しかし前節で指摘したように、このブロックの坪地名は一括したものではなく、東西で南北一町分ゆがんだ空間に、漸次穴埋め的に行なわれた微証が多く見いだされるのである。なぜ在地領主排斥の時期が明確なZブロックの坪地名記載に限って、漸進性をもつのであろうか。

注目すべきは、やはり在地領主山本氏の動向であろう。本来一片の裁許状で、おそらく平安期まで遡りえる在地領主を排斥出来るものではないので、裁許以前に何らかの伏線が敷かれていたに相違ないのである。その点、残念ながら、十四世紀初頭以降、およそ四十年間の西方在地の動向を史料的に跡づける事は出来ないが、裁許の出される四年前、暦応三年（一三四〇）に「鵤荘住人」沙弥本阿が三清名という西方の名田を法隆寺舎利堂に寄進しているのは、示唆的である。[37]本阿がどのような人物か明らかではないものの、その寄進は西方在地の有力者達が、在地領主にして下司（公文）である山本氏を介さずに、直接荘園領主法隆寺と関係を結ぶようになった事実を示すもの理解できよう。

康永三年の裁許状によれば、南北朝動乱期、山本氏は赤松氏に従って転戦していたようなので、その間隙に名主等の在地有力者が、在地領主排除という共通の利害のもとに法隆寺と結託、山本氏の支配権を浸食したために、山本氏の鵤荘における在地基盤は、失われていたのではなかろうか。そのように考えれば、名主等の寄進による「寺門」領増加を明示する目的で、坪地名記載をそのつど実施した結果、Zブロックの坪地名記載は虫食い的に統一性を失い、誤りの多いものになったと理解できるのではなかろうか。

つまり、X・Yブロックが別当と「寺門」という荘園領主内部の関係において実施されたのに対し、Zブロックの坪地名記載は、「寺門」と名主など在地有力者との間で進行していったわけである。十四世紀後半以降の「寺門」による鵤荘の一円直務支配体制において、在地有力者達は、法隆寺より下向した政所（在庄預所）と一体となって主体的に荘園運営に関与しているが、[38]それは、安易に指摘されるような村落共同体の台頭によって、徐々に名主層が支配に関与していったものではなく、むしろ「寺門」が一円化を実現する段階から、すでに在地有力者の支持を必要としていた結果なのかもしれない。

以上の考察によって、「嘉暦図」から想定された坪地名記載の段階は、法隆寺「寺門」による鵤荘一円支配化の過程と完全に重なり合うものであることが明らかとなった。絵図上の諸問題と歴史的な変遷、これらを考え合わせた時、「嘉暦図」は一度に成立したものではなく、法隆寺「寺門」が一円直務支配体制を構築する過程で段階的に成立したものと考えるのが、最も自然な理解なのである。

ただしこれに従えば、「嘉暦図」は一二七〇年代の作成開始から一三四〇年代の完成まで、実に約七十年の歳月を要したことになってしまう。一つの絵図の作成期間として七十年というのは、現実的ではないように思える。しかし、そもそも弘安期頃に平方条の「寺門」支配域の明示を目的とした絵図と、建武年間以降の絵図との間に連続性を考える必要はない。Xブロックのみが記載されていた初期段階の絵図には、それ自体坪地名記載の有無によって、荘域内での「寺門」領を明示する重要な意味があり、またその状態で、実際の在地支配にも利用されていた痕跡すら残されている。[39]つまり、建武年間以降の丘陵位置の修正や坪地名記載は、未完の絵図の作成を継続したものではなく、新たな絵図作成を企図した際に、古絵図を再利用したものと理解すべきであろう。

一方、再利用された建武二年（一三三四）から、在地領主が完全に排除される康永三年（一三四四）までは十年余に過ぎず、そこに連続性を見いだす事は可能かもしれない。むしろ、Yブロック記載時の丘陵位置変更の主眼が西方域の丘陵であったことと、Zブロックの坪地名記載が、わざわざ所領の吸収過程に従って、逐次行なわれているのを考え合わせれば、建武年間東方一帯を掌握した「寺門」が、すでに鵤荘一円の支配化を視野に、西方の坪地名記載をも予定して、絵図の作成（再利用）を行なった可能性はある。つまり再利用以降、「寺門」は絵図における坪地名記載を、その一円支配化の達成度を示す指標としたのではなかろうか。

さらに、結果的に「嘉暦図」を総括すれば、作成当初より「寺門」の支配領域を坪地名記載によって明示するという着想で一貫しており、弘長二年（一二六二）別当による恵学供料田寄進に始まり、康永三年山本氏排斥によって完了する「寺門」による鵤荘一円支配化（荘務権の一元掌握）の過程を如実に物語る道標のような、まったく希有な史料となっているといえよう。

エピローグ

不十分ながら、絵図の再利用という新たな視点から、とりあえず「嘉暦図」の作成過程を推定することができたものと思う。しかし、謎は多く残されている。例えば、なぜ「嘉暦図」を嘉暦四年の作成のように改ざんしたのか、至徳図の作成理由とも関連させて考えなければならない。しかし、こうした課題については、「寺門」の組織としての成長過程と鵤荘の一円直務支配化、そして、その間の社会状況を含めて複合的に考察する必要があり、残念ながらここで詳細に検討するゆとりは残されていない(40)。

さて、私が鵤荘のあった兵庫県太子町を訪れた一九九六年には、すでに姫路市近郊の当地は住宅地として開発され、条里制遺構は姿を消しつつあり、丘陵すらも急速に姿を変えていた（城山などは完全に消滅していた）。

ほとんど例外なく各地で進行する、こうした景観の変貌のなかで、もはや過去の人々と景観を共有することすら許されなくなっている。こうした現在にあって、ビジュアル史料である荘園絵図の研究は、二次元的な景観復元作業と結びついた、地図的な側面が強調されることは避けられず、またそれ自体緊急性を帯びた重要な課題に相違ない。しかし荘園絵図研究は、景観復元の材料としての利用にとどまらず、絵図上の問題を読み解き、さらに文献史料に回帰することによって、より多くの実りをもたらしうることも忘れてはならない。その点、一見精微で誇張もない地図的なものでありながら、実は多くの誤謬と謎を含んだ鵤荘絵図は、不十分ながら残されている文献史料との相互補完による検証が可能な数少ない荘園絵図の一つなのである。町史編纂事業などの努力によって、研究環境も整っている現在、鵤荘絵図の研究は、なお豊かな可能性を持っているのである。

注

(1) 一九九六年刊行の『太子町史』第一巻には、約五〇センチ幅の両絵図原本の写真図版が添付されており、鵤荘絵図研究の便宜がはかられている。
(2) 水藤真「二つの荘園絵図」(国立歴史民俗博物館編『描かれた荘園の世界』新人物往来社所収、一九九五年)。なお、至徳図の裏書きで「嘉暦四」とあるべき部分も擦り消されているという。
(3) 文部省科学研究費研究成果報告書『荘園絵図の史料学および解読に関する総合的研究』(一九八五年)。
(4) 『太子町史』第一巻は、年紀記載部分が異紙であることを認め、疑問点とされながらも、「法隆寺が一円支配を回復した直後に、荘園支配の再編のために作られたものである」(四〇二頁)として、通説の検討を行なっていない。
(5) 『播磨国鵤荘現況調査報告Ⅴ』(龍野市教育委員会、一九九三年)の嘉暦図原本調査参照。ただし、押線で範囲を指定されていない丘陵が描かれた後でないと、方格線に墨を落とすのは困難と判断し、その点入れ替えた。
(6) 一方「嘉暦図」の東北部の方格線が不完全なのは、すでに荘域外であったとの認識の存在をうかがわせる。
(7) 『播磨国鵤荘現況調査報告書Ⅲ』(太子町教育委員会、一九九〇年)に、「絵図に描かれている斑鳩寺を、現在の寺地に当てはめて、絵図の条里プランを遺存地割の上に割り付けていく」とあるような調査手法は、調査報告に先行する上田洋行氏の『西播磨の揖保川左岸に並ぶ三荘』(太子町教育委員会、一九八五年)以来のものだが、これは絵図そのものを解読していくのとは異質の作業である。

（8）『太子町史』第一巻、六一〇頁。

（9）『太子町史』第一巻には詳細な現地比定図が添付されており、本文六二六頁以降で解説が行なわれているが、やはり一町ずらしている。

（10）「鵤庄下司代官沙弥仏阿寄進状」（『太子町史』史料編、史料番号四二）。以降、史料の引用では同史料集を優先させ、『町史』四二のように略記する。

（11）こうした欠落は、至徳図との比較によって判明する。詳しくは『太子町史』第一巻六二一〜六二五頁参照。

（12）条数の数え方は平方条のみが、西から東に数える特殊なものになっている。これは平方条内のYブロック域も同様で、十三条の「三宅門」は室町期の『鵤庄引付』（『町史』三五）では「四条三宅門」と呼称されている。

（13）貞和四年（一三四八）作の『峰相記』（『町史』二五一）によれば、孝恩寺は医王平三入道法蓮という者によって建立された念仏堂である。なお、絵図中には「建治元年」の記載もあるが、これは東西隅にある総田数注記の根拠とする実検が実施されたという年であり、直接絵図の作成年代と関係するものではない。

（14）『吉祥御願御行旧記』（『町史』二一二）。なお、在地領主桑原氏については、小林基伸「播磨国の開発領主に関する一考察」（『塵界』1、一九八九年）参照。

（15）乾元二年（一三〇三）、法隆寺は「西三箇条下司」の非法を六波羅に訴えているが（『旧記之写』〈『町史』二一三〉）、この下司は康永三年（一三四四）の足利直義の下知状（『斑鳩寺雑記』所収文書〈『町史』二二六〉）によって、山本盛康と実名が判明する。また同下知状では、山本覚誉という人物が西方公文を称し曽祖母が右大将家（頼朝）の下文を得ているとする。さらに同下知状によって文永三年（一二六六）に法隆寺側の「東方雑掌」が確認できるのは、桑原氏の職掌に基づくものと考えられる。

（16）「法隆寺牒」（『町史』二三七）。なお、『太子町史』等の先行研究では、「支万方」を地名と読み、桑原氏を支万方下司と考えているが、これを地名とすると文意が通らなくなる。おそらく、この一節は前節の「修理興法時勤仏事」をうけ、「万方」を「支」

えると読み、法隆寺の仏教行事万般をまかなってきたという意味と解するべきであろう。

(17) 前褐注(14)論文。後、荘園内に幕府領が存在するのは、たんに後述のような相論地収公によるものではなく、この譲与が得宗被官をつうじた幕府に対するものであったためであろう。

(18) 「陳答事書案文」(阿部猛・太田順三編『播磨国鵤荘資料』史料番号一六)。以降同資料集からの引用では、『資料』一六のように略記する。なお、下司の名前は注(15)足利直義の下知状では善寂とあるなど一定していない。

(19) 『法隆寺別当次第』良盛僧正の項(『町史』二二四)。本文中では『別当次第』と略記する。

(20) 「相模守奉書案」(『町史』二四三)、元徳元年(一三二九)、幕府は五辻宮守良親王に譲与していた鵤荘東南条を、出雲国大田荘と相博している。これは幕府領が東南条に存在していた証左であり、また「法隆寺田畠配宛日記裏文書」(『町史』四五)の正和五年(一三一六)の算用状の残欠らしきものに「鵤御庄東北東南条領家御方」とあるのは、領家(法隆寺)以外の権限が東北・東南条に存在していたことをうかがわせる。翻れば、東方の一部を除いて没収は行なわれなかったのは明らかで、嘉暦四年を全面没収から再支配の契機と考えるのは誤りである。なお、文永の違乱後も法隆寺領鵤荘が存続していたことについては、すでに栗岡清高氏が「鵤荘に中断は無かった」(『聖徳』一一〇、一九八六年)の中で指摘されていた。

(21) 先行研究の中には、鎌倉後期の西方三か条を巡る相論と混同し、嘉暦四年まで、七十年以上返還訴訟を続けているとするものがあるが、それは誤りである。

(22) 『法隆寺別当次第』良盛僧正の項(『町史』二二四)。

(23) 「日置高村申状」(『鎌倉遺文』一二四三六)。

(24) 恵(慧)学は、戒律、禅定と並ぶ仏教の実践修行の一つであり、これへの寄進は、直接、禅律方ではない学問法隆寺の学侶層に対するものと考えられる。

(25) 鎌倉中期以降、法隆寺では、太子信仰の担い手である金堂の学侶を中核に寺僧の結集がはかられ、別当(寺務方)に対して「寺門」を自称しているようである(後掲史料参照)。そこで小稿では、法隆寺の学侶以下の寺僧勢力総体を、別当の対概念として

「寺門」と表現する。

(26)『町史』三八。

(27)『寺要日記』(『太子町史』第一巻所収史料一)によれば、別当玄雅が久岡名名主に「寺之怨敵」「真蓮法師」を補任したのを不服とした僧侶たちは、抗議のサボタージュ(「閉門」)をおこし、結果、勧学講米として毎年三十石の得分を得ている。なお、久岡名が東保(北)条に所在した微証が、十五世紀末以降の記録『鵤御庄当時日記』(『町史』二二八)のなかに散見される(例えば「東保太歳頭」の一つに挙げられている)。

(28)『講堂浮免所当并条々狼籍訴訟一件』(『太子町史』第一巻所収史料二)。同文書については『鵤荘現況調査報告Ⅲ』(太子町教育委員会、一九九〇年)の中で考察されている。

(29)『嘉元記』(『町史』二一五)によれば、暦応二年(一三三九)「雑掌之集会」が行なわれている。この雑掌が鵤荘のみのものとは限らないが、貞和元年(一三四五)にも「鵤庄雑掌罪科事」として「自余皆罪科」とあり(同文書)、鵤荘の雑掌が複数存在していたことをうかがわせる。これは数多の料田経営が行なわれていた名残りかも知れない。

(30)『嘉元記』(『町史』二一五)によれば、嘉暦四年三月「鵤庄一円奉寄之状」が東使より届けられている。この文書は現存しないが、康永三年(一三四四)の「陳答事書案文」(『資料』一六)には、

…六波羅料所之間寺家就中披子細被返付之時奉寄之由被載之畢、…

とある。実際に返還される領域は鵤荘の東方一部に過ぎなかったが、一円が法隆寺領として、あらためて幕府の認定をうける意味で、一円寄進という形態がとられたものと考えられる。

(31)『古今一陽集』(『資料』四)。なお一連の経緯については、武田佐知子氏が『信仰の王権聖徳太子』(中公新書、一九九三年)の中で触れられている。

(32)「陳答事書案文」(『資料』一六)。

(33)応安四年(一三七一)「法隆寺学侶等言上状案」(『資料』一七)の中に、副進文書としてあげられている。

(34)『嘉元記』(『町史』二一五)。以下の経過も同文書による。
(35) 鵤荘絵図の中で坪地名は欠くことのできない要素であり、『町史』はこれの記載によって、地名検索機能を果たす目的で絵図が作成されたものと見なされている(五九七頁)。
なお、鵤荘絵図は荘域の周囲に「弘山」「大田庄」「大市郷」といった隣荘郷域を示す記載があり、それのみに注目すると、境相論図のような側面を有している。しかし、中世の具体的な境相論の存在を示す史料はなく、また絵図上に境界を誇張する様子もない(至徳図では「弘山」のみ朱色で記載される)。さらに対外的な相論では、荘域内の坪地名の記載は全く無意味となってしまう。絵図全体で考えると、隣荘郷との境相論を主題に読みとおすことは不可能といえよう。
(36) 嘉元元年(一三〇三)「法隆寺牒状」(『町史』二四一)に、
…向後更毎年請所事不可有御変改之儀候、但付請所仁給総領有申子細、庄家煩出□之時者可有御改候…

とあるのは、東方桑原氏の異姓相続による混乱が、西方山本氏に起こらないことを願う荘園領主側の姿勢を示しており、積極的に排斥する意図は見当たらない。
(37)『寺要日記』(『太子町史』第一巻所収史料一)。なお、三清名が西方条に所在した微証も『鵤御庄当時日記』(『町史』二二八)のなかに散見される(例えば「下宮頭役」を勤める西方名の一つとしてあげられている)。
(38) 例えば貞治元年(一三六二)「内山入道謀詐状」究明のため、現地に寺使を下そうとした「寺門」の動きをとどめたのは、「預所并沙汰人等」であった(『斑鳩寺旧記類集』〈『資料』八〉)。
(39) 注(5)の原本調査一〇八頁によれば、「嘉暦図」のX・Yブロック境界線(図IIの1m間線)が折り目となっているという。栄原氏はこの折り目の目的を不明とされているが、Xブロック支配の便宜上折られたものと考えられるのではなかろうか。
(40) 嘉暦四年に幕府から返還されたのは、鵤荘の一部に過ぎないが、それは一円寄進という名目で行なわれた。寺社興行の中世社会のなかで、「寺門」はこの一円寄進という文言が「仏陀施入地」として公権力の絶対的寺領保護を引き出す要件となることに気づき、およそ一三五〇年頃、寺院内外に嘉暦四年を強調する目的で、改ざんしたものと考えている。

紀伊国井上本荘絵図について

松井吉昭

はじめに

荘園絵図には多くの寺社が描きこまれているものが多い。今日、社会の変貌は激しく「むら」「まち」の様相も大きく変わってきた。現代の「むら」の姿から、古代・中世の姿を想像することは難しい。かろうじて古代・中世からの「歴史」を現在に伝えている存在が寺社であろう。しかし私たちが接する寺社はやはり現代のものであり、そこから単純に中世を、過去を投影することは出来ない。明治の神仏分離政策は、近世まで続いた寺社の在り方を大きく変化させた。まして長い歴史の中で、中世の人々の信仰の在り方も変化してきた。

一枚の絵図がある。京都随心院所蔵の紀伊国井上本荘絵図である。この絵図の特色としては、「北山鎮守」「風森」「観音堂」などの多くの寺社が描かれ、また一五の用水池が描かれている点である。用水池の絵図上における位置は、「西谷池」「道池」を除いて、絵図の東北側に「観音堂」を囲むように「瀧谷池」をはじめ八つの池が描かれている。もう一箇所、南西に「蔵人池」をはじめ五つの用水池がある。荘内に描かれている一五の用水池は、絵図作成時における実際の用水池数である可能性が高い。寺社と用水池、さらに「宮荒間田」「大迫畠」等の地目記載との関連を考察し、本絵図の作成目的を考えてみたい。

一　研究史の論点

紀伊国井上本荘絵図（以下、本荘絵図と略記す）の研究史で、この絵図を「井上本荘絵図」とされたのは水田義一氏（③A）である。私も氏の見解に従い、「井上本荘絵図」と呼称する。この絵図に関する研究には次のようなものがある（額田氏⑦の論文の注2を参照して作成）。

①早稲田大学文学部西岡研究室『荘園関係絵図展目録並解説』（1960年）。

②児玉正之氏「粉川寺領近方図面」『粉河町史研究』3（1978年）。

③水田義一氏「台地上に位置する庄園村落の歴史地理学的考察」『史林』第55巻第2号（1972年）、「中世庄園絵図の検討」『人文地理』26－2（1974年）、「井上本荘絵図現地調査記録」高橋昌明編『荘園絵図の史料学および解読に関する研究』（1985年）、A「紀伊国井上本荘絵図の歴史地理学的研究―二枚の絵図をめぐって―」『史林』第69巻第3号（1986年）、B「伊国井上本荘絵図」荘園絵図研究会編『絵引　荘園絵図』（東京堂出版、1991年）。

④佐藤和彦・田中寿朗氏「紀伊国粉河寺近傍図付井上本荘絵図」西岡虎之助編『日本荘園絵図集成』（東京堂出版、1976年）。

⑤小山靖憲氏「井上本荘絵図現地調査記録」高橋昌明編『荘園絵図の史料学および解読に関する研究』（1985年）、「荘園村落の開発と景観―和泉国日根野村絵図」小山靖憲・佐藤和彦編『絵図にみる荘園の世界』（東京大学

出版会、1987年)。

⑥黒田日出男氏C「荘園絵図上を歩く」『姿としぐさの中世史』(平凡社、1986年)、「古絵図の読み方―紀伊国井上本荘絵図―」週間朝日百科『日本の歴史』4(朝日新聞社、1987年)。

⑦額田雅裕氏「井上本荘の絵図とその地形環境」和歌山市立博物館『研究紀要』9(1994年)。

⑧高木徳郎氏「「紀伊国井上本荘絵図」と粉河寺」『民衆史研究』第51号(1996年)。

⑨藤田裕嗣氏「紀伊国井上本荘絵図」小山靖憲・下坂守・吉田敏弘氏『中世荘園絵図大成』(河出書房新社、1997年)。

⑩水藤眞氏「荘園絵図について」・吉田敏弘氏「荘園絵図の分類をめぐって」国立歴史民族博物館編『荘園絵図とその世界』(企画展示図録、1993年)。

本荘絵図の本格的研究は水田氏に始まるといえる。以後、絵図記載上の用水池等の地物の現地比定が詳細に行われてきた。しかし若干の論点・現地比定の相違がある。

〈用水池〉 絵図には十五の用水池が描かれている。そのうち、北東の端に描かれている「粉河寺西堺」「井上本荘東堺」の二つの「堺池」について、水田・黒田両氏とも(③・⑥)現在の西浦池(「堺池」上)・かせぼ池(「堺池」下)に比定されている。それに対し、高木徳郎氏⑧は近世の史料から、西浦池は藤井村(現、粉河地区大字藤井)にあった鎮定坊を拡張して、寛永一八年(一六四一)に築造された池であり、その用水権は井上本荘には一切関係がない。このことから絵図記載の二つの「堺池」は、もっと井上本荘側にあったものと推定されている。

次に「土呂〻〻池」については、黒田氏は現在の上泥池・中泥池・下泥池に比定されている。水田氏は上泥池のみに比定し、「後代に築造された中泥池下泥池は、上流の上泥池に水路としての利用を認めている」と説明されている。

高木氏も絵図の「土呂〻池」を上泥池に比定し、そこから絵図の「聖池」の比定を現在の「坊の池」とする。しかし水田・黒田両氏は「盆の池」に比定されている。

用水池の現地比定に関しては、絵図の北東部の比定が若干見解を異にし、特に粉河寺領との境界に位置する二つの「堺池」が問題となる。南西部の用水池群については、現地比定がほぼ確定し異論はないといえる。

〈絵図の作成目的・作成時期〉　井上本荘絵図の作成目的については、④は明徳四年(一三九三)、「井上荘が、粉河寺〻僧の押妨をうけ、京都随心院と粉河寺との相論となった。このとき、荘域や現地の状態を明示するやめに作成された」と推測している。作成主体は随心院ということになる。小山氏は⑤で、予想と断りながら「庄内の地物を詳しく描いた領域的な要素が強い」室町期の絵図とし、「守護による半済とか、粉河寺による請所化などを契機として作成された可能性もある」とされた。

水田氏は当初④の説を支持されていたが、③Aで前者について、明徳四年の相論は井上本・新両荘が粉河寺によって押妨を受けているのであり、この絵図の主張にふさわしくないと批判されている。また後者については、守護の半済・粉河寺の請所化によって作成された可能性をみとめながらも、荘園の様相を微細に描く一方で、境界線が曖昧である点に疑問が残るとされた。そして「詳細に荘園内の様相を描いたのは、領主が領有地の実態を把握するため」とし、作成時期は九条家から随心院に寄進された正慶二年(一三三三)から明徳四年(一三九三)までの間であるとされた。さらに③Bで「詳細かつ正確に荘内の景観を描いたうえで、粉河寺領との境界を侵食して描いている点に本絵図の作成目的がある」と推測され、作成時期も小山説に近いとされた。

黒田氏は⑥Cにおいて、④に対し明徳四年の紛争は井上本・新両荘があわせて問題となっている点で、明徳四年説を退け、⑤に対しても説得力がないとし、絵図記載の文字などから「本庄が随心院領となる鎌倉末期から南北朝期の間で」成立したと推測されている。そして絵図の作成目的については、「井上本庄の庄域と内部空間構成を実にコンパクトに表現して」おり、「随心院領となった井上本庄の「根本絵図」として作成」されたものと推測している。

額田氏は⑦で井上本荘絵図に関する研究史を整理し、作成目的については水田氏の説を支持された。そして「絵図からは用水をめぐる紛争のあったことが読み取れる」とし、「井上本荘の地表空間を見事に表現した領域図的な絵図に、用水関係の相論を画いたもの」とされている。

吉田氏は⑩で作成目的を別にして、この絵図の主題を用水絵図とされている。また水藤氏は同じく⑩で、絵図の主題は用水・用水池・田畠・寺社の記載にあり、和泉国日根野村絵図との類似から開発絵図との考えを述べている。

高木氏は⑧で、水藤氏の見解をすすめ、研究史の問題点をあげ、最大の問題点は絵図の作成者の議論がなされなかったことであるとしている。絵図の井上本荘東堺の粉河寺領との堺には、粉河寺領への用水路を示す「コ河ノ井テ」という随心院側に不利な記載があることから、「「開発絵図」的な性格を持つものであり、しかも多数の堂社の存在や、人工と思われる用水池がすでに多数築造されていることから考えて、一定の開発は終了したものの、自然条件により一部荒廃が進んだので、その後の再開発に先立ってこの『絵図』が作成された」とされた。作成時期については、鎌倉末期の徳治（一三〇六―〇八）～元徳年間（一三二九―三二）とし、とくに元徳年間前後とした。この時期粉河寺住僧内部に対立（実祐派対反実祐派）があり、随心院に対し預所として開発の請負を申し出た反実祐派によって、再開発計画の絵図が作成されたとされた。

藤田氏は⑨でこれまでの研究を整理され、特に自説を展開されていないが、絵図の性格について「堺相論図と断定するにはたしかに無理があろう。」と述べられている。

以上、井上本荘絵図の作成目的・作成時期に関する諸研究をまとめると、ア明徳四年の堺相論図、イ室町期の守護半済・粉河寺の請所化を契機とする領域図、ウ井上本荘が随心院領となる鎌倉末期から南北朝期の根本図、エ鎌倉末期の再開発絵図と分けられるだろう。また高木氏の指摘のように、絵図の作成主体の問題がある。そしてこのことと作成目的と密接な関わりがある。絵図所蔵者が作成主体とは一概には言えない点は、高木氏の指摘通りである。

その他黒田氏は絵図の折り筋と構図に注目し、折り筋によって構図が決められたと指摘されている。荘園の輪郭が折り筋によって決められ、絵図西北の「北山鎮守」・中央の「道池」と「七段田」そして「号三百余所社」・東南の「風森」を荘域内の地物の位置関係を示す「定点」とした、との考えを示された。

二　絵図を読む

井上本荘絵図は、荘内の地物を詳細に描いている。但し道の描写はない。また絵図下方の「観音堂」「帝釈堂」の文字記載は異筆と見なされるが、両堂の建物の描写を後筆とする黒田氏⑥の見解は、現在のところ判断しがたく保留である。

絵図全体の構図では、現松井川によって上下二分されている。地形図と比較してわかるように、上方の北長田地区が実際より大きく絵図では描かれている。

これまでの諸研究が指摘されているように、この絵図は用水・池・川の名称記載が多いことがあげられる。またそれに関連して耕地の記載も多い。ようすいは「コ河ノ井テ」（四カ所、朱筆）、「井上ノ井テ」（三カ所、墨筆）が交互に記載されている。池は前述のように、「西谷池」「瀧谷池」をはじめ一五の池が名称とともに記載されている。河川名は、「吉野河」（現、紀ノ川）とその支流松井川が描かれ、松井川は北から「志野河」（三カ所、墨筆）、「深田河」（三カ所、

粉河（国土地理院25,000分１地形図）

墨筆）、「門河」（一ヵ所、朱筆）と名称を変更している。「門河」が朱筆であるのは粉河寺領内であるからであろう。絵図中央の「大迫」については、これも河川名とする見解もあるが、額田氏⑦が指摘されたように図像上に記載されていないので河川名ではなく地形を指すものと理解される。また藤田氏⑨によれば、絵図の水系の描写は現在は退色してしまっているが、用水・河川いずれも藍で表現されていたという。その上絵図の水系が井上本荘と粉河寺領との境界となっている。

耕地など土地利用をみると、耕地は灰色の線をクロスさせた図像と、さらに白緑色による稲の表現がなされている。絵図上方に、山間に「田」と大きく文字記載され、さらに「宮荒間田」（三ヶ所）・「大迫畠」（三ヶ所）、地名として「観音田」と文字記載がある。下方には、東側から「フケ田」（三ヶ所）・「田」（三ヶ所）・「田畠」（二ヶ所）・

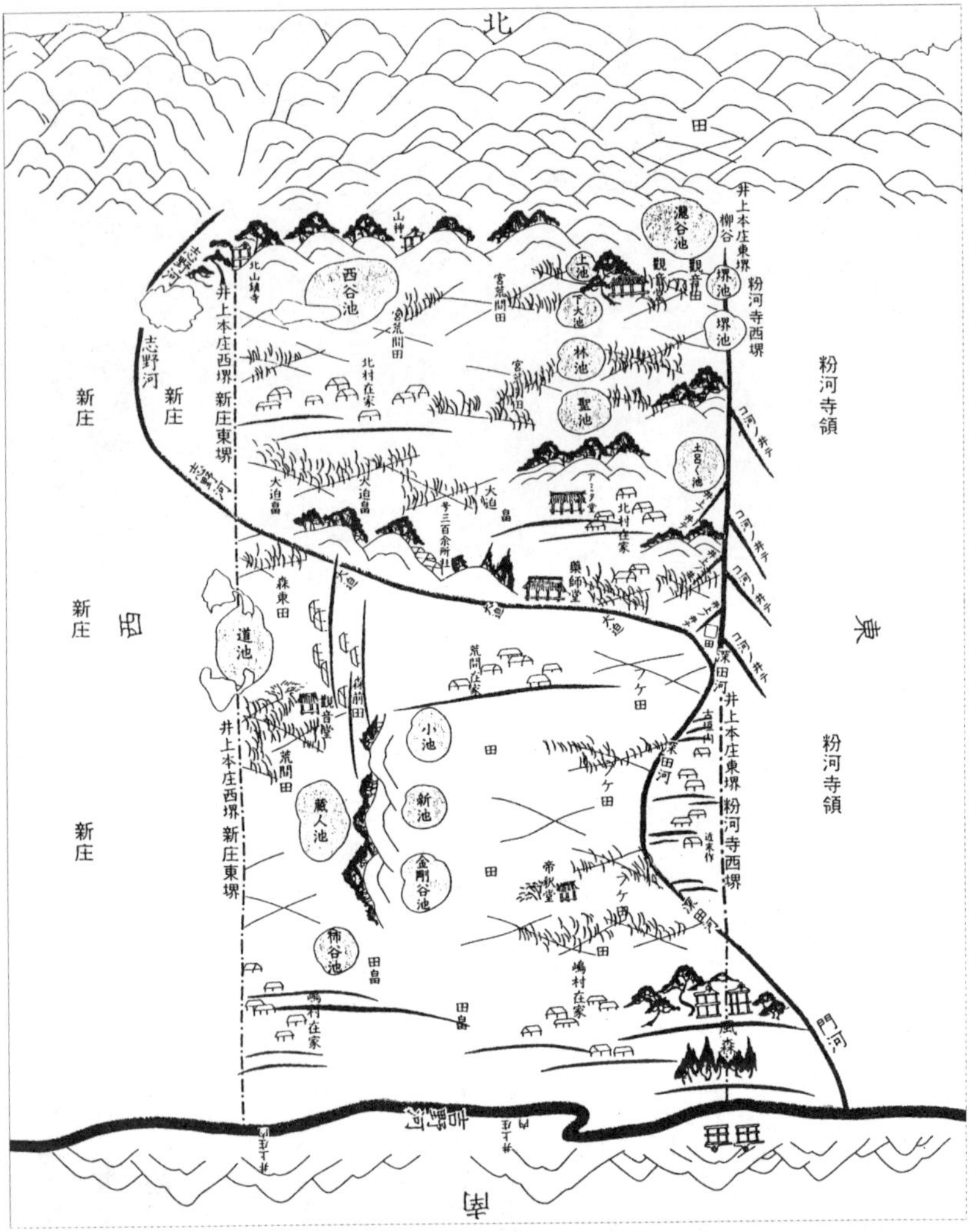

描かれた景観（紀伊国井上本荘絵図）
藤田裕嗣氏「紀伊国井上本荘絵図」（小山・下坂・吉田編『中世荘園絵図大成』）より転載。※「口田」を「七段田」と読む

『粉河町史』第５巻付図より転載

「荒間田」とあり、地名として「古垣内」・「七段田」・「近末作」・「森前田」・「森東田」との記載がある。

まず「宮荒間田」・「荒間田」が問題である。「宮」については、三ヶ所あり、「宮」はそれぞれ「北山鎮守」・「山神」・「号三百余所社」を指すものと考えられないだろうか。それぞれの神社の神田を示しているのではないかと思う。水田氏（③B）は「没収されて耕作者がなく荒廃している部分の存在を暗示する」とし、高木氏（⑧）は「語意的には荒地と耕地が混在する様相を示している」「いったん開発が試みられたものの、自然条件により荒廃が進んでいる地域」と説明されている。しかし「荒間田」というのは、荒廃した間田を指すのではないだろうか。「間田」について、大石直正氏は「荘園内の間田は、一般に名田以外の人給田など、広い意味での領主直属地のことである。名田に対して、わきに位置づけられる田で、名ごとに賦課される公事を負担しない、ひまな状態にある田」（『荘園関係基本用語解説』網野善彦他編『講座日本荘園史1　荘園入門』）と説明されている。阿部猛氏も同じく「荘園において、本田である名田と本佃を除いた部分。下級荘官給田や人給田に宛てられたり名主に宛行われたりし、残りは地子田として作人に借耕させた」とされている（『荘園史用語辞典』）。とすれば自然条件によって荒廃した間田（荒間田－神田・寺田）であり、絵図下方西側の「荒間田」は、再開発されて絵図上方の「観音堂」と「観音田」との関係に似た田となると理解される。

「大迫畠」については、松井川が深く浸食しており、深い開析谷を形成している北側に位置する。丘陵地と丘陵地との間にできた大きな谷に形成された畠であろう。「フケ田」は泥田・低湿田を意味する。松井川が「深田河」と称する地点で、西川との合流地点より下方に文字記載されている。小山氏は「紀の川の自然堤防が障壁となって滞留して」できたものとしている（⑤）。

「田畠」について、水田氏（③B）は「水田と畑地の混在した地区」とされているが、小山氏（⑤）は紀ノ川付近の氾濫原で「斜線を交差させた記号がないので、不安定な耕地であった」と性格付けをし、黒田氏（⑥C）も「用水があれば田として利用されるが、ない場合には畠とされるような耕地」とされている。高木氏も同様な理解であり、この理解が妥当であろう。「田」は安定した耕地を示すのであろう。

集落は六・七・八軒のまとまりとして描かれている。北から「北村在家」（二ヶ所）、中央に「荒間在家」、西側の「森東田」と「森前田」に挟まれた集落、東側の「古垣内」の集落、南に「嶋村在家」（二ヶ所）が記載されている。各集落には白緑色の線が二・三本引かれており、在家畠を表現したものとの意見もある。集落の内西側集落のみ記載方向が他と異なり、西を上にしている。同じ方向で「蔵人池」「金剛谷池」に囲まれた丘陵も西を上にして描かれている。黒田氏はこの囲まれた空間は特別な意識でもって区切られたもので、別所であることが意識されているとみなされている。妥当な見解と思う。次に「荒間在家」について、水田氏は「深田河の南岸は、河から水を引いて潅漑が可能であるが、水量が乏しく水不足に最も悩んだ地区」（③B）と説明されている。

次に境界線を見ると、井上本荘と隣荘井上新荘との境界は「北山鎮守」を北の起点として、途中「道池」を経て南北に灰色の線で示されている。絵図の上下にそれぞれ「井上本庄西堺」（墨筆）・「新庄東堺」（朱筆）と文字注記されている。さらに「新庄」四カ所もすべて朱筆である。しかし井上新荘内の松井川を示す「志野河」は墨筆である。これは「志野河」の水利権が本荘側にあることを示しているのであろう。

井上本荘と粉河寺領との境界は「新庄」に比べて複雑である。こちらも粉河寺領に関わる地物は朱筆である。西側と同様に絵図上下それぞれに「井上本庄東堺」（墨筆）・「粉河寺西堺」（朱筆）の文字記載がある。北から「柳谷」（小字西柳谷・柳谷があり、谷の奥に柳谷池も存在する）を起点として、二つの「堺池」の真ん中を通り「土呂ゝゝ池」を経て「七段田」「深田河」「古垣内」「風森」（現風市森神社）を連ねる線が境界線となっている。

「風森」社は社殿が二社描かれ、二社殿の中心線が境界となっている。「風森」社は三座であり、科長戸辺社（西）・

若一王子社（東）・丹生明神社でそのうち丹生社の社殿だけが小さく、絵図は神社本来の姿を伝えているものであろう。さらに井上本荘東堺の南の延長線上、紀ノ川を越えた南岸に、神社と同じ形の建物が相対して描かれている。「風森」社の遙拝所である。紀ノ川南岸には、「井上庄内」（二ヵ所）の文字記載がある。「風森」社は井上本荘全域の氏神であり、永仁六年（一二九八）、井上本荘住人三〇余人が結集して「風森」社の梵鐘を鋳造したことが鐘銘に見える（『粉河町史』第三巻、編年史料一五七）。銘にはその後の貞和三年（一三四七）、本荘の番頭たちが銭二五貫文で遍照寺（粉河寺別院）に売却した事が記載されている。その辺の事情は明らかではないが、井上本荘側が銭を必要としたのであろう。

東の境界において、灰色の線は「風森」とその上下に引かれているのみで、「柳谷」より南に至る境界線は退色した薄茶色の線が引かれている。「柳谷」より「七段田」「深田河」に至る境界には、「井手」が描かれている。

本荘内一五の池のうち北の山麓の谷に位置する「西谷池」「瀧谷池」は貯水量が大きいが、ほかは平地にあって貯水量は少なさそうである。そのため北から南へと、池水を順次配水していく方式をとったものと思はれる。二つの「堺池」からの配水と思はれる線に「コ河ノ井テ」があり、用水権が粉河寺領にあることを示している。そしてその余水が「土呂ゝゝ池」に配水され、また「上池」から南に「聖池」へ連なる池群は、さらに同じく「土呂ゝゝ池」へ配水されているだろう。「土呂ゝゝ池」から「深田河」にかけて、「井上ノ井テ」と「コ河ノ井テ」が交互に三カ所記載されている。「土呂ゝゝ池」の用水権が井上本荘・粉河寺領両方にあることを絵図は示している。記載の順序から井上本荘側に優先的権利があったものであろう。上流の「コ河ノ井テ」と下流の六つの井手と分けて考えるべきであり、池と井手の関わりが異なるのである。とすれば粉河寺側に有利な記載であるとは言えないと思う。そして粉河寺領側の「堺池」が中分されて描かれているのは、井上本荘の氏神である「風森」社が中分されているのと同じ意味であり、境界を決める定点であった。

西川と松井川の合流地点である「七段田」「深田河」から、松井川はS字型に流路をとっている。この合流地点から引かれている境界線も水系を現す退色した薄茶色である。「古垣内」「近末作」と文字記載のある在家は、松井川が大きく西へ蛇行して出来た平坦な谷底平野に位置するのであろう。水田氏は、松井川が自由に乱流した可能性があると述べられている(③A)。絵図から井上本荘東堺の上下ともに、粉河寺領との間に用水をめぐる相論があったと読みとることは難しい。この絵図はやはり井上本荘内の水利・田畠・寺社等を表現することにあったと言える。

最後に寺社についてみてみよう。絵図上方には、「観音堂」をはじめ三つの堂と「北山鎮守」をはじめ三つの神社が記載され、絵図下方には、二つの堂と「風森」社が記載されている。特に現在の北長田地区には六つの宗教施設があり、これらを維持することのできるほど既に豊かな生産力を持つ土地であったと言える。だからこそ荘民が結集して用水池の築造がなされ、荘の再開発も可能であったのである。

井上本荘の信仰を見る次のような史料がある。元徳三年(一三三一)の坂上貞澄・明澄連署請文である(『粉河町史』第二巻、編年史料一七六)。荘内の有力者であろう坂上貞澄・明澄が、随心院より井上本荘預所に補任され、その際に領家随心院に提出された起請文であろう。その中に井上本荘近傍の神仏として、粉河生身観音(粉河寺)・六所明神・長田風森(風森社)が見える。この六所明神は、粉河寺本堂後方に鎮座する粉河産土神社である。徳治三年(一三〇八)の僧実祐起請文(『粉河町史』第二巻、編年史料一六八)の神仏にも見える。また『平家物語』(延慶本)の「惟盛粉河へ詣給事」のなかに「伏シテ案レバ、神則霊験無双之六廟祠垂迹ヲ翻シテ」と記されている。また寛文五年(一六六五)の御上様江書上控(『粉河町史』第五巻)には、粉河寺の「鎮守六社」があり「丹生大明神・若一王子・伊勢大神宮・熊野権現・吉野三十八所・三百余所」とある。さらに寛政四年(一七九二)の寺社御改帳(『粉河町史』第五巻)には、「鎮守十社」のうちに「三百余社」が見える。

絵図の描写では三棟が連なるように描かれている。「号三百余所社」もこの地域の重要な神であり、いつかは解らないが早くから粉河寺の鎮守社の一つになったのであろう。

三　絵図の作成主体・目的——結びにかえて

一で述べたように、この絵図の作成目的については、用水をめぐる堺相論図・支配のための領域図・立券図に近い根本図・開発図との見解に分かれている。作成年代についても、作成目的と関わって明徳四年（一三九四）・室町期・応永七年（一四〇〇）以前南北朝期・鎌倉末期と分かれている。

高木氏はこれまでの研究を整理し、これまで絵図が随心院所蔵であることによって、疑いなく絵図は随心院によって作成されてきた。そのことに疑問を提示された(8)。高木氏の批判は当然であり、所蔵者即絵図の作成主体とは言えない。

高木氏は、鎌倉末期の井上本荘をめぐる粉河寺僧内部の確執があり、その過程で領家随心院に対して預所職補任を要求していた粉川寺僧実祐一派と、対立するグループが預所として開発の請負を申し出た。その時に作成された開発予定図とされた。絵図には粉河寺に有利な東堺の記載があることが理由の一つである。しかし強調するほどに東堺の記載は粉河寺側に有利とは言えない。また元徳三年（一三三一）には、荘内の有力者と目される坂上貞澄らが預所職に補任されている等から考えて製作主体を粉河寺に求めることも難しいのではないか。

元慶二年（一三三三）、これまでの粉河寺の押妨に対し井上本荘の管領が後伏見上皇院宣により、随心院に安堵される（『粉河町史』第二巻、編年史料一七六）。しかし政治状況は流動的であり、院宣によって井上本荘が安泰であったわけではない。後伏見上皇に対立する護良親王の挙兵呼びかけに粉河寺は対応している。こうした状況は井上本荘にも影響を与えたであろう。建武元年（一三三四）の尼念阿弥陀仏田地宛行状に「此地於本証文者、去長田サウトウニ引失」（『粉河町史』第二巻、編年史料一七八）とある。長田騒動といわれる在地での戦闘があり、これによって田地の本証文が紛失したという。このようななかで本荘の田畠も荒廃したものと考えられる。

早く、永仁六年（一二九八）、風森社の梵鐘を鋳造した人々の子孫が、荒廃した田畠の再開発を行うため、貞和三年（一三四七）、梵鐘を売却してその費用を作ったのではないだろうか。

絵図は南北朝期、井上本荘番頭ら有力百姓を中心に結集していた人々に着目した荘園領主随心院が、井上本荘の再開発に乗り出して作成したものと考えられる。

あとがき

会員三〇名で、一九八四年四月二日、神楽坂の東京都教育会館（当時）で発足した荘園絵図研究会は、荘園絵図の総合的研究を目的に活動し、一九九一年一月には『絵引　荘園絵図』（東京堂出版）を上梓して一定の成果を示すことができました。その後、例会や総会の記録を残す意味もあって「荘園絵図研究会会報」を発行するようになり、現在五三号まで発行しています。今回の『荘園絵図研究の視座』は、『絵引　荘園絵図』の成果や反省点をふまえて、一九九五年秋から準備を進めてきたものです。この間、荘園絵図研究は大いに進展しているがその成果も十分に生かされていることと思っています。研究会活動が中断することなく続けてこられたのは、東京堂出版編集部の松林孝至氏のご尽力に負うところが多いものです。記して感謝いたします。

一九九三年からはじめた現地見学――一九八五年夏に福井市道守荘・糞置荘の現地見学は実施しているが――については、各地で多くの方々にお手数をおかけしました。各地でお世話になった方々については、後掲の研究会活動記録に記しましたので、ここではあえてあげませんが、私たちが現地見学が続けられるのもこうした方々のお力によるものです。ここに記して謝辞とさせていただきます。

なお、『絵引　荘園絵図』上梓後の研究会の活動記録を以下に記しておきます。

二〇〇〇年三月一〇日

小市和雄

総会・例会・現地見学の記録

一九九一年

総会　五月六日　書評『絵引　荘園絵図』　報告者　田中禎昭・牧聖一
例会　八月二九日　田中禎昭「古代田図と律令国家の土地支配」
　　　　　　　　　松井吉昭「骨寺─歴史教育の教材化」
例会　九月二六日　錦昭江「中世的刀祢の成立と展開」
例会　一〇月二四日　弓野瑞子「西大寺秋篠寺相論絵図の背景について」
例会　一一月二一日　小野塚充巨「荘園絵図研究をめぐって」

一九九二年

例会　一月二三日　樋口州男「高家荘絵図成立をめぐって」
例会　二月二〇日　村岡薫「開田図の一考察」
総会　五月一〇日　特別報告　奥野中彦「中世の開発と開発絵図」
例会　八月二七日　錦昭江「鎌倉遺文にみる荘園絵図」
例会　一〇月二九日　堀内寛康　現地調査の候補地に関する予備報告

一九九三年

例会　一月二八日　松井吉昭・村岡薫「紀ノ川現地調査に向けての予備報告」
例会　三月二四日　奥野中彦「差図の成立」
見学会　五月九日　荘園絵図展見学（歴史民俗博物館）

総会　六月一日　特別報告　佐藤和彦「紀ノ川流域の荘園群について」
例会　七月一六日　現地見学のための準備報告
夏期現地見学　八月二五日から二七日　紀ノ川流域（和歌山県）　荒川荘・名手荘・桛田荘・官省符荘・井上荘など
参加者一二名　水田義一氏にお世話になった
例会　一〇月七日　現地見学の反省会
例会　一二月一六日　小市和雄「高庭荘に関する二・三の問題」
弓野瑞子「神泉苑差図」

一九九四年

例会　二月一七日　松井吉昭「近江国比良荘絵図」
例会　三月三〇日　水藤真「斑鳩荘二枚の絵図の前後関係」
総会　六月四日　特別報告　吉田敏弘「菅浦絵図について」
例会　七月二七日　松井吉昭　現地見学のための準備報告
夏期現地見学　八月二五日から二七日　奥山荘周辺（新潟県）　奥山荘・荒川保など　参加者一一名　青山宏夫氏
にお世話になった
例会　九月三〇日　樋口州男「荘園絵図研究史の整理および今後の課題」

一九九五年

例会　一月二四日　内田博明「中世成立期の領域表示―四至と牓示を中心に―」
例会　三月二八日　錦昭江「失われた絵図をもとめて―領域型荘園の推移と相論絵図の成立―」
総会　五月一三日　合評会　歴史民俗博物館編『描かれた荘園絵図』　報告者　樋口州男・松井吉昭・堀内寛康・錦昭江

例会　七月二五日　松井吉昭　現地見学のための準備報告
夏期現地見学　八月二七日から二九日　紀ノ川流域（和歌山県）　鞆淵荘・神野真国荘・阿弖河荘など　参加者一一名　水田義一にお世話になった
例会　一〇月二六日　現地見学の反省会
『(仮題）荘園絵図の総合的研究』刊行にむけての活動計画
例会　一二月一四日　赤根正晃「直務支配の道標―鵤荘絵図の意義―」
松井吉昭「伯耆国河村郡東郷荘絵図」

一九九六年

例会　三月二七日　石附敏幸「摂津国嶋上郡水無瀬荘図をめぐる諸問題」
小市和雄「高庭荘付近について」
総会　五月一八日　『(仮題）荘園絵図の総合的研究』刊行にむけて　個別研究論文と七枚の絵図
例会　七月三一日　現地見学会準備報告　錦昭江「東郷荘絵図」
夏期現地見学　八月二五日から二七日　東郷荘周辺（鳥取県）　鳥取県立博物館で国絵図等閲覧、遊覧船で東郷湖上からも調査　参加者一四名　日置粂左ヱ門氏・足羽愛輔氏・石井良二氏・杉本寿一氏にお世話になった
二八日　新見荘見学（有志のみ）
例会　一〇月三日　現地見学の反省会
七枚の絵図の選定
例会　一二月一三日　田中禎昭「八世紀の土地支配と開田図」

一九九七年

例会　一月三〇日　赤根正晃「鵤荘の二枚の絵図」
例会　三月二六日　石井新二「奥山荘波月条における鋳物師と二つの市場」
総会　五月一〇日　特別報告　高島緑雄「日置北郷　机上案内」
『(仮題)荘園絵図の総合的研究』刊行にむけての方針決定
例会　七月二五日　松井吉昭「絵図にみる寺社」
現地見学会打ち合わせ
夏期現地見学　八月二四日から二六日　日置北郷・伊作荘周辺（鹿児島県）
特別報告　三木靖「日置北郷について」
参加者一三名　三木靖氏にお世話になった
例会　九月二五日　現地見学の反省会
例会　一一月二一日　小市和雄「道守荘の現地比定について」
石附敏幸「乙木荘土帳」
現地見学　一二月一四日　鶴見寺尾荘絵図の現地（横浜市鶴見区）　高島緑雄氏にご案内いただいた

一九九八年

例会　一月三〇日　松井吉昭「骨寺について」
春期現地見学　三月二九から三一日　乙木荘（奈良県）を中心に柳生・笠置などを見学　参加者七名　乙木荘では
岡本庄右衛門氏にお世話になった
例会　四月二三日　弓野瑞子「小宅荘について」

総会　六月一三日　特別報告　土屋伸也「杵田荘絵図」
『(仮題) 荘園絵図の総合的研究』二〇〇〇年刊行の決定
例会　七月二七日　石井新二「杵田荘絵図」
現地見学会準備報告　村岡薫「糞置荘」
夏期現地見学　八月二六日から二八日　道守荘荘・糞置荘周辺（福井県）　参加者一四名　田中正人氏・的矢俊昭氏
にお世話になった
例会　一〇月二日　現地見学の反省会
秋期現地見学準備報告　松井吉昭「骨寺絵図について」
秋期現地見学　一〇月一〇・一一日　骨寺絵図の現地（岩手県）　一関市博物館（小岩弘明氏にお世話になった）・骨寺
絵図現地・平泉など見学　参加者一二名
例会　一二月四日　秋期現地見学の反省会
松井吉昭「杵田荘絵図研究史整理」

一九九九年

例会　一月三〇日　石附敏幸「古代と中世をむすぶ」
例会　三月二六日　松井吉昭「荘園絵図における寺社」
赤根正晃「鵤荘『嘉暦図』の作成年代推考」
春期現地見学　四月二・三日　日根野荘・杵田荘周辺の見学　参加者一〇名　廣田浩治氏・水田義一氏・近藤孝敏
氏にお世話になった
総会　五月八日　『荘園絵図研究の視座』刊行のスケジュール決定

例会　六月二八日　田中禎昭「八世紀の土地支配と開田図―東大寺領越前国足羽郡糞置村開田地図を素材として―」
例会　七月二四日　石井新二「奥山荘波月条近傍絵図の成立をめぐって」
石附敏幸「讃岐国善通寺一円保差図」の成立
奥野中彦「荘園四至牓示図の歴史的性格と機能―東大寺領伊賀国黒田荘絵図を手がかりとして」
夏期現地見学　八月二四日から二六日　播磨国小宅荘・鵤荘周辺（兵庫県）　参加者一四名　小林基伸氏・水藤真氏・栗岡清高氏にお世話になった
二七日　矢野荘見学（有志のみ）
例会　九月三〇日　現地見学の反省会
七枚の絵図の確認
例会　一一月二六日　山内哲生「尾張国富田荘絵図について」

執筆者一覧（五十音順）

赤根正晃	あかね・まさあき	1970年生まれ。
石附敏幸	いしづき・としゆき	1960年生まれ。
奥野中彦	おくの・なかひこ	1930年生まれ。
小市和雄	こいち・かずお	1950年生まれ。
佐藤和彦	さとう・かずひこ	1937年生まれ。
鈴木哲雄	すずき・てつお	1956年生まれ。
田中禎昭	たなか・よしあき	1962年生まれ。
土屋伸也	つちや・のぶや	1963年生まれ。
錦　昭江	にしき・あきえ	1955年生まれ。
樋口州男	ひぐち・くにお	1945年生まれ。
堀内寛康	ほりうち・ひろやす	1946年生まれ。
松井吉昭	まつい・よしあき	1953年生まれ。
村岡　薫	むらおか・かおる	1947年生まれ。
弓野瑞子	ゆみの・みつこ	1944年生まれ。

奥野中彦　1930年生まれ。1960年早稲田大学大学院文学研究科博士課程修了。文学博士。現在、国士舘大学文学部教授。著書に『中世国家成立過程の研究』、『日本における荘園制形成過程の研究』、『古代・中世文化史への接近』（以上いずれも三一書房）がある。

荘園絵図研究の視座

二〇〇〇年五月一五日　初版印刷
二〇〇〇年五月二五日　初版発行

編　者　奥野中彦
発行者　大橋信夫
組　版　㈱東京リスマチック
印刷所　株式会社平河工業社
製本所　渡辺製本株式会社

発行所　株式会社　**東京堂出版**
東京都千代田区神田錦町三―七（〒一〇一―〇〇五四）
電話　東京三―三二三三―三七四一　振替　〇〇一三〇―七―二七〇

ISBN4-490-20406-X C 3021